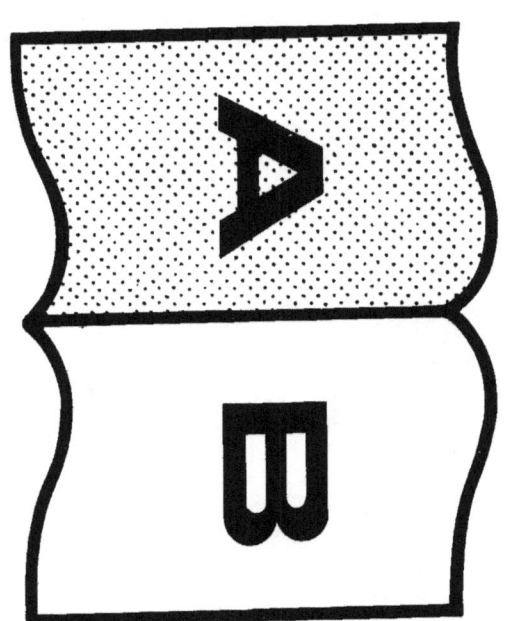

Contraste insuffisant
NF Z 43-120-14

LA LECTURE ILLUSTRÉE

L'HOMME DES BOIS

Par ELIE BERTHET

Livraisons à **10** centimes   Séries à **50** centimes

A. DEGORCE-CADOT, ÉDITEUR, 9, RUE DE VERNEUIL, PARIS

ET

Chez tous les Libraires et Marchands de Journaux

LECTURE ILLUSTRÉE 26.   HOMME DES BOIS I.

LIBRAIRIE A. DEGORCE-CADOT

OUVRAGES DU MÊME AUTEUR

(Format grand in-4° brochures illustrées).

Mademoiselle de la Fougeraie............................	1 brochure.	0 fr.	60
Paul Duvert..	—	»	60
L'Incendiaire..	—	»	60
Le Val d'Andorre..	—	»	60
M. de Blangy et les Rupert................................	—	»	60
Les Chauffeurs..	—	1	80
Le Château de Montbrun...................................	—	1	20
La Directrice des postes..................................	—	1	20
La Folle des Pyrénées.....................................	—	1	20
L'Assassin du Percepteur..................................	—	1	20
Le Braconnier...	—	1	20
La Félonie..	—	1	20
La Mésalliance..	—	1	20
La Faillite...	—	1	20
Le Gentilhomme Verrier....................................	—	1	50

Le Catalogue général de la Librairie DEGORCE-CADOT sera envoyé *franco* sur demande affranchie.

LA LECTURE ILLUSTRÉE

L'HOMME DES BOIS

PAR

ÉLIE BERTHET

I. — LA COLONIE.

Nous sommes à Sumatra, cette grande île malaisienne que le détroit de Malacca sépare de la pointe la plus méridionale de l'Inde.

De nos jours encore Sumatra, dont les Anglais et les Hollandais se sont pendant si longtemps disputé le commerce, est peu connue des Européens. Sauf certains ports où viennent atterrir les navires qui cabotent dans l'Archipel, elle n'est guère fréquentée des voyageurs. L'intérieur du pays, que protègent déjà de hautes montagnes volcaniques et des forêts impénétrables, est habité par des nations farouches, guerrières, jalouses de leur indépendance, et qui, tant soit peu anthropophages, ne se gêneraient pas sans doute pour manger les touristes chargés d'étudier leurs mœurs et leurs coutumes. Aussi, sauf un petit nombre d'Anglais intrépides, qu'un pareil risque a été incapable d'arrêter, nul n'a pu pénétrer dans certaines régions centrales de l'île, et elles resteront imparfaitement connues jusqu'à ce que les Hollandais, qui procèdent dans cette partie du monde, comme partout, avec la lenteur sage et sûre de leur caractère national, soient parvenus à rendre plus maniables ces peuples rebelles à la civilisation.

Cependant Sumatra semblerait, au premier aspect, offrir l'attrait pittoresque et grandiose, présenter les richesses naturelles qui peuvent exciter l'admiration du voyageur ou l'avidité du commerçant. Elle a près de quatre cents lieues de long et soixante à quatre-vingts lieues de large; sur cet immense territoire, on pourrait recueillir presque toutes les productions des contrées les plus favorisées du monde. La mer qui l'entoure est belle et clémente pendant la majeure partie de l'année; de nombreuses rivières venues de l'intérieur forment sur une foule de points des havres excellents. Bien que la ligne équatoriale coupe à peu près Sumatra en deux parties égales, le climat est tempéré dans les montagnes du centre. Ces montagnes, dont plusieurs sont des volcans en ignition, renferment des métaux précieux, et notamment de l'or, qui est exploité d'une manière insuffisante par les Malais. De vastes lacs entretiennent des rivières aux eaux fraîches qui ne tarissent jamais.

Dans les forêts abondent les arbres les plus précieux pour la teinture et l'ébénisterie. Autour des habitations, de vastes rizières produisent le meilleur riz du monde; partout des champs d'indigo, de poivre, de cannes à sucre, des plantations luxuriantes, où le giroflier, le cannellier, le camphrier, l'arbre à benjoin, paraissent lutter avec le cocotier, le goyavier, le bananier, l'oranger, le pamplemousse, à qui enrichira le mieux son propriétaire, à qui charmera le mieux le regard. Pendant six mois de l'année il ne tombe pas une goutte de pluie; le soleil resplendit toujours dans un ciel d'azur. Aussi, au premier abord, la vie paraît-elle douce et facile sur cette terre féconde, sous ces épais ombrages, au milieu des arbres odoriférants et des fleurs.

Malheureusement, toute médaille a un revers; pour Sumatra, comme pour beaucoup d'autres choses, chaque avantage apparent cache un danger mortel. Cette mer, habituellement si tranquille, si caressante, est sujette à des typhons qui bouleversent jusque dans ses profondeurs. Même en temps calme, le navigateur européen est exposé aux attaques des pirates malais, qui viennent la nuit le surprendre dans ces barques pontées, longues, étroites, sournoises, appelées *pros volants*, et qui massacrent l'équipage pour s'emparer de sa cargaison. D'ailleurs, à défaut de pirates, il voit sans cesse errer autour de son navire des bandes formidables de requins, qui ne se montrent nulle part plus forts et plus audacieux. L'île elle-même fait payer bien cher ses beautés pittoresques et sa fertilité. Ses volcans causent fréquemment d'effroyables tremblements de terre, qui renversent les habitations les plus solides. Ses rivières si fraîches sont hantées par de monstrueux crocodiles qui happent le voyageur imprudent. Ses forêts vierges regorgent de buffles sauvages, d'éléphants, de tigres et d'autres monstres plus terribles encore. Mille reptiles dangereux, parmi lesquels se trouvent le boa python et le venimeux cobral, se glissent dans les cultures, tandis que les habitations elles-mêmes sont envahies par ces nuées d'insectes qui, dans les climats tropicaux, semblent créés tout exprès pour martyriser l'espèce humaine. De plus, les immenses amas de végétaux en putréfaction dans les marais et dans les bois exhalent des miasmes qui vicient l'atmosphère, malgré le parfum des fleurs et des arbres à épices. Aussi la vie humaine à Sumatra dépasse-t-elle rarement soixante ans, et la côte occidentale de l'île, particulièrement redoutée des navires en relâche, a reçu des marins le surnom sinistre de *côte de la peste*; surnom qu'elle mérite en décimant les équipages.

C'est pourtant sur cette côte occidentale que se trouvent Benkoulen et Padang, les deux établissements principaux des Européens à Sumatra; c'est encore que se trouve la localité obscure où se sont passés les événements de cette histoire.

L'endroit dont nous parlons était, au commencement de ce siècle, une petite colonie hollandaise d'assez mince importance. Les Anglais, qui, après nous avoir pris Pondichéry et nos autres possessions de l'Inde, convoitaient les belles colonies hollandaises de la Malaisie, n'avaient pas daigné encore s'emparer de cette chétive proie. Le Nouveau-Drontheim, ainsi s'appelait la colonie, n'était, à proprement parler, qu'un comptoir où quelques navires de Batavia venaient, à certaines époques, chercher les productions du pays. Il consistait en un port étroit, mais profond et très-sûr, formé par une rivière et abrité contre la houle du large par un îlot de corail. A l'embouchure de la rivière se trouvait une redoute armée de quelques canons en mauvais état. Une garnison d'une cinquantaine d'hommes, moitié Hollandais, moitié Javanais, suffisait à la garde de ce poste, mieux protégé par son insignifiance et par la difficulté de ses abords que par la valeur de ses gardiens contre les entreprises de l'Angleterre.

A l'abri de ce simulacre de fort qui couronnait la cime de la falaise, s'étendait le village du Nouveau-Drontheim. Il ne faudrait pas cependant que ce mot de village réveillât l'idée de nos bourgades civilisées, où les maisons uniformes se groupent et se serrent joyeusement autour du clocher paroissial. Les maisons de celui-ci étaient séparées les unes des autres selon l'usage du pays, et si soigneusement abritées par des grands arbres, que l'on ne pouvait de loin en soupçonner l'existence. Les unes, bâties en briques, paraissaient être de construction chinoise; d'autres, qui avaient l'apparence de simples huttes de bambou et de rotins, étaient élevées sur des piliers de bois. Toutes n'avaient qu'un rez-de-chaussée, à cause des tremblements de terre, qui renverseraient à chaque instant des bâtiments plus hauts et plus solides.

La population de ce village, ainsi dispersée sur une large surface, se composait presque d'autant de races humaines qu'il s'y trouvait d'habitations. D'abord, une jolie maison, moitié bois et moitié briques, située au milieu d'un bocage toujours vert, à quelque distance de la grève, s'appelait pompeusement le palais du gouverneur; c'était là en effet que l'officier hollandais commandant la garnison résidait habituellement, de préférence au logement malsain et incommode qui lui était destiné dans le fort, au sommet des rochers. Les soldats, à l'exemple de leur chef, s'étaient installés dans le village, et y demeuraient tant qu'ils n'étaient pas de service, ce qui arrivait assez fréquemment : car, sauf cinq ou six d'entre eux qui chaque jour montaient la garde à tour de rôle dans les batteries, ils n'avaient pas grand'chose à faire au Nouveau-Drontheim.

Après les Hollandais venaient les Javanais de Batavia, gens à demi civilisés et ayant les vices des Européens en même temps que ceux des sauvages; puis des Chinois industrieux, chargés de la culture des terres environnantes; puis enfin des Malais de diverses tribus, qui vivaient du produit de leur chasse ou de leur pêche. Les colons blancs étaient les moins nombreux; ils se composaient de quelques matelots anglais, français, portugais, déserteurs pour la plupart, qui s'étaient improvisé des familles en s'alliant aux femmes jaunes, vertes ou noires que le pays pouvait fournir. Malgré cette grande variété de races, de mœurs et de langues, on vivait paisiblement au Nouveau-Drontheim, et ces nationalités si diverses faisaient ensemble excellent ménage, sauf pourtant quelques coups de criss ou de couteau, distribués dans des rixes particulières, et que nous citons seulement pour mémoire.

A l'extrémité la plus reculée de la colonie, c'est-à-dire à deux ou trois milles du fort, une habitation isolée, plus vaste et plus somptueuse que toutes les autres, semblait être la merveille du pays. Elle était assise sur une espèce de terrasse, à mi-côte d'une hauteur qui se rattachait au système de montagnes volcaniques dont l'île est remplie. Grâce à cette situation, elle n'avait pas trop à redouter ce brouillard empesté qui se forme chaque matin dans le voisinage de la mer, brouillard qui résiste pendant plusieurs heures à l'action puissante du soleil, et semble être la cause principale de l'insalubrité de cette île. La terrasse était occupée tout entière par les bâtiments, les cours et les jardins de l'exploitation. Sur les points où il n'était pas protégée par des rochers inaccessibles, elle était entourée de fortes palissades en bois de fer, que des haies d'aloès et d'autres arbustes épineux achevaient de rendre infranchissables. On y montait par une avenue de tamarins, au feuillage épais et majestueux, qui entretenaient alentour cet ombrage si nécessaire sous un ciel de feu. Au pied de la colline, de vastes rizières, des champs bien cultivés, des plantations magnifiques, semblaient être les dépendances de l'habitation.

En face de l'avenue, on apercevait d'abord la maison du maître, élégante construction chinoise. Contre l'ordinaire, cette maison avait un étage au-dessus du rez-de-chaussée; mais comme elle était en bois, revêtue seulement de ce stuc merveilleux qui imite le marbre et dont les Chinois ont le secret, elle ne pouvait redouter grand'chose des convulsions souterraines. De beaux cocotiers dressaient leurs éventails de verdure au-dessus de son toit, et une verandah ou galerie extérieure, ornée de caisses de fleurs et de plantes grimpantes, s'étendait sur toute la façade. Du haut de cette verandah, on pouvait, non-seulement surveiller les serviteurs et les ouvriers à gages dans la cour et dans la campagne voisine, mais encore jouir d'une vue immense sur la vallée, que limitait une forêt vierge, sur la rivière, sur les montagnes intérieures, le village du Nouveau-Drontheim, le fort, la rade, et enfin sur l'Océan, dont les vastes espaces bleus se confondaient au loin avec le ciel.

Autour de ce bâtiment principal se trouvaient des cases affectées au logement des gens de service, et de vastes hangars destinés à la préparation de l'indigo, à l'emmagasinement du poivre, du riz et des autres productions locales. Les cases étaient de formes diverses, suivant la race de ceux qui les habitaient. Ainsi, des huttes rondes, en forme de ruches, selon la mode du Congo et de la Sénégambie, servaient de demeures à deux ou trois esclaves noirs chargés du service de la maison. Les Malais, préposés à la garde des buffles et des chèvres, occupaient des huttes de bambou élevées sur des pieux, selon la mode sumatrienne; tandis que les Chinois, employés à la culture des terres, se retiraient le soir dans des loges de briques, peintes fort proprement à l'extérieur, ce qui n'empêchait pas l'intérieur d'exhaler en tout temps une odeur fétide que l'on dit particulière aux enfants du Céleste-Empire. Comme on le voit, cette habitation, aussi bien que le village du Nouveau-Drontheim, présentait à peu près toutes les variétés de l'espèce humaine; mais rien ne contrastait davantage avec ces échantillons des races inférieures que les maîtres du logis.

Le chef de la famille qui possédait alors ce domaine était un Européen jeune encore, grand, bien fait, robuste, et dont l'esprit paraissait aussi cultivé que sa physionomie était belle et avenante. On l'appelait M. Palmer, et il se disait Anglais d'origine; mais on avait des raisons de penser qu'il cachait son véritable nom et qu'il était Français. On supposait qu'il avait habité autrefois l'île de Pondichéry, dont les Anglais s'étaient emparés en 1793; et c'était en effet peu de temps après la prise de Pondichéry qu'il était venu de Batavia, sur un vaisseau hollandais, s'établir à Sumatra. Toutefois, personne n'osait trop presser M. Palmer sur la question de sa nationalité. Doux et poli d'ordinaire, souvent même mélancolique, il savait dans l'occasion montrer une fierté, une énergie qui imposaient silence à la curiosité.

Madame Élisabeth Palmer, sa femme, était, au contraire, bien décidément une Anglaise : elle avait les cheveux blonds, le teint rosé, les formes élancées des filles d'Albion, et, à ces signes caractéristiques d'une origine saxonne, elle joignait la douceur langoureuse de la créole. Elle avait vingt-huit ans à peine et était dans tout l'éclat de sa beauté. On devinait aussi à la dignité de son maintien, à l'aménité de son langage, une femme née pour le monde et dans le monde; elle conservait des airs de grandeur déchue; on eût dit d'une reine des salons exilée dans ce désert sauvage. Mais si les hommages de la société choisie pouvaient manquer maintenant à Élisabeth, elle ne semblait pas les regretter, et s'absorbait pleinement dans ses devoirs d'épouse et de mère. Son fils Édouard, bel enfant de dix ans, et son mari, dont elle était idolâtrée, lui tenaient lieu de ce qu'elle avait perdu. Elle ne se plaignait jamais; loin de là, ces êtres chéris trouvaient toujours un sourire caressant sur ses lèvres quand ils l'approchaient. Il était évident néanmoins qu'un douloureux secret existait entre elle et Palmer. Parfois certaines paroles, frivoles en apparence, mais qui sans doute contenaient des allusions au passé, paraissaient éveiller dans leurs cœurs de pénibles souvenirs, et chacun d'eux se cachait de l'autre pour souffrir et pleurer peut-être.

Deux autres personnes, madame Surrey, la sœur de Palmer, et Anna Surrey, la fille de cette dame, complétaient la famille du colon. Madame Surrey était, disait-on, la veuve d'un haut fonctionnaire anglais qui avait été tué dans une escarmouche contre les Hindous. Demeurée seule au monde avec une enfant en bas âge, elle avait cherché protection auprès de son frère, et celui-ci avait accueilli la mère et la fille avec toute l'affection qu'elles méritaient. A l'habitation, madame Surrey avait accaparé les fonctions de bonne ménagère ; c'était elle qui dirigeait l'économie intérieure, empêchait le gaspillage, veillait au bien-être commun. Sa belle-sœur, la gracieuse et indolente créole, avait renoncé depuis longtemps à lui disputer ces diverses attributions, dont madame Surrey s'acquittait du reste à merveille.

En revanche, Élisabeth s'était réservé le soin de l'éducation d'Édouard et d'Anna. Pendant que son mari dirigeait au dehors les travaux des ouvriers, elle s'aidait de quelques livres qui composaient la bibliothèque de la maison, pour enseigner à son fils et à sa nièce les connaissances indispensables dans la vie civilisée. Anna, de trois ans plus âgée qu'Édouard, avait un caractère doux, une intelligence vive, et profitait avec une facilité merveilleuse des leçons de son excellente tante; Édouard, au contraire, faisait très-peu de progrès et chagrinait fort l'indulgente institutrice. Il avait l'étude en horreur ; il ne se plaisait qu'à courir dans la campagne, au risque de mille dangers, à grimper aux rochers, à s'exercer au tir de l'arc, à suivre les domestiques chinois ou malais dans les plantations. Vainement Anna, qu'il adorait, et qui avait pris sur lui une grande influence, venait-elle en aide à l'autorité maternelle pour décider à s'amender l'écolier paresseux, il promettait toujours de se corriger, mais il ne tardait pas à oublier ses promesses pour se livrer à quelqu'un de ses divertissements favoris.

Maintenant, par quelle suite de circonstances funestes cette famille, aux mœurs douces, évidemment faite pour la vie civilisée, était-elle venue s'établir sur cette terre d'anthropophages, au milieu d'une nature ennemie? Palmer son chef, qui paraissait pourtant plein de cœur, d'intelligence et de dévouement, avait-il condamné tant de personnes chères à cette existence précaire, inquiète et agitée? C'est ce que l'on saura bientôt.

On était au mois de septembre, époque où la mousson sèche touche à son déclin dans l'île de Sumatra. Aussi, le jour où commence cette histoire, le ciel, habituellement si pur, avait-il été troublé par d'épais nuages, et, au moment où le soleil allait se coucher, des vapeurs sombres, sans être encore menaçantes, couvraient son disque éblouissant. Néanmoins, la chaleur était toujours accablante, et des habitants de nos contrées septentrionales eussent été écrasés par cette température d'un automne sumatrien.

M. Palmer, habillé en planteur, large chapeau de paille, veste et pantalon de nankin, se tenait sur la verandah de son habitation, et, une longue vue à la main, observait avec attention un point noir qui se montrait au loin sur la mer. A côté de lui, Élisabeth, assise dans une chaise longue en rotin, paraissait abattue et languissante. Toute vêtue de blanc, elle s'enveloppait d'un grand voile de gaze pour se préserver des moustiques; mais cette étoffe transparente n'empêchait pas d'entrevoir ses contours gracieux, ses traits délicats, ainsi que ses yeux, qui semblaient pleins d'amour et de caresses quand elle les fixait sur son mari. La température n'était pas l'unique cause de cette *morbidezza* qu'éprouvait la belle créole. Madame Palmer, comme les autres personnes de sa famille, était née dans l'Inde, et elle devait être habituée depuis sa naissance aux ardeurs des pays tropicaux. Cependant l'action délétère du climat de l'île avait fini par attaquer cette frêle organisation ; Élisabeth souffrait souvent d'une fièvre nerveuse contre laquelle le médecin hollandais du Nouveau-Drontheim avait inutilement épuisé sa science ; et en ce moment elle était à peine remise d'un violent accès qu'elle avait ressenti la nuit précédente, bien qu'elle s'efforçât de cacher à son mari son malaise et sa faiblesse.

A l'autre extrémité de la verandah, la petite Anna Surrey, assise sur un pliant, tenait à la main un livre d'étude. Elle était vêtue de blanc comme sa tante, et, comme sa tante, elle portait un voile de gaze pour se préserver des moustiques. Mais, écartant cette étoffe importune, la jolie enfant laissait à nu son visage et son cou dorés par le soleil, tandis qu'une légère brise qui commençait à souffler de la mer se jouait dans les boucles soyeuses de ses cheveux. Elle était penchée sur son livre, et ses lèvres remuaient en silence comme si elle eût appris une leçon. Cependant elle paraissait distraite; on eût dit qu'un motif inconnu l'empêchait d'étudier avec son application ordinaire. Parfois elle regardait sa tante et cherchait à prévenir quelque désir de la malade; mais le plus souvent elle examinait l'avenue qui s'étendait devant l'habitation. Évidemment elle attendait une personne qui ne venait pas, et son inquiétude croissait de minute en minute, quoiqu'elle n'osât encore l'exprimer.

Enfin Palmer referma sa lunette, et murmura en soupirant, comme s'il se parlait à lui-même :

— Le navire porte le pavillon hollandais et il vient de doubler l'île Ronde sans hésitation. De son côté, le major Grudmann, gouverneur de la colonie, ne montre aucune inquiétude... Certainement ce navire est un de ceux qui nous arrivent de Batavia en cette saison pour faire leur cargaison d'épices. Avant une heure, il atteindra le mouillage et nous recevrons enfin des nouvelles.

Bien que ces paroles, comme nous l'avons dit, ne parussent s'adresser à personne, Élisabeth répliqua en souriant avec effort :

— Eh ! mon ami, que nous importent maintenant les nouvelles, à nous qui avons rompu pour toujours avec le reste du monde? Songez seulement, Richard, à vendre votre récolte au capitaine du navire qui va entrer dans le port, et ne vous inquiétez plus de ce qui passe à l'autre extrémité du globe.

M. Palmer se retourna lentement et attacha sur sa femme un regard triste et pénétrant.

— Rompu avec le monde et pour toujours! répéta-t-il d'une voix sourde; Élisabeth ! pauvre Élisabeth ! le croyez-vous vraiment ? Et, si vous le croyez, cette certitude ne vous brise-t-elle pas le cœur ?

— Pourquoi cela, mon cher Richard ? Ne sommes-nous pas bien ici ?

— Ne cherche pas à me tromper, douce et bonne créature ! dit Palmer avec une profonde émotion ; il est impossible que tu ne regrettes pas quelquefois ce que tu as perdu pour suivre dans ce désert un malheureux proscrit... déshonoré !

— Chut ! mon ami ! balbutia Élisabeth en désignant Anna.

Puis elle tendit la main à Richard, et poursuivit plus bas :

— Ne sais-je pas, Richard, combien cette proscription, ce prétendu déshonneur sont immérités? Ne sais-je pas que vous êtes le plus loyal, le plus généreux, le plus noble des hommes? Aussi, je vous l'affirme, ce monde où nous avons vécu ne m'a pas laissé un regret, ne m'inspire pas un désir. Depuis que j'ai vu combien il était faux, injuste et méchant envers vous, je l'ai pris en dégoût et en haine.

— Je vous crois, mon amie, je veux vous croire, répliqua Palmer en portant chaleureusement à ses lèvres cette main qu'on lui tendait. Partout, en effet, où vous pouvez avoir auprès de vous votre mari, votre fils, votre famille, vous ne demandez plus rien. Mais moi, Élisabeth, moi, cause première de votre malheur à tous, je ne dois pas m'aveugler sur les misères et les dangers de notre condition actuelle. Cher ange, ce climat vous mine et vous tue ; ne le vois-je pas? Ma pauvre sœur, qui m'aime tant, méritait-elle aussi le sort affreux auquel elle s'est condamnée ? Et sa charmante fille, et notre Édouard, pauvres enfants dont la jeunesse se consume dans cet exil, quel sera leur avenir plus tard? Passeront-ils donc leur vie entière dans ces affreuses solitudes ? Élisabeth, Élisabeth, il faut que j'avise à vous tirer au plus tôt de cette horrible contrée !... Il le faut, je le dois, je le veux, dussé-je mourir à la peine !

— Mais enfin qu'espérez-vous, Richard, et que comptez-vous faire ?

— Ce que j'espère, ce que je ferai, je l'ignore, répondit Palmer avec accablement; ma tête est un chaos où les idées se heurtent et se confondent. Je forme chaque nuit mille projets qui, le matin, me semblent téméraires ou insensés. Je ne vois partout qu'obstacles infranchissables. A chaque navire qui arrive dans ce pays perdu, je m'imagine que je vais apprendre des nouvelles qui changeront... ce qui ne peut plus être changé peut-être !

Il ouvrit de nouveau sa longuevue et se mit à regarder au large.

Il y eut un moment de silence; madame Palmer était pensive;

peut-être, en dépit d'elle-même, réfléchissait-elle aux vagues espérances que son mari venait d'exprimer.

Cependant la petite Anna ne pouvait maîtriser son inquiétude ; ses distractions ne lui permettaient même plus de songer au livre qu'elle tenait à la main. Jugeant l'occasion favorable pour risquer une question, elle se glissa vers madame Palmer et lui demanda timidement :

— Bonne tante, où donc est mon cousin Édouard ?

— Il est allé avec la négresse voir récolter le bétel, répliqua distraitement Élisabeth.

— Et les champs de bétel ne sont-ils pas du côté de la forêt ?

— Sans doute ! Mais où veux-tu en venir ?

— C'est que la nuit ne tardera pas à tomber ; et puis...

Un geste d'Élisabeth ferma la bouche à la jeune fille ; Palmer se rapprochait d'elles.

— Voilà le navire qui entre en rade, dit-il d'un air de préoccupation ; et le major Grudmann envoie sa péniche au-devant de lui, sans doute pour le reconnaître... Décidément, ma chère, je vais descendre au Nouveau-Drontheim, afin de savoir ce qui se passe.

— Prenez garde, Richard, répliqua Élisabeth ; nous avons des raisons de croire que les recherches à votre sujet ne se ralentissent pas. Or, nul ne sait quelles personnes peuvent se trouver sur ce navire, et... si vous veniez à être reconnu...

— Qui oserait me poursuivre ici sur le territoire hollandais ?

— L'Angleterre est en guerre avec la Hollande ; et puis oubliez-vous combien mon... combien le commodore est implacable dans ses ressentiments ? Il a dû envoyer des espions dans toutes les colonies européennes de ces mers ; et, s'il venait à découvrir votre retraite, je frissonne en pensant à ce qui pourrait arriver ?

— Ah ! Élisabeth, reprit Richard d'un ton sombre, s'il ne s'agissait que de moi, le commodore saurait depuis longtemps que, malgré toute sa puissance, je ne crains pas sa haine et sa colère. Il a mis en usage le mensonge et la calomnie ; il m'a ruiné, couvert de honte ; il m'a fermé, à moi et aux miens, les portes du monde civilisé ; et pourtant... Mais pardon, chère Élisabeth, poursuivit-il en voyant des larmes briller dans les beaux yeux de sa femme, celui dont nous parlons est votre père, je ne vous pas l'oublier ; et, si je lui dois tous les douleurs de ma vie, je lui dois aussi la femme adorée qui me donne la force de les supporter.

Et il pressa contre sa poitrine Élisabeth, qui pleurait en silence.

Après un moment, il reprit d'un ton plus calme :

— Allons ! ma bonne, rassurez-vous ; je vais me rendre au port, mais je serai prudent. La nuit sera tombée avant que j'y arrive ; d'ailleurs, j'irai d'abord chez le docteur pour le prier de venir vous voir, car vous ne paraissez pas bien, et je m'informerai adroitement auprès de lui du caractère de ce navire. Avec de pareilles précautions, nous n'avons à craindre aucune surprise.

Élisabeth n'insista plus pour le retenir, et se contenta de l'engager affectueusement à revenir bientôt ; Richard Palmer allait donc quitter la verandah afin de se disposer à cette promenade, quand un nouvel incident attira son attention.

Deux massifs chariots entraient en ce moment dans la cour. Ces chariots, traînés par des buffles noirs, aux cornes monstrueuses, à l'œil hagard, étaient chargés de feuilles de bétel [1] qu'on venait de récolter. Plusieurs hommes conduisaient les attelages, passablement indociles, et en tête du convoi marchait en se dandinant le Chinois Yaw, le chef des cultures de M. Palmer.

Yaw, avec sa figure jaune et bouffie, ses yeux bridés, ses moustaches pendantes, sa tête rasée et sa queue démesurée qui s'échappait de dessous un chapeau de paille pointu, avait tout à fait l'aspect de ces magots que les importations de porcelaine chinoise ont popularisés parmi nous. Il était simplement vêtu d'un caleçon et d'une chemise bleue ; mais le sourire continuel épanoui sur sa large face ne contribuait pas peu à le rendre ridicule aux yeux des Européens. Le caractère de Yaw n'était guère plus attrayant que son physique. Comme la plupart de ses compatriotes, le chef des cultures de l'habitation était poltron, men-

1. Le bétel est une plante grimpante de la famille du poivrier ; mélangé à la noix d'arek et à la chaux vive, elle forme le siri, drogue abominable, d'un usage presque général dans les îles de la Malaisie et qui se mâche comme le tabac dit *à chiquer*.

teur, fripon, d'une avarice sordide, et il aurait un peu trop aimé à fumer de l'opium, si l'opium n'eût pas été si cher. En revanche, Yaw était un excellent agriculteur, sobre, travailleur, toujours le premier et le dernier à la besogne ; et ces mérites, joints à son inaltérable gaieté, rendaient les maîtres indulgents pour ses défauts de race.

A peine Anna l'eut-elle aperçu, qu'elle l'appela précipitamment ; le Chinois s'approcha en se dandinant et en ricanant, selon son habitude. Alors mademoiselle Surrey se pencha sur la balustrade de la galerie, et, employant une espèce de patois en usage parmi les habitants de la colonie, et qui se composait de toutes sortes de langues, elle lui demanda s'il n'avait pas aperçu dans les plantations le petit Édouard et la négresse Maria.

Le magot branla la tête :

— Oui, oui, répliqua-t-il, Yaw a vu Édouard et Maria.

— Où étaient-ils ? où allaient-ils ? demanda miss Surrey avec anxiété.

— Du côté de la forêt. Maria ne voulait pas. Édouard voulait. Édouard est petit, mais il est le maître, et ils y sont allés.

— Dans la forêt ! s'écria Anna en joignant les mains ; mais n'a-t-on pas vu rôder un tigre de ce côté ?

— Eh ! eh ! oui, un tigre rôde en effet, dit le Chinois en riant toujours ; aujourd'hui, pendant que nous travaillions dans les champs, les buffles se mettaient en garde à chaque instant, comme ils font quand ils sentent le tigre dans le voisinage, et ils regardaient vers les bois... Yaw avait bien peur, mais beaucoup de buffles sont plus forts que le tigre.

La pauvre enfant ne put plus modérer son effroi.

— Oncle Palmer, bonne tante, s'écria-t-elle, entendez-vous ?... Édouard... le tigre !...

Mais le planteur et sa femme n'avaient pas perdu un mot de cet entretien. Richard s'était subitement redressé, et Élisabeth, si faible tout à l'heure, s'était élancée toute frémissante de son siège.

— Mon fils... mon Édouard ! s'écria-t-elle.

— Paix, Élisabeth ! paix, Anna ! dit Palmer avec autorité, quoique sa voix n'eût pas la fermeté ordinaire ; il y a là quelque malentendu, sans doute... Laissez-moi questionner cet homme. »

Et s'adressant au Chinois dans ce jargon bizarre qui servait de langue aux habitants du Nouveau-Drontheim, il lui adressa des questions péremptoires. Yaw répondit, sans cesser de sourire et de se dandiner, qu'il avait vu, une heure auparavant, Édouard et Maria se diriger vers la forêt, où l'on avait signalé dans la journée la présence d'un tigre.

— Maudite négresse ! gronda le colon, s'il arrive malheur à mon fils, elle mourra sous la hache.

— Maria ne voulait pas y aller, reprit Yaw ; mais Édouard s'est enfui en courant et la négresse l'a suivi.

— Mais toi, Yaw, pourquoi ne les as-tu pas avertis qu'il était dangereux en ce moment de s'approcher de la forêt ?

— Yaw était loin, et il travaillait à rentrer le bétel !... Le travail est d'or, comme dit le sage ; et puis petit Édouard est volontaire... il n'eût pas écouté Yaw.

— Il eût fallu les ramener de force ; pourquoi n'es-tu pas allé le chercher dans le bois ?

— Eh ! eh ! eh ! le tigre aurait mangé Yaw.

— Lâche imbécile ! s'écria Palmer avec indignation, tu mériterais...

Mais, jetant un regard sur la figure hébétée de son interlocuteur, il se souvint à qui il parlait ; il se détourna donc d'un air de dégoût, et quitta la verandah.

Il entra dans un cabinet rempli d'armes de toute espèce, s'empara d'un fusil double, et passa une paire de pistolets d'arçon dans sa ceinture. Comme il se retournait pour sortir, il aperçut sa femme et Anna qui l'avaient suivi.

— Richard, où allez-vous ? demanda Élisabeth.

— A la recherche de ce malheureux enfant ; il n'y a là sans doute qu'une nouvelle espièglerie d'Édouard ; ne vous alarmez pas.

— Richard, je veux vous accompagner.

— Et moi aussi ! s'écria la petite Anna, je veux aller au secours d'Édouard.

Palmer ne put retenir un sourire.

— Les beaux auxiliaires que j'aurais là! dit-il en haussant les épaules; allons! Elisabeth, pas de folies! poursuivit-il d'un ton d'autorité; j'espère encore que tout ceci finira par une verte semonce donnée à cet enfant indocile et à son imprudente gouvernante.

— Du moins, Richard, faites armer les domestiques et emmenez-les avec vous.

— Bah! ce serait du temps perdu, et puis ils sont si poltrons!... un seul pourrait réellement m'être de quelque utilité, c'est le Malais Tueur-d'Éléphants; se trouve-t-il à l'habitation en ce moment?

— Hélas! non, mon oncle, dit Anna en pleurant; je l'ai vu tout à l'heure descendre au village, où il doit y avoir un combat de coqs. Quant à l'autre Malais, que l'on appelle Fumeur-d'Opium, il a conduit son troupeau de chèvres dans la montagne.

— Eh bien! donc, j'irai seul.

— Mon ami, mon cher Richard!

— Mon bon oncle!

Anna et Elisabeth l'enlacèrent dans leurs bras. Il essayait de se dégager de ces étreintes, quand une porte intérieure s'ouvrit, et madame Surrey entra précipitamment. La mère d'Anna était une femme de quarante ans, d'un excellent cœur, mais aussi calme, aussi raisonnable, qu'Elisabeth était nerveuse et craintive.

Palmer lui dit rapidement:

— Vous savez ce qui arrive, ma sœur; veillez sur ces pauvres créatures et empêchez-les de commettre des imprudences. Je vous ramènerai bientôt l'étourdi qui est cause de cette alerte; je vous le promets... Allons, que personne ne bouge, je le veux!

Il s'élança hors de la maison, et bientôt on le vit descendre l'avenue en courant.

II. — LE TIGRE.

Palmer était robuste, adroit, plein de courage; d'ailleurs les événements de la nature de celui qui se présentait n'étaient pas très-rares dans sa vie aventureuse. Aussi, n'eût été sa tendresse pour l'imprudent Edouard, eût-il envisagé tranquillement la possibilité d'avoir à lutter seul contre un formidable tigre royal. Mais, avant même qu'il eût quitté l'avenue, la Providence lui envoya un puissant auxiliaire dans la personne du Malais Tueur-d'Éléphants, celui de ses domestiques dont le concours pouvait être le plus efficace. Comme il allait s'engager au milieu des cultures, il aperçut tout à coup le Malais qui, accompagné de sa fille, revenait à l'habitation.

Tueur-d'Éléphants était de la race des Battas, nation sauvage et guerrière qui habite l'intérieur de l'île et passe encore aujourd'hui pour anthropophage. Des motifs, sur lesquels il ne s'expliquait pas, l'avaient déterminé, quelques années auparavant, à quitter son pays et à venir s'établir au Nouveau-Drontheim. Il était chargé, à l'habitation Palmer, de la garde et de la direction d'un troupeau de buffles privés, et sa fille surveillait la laiterie. Tous les deux Malais habitaient une case sumatrienne dans la cour de la ferme. Toutefois, ces fonctions de Tueur-d'Éléphants, chez M. Palmer, étaient à peu près nominales, car la plupart du temps les buffles, attelés aux fourgons ou aux charrues, travaillaient dans les champs, et quand ils revenaient le soir, ils étaient soignés par l'autre Malais, appelé Fumeur-d'Opium, à qui était déjà confiée la garde du troupeau de chèvres.

Le véritable emploi de Tueur-d'Éléphants à l'habitation était celui de chasseur pour le compte de ses maîtres. Armé d'un long et pesant fusil, il parcourait habituellement les montagnes environnantes, parfois même il s'enfonçait dans la forêt voisine pour abattre des dindons sauvages, des faisans et des daims qui servaient aux repas de la famille. Il était aussi parvenu à tuer plusieurs éléphants, et, selon l'usage de sa nation, il avait ajouté à son nom malais le surnom sous lequel on le connaissait. Mais il avait tué encore plus de tigres que d'éléphants, et ces victoires lui donnaient auprès de ses compatriotes une réputation tout à fait exceptionnelle.

Les Malais de Sumatra, en effet, sont soumis à des superstitions grossières, et une de ces superstitions consiste à croire que les âmes de leurs ancêtres défunts ont passé dans le corps des tigres; c'est de là qu'ils appellent *ninis* ou grands-pères ces terribles animaux. Avec une pareille croyance, ils doivent avoir peu de goût pour la chasse du tigre, car ils sont toujours en droit de voir un aïeul paternel ou maternel dans la bête féroce qu'ils vont frapper. Aussi ces hommes, si braves et si féroces eux-mêmes, essayent-ils rarement de lutter contre les *ninis*. C'est en vain qu'ils sont décimés par eux, la superstition l'emporte, et ils ne font aucune résistance. Bien plus, quand le tigre entre dans un village, les habitants poussent la folie jusqu'à mettre du riz et des fruits devant leur porte, dans l'espoir que ces offrandes toucheront leur sanguinaire persécuteur.

Il serait donc interdit à un Malais de chasser le tigre, si sa religion elle-même n'avait déterminé un cas où cette chasse est permise; c'est celui où les tigres auraient dévoré un des proches parents du chasseur. Or, Tueur-d'Éléphants était précisément dans ce cas; sa propre mère avait été dévorée par un de ces monstres, un jour qu'elle se reposait tranquillement devant sa porte. Le fait étant bien constaté, il pouvait en toute sûreté de conscience envoyer une balle ou une flèche empoisonnée à tous les « grands-papas » qui se trouveraient sur son chemin.

Du reste, Tueur-d'Éléphants avait un caractère sombre et insociable. Il était taciturne, faux, cruel, vindicatif; on ne l'avait jamais vu sourire, il n'avait jamais adressé une parole affectueuse à qui que ce fût. Sa fille elle-même ne paraissait lui inspirer aucun sentiment de tendresse; il la traitait plutôt en esclave qu'en enfant aimée dont il devait protéger la faiblesse. Il ne trouvait de plaisir qu'à la chasse des bêtes féroces, aux rixes, aux batailles, ou bien aux jeux de hasard et aux gageures. Son bonheur surtout était d'assister à ces combats de coqs si chers au Malais. Lui-même élevait des coqs, dont il excitait sans relâche l'humeur sanguinaire, et on le rencontrait rarement sans qu'il eût son champion sous le bras. Jamais Tueur-d'Éléphants n'avait montré de pitié que pour son coq de combat, quand toutefois celui-ci avait remporté la victoire; alors il pansait ses blessures, il lui donnait les soins les plus assidus. Mais si la bête avait été lâche ou avait été vaincue, souvent le Malais, dans sa fureur, n'hésitait pas à la frapper de son criss ou à la déchirer de ses propres mains.

Au physique, Tueur-d'Éléphants, quoique plein de vigueur, était de taille moyenne et mal conformé. Il avait la peau cuivrée, le front étroit et bas, les pommettes des joues saillantes, les yeux enfoncés, fauves, étincelants. Son nez était aplati, et de sa large bouche, qui laissait voir des dents noires, brûlées, limées en pointe, s'échappait continuellement cette salive épaisse et sanguinolente que produit l'usage du bétel. Son habillement consistait en un pantalon rayé tombant à mi-jambes, et en une veste à manches courtes qui laissait à découvert ses bras tatoués. Une espèce d'écharpe, appelée *cayan sarrong*, qui se drape comme le plaid écossais, recouvrait une de ses épaules. Il avait pour coiffure un mouchoir de couleur roulé autour du front, et cette sorte de turban laissait passer par en haut quelques mèches de cheveux raides et incultes. Ses jambes et ses pieds étaient nus. Deux criss à lame dentelée pendaient à sa ceinture et complétaient cet équipement barbare.

Sa fille, qui marchait à ses côtés sans qu'il parût y prendre garde, passait pour la plus avenante *gadise* de la contrée. Elle était svelte, bien faite, et quoique sa figure présentât les signes indélébiles de sa race, elle était assez jolie. Sa mise ne manquait pas de grâce, elle consistait en une espèce de veste de coton rayé, descendant jusqu'aux hanches, et en un *bapjou* ou jupon que retenait autour de la taille une ceinture brodée; une pièce de coton diaphane appelée *salenday* lui servait d'écharpe ou de voile. Ses cheveux noirs, magnifiques, étaient massés à la chinoise sur le derrière de sa tête, et retenus par de longues épingles d'écaille. Elle avait aux bras et aux jambes des anneaux d'argent. Ainsi parée, la fille de Tueur-d'Éléphants obtenait un succès prodigieux dans les fêtes qui avaient lieu fréquemment parmi les Malais du Nouveau-Drontheim. D'une coquetterie effrénée, elle excellait dans la danse de l'Écharpe, la plus jolie danse de son pays, et, pour constater ses triomphes, on l'appelait Légère, nom qui lui était resté à l'habitation comme dans la colonie. Par malheur, le bétel, dont les Malaises font usage aussi bien que les hommes, avait dévasté sa bouche ; mais ses dents noires et décharnées étaient un charme de plus pour ses compatriotes, ceux-ci craignant surtout d'avoir des dents blanches et bien rangées, qu'ils appellent dédaigneusement « dents de chien. »

Au moment où Palmer rencontra le père et la fille, ils revenaient, comme nous l'avons dit, d'un combat de coqs, et Tueur-d'Éléphants portait sous le bras son coq tout déplumé, tout hérissé, tout sanglant, mais vainqueur sans doute, à en juger par les caresses dont son maître le comblait. On pouvait encore lire sur le visage du Malais les violentes émotions que lui avaient causées les péripéties de la lutte, car tout est matière à énergiques secousses dans ces organisations de feu. Par moments, son œil brillait encore de férocité au souvenir de quelque épisode du combat, et une légère écume n'avait pas disparu des coins de sa bouche. Néanmoins, ces impressions passées faisaient place maintenant à une expression de triomphe et d'avidité satisfaite. Légère, de son côté, semblait avoir produit son effet ordinaire sur les galants spectateurs, et elle cheminait en chantonnant un air de danse sur le mode bizarre, mais plein de douceur.

A la vue de Palmer, le Malais s'arrêta tout à coup, non qu'il voulût donner au chef de l'habitation une marque de respect, contraire à ses habitudes d'indépendance, mais à la contenance du colon, aux armes dont il était chargé, qu'il s'agissait d'un événement extraordinaire, et il éprouvait la curiosité passionnée du sauvage. Palmer lui apprit en peu de mots à quels périls on croyait exposés Édouard et la négresse.

Cette nouvelle toucha Tueur-d'Éléphants plus qu'on n'aurait dû s'y attendre.

— Édouard !... le tigre ! répliqua-t-il d'une voix gutturale ; je vais chercher mon fusil.

Et il voulut courir vers l'habitation. Palmer le retint.

— Ton fusil ? dit le colon, c'est inutile. Prends le mien, car le temps presse ; mes pistolets me suffiront.

Tueur n'hésita pas ; il confia le coq à sa fille, en lui recommandant le valeureux animal ; puis il saisit l'arme que lui présentait M. Palmer, et ils se mirent en marche rapidement vers les cultures. Quant à Légère, après avoir enveloppé le précieux volatile dans les plis de son sarrong, elle continua sa route en chantant vers l'habitation. Elle avait pourtant fort bien entendu qu'il s'agissait pour son père et son ami d'aller attaquer un tigre qui peut-être avait déjà dévoré Édouard et la négresse ; mais cet événement paraissait chose si simple à la gadise, qu'elle ne jugeait pas à propos de faire trêve pour si peu à son expansive gaieté.

Palmer et le chasseur s'engagèrent au milieu des champs de poivre et d'indigo, des plantations d'arbres à pain et de cocotiers, coupant droit devant eux pour atteindre la forêt au plus vite. Ils ne se parlaient pas, mais ils avaient une égale impatience d'arriver. Ce n'était pas seulement du combat et du danger qui excitait l'ardeur du Tueur-d'Éléphants ; si peu croyable qu'eût paru le fait à quiconque connaissait cet homme de fer, étranger aux affections douces, aux sentiments de la nature, il aimait réellement Édouard, autant du moins qu'il pouvait aimer. Non pas que les grâces de l'enfant, sa vivacité, sa tendresse pour ses parents et ses proches eussent touché l'âme du Batta anthropophage ; de pareilles qualités ne pouvaient produire la moindre impression sur lui ; il eût vu sans s'émouvoir déchirer la gracieuse madame Surrey ou Palmer, la bonne madame Surrey et la timide Anna ; ce qui lui plaisait dans le fils de son maître, c'étaient les défauts.

Nous avons dit, en effet, qu'Édouard quoique excellent au fond, était remuant, indiscipliné, téméraire ; qu'il aimait surtout les exercices du corps, le maniement des armes, les escapades aventureuses. Tout cela ravissait Tueur-d'Éléphants ; il trouvait dans cet espiègle tapageur les qualités qui, suivant lui, promettaient un vaillant guerrier. D'ailleurs, Édouard, avec les goûts de cruauté naïve qui se manifestent chez les enfants, et que son genre de vie dans ce pays tendait à développer encore, partageait la passion du Malais pour les combats de coqs ; il employait tous les moyens afin qu'on lui permît d'assister à ces luttes acharnées où les deux champions emplumés restaient parfois sur le carreau. Lui-même avait offert au Tueur, peu de mois auparavant, un jeune coq d'espèce rare que lui avait donné le major Grudmann, le gouverneur de l'île, et ce coq était mort bravement au champ d'honneur. Un pareil cadeau avait plus charmé le sombre Batta qu'une poignée de piastres portugaises et de roupies indiennes, et son affection avait grandi pour son jeune maître de toute la vaillance du coq défunt.

Sans cesser de marcher, le colon poussait par intervalle des cris d'appel, mais personne ne répondait. La nuit allait tomber et la campagne commençait à devenir déserte. Les travailleurs rentraient dans les habitations, et la nouvelle de l'arrivée d'un navire avait sans doute hâté leur retour au Nouveau-Drontheim. D'ailleurs on approchait de la forêt, et ce voisinage paraissait particulièrement dangereux à cette heure de la soirée.

La forêt dont il s'agit, en effet, ne ressemblait en rien aux forêts de l'ancien continent, et elle justifiait pleinement l'effroi qu'elle inspirait. Nul ne pouvait dire quelle était son étendue ; on savait seulement que des malheureux, égarés dans ses profondeurs, avaient erré pendant plusieurs mois sans en trouver la fin. A la vérité, elle était, aussi bien que les hautes montagnes qui environnaient la colonie, un motif de sécurité pour les habitants du Nouveau-Drontheim. Les nations féroces du centre de l'île ne pouvaient franchir cette puissante barrière ; et, dans ce pays, où tout est hostile à l'homme, ce qu'il y a le plus à redouter encore, c'est l'homme lui-même ; mais cet avantage était compensé par des inconvénients et des dangers sans nombre.

D'abord les exhalaisons qui se formaient sous cette épaisse voûte de feuillage, parmi les détritus d'arbres pourris et de feuilles en décomposition, dans la tourbe et les marécages, contribuaient pour leur part à l'insalubrité du canton. Puis tous les monstres, dont la contrée abonde, s'élançaient de là comme d'un fort, pour faire des victimes ou opérer des ravages. Tantôt des rhinocéros ou un troupeau d'éléphants sauvages venaient la nuit fouler aux pieds les récoltes, saccager les plantations ; tantôt une bande de singes grands et petits dépouillait leurs fruits, en quelques heures, tous les arbres des jardins. Parfois, comme dans la circonstance présente, c'était un de ces tigres appelés *mangeurs d'hommes*, qui venait rôder sur les terrains cultivés et enlever les promeneurs imprudents, ou bien un gigantesque boa qui saisissait à l'improviste quelque animal domestique dans ses terribles replis.

Souvent les colons prenaient les armes pour punir ces méfaits ou les empêcher de se reproduire ; mais la forêt était encombrée de lianes et d'autres plantes grimpantes ou épineuses, entrecoupée de troncs renversés et de fondrières ; les gens les plus habitués à ces sortes d'excursions n'osaient s'aventurer plus loin que deux ou trois milles. Sur la lisière de la forêt seulement, les arbres étaient moins serrés, et il existait quelques sentiers battus, car les colons, ayant eu besoin de bois pour leurs constructions, avaient largement joué de la hache de ce côté. Mais ces éclaircies ne s'étendaient pas bien avant, et la puissante végétation équatoriale tendait à les effacer chaque jour. Au bout de quelques centaines de pas, le sentier disparaissait, et puis c'était le désert, la solitude, le domaine des bêtes féroces ; la mort sous toutes les formes menaçait incessamment l'homme assez hardi pour s'y hasarder.

Tel était le lieu redoutable, où l'on avait vu disparaître le faible enfant et sa gouvernante. Palmer et le Malais continuaient de pousser par intervalles des cris d'appel que l'écho leur renvoyait d'une manière funèbre ; enfin pourtant, comme ils approchaient du bois, ils eurent la satisfaction d'entendre des voix répondre aux leurs.

— Ce sont eux, dit le colon en respirant avec effort. Dieu soit loué ! nous arrivons à temps.

Mais ces espérances étaient prématurées : au moment où Palmer achevait ces paroles, les cris éloignés prirent tout à coup un autre caractère, puis ils furent dominés par un rugissement effroyable qui fit trembler la campagne. Richard et son compagnon préparèrent instinctivement leurs armes. Le colon avait pâli ; par-dessus l'appel pressant de son fils, il avait reconnu le rauquement du tigre.

— Courons ! dit-il.

Et ils s'élancèrent de toute leur vitesse ; mais, comme ils s'engageaient sous les premiers arbres de la forêt, ils virent la négresse Maria accourir au-devant d'eux, portant dans ses bras le

Il avait pour coiffure un vieux chapeau à cornes. (Page 12.)

petit Edouard. L'un et l'autre poussaient des cris de terreur, comme s'ils eussent été poursuivis par un ennemi invisible.

A la vue de son maître, la jeune et robuste négresse, qui, les vêtements en désordre et les yeux démesurément agrandis par l'épouvante, semblait dévorer l'espace, éleva l'enfant vers Palmer, et dit d'une voix entrecoupée :

— Gardez-le... sauvez-le... Petit massa n'avoir aucun mal.

Et, succombant à la violence de ses émotions, elle tomba presque évanouie sur l'herbe.

Le premier mouvement du colon fut de se jeter entre son fils si miraculeusement retrouvé et la partie du bois où il venait d'entendre le rauquement du tigre; mais déjà Tueur-d'Éléphants avait pris ce poste, et son œil fauve sondait les arcades sombres de la forêt, où régnait maintenant un silence de mort.

Edouard Palmer, le plus charmant démon qu'il fût possible d'imaginer, était souple, nerveux et grand pour son âge. L'exercice avait fortifié ses membres, l'ardeur du climat lui avait donné une certaine précocité. Son visage plein et régulier était bruni par le soleil, son œil noir surmonté de sourcils vigoureusement tracés. N'eussent été ses cheveux blonds, on eût pu le prendre pour un bel enfant de la race cuivrée. Son costume, fort simple, consistait en un pantalon et une robe courte de calicot blanc ; un chapeau de jonc tressé, à larges bords, était retenu sur sa tête par une ganse. Plusieurs petites flèches à fer émoussé étaient passées dans sa ceinture de soie bleue des Indes. Habituellement, il avait des mouvements brusques, impétueux, la parole vive et prompte ; mais en ce moment, l'enfant mutin paraissait tout effaré, soit qu'il fût encore étourdi par la rapidité avec laquelle il venait d'être emporté, soit qu'il eût réellement conscience d'un danger.

Toutefois, son pauvre père, en le retrouvant sain et sauf, ne put contenir sa joie ; il le serra contre sa poitrine et l'embrassa chaleureusement, en lui disant d'un ton de reproche :

— Cruel enfant, quelles inquiétudes tu nous causes ! N'as-tu donc aucune pitié pour ta mère et pour moi ?

Édouard ne répondit qu'en lui rendant ses caresses.

Cependant Tueur-d'Éléphants, qui avait montré tant d'ardeur à voler au secours du fils de son maître, avait cessé de regarder du côté de la forêt, et, appuyé sur son fusil, observait tranquillement cette scène touchante. Mais il n'avait pas un mot, pas un signe affectueux pour ce petit favori, qu'un moment il avait cru perdu. Seulement il cracha une énorme tampon de bétel, et, tirant sa boîte de siri, il en prit une nouvelle dose, qu'il mâcha d'un air de complaisance ; c'était là peut-être sa manière à lui de témoigner sa satisfaction et de féliciter ses patrons de l'heureux résultat de l'aventure.

Palmer, après cette première effusion de tendresse paternelle, remit l'enfant sur ses caresses ; puis, regardant sévèrement la négresse qui, assise sur l'herbe, commençait à peine à recouvrer ses sens :

— Maria, lui dit-il, sais-tu bien que tu mériterais un rude châtiment pour avoir ainsi abusé de notre confiance ?

— Oh ! maître, mon bon maître, pas moi... C'est lui... petit massa Édouard.

De son côté l'enfant se hâta de venir en aide à sa gouvernante :

— Père, dit-il délibérément, ne grondez pas cette pauvre Maria ; ce n'est pas elle qui a désobéi, c'est moi, moi tout seul. écoutez : maman nous avait permis d'aller voir récolter le bétel, et j'étais parti avec Maria. J'avais emporté mon arc et mes flèches pour tirer sur les oiseaux qui viennent manger le riz... Mais où donc est-il, mon arc ? ajouta le petit garçon en regardant autour de lui avec inquiétude ; je l'aurai laissé tomber dans le bois...

— Bon ! interrompit Palmer impatienté, on le retrouvera, ou l'on t'en fera un autre.

— C'est que je n'ai jamais eu d'arc si grand et si juste... Eh bien ! donc, reprit-il en continuant son récit, nous sommes arrivés dans les plantations, Maria et moi, et je cherchais les oiseaux dans les rizières quand nous avons rencontré le nègre Darius... vous savez ? Darius, votre valet de chambre, qui parle toujours à Maria !

La négresse probablement se fût bien passée de cette observation, car elle leva ses grands yeux blancs et poussa un profond soupir. Édouard poursuivit :

— Darius s'est mis à causer avec Maria, et puis il m'a dit : « Massa Édouard, avez-vous vu la grande fleur qui est là-bas dans les bois, au pied du vieux bombax ? Elle est si énorme que vous pourriez vous coucher dedans sans la remplir. » Alors, moi, j'ai voulu voir la grande fleur, et je l'ai dit à Maria ; mais Maria ne voulait pas ; je me suis sauvé ; elle m'a rappelé ; je me suis sauvé plus fort. Je savais où était le bombax, et je tenais à voir la grande fleur. Maria s'est mise à courir, mais je courais mieux qu'elle ; j'ai passé à côté des Chincis, qui revenaient à l'habitation avec les chariots, et je me suis enfui dans la forêt.

— Et aucun de ces coquins ne vous a prévenus qu'un tigre s'était montré aujourd'hui dans cette partie du bois ?

— Ah ! l'on savait donc qu'il y avait un tigre ? Moi, je l'ignorais et Maria l'ignorait aussi. Darius a voulu nous suivre, Maria l'a renvoyé avec colère. Elle est entrée avec moi dans la forêt, mais je me suis caché. Je voulais absolument voir la grande fleur, et j'espérais que Maria, ennuyée de me chercher, finirait par s'en aller ; mais elle ne s'en allait pas, elle me cherchait toujours en m'appelant. Quand elle a été un peu loin, je me suis levé pour aller vers le bombax, et j'ai fini par trouver la grande fleur. Alors seulement j'ai répondu à Maria, qui pleurait... Maria, viens que je t'embrasse, ajouta le gentil enfant en passant ses bras autour du cou de la négresse ; je suis bien fâché de t'avoir causé tant de chagrin.

Palmer écoutait attentivement ce petit récit, qui disculpait presque entièrement la gouvernante. Il demanda d'un ton plus doux :

— Maria, tout ceci est-il bien vrai ?

La pauvre négresse semblait ravie de l'éloquence d'Édouard, et l'écoutait bouche béante ; elle répondit moitié souriant, moitié pleurant :

— Massa Édouard parler mieux que Maria, mais tout être bien vrai... Ensuite petit maître rien dit encore du tigre !

— Oui, oui, reprit le colon frémissant à ce souvenir ; vous avez dû être poursuivis par le tigre, car j'ai entendu ses rugissements. Comment lui avez-vous échappé ?

— Ah ! c'est vrai, reprit Édouard étourdiment. Pendant que nous étions en admiration devant la grande fleur, le tigre s'est montré dans les broussailles à quelques pas de nous, et il m'a fort effrayé, quoique ce soit une bien jolie bête. Alors Maria s'est mise à crier, et moi j'ai crié aussi, mais le tigre a crié plus haut. Il allait sauter sur nous, quand un grand homme velu et fort laid s'est montré tout à coup au pied du bombax et a frappé le tigre avec un énorme bâton qu'il tenait à la main. Mais je n'ai pu voir le combat, car Maria m'a pris dans ses bras et m'a emporté en courant de toutes ses forces. C'est alors sans doute que j'ai perdu mon arc, mais je le retrouverai.

Palmer paraissait frappé de surprise.

— Que dit-il ? demanda-t-il à Maria, un homme assez hardi pour attaquer un tigre avec un bâton ?... Le malheureux doit être dévoré !

— Non, non, massa ; moi croire au contraire le tigre être mort.

— Un tigre tué à coups de bâton, c'est de l'extravagance, ma pauvre Maria ; et quel est l'homme qui a osé tenter une entreprise aussi folle ? Le connais-tu ?

— Non, maître ; mais lui être bien grand, bien fort... C'être de ces hommes qui ne parlent pas.

Palmer ne comprenait pas ce que la négresse voulait dire, et il la pressa de questions ; elle se contenta de répéter que son sauveur était un de ces hommes « qui ne peuvent pas ou ne veulent pas parler. »

— Et il était bideux ! ajouta Édouard, par forme de commentaire.

Le colon demeura pensif et chercha vainement à s'expliquer cette étrange aventure. Enfin il se tourna vers Tueur-d'Éléphants, qui demeurait impassible en mâchant son bétel, et lui demanda s'il était disposé à poursuivre sa chasse.

— Le nini mort, répliqua froidement le Malais.

— Mort ! Et comment le savez-vous ?

Alors Tueur lui expliqua en peu de mots que le rugissement qu'ils avaient entendu peu de moments auparavant, après s'être prolongé d'une façon lamentable, avait cessé brusquement, ce qui indiquait que la force avait manqué tout à coup à la bête féroce. Quoique Palmer eût pleine confiance dans l'expérience de son compagnon en pareille matière, il secoua la tête.

— Eh bien ! nous en aurons le cœur net, reprit-il ; aussi bien il importe de détruire ce maudit animal qui s'est cantonné si près de mon habitation. Tueur-d'Éléphants, nous sommes bien armés, et nous allons savoir si ce tigre vit vraiment plus à craindre... Toi, Maria, poursuivit-il en s'adressant à la négresse, retourne bien vite au logis avec Édouard, et ne le laisse plus s'échapper. Ne vous arrêtez pas en chemin, car ces dames, et surtout ma pauvre Élisabeth, doivent être dans les transes mortelles.

Maria, qui adorait sa maîtresse, se mit en devoir d'obéir avec empressement, et prit Édouard par la main pour l'emmener ; mais le volontaire petit bonhomme résista énergiquement.

— Non, non, répliqua-t-il d'un ton opiniâtre : je suis maintenant avec père et je n'ai plus rien à craindre. Je veux revoir la grande fleur et aussi l'homme velu qui a battu le tigre avec son bâton... et puis je retrouverai mon arc. N'est-ce pas, cher père, bon petit père, que vous me permettrez d'aller avec vous et avec mon ami Tueur-d'Éléphants?

Palmer essaya de faire entendre raison à l'enfant indocile ; mais, comme il ne pouvait y réussir, il consentit à le garder et à renvoyer Maria seule à l'habitation. Il avait besoin d'un guide pour retrouver le lieu de la lutte, et Édouard pouvait lui en servir. — D'ailleurs, de peur d'accident, il prit sur un de ses bras le petit mutin, qui eût beaucoup mieux aimé marcher, et il arma son autre main d'un de ses pistolets d'arçon. Ces précautions prises, il congédia Maria en la chargeant de dire à Élisabeth qu'il serait bientôt de retour à la colonie, et il pénétra plus avant dans la forêt, toujours suivi de Tueur-d'Éléphants.

Quoique cette portion de bois ne fût pas très-fourrée, l'obscurité commençait à s'étendre sous le feuillage, et il y régnait un silence majestueux. Le moindre bruit, la rupture d'une branche sèche sous les pas des chasseurs, le battement d'ailes d'un oiseau qui cherchait son gîte pour la nuit, y éveillaient mille échos confus et plaintifs. L'enfant indiqua du doigt l'arbre cherché. Mais il faisait trêve à son babil ordinaire, comme si la solennité de ces déserts eût agi même sur son organisation vive et remuante. Le sol était accidenté, embarrassé de grosses souches d'arbres aux rejets vigoureux, de cactiers, de gigantesques fougères. Palmer marchait avec lenteur, sondant du regard chaque touffe d'herbes et serrant son fils contre sa poitrine. Le Malais lui-même semblait avoir compris la nécessité de se tenir sur ses gardes ; il avait dégagé des plis de son vêtement la poignée de ses criss et armé son fusil double ; mais, contrairement à son maître qui regardait la terre avec attention, il examinait le sommet des arbres, comme s'il eût soupçonné que de là viendrait peut-être le péril.

On se trouva bientôt au pied du vieux bombax où s'était opérée la délivrance encore inexpliquée de l'enfant et de la gouvernante. Cet arbre était un de ces végétaux gigantesques, dont rien dans nos régions septentrionales ne saurait donner une idée. Le bombax de l'Océanie est en effet le rival du célèbre baobab du Sénégal, le plus grand arbre du monde ; il a une élévation telle, au dire des Indiens, que la flèche lancée par le plus vigoureux archer n'en saurait atteindre le sommet. Celui dont nous parlons était surtout remarquable. Sa tête semblait se perdre dans les nues, et il avait fallu peut-être dix siècles à la nature pour produire cette merveille. Les colons qui avaient pratiqué des coupes alentour avaient reculé devant les dangers et les difficultés de l'abattre. Peut-être aussi la majesté de son port, la noble symétrie de ses branches, qui a valu le nom « d'arbre à parasol » à cette variété, ses grappes de magnifiques fleurs rouges, auxquelles devaient succéder des touffes d'une matière précieuse appelée « de soie, » avaient-elles décidé le bûcheron à l'épargner. Quoi qu'il en fût, les plus fiers palmiers n'étaient auprès de lui que des arbustes, et il attirait seul le regard comme le roi de la forêt.

Cependant, sous son ombre se trouvait un autre végétal non moins extraordinaire, et qui eût pu, à des titres différents, lui disputer cette royauté. C'était la fleur colossale qui avait excité la curiosité d'Édouard. Les Malais la désignent sous le nom de krouboul. Elle n'avait ni feuilles ni tige et reposait sur le sol même ; elle était d'un blanc violacé ; chacun de ses pétales avait plus d'un pied de long, et la fleur entière plus de dix pieds de circonférence. C'était le géant des fleurs comme le bombax était le géant des arbres. Par malheur, cette splendide corolle n'exhalait qu'une odeur désagréable ; Dieu, en lui donnant la grandeur et la beauté, semblait avoir voulu réserver aux plantes moins favorisées les suaves parfums [1].

Édouard, à la vue de ce phénomène botanique, retrouva son babil et s'efforça de se dégager des bras de son père, peut-être pour aller se rouler sur les pétales blancs du krouboul comme sur un lit de satin. Palmer, de son côté, n'eût pas manqué, en toute autre circonstance, d'admirer ce superbe échantillon de la flore sumatrienne ; mais il avait conscience d'un danger réel, et, après avoir jeté un regard distrait sur la fleur, il continua d'examiner les inégalités du terrain environnant. Quant à Tueur-

1. La plante dont il s'agit ici est la *rafflesia Arnoldi*, la plus grande fleur connue ; on la trouve aussi à Java. Nous n'avons pas besoin de dire que nous tâcherons de rendre aussi exacts que possible tous les détails d'histoire naturelle contenus dans cet ouvrage.

d'Éléphants, il ne paraissait nullement s'inquiéter de ce qui se trouvait à ses pieds, et scrutait avec un soin minutieux les branches du vieux bombax, qui s'élevait comme une pyramide de verdure au-dessus de sa tête.

Tout à coup, Palmer poussa un cri d'alarme. Dans un enfoncement formé entre deux racines saillantes, il venait d'apercevoir un énorme tigre, tapi comme s'il allait bondir sur lui. Il serra son fils contre sa poitrine et se disposait à lâcher la détente du pistolet, quand le Malais lui dit froidement :

— Ce n'est pas la peine... J'avais raison... Le nini est mort.

Il marcha vers le tigre, qui, en effet, ne fit pas un mouvement, et il le retourna du pied avec mépris.

C'était une bête monstrueuse, qui ne ressemblait en rien aux tigres efflanqués et pulmoniques de nos ménageries ; sa tête puissante, ses yeux encore étincelants, ses larges pattes aux ongles d'acier eût inspiraient l'effroi. Sa belle robe rayée et sa longue queue, aux gracieuses ondulations, se détachaient sur la surface rugueuse des racines ; et Édouard, à qui son père rassuré venait enfin de rendre la liberté de ses mouvements, prenait plaisir à passer ses petites mains dans cette soyeuse fourrure. Le corps était encore chaud, mais il ne bougeait plus, et, en dépit de la vitalité si tenace dans la race féline, l'animal semblait avoir été foudroyé.

Palmer cherchait toujours à s'expliquer cette mort instantanée, quand le Malais lui fit poser la main sur le dos du tigre. A travers la peau, on sentait l'épine dorsale, complètement brisée. Puis Tueur lui fit palper la tête de l'animal, la boîte osseuse, bien qu'elle eût l'épaisseur et la dureté d'une plaque de marbre, avait été broyée de telle sorte, que le crâne et la cervelle semblaient réduits en une pâte sanglante. Enfin, pour compléter sa démonstration, il indiqua au colon une grosse branche qui était restée à côté du tigre et devait avoir été l'instrument de mort. C'était une véritable massue arrachée à un casuarina ou à un arbre de fer, et pourtant elle avait été rompue par la violence du choc.

Palmer, ne pouvant nier l'évidence, dit au comble de l'étonnement :

— Je ne croirai jamais qu'un homme ait pu porter de pareils coups ; nulle force humaine ne serait capable de tuer ainsi un tigre royal.

— Orang-outang, répondit le Malais laconiquement.

Ce mot fut pour le colon un trait de lumière. Il se souvint alors des récits merveilleux qui avaient eu sujet de la vigueur incroyable, de l'agilité, de l'intelligence de ces grands singes appelés par les Malais orangs-outangs [1]. Il comprit enfin ce que Maria avait voulu dire en assurant que le tigre avait été tué par « un de ces hommes qui ne parlent pas », car, pour les Malais, comme pour les Malais, les chimpanzés du Sénégal et les orangs de Bornéo ou de Sumatra sont seulement des hommes paresseux qui se sont enfuis dans les bois, afin de ne pas être forcés de travailler. Quoique Palmer eût souvent entendu dire que le pays contenait des orangs, c'était la première fois que l'un d'eux se montrait si près du Nouveau-Drontheim. Leur présence, du reste, était peu à désirer, car, dans ces immenses forêts où se trouvent le tigre, l'éléphant et le rhinocéros, l'orang est encore plus terrible que le rhinocéros, l'éléphant et le tigre ; seul, il ne craint aucun de ces monstres, et leur inspire, comme à l'homme lui-même, une véritable terreur.

— Quoi ! s'écria Palmer stupéfait, je dois à un orang-outang la vie de mon fils ?

— Un orang-outang ! s'écria Édouard à son tour ; je voudrais bien le voir. Ce n'ai pas eu le temps de le regarder, tant Maria m'a vite emporté... Il est laid, mais il n'est pas méchant, puisqu'il a tué le tigre qui allait nous dévorer... Je veux voir l'orang-outang.

Mais Palmer comprenait à cette heure pourquoi le Malais regardait toujours sur les arbres, et il avait des raisons de penser que le vainqueur du tigre ne pouvait être éloigné. Or, la nuit venait, le fourré était sombre autour de lui, et l'orang n'est jamais aussi redoutable que lorsqu'il reste invisible. Au moment le plus inattendu, le chasseur tombe, le front brisé, sans avoir même soupçonné le voisinage du robuste ennemi qui le frappe.

1. Orang-outan ou plutôt houtan, en malais, signifie « homme des bois. »

Palmer se souvenait de tout cela, et ses inquiétudes paternelles se réveillèrent. Prenant de nouveau Édouard dans ses bras, il lui dit d'une voix étouffée :

— Pauvre enfant ! tu ne sais guère ce que tu demandes... Si les histoires que l'on raconte sont véritables, ne souhaite jamais de voir de près ce terrible animal.

— Quoi ! père, est-ce vraiment un animal ? demanda naïvement le jeune garçon ; Maria me parle toujours de ces orangs, et elle assure...

— Heugh ! fit le Malais derrière eux.

Ils se retournèrent précipitamment. Tueur-d'Éléphants désignait de la main un objet placé à une élévation considérable sur le vieux bombax.

— Là... là, dit-il à voix basse, le voyez-vous ?

Mais le père et le fils n'avaient pas la vue assez exercée pour distinguer quelque chose à cette hauteur. D'ailleurs, malgré les indications du Malais, leurs regards s'égaraient au milieu du labyrinthe que formaient les branches et le feuillage de l'arbre colossal. Enfin, pourtant, un mouvement brusque opéré dans un massif de feuilles, et une espèce de bourdonnement sourd parti du même point, servirent à fixer leur attention.

A la bifurcation de deux grosses branches apparaissait, sur le ciel encore clair, une face barbue, sauvage, aux yeux perçants. Le corps était caché ; on voyait seulement cette large figure immobile, dont l'œil suivait chaque mouvement des personnes arrêtées en bas et semblait les menacer ou les défier. Tueur-d'Éléphants porta son fusil à l'épaule, mais Palmer rabattit vivement l'arme, et dit avec autorité :

— Ne tire pas, je te le défends... si dangereux que soit cet orang, il a sauvé la vie à mon fils et à Maria : je ne souffrirai pas qu'on lui fasse le moindre mal.

— Et moi aussi, et moi aussi, dit Édouard en battant des mains, je n'entends pas qu'on fasse du mal à *mon* orang-outang !

Peut-être les ordres du père et du fils eussent-ils été insuffisants contre une détermination bien arrêtée de l'indomptable Malais ; il avait eu d'abord un mouvement de colère et de révolte quand son maître avait détourné le fusil ; cependant il se contint et répliqua :

— Je ne voulais pas tirer, mais seulement effrayer l'orang, qui nous nargue... Il est trop haut, et le fusil trop petit... Je reviendrai avec mon fusil à moi, ma lance et mes flèches empoisonnées.

— Je te le défends, répéta Palmer avec force. Songes-y bien, Tueur-d'Éléphants, si maintenant ou plus tard tu osais attaquer ce singe qui m'a rendu un si grand service, je saurais bien t'en punir.

Le Malais était incapable d'apprécier les sentiments généreux de son maître ; néanmoins il garda le silence.

Bientôt Palmer reprit :

— Il ne nous reste plus rien à faire ici ; retournons donc bien vite à l'habitation. Je ne serai pas tranquille tant que je saurai mon Édouard à portée des atteintes de cet orang. Tiens, crois-moi, Tueur, ne l'irrite pas ; il pourrait être dangereux de s'attaquer à lui !

Peut-être le chasseur partageait-il cette opinion, mais le danger de l'entreprise était pour lui un attrait de plus. Palmer ajouta :

— Le tigre t'appartient ; tu pourras, demain matin, venir le chercher avec quelqu'un de tes camarades ; et le docteur van Stetten, qui s'occupe d'histoire naturelle, te donnera plus d'une belle roupie pour la peau. Maintenant, partons.

Ce présent adoucit beaucoup le Malais, et changea le cours de ses idées. Tueur essaya de charger sur ses épaules l'énorme animal ; mais il ne put y parvenir. Il le laissa donc à la même place, se promettant de venir l'enlever plus tard, et on reprit le chemin de l'habitation.

Édouard, toujours mutin, essaya de résister ; il exigeait qu'on le remit à terre pour chercher l'arc qu'il avait perdu ; mais déjà le crépuscule si court de ces régions équatoriales était fini, et les étoiles commençaient à briller au ciel. Sans parler du voisinage du redoutable orang-outang, il y avait trop de danger en pareil endroit pour qu'il fût prudent de s'y arrêter davantage, et on n'écouta pas l'enfant gâté.

Le quadrumane montrait toujours sa figure hideuse à la cime du bombax, et quand les promeneurs s'éloignèrent, il les observa avec une curiosité farouche. A peine eurent-ils fait une vingtaine de pas qu'ils entendirent un grand bruit de feuilles, en même temps qu'un cri rauque, guttural, d'un caractère étrange. Ils se retournèrent encore une fois : l'orang venait de se redresser, et son corps difforme, suspendu par un de ses longs bras à une branche, se dessinait en noire silhouette sur le ciel lumineux.

Quelques instants plus tard, Édouard passait des bras de sa mère dans ceux de sa tante et de sa cousine, qui le mangeaient de caresses ; et l'enfant, avec la naïve forfanterie de son âge, leur racontait verbeusement ce qu'il avait vu, fait et dit dans cette soirée si pleine d'événements.

III. — LE DOCTEUR VAN STETTEN.

Palmer fut trop agité pendant cette soirée et pendant la nuit suivante pour songer au navire qui avait dû jeter l'ancre dans la rivière du Nouveau-Drontheim. Mais, le lendemain matin, le désir d'en apprendre des nouvelles le réveilla, et il résolut de se rendre au village, afin de recueillir des informations qui pouvaient être d'un grand intérêt pour lui.

Il était encore de bonne heure ; ce brouillard épais appelé *cabout*, qui est particulier à la côte occidentale de Sumatra, couvrait la campagne comme d'un voile. Cultures, forêts, montagnes, tout avait disparu sous une vapeur rousse et uniforme ; c'était à peine si Palmer, en traversant la cour, pouvait entrevoir confusément les cases de formes diverses qu'habitaient les gens de service. Ce brouillard toutefois n'apportait pas avec lui la fraîcheur qui caractérise nos brumes septentrionales ; échauffé par un soleil ardent, quoique invisible, il ressemblait aux exhalaisons suffocantes d'une chaudière en ébullition. Cette chaleur lourde, humide, malfaisante, obstruait ou brûlait les voies respiratoires, et il fallait chaque matin plusieurs heures pour que le soleil, si puissant à l'équateur, parvînt à dissiper complètement le cabout empesté.

Mais Palmer était trop habitué à cette température pour qu'elle pût nuire à son activité de corps et d'esprit ; aussi, avant de se rendre au port, jeta-t-il un regard rapide autour de lui, pour s'assurer si tout était en ordre à l'habitation. Légère, fille de Tueur-d'Éléphants, s'occupait de traire les vaches de buffles sous les piliers qui supportaient sa case, et elle remplissait plusieurs jattes d'un lait gras et parfumé qu'on dit délicieux. Les Chinois, sous la conduite de Yaw, se dirigeaient en silence vers les rizières, tandis que les nègres, toujours bavards et bruyants, s'agitaient autour des magasins de sucre et d'indigo. Mais tout cela n'avait pas l'aspect riant que présente une ferme de Normandie par une fraîche matinée d'automne, quand les travailleurs partent pour accomplir leur labeur quotidien. Ces hommes jaunes, noirs ou cuivrés, ces corps nus ou vêtus d'une manière bizarre, ces jargons sauvages, ces habitations de structure étrange, ce ciel fauve, ces vapeurs embrasées qui pesaient sur la campagne, rien n'eût rappelé à un Européen les scènes heureuses de la patrie absente... rien que le chant de plusieurs coqs, appartenant à Tueur-d'Éléphants, qui célébraient à leur manière le retour d'une journée étouffante comme celle de la veille.

Après avoir donné des ordres aux uns, gourmandé la paresse des autres, Palmer se disposait à descendre au village, quand une exclamation en hollandais et une respiration haletante se firent entendre dans le brouillard avant même que le colon eût pu reconnaître le survenant. Enfin, le voile de vapeurs s'écarta, et Palmer se trouva en présence d'un homme gros et court, vêtu à l'européenne, qui, malgré l'heure matinale, semblait se diriger vers l'habitation.

Ce personnage, d'une figure placide et bienveillante, était en ce moment rouge, bouffi, tout en sueur, et il soufflait comme un buffle aux abois. Il avait pour coiffure un vieux chapeau à cornes ; un uniforme, aux couleurs passées, serrait sa taille épaisse ; une culotte de drap et de gros bas de laine complétaient cet équipement, peu approprié, on en conviendra, aux exigences du climat sumatrien. Le visiteur avait pris la précaution de porter au bout de son parapluie sa perruque poudrée à la farine de riz ; néanmoins, il était temps qu'il arrivât au terme de son voyage, car évidemment il allait tomber suffoqué. Pour comble de malheur, le brouillard qui ternissait le verre de ses grosses lunettes vertes l'empêchait de voir où il était, et quand il se trouva dans la cour de l'habitation, il tourna deux ou trois fois sur lui-même comme frappé de vertige.

Ce malencontreux visiteur était meinher Avenarius van Stetten, chirurgien de l'Université de Leyde, membre de plusieurs sociétés savantes et chargé du service de santé des troupes hollandaises en garnison au Nouveau-Drontheim.

— Ah! cher docteur, dit Palmer en hollandais, en prenant la main de van Stetten pour le soutenir, est-ce vous qui affrontez ainsi ce maudit cabout ? Ne parlez pas encore et appuyez-vous sur mon bras... Nous allons entrer chez moi, et vous aurez un verre d'eau-de-vie de France pour vous remettre le cœur.

Le docteur voulait répondre, mais la voix lui manqua, et il se laissa conduire dans une salle basse où régnait une fraîcheur relative. Là, il se jeta sur un siège qui faillit se briser sous son énorme poids. Cependant Palmer lui ayant fait prendre coup sur coup deux verres d'excellent cognac, le docteur revint à lui ; il respira longuement, remit sa perruque sur son chef dénudé, et dit en toussant pour s'éclaircir la voix :

— Mille remerciments, monsieur Palmer ; vous avez un chasse-brouillard assez généreux. Sur ma foi ! je l'aime autant que notre genièvre de Hollande, dont je buvais souvent une petite mesure à la taverne des *Trois-Rois* quand j'étais étudiant à Leyde, et quand il fallait, par un froid de dix degrés, travailler dans un amphithéâtre d'anatomie... Ah ! qui m'eût dit alors qu'un jour je regretterais tant et la neige et la glace !

Le colon voulut verser de nouveau ; mais van Stetten l'arrêta.

— Non, non... diable ! reprit-il ; ménagez ma pauvre tête... Je ne suis pas de la force de mon ancien professeur Pomponius, qui buvait douze verres de genièvre pendant que l'horloge de Saint-Pierre sonnait midi.

Sans doute les souvenirs de son pays et de sa jeunesse agissaient comme rafraîchissants sur le docteur, car il ne paraissait pas près d'abandonner ce sujet, quand Palmer lui demanda :

— Vous venez sans doute voir votre malade, mon cher van Stetten ? Elle n'est pas aussi bien que je le souhaiterais, et je vous prie de donner toute votre attention à son état de langueur et de faiblesse. Comme il est encore de bonne heure, elle n'est pas levée, sans doute ; mais je vais la faire prévenir...

Il se disposait à frapper sur un gong, van Stetten l'en empêcha.

— Ne l'éveillez pas, dit-il avec empressement, un quart d'heure de sommeil est plus précieux pour notre belle malade que ne le seraient les prescriptions de toute la Faculté. Je verrai *milady*, cher monsieur Palmer, avant de quitter l'habitation, mais, à vrai dire, je n'aurais pas été assez indiscret pour me présenter chez vous à pareille heure si des considérations d'une nature pressante...

— Je gage qu'il s'agit encore d'histoire naturelle ? dit le colon en souriant ; j'aurais dû me douter, en voyant le docteur van Stetten braver le cabout, qu'il y avait des plantes, des insectes ou des quadrupèdes rares au fond de l'affaire.

Le bonhomme se redressa d'un air fâché :

— C'est de l'ingratitude, monsieur Palmier, répliqua-t-il, oui, de la noire ingratitude, et vous le savez bien. Quand j'allai, en plein soleil, dans la montagne, le jour où vous eûtes la jambe cassée en franchissant un ravin ; quand, par un effroyable orage de mousson, j'accourus ici pour soigner Edouard d'un dangereux coup de soleil, il ne s'agissait pas d'histoire naturelle, et j'étais en droit d'attendre...

— J'ai eu tort, van Stetten, mon excellent ami, interrompit le colon en serrant avec force la main du docteur ; vous êtes le meilleur des hommes. J'ai eu tort, vous dis-je, et je vous en demande pardon... Eh bien ! nous parlerons de fleurs et d'animaux tant que vous voudrez ; mais, avant tout, veuillez satisfaire ma curiosité et me dire quel est cet enfant qui a mouillé hier au soir dans la rivière..... Savez-vous qui il est et ce qu'il vient faire ici ?

Van Stetten répondit sans la moindre rancune :

— Quoi ! l'ignorez-vous encore, Palmer ? C'est la galiote *la Gertrude*, capitaine van Roer, de Batavia, qui vient chercher ici sa cargaison d'épices. Je compte profiter de son retour pour envoyer à Batavia mes collections, qui de là seront expédiées dans ma chère patrie.

— Mais le capitaine van Roer n'a-t-il pas à son bord quelque passager ?

— En effet, on parle d'un gentleman anglais qui voyage pour son plaisir, comme vous savez que cela arrive assez souvent à vos compatriotes... en vous supposant Anglais, poursuivit-il avec un sourire fin qu'il voulait rendre fin.

Bien qu'on eût la conviction que Palmer était né Français, comme nous l'avons dit, il ne manquait jamais de protester contre cette supposition ; mais cette fois il n'essaya pas de la combattre. La nouvelle qu'un passager anglais se trouvait à bord de la galiote paraissait réveiller ses secrètes alarmes. Cependant il répondit avec un calme affecté :

« Un Anglais ! y pensez-vous, docteur ? Comment un Anglais se trouverait-il dans ces mers, sur un navire hollandais, quand l'Angleterre fait à la république française et à la république hollandaise, alliée de la France, une guerre si terrible ?

— Le capitaine van Roer annonce qu'une suspension d'armes a été conclue entre les parties belligérantes, et c'est à cette circonstance qu'il doit d'avoir pu traverser les croisières anglaises pour se rendre au Nouveau-Drontheim.

— Une suspension d'armes, répéta Palmer.

— Elle était fort à souhaiter, et de cette manière nous pourrons respirer librement pendant quelques mois..... Du reste, cet Anglais paraît être un homme de distinction, car il avait des lettres de recommandation pour le major Grudmann, qui, malgré sa morgue innocente, mais un peu ridicule, l'a fort bien accueilli.

— Le major Grudmann, répliqua Palmer distraitement et comme s'il se parlait à lui-même, ne manque pas de finesse en dépit de ses petits travers ; il s'est toujours montré bien disposé pour ma famille et pour moi ; aussi je ne le crois pas homme à souffrir...

Il n'acheva pas sa pensée et demanda au docteur si *la Gertrude* comptait séjourner longtemps au Nouveau-Drontheim.

— Le capitaine van Roer vous le dira lui-même, car vous ne pouvez manquer de le voir bientôt. Il paraît fort pressé de faire son chargement, et il devra naturellement s'adresser d'abord à vous, le plus riche colon du pays, pour acheter les épices dont il a besoin. »

Palmer demeurait pensif, et sans doute il calculait intérieurement la portée des événements qu'il venait d'apprendre. Comme il gardait le silence, van Stetten reprit :

— Maintenant que j'ai répondu à vos questions, ne me permettrez-vous pas, Palmer, de vous demander à mon tour quelques détails au sujet des dangers qu'aurait courus hier mon gentil petit ami Edouard ?

— Ah ! ah ! connaissez-vous déjà cette aventure ? reprit le colon en faisant un visible effort sur lui-même, vous avez été promptement informé, docteur !

— Hier au soir on ne parlait pas d'autre chose dans toutes les cases du Nouveau-Drontheim, il s'agissait de tigres, d'orangs-outangs, de fleurs merveilleuses, et il y avait bien de quoi donner l'éveil à un modeste ami des sciences et de la nature tel que moi.

Palmer consentit à surmonter un moment ses graves préoccupations pour satisfaire la curiosité du docteur. Quand il parla de la fleur colossale qui avait attiré l'enfant dans la forêt, du magnifique tigre royal trouvé mort au pied du vieux bombax, van Stetten manifesta sa surprise et son admiration par des acclamations enthousiastes. Mais quand Palmer eut raconté comment un orang-outang avait assommé à coups de bâton le formidable tigre, le savant ne put plus se contenir.

Il se leva convulsivement, et, malgré la chaleur qui rendait toute agitation pénible, il se mit à se promener à grands pas dans la salle, en disant avec vivacité :

— Ceci n'est plus seulement de l'instinct, c'est de l'intelligence. J'avais bien entendu dire que ces grands singes de l'ordre des *primates* accomplissaient des actes extraordinaires qui semblent tenir du raisonnement humain ; mais je ne pouvais croire... Et un de ces êtres singuliers se trouverait en ce moment dans le voisinage ? Je veux le voir, l'étudier... Quel bonheur si je pouvais révéler à la science des faits nouveaux sur cet étrange animal, et envoyer sa peau en Europe, où il est presque inconnu ! J'offrirais cette peau au muséum de Leyde, et elle y figurerait avec cette étiquette en gros caractère : *Donné par le docteur van Stetten, de Leyde*... Quel honneur ! quelle gloire ! Mon nom alors serait immortel... Mais puisque vous ne permettez pas qu'on essaye de tuer cet orang, je compte du moins en faire l'objet d'une observation assidue ; je vais passer mes journées dans la partie du bois où il s'est montré...

— Prenez garde, mon ami, d'augmenter le nombre des martyrs de la science. La forêt est très-mal fréquentée, comme vous savez ; et l'animal que vous désirez observer n'est pas des plus maniables. On assure qu'un orang, armé de son bâton, ne craindrait pas six hommes vigoureux, et je n'ai pas de peine à le croire depuis que j'ai vu de ses œuvres.

Cette observation parut refroidir un peu l'ardeur de van Stetten. Il se rassit en épongeant avec un mouchoir son front baigné de sueur.

— De mon côté, répliqua-t-il, j'ai entendu dire que l'orang était de force à se défendre contre l'éléphant lui-même. De plus, il donne de telles preuves d'intelligence, que les gens de ce pays voient en lui une espèce particulière d'hommes à laquelle il ne manque que la parole. Je prendrai des précautions, afin de ne pas augmenter, comme vous dites, le nombre des martyrs de la science ; toutefois, je ne veux pas tarder davantage à me mettre à la recherche de la fleur colossale ; quant au tigre...

— Vous n'avez pas besoin de vous déranger pour le tigre, docteur, dit Palmer en étendant la main vers la fenêtre garnie d'une natte transparente, car le voici qui vient à vous.

En effet, Tueur-d'éléphants et l'autre Malais, qu'on appelait Fumeur-d'Opium, entraient en ce moment dans la cour ; ils portaient, suspendu à une barre de bois, le corps de la bête féroce qu'ils étaient allés de bon matin chercher dans la forêt.

Ils déposèrent leur fardeau à l'ombre d'un bouquet de citronniers et de bananiers ; aussitôt les gens de l'habitation accoururent pour voir le monstre, qui depuis la veille était le héros de toutes les conversations. Quelques Chinois, les nègres et négresses, parmi lesquels se trouvait Maria, n'osaient s'en approcher, bien qu'ils sussent l'ennemi mort et bien mort. Les Malais, au contraire, pleins de mépris pour cette pusillanimité, agaçaient de leurs pieds nus la gueule du tigre, comme s'ils eussent voulu réveiller sa férocité.

Fumeur-d'Opium, qui venait d'assister Tueur-d'Éléphants, était à peu près vêtu comme son compagnon, sauf qu'il portait, au lieu du mouchoir roulé autour de la tête, un chapeau de jonc de forme barbare ; sa figure, naturellement hideuse et féroce, avait ce teint livide et plombé, cet air hébété que donne l'habitude de fumer de l'opium. En effet, tous ses profits étaient employés à acheter cette drogue funeste, et la petite pipe spéciale, suspendue à sa ceinture, près de son criss, rappelait qu'il était toujours prêt à se livrer à sa passion favorite. Heureusement pour lui l'opium était cher et sa bourse se trouvait souvent vide. Sans cela, depuis longtemps ce misérable fût mort victime de sa triste manie, ou bien il eût éprouvé un de ces accès de frénésie auxquels sont sujets les Malais fumeurs d'opium. Pendant ces accès ils sortent de leurs maisons comme les chiens atteints d'hydrophobie, se jettent, leur criss à la main, sur les passants, et les tuent si l'on n'y prend garde. De leur côté, les passants sont en droit de leur courir sus et de les assommer comme des bêtes féroces. Tel était le sort qui attendait celui-ci un jour où l'autre, et cette certitude inspirait pour lui, aux habitants du Nouveau-Drontheim, une horreur mêlée de dégoût.

Quoique le tigre pesât plus de trois cents livres et que les deux amis eussent dû le porter pendant deux bons milles, à travers des vapeurs embrasées, pas une goutte de sueur ne coulait sur le front bronzé de ces hommes infatigables ; et ils attendaient, immobiles, dans un silence grave, qu'on leur apprît ce qu'ils devaient faire de leur conquête.

Van Stetten, comme on peut croire, s'empressa d'accourir, en se couvrant de son énorme parasol, tandis que Palmer, plus robuste ou mieux acclimaté, se contentait de l'abri de son large chapeau en écorce de bananier. Comme ils s'approchaient du cercle formé autour du tigre, Édouard, encore vêtu de ses habits du matin, sortait aussi de la maison, traînant par la main sa jolie cousine Anna, qui résistait faiblement et détournait la tête avec effroi. L'espiègle finit par la laisser, et après être allé embrasser son père et le docteur, il se mit à jouer avec le tigre,

dont il tiraillait la longue queue, ce qui lui valut presque un sourire du sombre Tueur-d'Éléphants. Mais Anna ne paraissait pas rassurée par ces fanfaronnades, et ce fut seulement quand elle se fut réfugiée derrière la négresse qu'elle osa regarder les prouesses de son valeureux cousin.

Van Stetten, accroupi devant l'animal mort, l'examinait avec une curiosité avide. Palmer profita de ce moment pour demander aux Malais si, pendant leur promenade matinale, ils n'avaient pas aperçu l'orang de la veille. Tueur-d'Éléphants, en effet, l'avait entrevu dans le feuillage épais du vieux bombax, mais son camarade et lui, tout occupés du transport de leur tigre, n'avaient pas songé à inquiéter l'homme des bois.

— Cependant, ajouta-t-il froidement, il paraît s'être cantonné dans le voisinage de vos plantations, et si l'on ne parvient pas à l'en déloger au plus tôt, il assommera vos travailleurs, vous pouvez y compter.

— Eh bien ! répondit Palmer, on s'arrangera pour le décider à décamper et à retourner d'où il est venu. Nous irons en nombre dans la partie de la forêt où il se tient et nous ferons grand bruit ; cela suffira sans doute pour l'effrayer et le mettre en fuite. En attendant, je défends à mes gens d'envoyer des balles ou des sagaies à cet orang... Vous m'entendez tous, n'est-ce pas ?

En ce moment, le docteur van Stetten se redressa d'un air consterné.

— Miséricorde ! s'écria-t-il, le pauvre animal a les os broyés ; impossible d'étudier son anatomie !... La peau est intacte et magnifique pourtant, et elle figurera merveilleusement dans ma collection.

— Il ne tient qu'à vous de l'acheter à ses propriétaires.

— Volontiers ; quelles sont leurs conditions ?... Servez-nous de truchement, Palmer, car je n'entends pas un mot de leur satané langue.

Le colon demanda aux deux Malais quel prix ils mettaient à la propriété du tigre ; la réponse de Fumeur-d'Opium fut prompte et brève. Tueur-d'Éléphants, tout en mâchant son énorme tampon de bétel, exposa beaucoup plus longuement ses prétentions. Enfin, Palmer dit en hollandais au docteur, qui attendait avec impatience le résultat de la négociation :

— Je savais d'avance ce que de Fumeur-d'Opium exigerait de vous. Vous êtes médecin et votre officine est bien fournie de drogues ; il vous demande quelques prises d'opium pour s'enivrer.

— Il les aura ; mais le malheureux n'est-il pas déjà suffisamment abruti ? Ignore-t-il que l'opium est un poison ?

— Il n'entendrait pas mieux raison que les ivrognes des autres pays, et vos sermons seraient perdus. Pour ce qui est de Tueur-d'Éléphants, il consentira non-seulement à vous céder sa part du tigre, mais encore il se fait fort d'écorcher l'animal avec habileté, à la condition...

Il s'interrompit en riant.

— Achevez donc, dit le savant.

— C'est que la condition est si bizarre !... Elle vous fâchera peut-être... Enfin, il exige que vous donniez vos soins à un blessé en danger de mort.

— Un blessé en danger de mort ! N'est-ce pas mon devoir de secourir tous ceux qui souffrent ?

— Sans doute, mais il s'agit d'un blessé d'une espèce particulière.... En deux mots, docteur, Tueur-d'Éléphants compte que vous voudrez bien panser son coq favori, un superbe coq de combat, qui a reçu, paraît-il, un mauvais coup dans le combat d'hier.

Van Stetten fit un tel bond, que ses lourdes lunettes vertes sautèrent sur son nez, et que sa perruque tourna sur son crâne chauve, en projetant au loin un nuage de poudre de riz.

— Que le diable l'emporte, lui et son coq ! s'écria-t-il ; croit-il donc qu'un gradé de l'Université de Leyde, licencié ès-sciences naturelles, docteur en médecine, membre correspondant de la Société Linnéenne, de l'Académie de Berlin, et *cœtera*, va prostituer son art envers un hargneux volatile ?

— Comme il n'y a pas d'université dans les forêts de Sumatra, j'essayerais vainement, mon cher van Stetten, de faire comprendre vos scrupules à ce maudit Malais. Pour lui, il préfère de beaucoup son coq à sa fille, et il vous croit fort honoré d'une semblable besogne. Prenez garde ; si vous lui refusiez sa demande, il serait capable de vous refuser sa part du tigre.

— Allons, allons, puisqu'il faut se résigner... Je m'imaginerai que je fais une expérience, ce que nous appelons dans nos écoles, *experimentum in animâ vili*... et je panserai le coq.

Le marché fut donc conclu, et pendant que les deux Malais transportaient le tigre sous un hangar voisin, où l'on devait opérer son dépouillement, Légère, sur un signe de son père, alla chercher le coq blessé. Force fut au docteur de tirer sa trousse et de bander les plaies du belliqueux oiseau, qui lui manifesta sa reconnaissance par plusieurs vigoureux coups de bec.

Alors l'assemblée se dispersa; aussi bien le soleil avait vaincu le brouillard, et ses rayons, quoique moins insalubres sous les brumes du cabout, avaient une ardeur véritablement insupportable. Les ouvriers retournèrent à leurs travaux, tandis que les membres de la famille Palmer se réunissaient dans la salle à manger pour le repas du matin. Mais vainement le chef de la maison pressa-t-il van Stetten d'y prendre part; l'enthousiaste naturaliste refusa obstinément, et demeura sous le hangar où Tueur-d'Éléphants, avec l'habileté d'un chasseur, procédait à la *mise en peau* du tigre royal.

La salle à manger de l'habitation était aérée, spacieuse et décorée avec des nattes aux brillantes couleurs. Sauf les tables et les sièges, qui n'avaient pas les formes basses en usage dans le Céleste-Empire, tous les meubles, et la vaisselle précieuse, les porcelaines et la vaisselle, étaient de fabrique chinoise ou japonaise. Le menu consistait en viandes froides, en beurre de buffle, en thé, café, et surtout en fruits délicieux, d'espèces inconnues dans nos climats. Cependant, excepté les deux enfants, dont l'appétit ne pouvait être altéré par aucune considération, les convives ne firent pas grand honneur au repas, et la conversation fut languissante pendant le déjeuner. Palmer paraissait rêveur, et Élisabeth, qui venait de se traîner jusqu'à la salle à manger, afin de ne pas attrister la famille par son absence, avait l'air plus souffrant que de coutume. Cependant elle essayait de sourire à son mari, en avalant avec effort quelques cuillerées de thé; Madame Surrey partageait instinctivement les impressions de son frère et de sa belle-sœur, et elle ne rompait le silence que pour réprimer par intervalles l'humeur turbulente d'Édouard.

Le repas terminé, Palmer se leva, et, après avoir adressé quelques mots affectueux à sa femme, il se dirigeait vers la porte, quand Élisabeth lui dit avec un accent de tendresse mélancolique :

— Où allez-vous, Richard? vous m'obligerez de ne pas sortir aujourd'hui.... Peut-être est-ce l'effet de ma maladie ou le résultat de la vive secousse d'hier soir, mais j'ai la mort dans l'âme, et il me semble qu'il va nous arriver de nouveaux malheurs!

Palmer lui donna un baiser sur le front, et s'efforça de prendre un air riant :

— Allons, Élisabeth, lui dit-il, c'est de l'enfantillage! N'avons-nous pas assez de maux réels sans nous en créer d'imaginaires? Je veux seulement prier le docteur de venir vous voir dès qu'il en aura fini avec son tigre; rassurez-vous, ma chère, je ne m'éloignerai pas.

Il ajouta quelques paroles à voix basse; Anna, qui s'était approchée d'une fenêtre donnant sur la cour, s'écria tout à coup :

— Viens vite, Édouard; voici le gouverneur, M. le major Grudmann, qui arrive dans son palanquin.... Et il y a un autre gentleman aussi en palanquin, avec des porteurs vêtus de blanc.... c'est beau; viens vite.

D'un seul, Édouard fut auprès de sa cousine.

— Oui, oui, c'est mon ami le major Grudmann, dit l'enfant en battant des mains; vois-tu, Anna, pendant que les gentlemen causeront avec père, nous monterons dans leurs palanquins, et nous nous ferons promener dans l'avenue.... ce sera bien amusant!

Palmer, de son côté, s'approcha précipitamment de la fenêtre afin de reconnaître les visiteurs. L'un d'eux était bien le major Grudmann, l'officier hollandais qui commandait la garnison du Nouveau-Drontheim. L'autre, étranger à la colonie, paraissait âgé de cinquante ans environ et portait un costume moitié européen, moitié indien. Sa figure mâle et énergique était si bronzée qu'on pouvait à peine reconnaître s'il appartenait à la race blanche ou à quelque race indigène. Néanmoins, Palmer ne s'y trompa pas; à peine eut-il examiné l'inconnu que son œil devint fixe; puis il pâlit, et un léger tremblement parcourut ses membres. Il parvint pourtant à maîtriser son émotion, et, se tournant vers les dames, il dit d'une voix calme :

— C'est, en effet, le major et une personne arrivée hier par *la Gertrude*, qui viennent nous rendre visite; je cours au-devant d'eux.... Ma chère Élisabeth, rentrez dans votre appartement; vous êtes trop souffrante pour remplir en ce moment les devoirs de maîtresse de maison... Vous, ma sœur, emmenez les enfants; ils ne pourraient que nous gêner.

Madame Palmer devina, par cette intuition particulière aux femmes, que son mari lui cachait quelque chose.

« Pourquoi me renvoyez-vous si brusquement, Richard? Est-ce que cet étranger qui accompagne le gouverneur....

— Je ne le connais pas; mais rentrez, rentrez vite; les voici. »

Et il l'entraîna vers la porte. Quand elle fut sortie, il passa la main sur son front, et dit en murmurant :

— Lui!... il nous a enfin découverts! Mon Dieu! que va-t-il arriver?

Il retira de la poche de sa veste un petit pistolet qui semblait y être à demeure, et le rejeta derrière un meuble, comme s'il eût craint de ne pouvoir résister à la tentation de s'en servir. Alors, un peu plus tranquille, il vint au-devant des visiteurs.

IV. — LE COMMODORE.

Le major Grudman était un bon Hollandais, un peu lourd, un peu vaniteux, qui passait néanmoins pour ne manquer ni d'énergie ni d'expérience. Lors de son arrivée au Nouveau-Drontheim, quelques années auparavant, il avait un embonpoint au moins égal à celui du docteur van Stetten; mais, grâce aux chaleurs et à l'absence de toute espèce de bière dans la colonie, M. le gouverneur avait pris insensiblement l'apparence d'un grand échalas. Son vieil uniforme, déjà rétréci plusieurs fois, ballottait autour de son corps maigre, et les bas trop larges accusaient la sécheresse extrême de ses tibias. Cependant cet éminent fonctionnaire avait un air grave et majestueux; le chapeau sur la tête, comme un prince régnant, il marchait fièrement, appuyé sur sa canne à *pomme d'or*, dont la pomme était perdue depuis longtemps et n'avait pas été remplacée. De l'autre main il tenait une grosse pipe d'argent, dont il tirait par intervalles des tourbillons de fumée.

À côté de ce dignitaire, passablement grotesque, l'autre voyageur laissait deviner à ses manières nobles, à son attitude froide et réservée, un homme beaucoup plus habitué à commander et à être obéi. Il était de taille moyenne, mais bien proportionné, robuste; son regard avait une expression fière et assurée. Ses vêtements, fort simples, comme nous l'avons dit, étaient rehaussés par un cachemire des Indes qui lui servait de ceinture et qui devait être d'un prix considérable.

Les porteurs de palanquins ou boès, après avoir déposé leurs maîtres devant la porte, s'étaient retirés sous les arbres qui ombrageaient la cour, quand Palmer se trouva en présence des visiteurs. Il échangea d'abord un coup d'œil vif et rapide avec l'inconnu au cachemire; mais sans doute ils comprirent l'un et l'autre la nécessité de se contenir, car ils se saluèrent en silence. Le major Grudmann, ôtant sa pipe de sa bouche, tendit la main au colon, et lui dit en hollandais d'un ton protecteur :

— Enchanté de vous voir, monsieur Palmer. J'espère que tout va bien ici.... Et les dames, et les enfants? Si vous aviez à vous plaindre de quelqu'un ou de quelque chose, Palmer, n'oubliez jamais que le gouverneur de cette colonie vous veut du bien et vous fera rendre justice.

Palmer, tout en répondant avec distraction à ces politesses du glorieux major, introduisit ses hôtes dans le salon de cérémonie.

Cette pièce, la plus élégante et la plus riche de l'habitation, était entièrement revêtue d'un stuc merveilleux qui conserve la blancheur et le poli de la porcelaine. Des meubles de laque, des divans recouverts de superbes étoffes, des nattes précieuses semblaient être là pour le plaisir des yeux autant que pour la commodité du corps. Aux larges fenêtres était adapté, selon la mode indienne, un tissu en racine de kouskous, qui, maintenu humide, donnait à l'air du salon une fraîcheur délicieuse et une odeur suave; de plus, des *pumkas*, espèce d'éventails gigantesques formés d'une toile tendue sur un cadre léger, étaient suspendus aux lambris et attendaient la main de l'esclave noir qui les mettrait en mouvement pour agiter l'air pendant la visite. Mais le nègre Darius, chargé habituellement de cette besogne, s'étant présenté pour remplir son office, Palmer le congédia d'un geste impérieux, et les pumkas demeurèrent immobiles dans leur éclatante bordure de plumes et de perroquet.

Palmer fit asseoir les visiteurs sur un sofa, et il s'empressait fiévreusement autour du gouverneur, qui paraissait très-flatté de tant de prévenance. Cependant, comme le maître de la maison donnait l'ordre de servir quelques rafraîchissements, selon l'usage du pays, Grudmann s'y opposa :

— Allons! Palmer, dit-il familièrement, ce n'est pas la peine de bouleverser votre maison à cause de moi! Je suis un homme tout simple et sans morgue... je n'accepterai rien... Laissez-moi plutôt vous présenter monsieur... M. William Smith, un de vos compatriotes, un Anglais résidant à Batavia, comme vous résidez au Nouveau-Drontheim, par la tolérance de notre sage et généreux gouvernement.

Celui qu'il avait appelé William Smith fit une inclination de tête raide et lugubre, que Palmer imita exactement.

— M. Smith, poursuivit le major, est arrivé ici hier par *la Gertrude*, et le capitaine, retenu à bord pour la réparation de quelques avaries, vous envoie ce *gentleman*, comme vous dites, vous autres Anglais, pour vous acheter vos denrées disponibles. J'ai voulu vous amener moi-même M. Smith, qui m'est particulièrement recommandé par un de mes amis de Batavia; mais, comme je ne tiens pas à me mettre au courant des prix du camphre, du riz et de la muscade, je vais maintenant vous permettre de causer en liberté... Aussi bien, M. Smith parle assez difficilement notre langue hollandaise, et, sans doute, lorsque je ne serai plus là, vous vous escrimerez en anglais de toutes vos forces, ce que le respect vous empêche de faire en ma présence... Je vous laisse donc.

Et Grudmann se leva.

— Quoi monsieur le major, demanda Palmer, qui savait à peine ce qu'il disait, nous quittez-vous déjà?

— Non, non, mais j'ai aperçu là-bas, sous le hangar, le docteur van Stetten fort occupé du fameux animal qui a pensé croquer mon petit ami Édouard, et je veux examiner de près le terrible tigre. Puis, je visiterai votre curieux jardin à la chinoise. Ne songez qu'à vos affaires, messieurs; ne vous gênez pas... Je souhaite que vous vous entendiez ensemble.

Il allait sortir, mais il s'arrêta tout à coup, poussa précipitamment quelques bouffées de tabac, puis, clignant les yeux d'un air de défiance railleuse, il ajouta :

— Vous êtes Anglais tous les deux, et peut-être un autre que moi vous supposerait-il capables de comploter contre la sûreté de la colonie dont le gouverneur-général m'a confié la garde; mais je crois n'avoir rien à craindre de pareil. Mon ami, le colonel Muller, qui m'a recommandé M. Smith, n'a pu m'envoyer un loup sous la peau d'un mouton; et, quant à Palmer, qui habite depuis si longtemps la colonie, il a, si je ne me trompe, plus de raison de redouter ses compatriotes que de les aimer... Cependant, ajouta-t-il en souriant de sorte qu'on ne pouvait deviner s'il plaisantait ou s'il menaçait réellement, mon devoir est de veiller, et, dans le cas où il s'agirait entre vous d'autre chose que de cannelle et d'indigo, vous verriez peut-être qu'il est dangereux de se moquer de moi!

En même temps il sortit de son pas majestueux, et on le vit bientôt traverser la cour pour rejoindre van Stetten.

Palmer et l'inconnu ne semblaient pas avoir entendu ses dernières paroles. Aussitôt qu'ils se virent seuls dans le salon, ils se redressèrent brusquement. Tous les deux étaient pâles, tous les deux avaient les dents serrées, la poitrine haletante. Cependant aucun d'eux ne se hâtait de rompre le silence. Ce fut seulement au bout de quelques instants que le prétendu Smith dit en anglais, d'une voix sourde et profonde

— Je vous ai donc enfin trouvé, monsieur de Beaulieu? Par le ciel! je commençais à en désespérer, tant vous étiez bien caché! Mais il vous aurait été aussi difficile d'échapper à ma justice qu'à la justice divine.

— La justice divine n'est pas contre moi, commodore Stevenson. Si elle devait prononcer entre nous, croyez-vous qu'elle ne frapperait pas d'abord le père dénaturé, l'homme implacable qui n'a pas reculé devant le mensonge et la calomnie...

— Pas sur ce ton, monsieur! interrompit le commodore avec violence, ne le prenez pas sur ce ton, ou bien, en dépit de mes résolutions, je serais capable....

Après une courte pause, il poursuivit d'un air plus calme :

— Je suis venu ici, à travers mille dangers, parce que j'ai des devoirs à remplir envers une fille ingrate et rebelle. Aussi bien, maintenant que je sais à quelle affreuse condition vous l'avez réduite dans ce désert que la civilisation essaye de disputer à la peste, aux bêtes féroces et aux nations anthropophages, je serais disposé à considérer les souffrances qu'elle endure depuis huit ans en votre compagnie comme une expiation suffisante de ses torts; mais, vous, n'attendez de moi ni indulgence ni pitié!

— Je ne sollicite ni l'une ni l'autre, sir Georges Stevenson; j'ai l'estime de moi-même, et elle me suffit.

— Fort bien, monsieur, et avec l'estime de vous-même vous êtes forcé de vous cacher dans ce triste lieu, sous un nom qui n'est pas le vôtre. Vous ne pouvez demeurer sous votre véritable nom au milieu d'une nation civilisée sans exciter l'horreur et le mépris. En Angleterre, M. de Beaulieu, ancien négociant à Pondichéry, serait pendu comme meurtrier; en France, il serait fusillé comme traître et comme espion. Enfin, si je proclamais son nom ici, sur cette terre hollandaise, alliée de la France, peut-être chacun de ces supplices semblerait-il encore trop doux.

— Vous savez mieux que personne à qui je dois ces persécutions imméritées, sir Georges; à qui je dois la proscription qui pèse sur moi, sur ma malheureuse famille. Vous parlez d'espion! Êtes-vous bien sûr que la même insulte ne pourrait vous être jetée à vous-même en ce moment? Que faites-vous ici, sous un déguisement et sous un faux nom, vous, officier supérieur de la marine anglaise, quand la Hollande et l'Angleterre sont en état de guerre? Croyez-vous que si vous étiez découvert, vous ne courriez pas le risque d'être fusillé ou pendu comme espion à votre tour?

— Misérable! vous osez... Mais ceci n'est qu'une injure gratuite que je devrais mépriser, venant de votre bouche. Il existe une suspension d'armes entre les deux pays; d'ailleurs je suis porteur d'un sauf-conduit de l'amiral gouverneur général des possessions hollandaises, et j'ai des lettres de recommandation pour l'officier qui commande ici.

— Mais certainement ni le sauf-conduit ni les lettres ne vous ont été délivrés sous votre nom véritable. Le gouverneur général n'aurait eu garde de permettre au commodore Stevenson, le plus mortel ennemi de la Hollande et de la France dans les mers de l'Inde, de venir étudier à loisir les forces et les ressources de cette colonie pour l'écraser sans doute plus tard!... Ne vous y fiez pas, sir Georges, le major Grudmann passe, malgré ses ridicules, pour un brave militaire, plein de résolution, et s'il apprenait la vérité, il pourrait bien vous préparer un sort pareil à celui dont vous me menaciez tout à l'heure.

Un sourire hautain se joua sur les lèvres du commodore.

— Soit, dit-il, mais si l'on osait violer à ce point le droit des gens en ma personne, j'appartiens à une nation qui saurait tirer une prompte et terrible vengeance de cet attentat. Lors donc qu'il se trouverait ici quelqu'un d'assez vil pour trahir mon incognito, le gouverneur du Nouveau-Drontheim n'oserait se rendre coupable d'un acte qui entraînerait certainement la destruction de cette colonie.

— J'espère encore que cette nouvelle épreuve sera épargnée à ma pauvre Élisabeth, reprit Palmer avec mélancolie; je voulais seulement faire comprendre à sir Georges comment un concours de circonstances fatales peut noter d'infamie...

— Laissons cela, interrompit le commodore d'un ton dur; ce n'est pas pour soutenir avec vous de pareilles discussions que

Souviens-toi de ta mère la *Ronguine*. (Page 24.)

j'ai cherché à découvrir votre retraite, que j'ai bravé tant de fatigues et de dangers pendant huit mortelles années..... Ecoutez-moi : la situation honteuse et misérable à laquelle vous êtes condamné ne saurait, je vous le répète, m'inspirer de compassion. Mais, en dépit du lâche abandon de la malheureuse créature que vous avez fascinée, je suis toujours père... Je veux donc voir ma fille seul à seul, à l'instant même.... Vous opposerez-vous à cette entrevue?

— Je n'en ai ni le droit ni la volonté, sir Georges; seulement, Élisabeth est faible, souffrante ; votre présence inattendue serait capable de lui porter un coup funeste, de la tuer peut-être. Permettez-moi donc de la préparer à...

— Croyez-vous donc que je l'aime moins que vous? répliqua le commodore avec une émotion mal dissimulée ; avant que vous vous fussiez trouvé sur son chemin, n'était-elle pas mon orgueil et ma joie? N'était-elle pas l'enfant unique de ma bien-aimée Paméla? Depuis que vous me l'avez ravie, ma colère contre vous n'a fait que s'accroître de jour en jour; mais il y a bien longtemps que je lui ai tout pardonné, à elle!

Et, en dépit de ses efforts, une larme brilla dans les yeux caves du marin.

— Que Dieu soit loué, sir Georges! s'écria Palmer; je rétracte toutes les paroles offensantes que je vous ai adressées jusqu'ici, si en effet vous venez apporter votre pardon à Élisabeth!...

HOMME DES BOIS III.

Néanmoins, avant de vous mettre en présence l'un de l'autre, me sera-t-il permis de vous demander quels sont vos projets à son égard?

— Je ne vous en ferai pas mystère, monsieur; je compte ne rien négliger pour la décider à quitter ce pays maudit, à vous abandonner, vous, la cause de sa misère et de sa honte, enfin à revenir dans un pays civilisé, où je tâcherai d'arracher de sa mémoire le souvenir d'un passé déshonorant.

— Vous oubliez, commodore, quels liens puissants l'attachent ici; vous échouerez, je n'en saurais douter un instant... Et cependant, sir Georges, Dieu m'en est témoin! si elle consentait à vous suivre, je ne tenterais aucun effort pour la retenir, dussé-je en mourir de douleur! Oui, elle s'est déjà trop sacrifiée à un misérable proscrit tel que moi. Je la vois souffrir, languir, et ses souffrances sont le plus poignant de mes supplices. Déjà bien des fois j'ai cherché les moyens de la soustraire au sort affreux qu'elle subit; mais je ne peux rien contre la fatalité qui me presse. Réussissez, sir Georges, et je vous le jure, malgré la honte et l'infamie que vous avez déversées sur moi, je vous bénirai jusqu'à ma dernière heure... Mais, je le crains, vous ne réussirez pas.

— Et pourquoi non, monsieur? aucun autre sentiment ne pourrait-il balancer les sentiments insensés qu'elle vous a voués?

— Peut-être non, sir Georges; connaissez-vous encore si mal l'âme tendre, généreuse, dévouée jusqu'au martyre de cette noble Élisabeth? Tant que je serai malheureux, elle voudra prendre sa part de mon malheur. Plus vous m'avez frappé avec acharnement, avec cruauté, plus elle s'est attachée à moi, comme si elle eût voulu réparer vos injustices... Son affection pour moi a grandi en proportion de votre haine.

Les traits du commodore s'assombrirent à ce souvenir; néanmoins, il se tut; Palmer poursuivit :

— D'ailleurs, vous ne songez pas qu'Élisabeth est mère, et le sentiment de la mère pour son enfant parle, dit-on, plus haut encore que celui de l'enfant pour ses parents. Pût-elle abandonner les autres personnes chères qui se trouvent ici, elle n'abandonnerait jamais son fils!

Cette objection, qui avait dû pourtant déjà se présenter à son esprit, frappa vivement le commodore; il se leva et se mit à se promener dans la chambre avec impétuosité.

— Oui, oui, murmura-t-il, cet enfant maudit sera sans doute l'obstacle le plus sérieux à l'accomplissement de mes désirs! Puisse-t-il ainsi que son père... Eh bien! soit, continua-t-il aussitôt, elle l'emmènera avec elle, puisqu'il le faut, je ne m'y opposerai pas.

Palmer avait suivi avec anxiété les différentes phases de la pensée du commodore; en entendant ces dernières paroles, une sorte de ravissement se peignit sur son visage.

— Vous ferez cela, sir Georges? s'écria-t-il ; vous permettrez à Élisabeth de prendre son fils avec elle, de lui donner de l'éducation, un rang dans le monde? il ne sera pas condamné à végéter dans l'ignorance, à mener ici l'existence d'un de nos pauvres parias de l'Inde? Oh! si vous réalisez mon vœu, je vous pardonnerai tous vos torts envers moi. Je l'aime bien, cet enfant, nul ne sait combien je l'aime. Cependant je resterai seul ici sans me plaindre, car alors les personnes qui me tiennent plus au cœur ne souffriront pas de la réprobation qui pèse sur moi; elles seront plus heureuses que moi... Mon Édouard a toutes les qualités qui pourront vous plaire; malgré sa jeunesse, il est bon et généreux, mais impétueux et plein de courage; vous l'aimerez, sir Georges, vous l'aimerez, j'en suis sûr.

— Jamais!

— Cependant, c'est le fils de votre Élisabeth !

— Mais c'est aussi le fils d'un homme que je méprise et que je hais.

Cette nouvelle insulte parut causer au colon plus de tristesse que de colère; il soupira et garda le silence.

— Le temps nous presse, reprit enfin sir Georges; n'allez-vous pas prévenir Élisabeth?

Palmer se disposait à sortir quand la porte du salon s'ouvrit, et le petit Édouard, qui venait d'échapper à la surveillance de madame Surrey, entra brusquement. Il courut vers le commodore qui s'était rassis, lui sauta sur les genoux avant que sir Georges eût pu s'en défendre, et lui dit en anglais :

— N'est ce pas, gentleman, que vous me permettrez de prendre votre palanquin pour me promener, et Anna prendra le palanquin du major, et nous ferons la course dans l'avenue?... Oh! vous le permettrez, n'est-ce pas? Pour votre peine, vous m'embrasserez et vous embrasserez aussi ma cousine Anna.

L'action d'Édouard avait été si prompte, si inattendue, que Palmer n'avait pu s'y opposer. Quant au commodore, il essayait de se débarrasser du jeune garçon, et disait avec impatience :

— Faites ce que vous voudrez, mais laissez-moi.... Éloignez-vous.

Mais mons Édouard, enfant gâté et volontaire, ne lâchait pas prise; il se cramponna fortement à la place qu'il avait usurpée, puis, posant ses deux mains sur les épaules du commodore, il le regarda pendant quelques secondes.

— Oh! père, s'écria-t-il avec étonnement, voyez donc comme ce gentleman ressemble au portrait que maman porte toujours avec elle!... Mais le gentleman du portrait est bien plus jeune, bien plus beau.... et il a un uniforme galonné d'or.

— Et, sans doute, demanda le commodore devenu attentif, votre mère vous dit que ce gentleman du portrait lui cause de grands chagrins?

— Non, non, au contraire ; elle me dit qu'il faut bien l'aimer. Elle l'embrasse, elle me le fait embrasser aussi, et elle pleure. »

Sir Georges faillit s'attendrir ; mais, voyant les yeux de Palmer fixés sur lui avec anxiété, il se contint, déposa Édouard par terre, et dit avec dureté:

— Prenez le palanquin, si cela vous plaît, et laissez-moi.

Mais Édouard ne s'éloigna pas.

— Et vous ne voulez pas m'embrasser? demanda-t-il avec une hardiesse mutine.

— Je vous dis de me laisser? repartit le commodore en frappant du pied avec violence.

L'enfant se redressa fièrement.

— Alors, gardez votre palanquin! s'écria-t-il, je n'en veux pas... Anna et moi nous monterons dans celui du major... Mais Anna ne vous embrassera pas non plus, car je le lui défendrai.

Et il sortit en courant.

— Vous l'aimerez, sir Georges! dit le pauvre père, moitié souriant, moitié ému. N'avez-vous pas reconnu votre sang, votre fierté, votre humeur indépendante? Ces défauts mêmes le rendent plus cher à sa mère, et je n'ose en réprimander Édouard, quoique malheureusement un jour je doive en souffrir.

Et il sortit précipitamment, sans attendre de réponse.

Demeuré seul, le commodore tomba dans une profonde rêverie. Parfois son visage reflétait de douces émotions, puis ses sourcils se fronçaient et son poing menaçait un ennemi invisible.

Un intervalle assez long s'était passé dans ces alternatives qui témoignaient d'une lutte intérieure. Enfin, un léger bruit fit retourner la tête à sir Georges. Une femme, vêtue de blanc, était agenouillée sur le seuil de la porte. Quand le commodore la regarda, elle lui tendit les bras et dit d'une voix étouffée :

— Mon père... mon père, est-il bien vrai que vous ne maudissez plus votre coupable et malheureuse fille?

Sir Georges parut d'abord vouloir prendre un air de dignité, et resta immobile; mais presque aussitôt ses traits se détendirent, son cœur s'amollit.

Il courut à Élisabeth, la releva, la serra dans ses bras, et versa des larmes sans pouvoir prononcer une parole.

V. — LE PÈRE ET LA FILLE.

Il importe, pour l'intelligence de ce qui va suivre, que nous disions par suite de quels événements la famille Palmer avait été forcée de venir se réfugier sur la côte inhospitalière de Sumatra.

Palmer, ou plutôt Richard de Beaulieu, car tel était son véritable nom, était le fils d'un gentilhomme français qui, ruiné et compromis par les folies de jeunesse, avait passé aux Indes vers le milieu du siècle dernier. Ce gentilhomme s'était établi dans la colonie française de Pondichéry, et là, poussé par la nécessité, il avait dû songer à se créer des ressources. Au risque de déroger, il était entré comme simple commis chez un négociant qui avait pris en pitié sa profonde détresse. Heureusement l'adversité avait corrigé le noble coureur d'aventures. Dans sa modeste position, il montra tant de probité, d'activité, d'intelligence, que son patron finit par lui accorder sa fille en mariage, et lui abandonna plus tard sa maison de commerce. De ce mariage étaient nés Richard et sa sœur aînée, que nous connaissons sous le nom de madame Surrey.

Richard avait reçu une éducation soignée chez les Jésuites de Pondichéry. Néanmoins, son père ne songea nullement à l'envoyer en France pour revendiquer des titres et une réhabilitation nobiliaire auxquels il ne tenait plus. Richard lui-même n'eut d'autre ambition que de demeurer dans l'Inde, sa patrie réelle, et de se livrer au négoce. Aussi, quand le vieux gentilhomme, dont la jeunesse avait été si orageuse, était mort paisible et honoré, son fils avait-il pris la suite des affaires de la maison, qui étaient alors dans un état brillant et prospère.

Sous la direction de Richard, cette prospérité ne fit que s'accroître, et, quand la révolution française éclata, la maison de Beaulieu passait pour une des plus importantes de la colonie.

A peu près à la même époque, Richard fut appelé par un grave intérêt de famille à Madras, ville anglaise fort éloignée, comme on sait, de Pondichéry. Son beau-frère, M. Surrey, fonctionnaire éminent de la Compagnie anglaise des Indes, venait de périr dans une escarmouche contre les Hindous de Tippoo-Saëb, laissant dans une situation précaire sa veuve et son enfant, alors âgée de quelques mois. Beaulieu, qui adorait sa sœur aînée, comme il en était adoré, accourut pour mettre un peu d'ordre dans les affaires embarrassées de la veuve. Ce fut pendant son séjour à Madras qu'il vit pour la première fois la belle Élisabeth Stevenson.

Les Stevenson étaient une noble famille catholique irlandaise qui, pour échapper à l'intolérance du culte anglican, était venue s'établir depuis longtemps dans l'Inde. Malgré ces dissidences de foi, les membres de cette famille avaient servi leur pays avec honneur, et sir Georges, son chef actuel, après avoir passé successivement par tous les grades inférieurs de la marine militaire, était arrivé, jeune encore, au grade éminent de commodore. Il s'était particulièrement distingué dans les guerres dont la mer des Indes avait été le théâtre, de 1778 à 1783, et passait avec raison pour un des meilleurs marins de l'Angleterre dans ces parages.

A l'époque où Richard se rendit à Madras auprès de sa sœur, le commodore était veuf, sans autre enfant que sa fille Élisabeth. Sir Georges commandait alors une escadrille qui croisait dans le voisinage; et, ne voulant pas exposer sa fille chérie aux hasards d'une longue et pénible navigation, il l'avait confiée aux soins de M. et de madame Surrey, qui jouissaient d'une grande considération dans la ville. Aussi souvent que le permettaient les devoirs de son service, il relâchait à Madras et passait quelques jours auprès de son Élisabeth, au sein d'une famille amie, qui se montrait heureuse et fière de sa confiance.

Aussi quand Richard, après la mort de son beau-frère, accourut auprès de la veuve désolée, trouva-t-il établie dans la maison de sa sœur la charmante miss Stevenson, qu'il ne tarda pas à aimer d'un amour violent, irrésistible. Comment parvint-il à lui faire partager cet amour? Peu importe; il était jeune, beau, instruit; il avait appris de son père ces manières nobles et gracieuses de l'ancienne aristocratie française ; sans doute il n'eut pas de peine à fasciner Élisabeth. On s'entendit donc, et l'on parla de mariage. La bonne madame Surrey, que l'on mit d'abord dans la confidence de ces projets, ne prévoyait aucun obstacle sérieux. Son frère était beaucoup plus riche que miss Stevenson; il était gentilhomme, et les de Beaulieu avaient contracté autrefois en Europe d'illustres alliances. Les convenances paraissaient donc satisfaites, les avantages étaient égaux, et, en écrivant au commodore pour lui demander son consentement à ce mariage, madame Surrey se félicitait d'une circonstance qui allait encore rapprocher les deux familles. Dans son malheur, elle entrevoyait avec joie la possibilité de vivre désormais auprès de son frère et d'une belle-sœur qui avait déjà toute sa tendresse.

Un des navires de Richard fut expédié pour porter cette lettre au commodore, et l'on ne doutait pas que la réponse ne fût favorable. En attendant, les jeunes gens vécurent dans la plus douce intimité autorisée par l'usage, en pareille circonstance, et

ils s'habituèrent à la pensée d'être bientôt l'un à l'autre. Aussi que l'on juge de leur douleur, de leur désespoir, quand arriva, de la part du commodore, un refus brutal, hautain, insultant? Sir Georges avait fait la guerre à la France, et avait conçu contre les Français une haine profonde; cette haine semblait encore s'être accrue depuis que les événements politiques permettaient de prévoir une nouvelle et prochaine rupture entre la France et l'Angleterre. Il ordonnait donc péremptoirement à madame Surrey de renoncer à un projet qu'il qualifiait d'insensé; il lui retirait la tutelle de sa fille et l'invitait à conduire Élisabeth chez une vieille dame de la ville, veuve d'un de ses anciens compagnons d'armes, qui seule lui en répondrait désormais. Il comptait du reste se rendre prochainement à Madras, et il serait le meilleur juge des véritables intérêts de miss Stevenson.

Les deux jeunes gens et madame Surrey furent d'abord atterrés par cette opposition inattendue ; cependant Élisabeth et sa tutrice se disposèrent en pleurant à obéir. Richard ne se résigna pas de même au renversement de ses espérances; il protesta, se lamenta, parla de se tuer. Madame Surrey effrayée de cet horrible désespoir, fut la première à supplier Élisabeth de prendre pitié de son frère. Élisabeth elle-même avait le sang chaud, la tête exaltée des créoles; elle se laissa éblouir, entraîner, et consentit enfin à un mariage secret qui fut célébré sans retard.

Ce mariage était à peine consommé que la guerre éclata entre la France et l'Angleterre; tous les Français résidant à Madras reçurent l'ordre de quitter la ville au plus tôt. L'ordre concernait Richard comme les autres; d'ailleurs le commodore ne pouvait tarder à venir, ainsi qu'il l'avait annoncé, et il eût été dangereux d'attendre l'effet de sa vengeance. Il fut donc convenu que les deux époux, madame Surrey et son enfant, partiraient immédiatement pour Pondichéry. Ce plan paraissait d'une exécution facile, car le bâtiment qui avait apporté la lettre au commodore, et dont Richard était l'unique propriétaire, se trouvait encore dans la rade. On prévint le capitaine, les effets les plus précieux furent embarqués sans bruit, et sur le soir, à l'heure de la marée, les voyageurs se rendirent furtivement à la plage, où les attendait un de ces bateaux du pays appelés chelingues, qui devait les transporter à bord du navire.

Madame Surrey et Anna avaient déjà pris place dans la chelingue, et Richard présentait la main à sa femme, afin de l'y faire monter à son tour, quand survint un obstacle imprévu.

Nous savons que le commodore Stevenson, en retirant sa confiance à madame Surrey, avait désigné une dame de la ville pour prendre soin de sa fille désormais. En conséquence, il avait écrit à cette dame pour lui donner ses instructions, et celle-ci avait été fort irritée qu'on ne lui eût pas amené Élisabeth suivant le vœu formel de sir Georges. Ce mécontentement avait été partagé par plusieurs Anglais notables de Madras, et surtout par un neveu de la dame, le capitaine Bolimbroke. Peut-être ce Bolimbroke avait-il quelques prétentions, de son côté, sur la séduisante fille du commodore; peut-être voulait-il simplement venger l'affront que sa parente croyait avoir à se plaindre ; toujours est-il que, au moment de l'embarquement, il se trouvait sur la plage avec quelques personnes de son intimité. Malgré l'obscurité croissante, il n'eut pas de peine à reconnaître Richard et madame Surrey ; de là à deviner quelle était la femme voilée qui les accompagnait et se disposait à partir avec eux, il n'y avait qu'un pas.

Sûr de son fait, le capitaine courut à Richard et lui demanda grossièrement de quel droit il emmenait avec lui une jeune fille anglaise. Richard répondit que cela ne regardait personne. Élisabeth, craignant une querelle, s'empressa de dire à voix haute qu'elle partait de son plein gré avec M. de Beaulieu et madame Surrey. L'insolent ne tint pas compte de cette déclaration, et saisit Richard par le bras pour l'arrêter. Le Français essaya de se dégager, et il était sur le point d'y parvenir, quand Bolimbroke s'avisa d'appeler au secours les nombreux promeneurs qui l'entouraient. Il cria d'une voix forte « qu'un de ces *chiens* de Français enlevait une Anglaise, la fille du commodore Stevenson, et que tous les loyaux sujets britanniques devaient lui prêter main-forte pour empêcher cette insulte. »

Un semblable appel, dans un moment où l'irritation était si

vive entre les deux peuples, ne pouvait manquer d'être entendu. Les oisifs, les marins répandus sur la plage, accoururent en tumulte. Richard sentit qu'il était perdu s'il ne réussissait à se débarrasser promptement de son adversaire. Etourdi par les vociférations qu'il entendait déjà, exaspéré par la lutte, ivre de terreur et de colère, il prit dans sa poche un pistolet de voyage et tira sur l'officier anglais.

Celui-ci tomba sans mouvement. Alors Richard jeta son pistolet, enleva dans ses bras sa femme à moitié évanouie, et s'élança dans la chelingue, en ordonnant aux noirs qui la conduisaient de pousser au large. La barre si dangereuse de la rade de Madras fut heureusement traversée ; un quart d'heure après, les voyageurs étaient à bord du navire, qui se disposa sur-le-champ à partir. Pour augmenter leur ardeur, Richard dit aux gens de l'équipage que les hostilités étaient déjà commencées entre les Français et les Anglais, que l'on allait les poursuivre et les retenir prisonniers s'ils ne se hâtaient. Les cris furieux qui partaient du rivage, l'activité inaccoutumée qu'on y remarquait, confirmèrent cette assertion ; aussi en quelques instants l'appareillage fut-il terminé, et le navire, profitant d'une brise favorable, gagna la haute mer. Après une courte traversée, il atteignit Pondichéry, où il pouvait se croire en sûreté.

Mais tous les dangers n'étaient pas passés. Bientôt le commodore Stevenson arriva devant Madras avec son escadre, et, en apprenant la fuite de Richard, l'enlèvement d'Élisabeth, la mort de Bolimbroke, il entra dans une fureur inexplicable. Il demanda qu'on instruisît sur-le-champ le procès du ravisseur de sa fille, et toute la population de Madras le demandait avec lui. La justice locale informa donc. Vainement le prêtre qui avait marié les deux jeunes gens vint-il apporter la preuve que, selon la loi divine, Richard de Beaulieu avait été en droit d'emmener Élisabeth ; vainement deux négociants honorables, qui avaient été témoins de la scène de l'embarcadère, déclarèrent-ils avoir entendu Élisabeth elle-même dire qu'elle suivait Beaulieu de son plein gré ; vainement affirmèrent-ils que Bolimbroke avait été l'agresseur, que l'accusé s'était trouvé dans le cas de légitime défense, les juges étaient trop prévenus pour voir dans ces témoignages des motifs d'indulgence. L'orgueil britannique se mettait de la partie, et il fallait donner satisfaction à un père au désespoir. Aussi, après une courte instruction, Richard de Beaulieu fut-il condamné à mort, comme coupable du meurtre d'un Anglais et du rapt d'une Anglaise.

Il reçut à Pondichéry la nouvelle de cette condamnation ; son premier mouvement fut de retourner à Madras, pour demander la révision d'un jugement inique. Mais les prières et les larmes de sa sœur, de sa jeune femme, alors enceinte, le détournèrent de ce projet, dont l'exécution, dans l'état actuel des esprits, eût amené certainement une catastrophe. Il se contenta donc d'adresser aux autorités anglaises une justification claire et précise ; mais cette justification n'eut aucun résultat ; le moment n'était pas favorable pour que de pareilles réclamations fussent écoutées. Les hostilités entre la France et l'Angleterre étaient déjà commencées, et le bruit courait que, d'un moment à l'autre, Pondichéry, cette reine des colonies françaises dans l'Inde, allait être assiégée.

Richard de Beaulieu ne pouvait rester sourd à ces sinistres rumeurs ; aussi s'empressa-t-il de faire embarquer de nouveau sa femme, sa sœur et sa nièce sur le même bâtiment qui les avait transportées à Pondichéry. Il chargea ce navire de riches marchandises, puis il ordonna au capitaine, qui lui était entièrement dévoué, de partir pour Batavia, possession hollandaise, où il ne tarderait pas à le rejoindre par une autre voie.

Cette séparation fut bien douloureuse ; Élisabeth et madame Surrey supplièrent en vain Richard de ne pas quitter ; il ne voulut rien entendre, donnant pour raison qu'il avait à liquider sa maison de commerce, et que son devoir était de conserver sa fortune à sa famille. En réalité, il ne perdait peut-être pas encore l'espérance d'obtenir l'annulation du jugement qui le flétrissait, et il ne voulait négliger, jusqu'au dernier moment, aucun moyen d'atteindre ce but. Les dames partirent donc, et elles arrivèrent heureusement à Batavia, où des amis de Richard les accueillirent avec bienveillance et respect.

Trois jours après leur départ, Pondichéry était entièrement bloqué par les forces anglaises. Pendant que le colonel anglais Braidwaith investissait la ville avec vingt-trois mille hommes, dont six mille Anglais, l'escadrille du commodore Stevenson venait occuper la rade ; et, pour résister à ces forces imposantes, Pondichéry n'avait que seize cents hommes, cipayes pour la plupart.

L'histoire dira comment cette faible garnison tint pendant treize jours contre une armée nombreuse, avec un fossé et un escarpement pour toute fortification. Mais bientôt il devint évident, malgré la défense héroïque des assiégés, que l'ennemi avait des intelligences dans la place. Aucun mouvement n'était tenté que les Anglais n'en fussent prévenus d'avance ; et, après l'événement, on acquit la certitude que la résistance aurait pu se prolonger encore, si un traître n'eût donné des avis secrets à Braidwaith.

Richard, dès les premiers moments du siège, s'était joint aux volontaires qui aidaient la garnison à repousser l'ennemi, et il avait payé bravement de sa personne ; cependant aucune illusion n'était possible ; la place ne devait pas résister longtemps à des forces si supérieures. Or, le malheureux négociant se sentait perdu s'il tombait entre les mains des vainqueurs. Il n'avait qu'un moyen d'échapper à une mort honteuse, c'était de fuir au plus vite ; mais comment ? Du côté de la terre, Pondichéry était exactement cerné par les troupes anglaises ; du côté de la mer, le commodore, avec son escadre, maintenait un blocus rigoureux. La situation de Richard paraissait entièrement désespérée.

Comme il envisageait avec douleur, mais sans faiblesse, le sort affreux qu'il ne pouvait éviter, il fut sauvé de la manière la plus inattendue.

Parmi les employés principaux de sa maison de commerce se trouvait un Français nommé Dubarail, qui était arrivé à Pondichéry quelques années auparavant dans un état assez misérable. Le passé de cet homme demeurait mystérieux ; mais Dubarail avait montré beaucoup d'aptitude aux affaires, de la tenue, de l'intelligence, et son patron, qui l'avait accueilli d'abord par humanité, avait fini par lui accorder une confiance entière ; cependant il n'avait garde de soupçonner que de ce côté lui viendrait le salut.

Un soir que Richard de Beaulieu s'abandonnait aux plus tristes réflexions, Dubarail entra dans son cabinet, et, après avoir rappelé à Richard qu'il connaissait tout le danger de sa position, il lui dit d'un ton cordial :

« Vous m'avez protégé quand j'étais pauvre et malheureux ; c'est mon tour maintenant de vous tirer de peine. J'ai dans l'armée du colonel Braidwaith un ami influent qui m'a procuré un sauf-conduit en blanc pour traverser les lignes anglaises. Nous allons inscrire sur cette pièce, signée du colonel lui-même, le nom qu'il vous plaira de prendre ; il vous sera facile, après avoir franchi le camp ennemi, de gagner l'autre côté de la presqu'île et d'aller vous embarquer à Mahé. Comme l'argent ne vous manque pas, vous vous procurerez facilement un cheval dans la première aldée que vous rencontrerez. Quant aux marchandises et aux valeurs considérables qui se trouvent encore dans vos magasins, vous allez m'en faire une vente simulée, afin de les soustraire à la rapacité des Anglais, qui, après la prise de la ville, ne manqueront pas de s'emparer de tout ce qui vous appartient. Plus tard, dans des temps plus heureux, un compte exact vous sera rendu de ce dépôt, dont je serai le gardien fidèle.... Acceptez donc, et vous pourrez partir cette nuit même.... Ainsi je m'acquitterai de la dette de reconnaissance que j'ai contractée envers vous. »

Peut-être, en toute autre circonstance, ce désintéressement extraordinaire eût-il excité la défiance du négociant ; mais, outre que Richard était naturellement franc et loyal, il avait l'esprit bouleversé en ce moment ; d'ailleurs une pressante nécessité ne lui laissait pas le choix des moyens. Il remercia donc avec effusion le généreux Dubarail, et accepta sa proposition. Les actes qu'il devait signer, le déguisement qu'il devait porter étaient préparés d'avance ; le sauf-conduit lui fut remis, et il partit sur l'heure même. Tout se passa comme il l'avait espéré. Il franchit sans difficulté les postes de l'armée assiégeante, acheta un cheval, et put gagner Mahé, où il s'embarqua sur une jonque chinoise pour Batavia. Un mois après, il avait rejoint sa femme et sa sœur, qui furent au comble de la joie.

Cependant, cette fois encore, leur joie ne fut pas de longue durée. Après le départ de Richard, Pondichéry était tombé au pouvoir des Anglais, et, en même temps que la nouvelle de cet événement se répandait, une autre nouvelle, plus importante encore pour le fugitif, circulait. On assurait que le colonel Braidwaith et le commodore Stevenson avaient reçu de l'intérieur de la ville, pendant la durée du siège, des avis qui avaient facilité leur victoire, et que ces avis provenaient d'un négociant nommé Richard de Beaulieu, qui avait voulu, sans doute, par cette trahison, éviter le châtiment de ses crimes passés. De plus, il avait reçu un sauf-conduit qui lui avait permis de se soustraire aux vongeances de ses compatriotes, et, après la prise de la place, ses propriétés avaient été épargnées. L'accusation nouvelle formait une contradiction évidente avec l'ancienne ; car comment les Anglais, qui avaient condamné Richard à la peine capitale et qui le poursuivaient encore pour rapt, lui auraient-il donné un sauf-conduit? Toutefois, son avis se trouva très-sérieuse; l'ordre fut envoyé à tous les gouverneurs des colonies françaises dans l'Inde, à tous les capitaines de la marine militaire, de saisir le traître partout où il serait découvert, et de le passer par les armes, après avoir simplement constaté son identité.

En apprenant cette seconde condamnation, Richard faillit devenir fou, et il fallut l'amour profond d'Élisabeth, la tendresse de madame Surrey, pour l'empêcher d'attenter à ses jours. Sans doute cette calomnie était l'œuvre du commodore; mais quelle preuve, quelle apparence avait pu lui servir de base? Comment l'autorité française avait-elle ajouté foi aux paroles d'un ennemi? Richard essayait inutilement de comprendre ce mystère. Quoi qu'il en fût, le fait était réel, menaçant, inexorable; le malheureux négociant était pris, soit par l'une, soit par l'autre des parties belligérantes, il devait s'attendre à un supplice ignominieux.

Heureusement, il était venu à Batavia sous le nom de Palmer, et il pouvait se fier à la discrétion du petit nombre de personnes qui connaissaient son nom véritable. Mais ce secret pouvait s'ébruiter tôt ou tard, et il devenait urgent de trouver pour sa famille et pour lui une retraite sûre contre les haines et les colères qui les poursuivaient. C'était alors qu'il avait acheté, d'un colon qui retournait en Europe, l'habitation où nous l'avons trouvé au Nouveau-Drontheim, et il s'était empressé d'aller s'y établir avec son monde, sous le nom qu'il avait emprunté.

Depuis cette époque, le commodore Stevenson, malgré la guerre acharnée qui se continuait entre la France et l'Angleterre, n'avait négligé aucun moyen de retrouver les deux époux. Peines, démarches, argent, il n'avait rien épargné. Richard, de son côté, avait pris de telles précautions qu'il devait se croire à l'abri de toute atteinte. Néanmoins, le commodore, après huit ans de recherches, était venu incognito à Batavia et avait réussi à obtenir des renseignements sur la retraite véritable de sa fille et de son gendre. Ces premiers indices obtenus, il n'avait reculé devant aucun danger pour les rejoindre, et nous savons comment il était arrivé au Nouveau-Drontheim sur le navire hollandais la Gertrude.

Les positions respectives de nos personnages étant nettement établies, revenons maintenant au père et à la fille que nous avons laissés en présence l'un de l'autre dans le salon de l'habitation.

Ce ne furent d'abord que larmes, embrassements, paroles entrecoupées et sans suite ; le rude marin paraissait lui-même à peine moins ému qu'Élisabeth. Enfin, pourtant, il réussit à surmonter sa faiblesse, et, faisant asseoir sa fille sur un canapé à côté de lui, il lui dit d'une voix altérée :

— Pauvre Élisabeth ! vous autrefois si belle, si brillante, si heureuse, comme vous êtes changée ! Ah! votre ingratitude envers moi vous a coûté bien cher !

— Vous dites vrai, mon père, répliqua la jeune femme avec mélancolie; du jour où j'ai méconnu votre autorité, je n'ai pas eu un moment de repos véritable. Le châtiment de Dieu s'est appesanti sur moi et sur les miens; une sorte de fatalité s'est acharnée contre tout ce qui me touche, et cependant....

— Que voulez-vous dire ?

— Et cependant cette fatalité, cette persécution, ces supplices m'attachent encore davantage à ceux qui souffrent.

— Fort bien : mais votre sacrifice a été assez long et je veux vous soustraire aux conséquences terribles de vos fautes.

— Ces fautes, mon père, ne venez-vous pas de me les pardonner ?

— Il est vrai ; mais c'est à la condition que désormais vous saurez respecter mes volontés. Elisabeth, je désire vous emmener hors de cette île funeste, dont le climat meurtrier vous consume et vous tue.

— Je la quitterai volontiers, mon père, cette terre maudite où nous ont jetés l'exil et la proscription ; mais vous savez bien que je ne pourrais la quitter seule avec vous...

— Je comprends; eh bien! quoique votre fils ne doive me rappeler aucun souvenir agréable, quoique je ne puisse éprouver pour lui aucune affection, je ne m'opposerai pas à ce qu'il vous accompagne, et je lui assurerai pour l'avenir une position digne de vous.

Elisabeth releva vivement la tête.

— Quoi donc, mon père, demanda-t-elle, avez-vous pu croire une minute que je consentirais à me séparer de mon fils?

Elle ajouta d'un ton plus timide :

— Mais il est d'autres personnes encore dont je ne saurais me séparer.

— Sans doute, reprit le commodore avec impatience et en feignant de se méprendre sur le désir de sa fille, vous voulez parler de cette odieuse madame Surrey, qui a si indignement trompé ma confiance en prêtant les mains à votre mariage ? Soit donc ; je vous montrerai combien est grande l'affection de ce père dont vous avez brisé le cœur J'oublierai mes griefs légitimes contre votre belle-sœur ; je m'efforcerai de ne plus voir en elle que la veuve de mon ancien et fidèle ami Surrey ; je lui permettrai vous accompagner aussi, et à sa fille.

— Ce sera justice, mon père ; madame Surrey n'est coupable que d'avoir cédé à mes prières, à mes larmes, et cette faiblesse n'a-t-elle pas été cruellement expiée ? Ma pauvre sœur et sa charmante enfant n'ont-elles pas partagé pendant huit ans les misères et la réprobation qui pèsent sur nous ? Nous ne pourrions les abandonner sans une noire ingratitude.... Mais ce n'est pas d'elles seulement qu'il s'agit et vous le savez bien !

— Qu'exigez-vous encore, Elisabeth? reprit sir Georges d'une voix sombre ; il est une personne dont l'intimité pour laquelle je ne peux rien et qui doit porter la peine de ses crimes.

— Est-ce de mon mari, de mon bien-aimé Richard que vous parlez ainsi, mon père ? reprit Elisabeth avec véhémence ; comme vous êtes abusé sur son compte ! C'est le plus noble, le plus loyal des hommes !

Sir Georges fronça le sourcil et sembla retenir une amère réplique.

— Et pourtant, Elisabeth, reprit-il a c un calme apparent, il a compris comme moi que votre situation ici était devenue intolérable. Non-seulement il ne s'opposera pas à votre départ, mais encore il m'a suggéré de vous retirer au plus vite de cet enfer terrestre où vous êtes tombés tous les deux.

— Et vous a-t-il dit aussi que, moi partie, l'isolement, le désespoir, la conscience de l'injustice humaine ne tarderaient pas à le tuer? Il ne vit plus que par moi, par son enfant ; notre abandon lui porterait un coup dont il ne se relèverait plus... Non, cette séparation est impossible ; je vivrai ou je mourrai auprès de mon mari, auprès de Richard.

— Mais, au nom du ciel ! Elisabeth, que voulez-vous donc ? dit le commodore avec colère ; celui dont vous parlez n'est-il pas également condamné en France et en Angleterre, et serait-il possible de le soustraire, soit dans l'un, soit dans l'autre pays, au supplice qu'il a mérité ?

— Richard est innocent, mon père.

— Innocent! Est-il en effet parvenu à vous convaincre de son innocence ? Cependant, si je ne me trompe, Elisabeth, vous avez été témoin du meurtre qu'il a commis sur le capitaine Bolimbroke, qui défendait alors mon autorité paternelle...

— Oh! vous réveillez là, mon père, un cruel souvenir ! L'image de ce malheureux jeune homme renversé à mes pieds, pâle et sanglant, se présente souvent à ma pensée... Cependant, plus je réfléchis à cette catastrophe, plus je suis convaincu que Richard ne pouvait agir autrement. Si vous aviez vu l'air arrogant du capitaine ; si vous aviez entendu ses paroles insultantes ; si vous aviez été effrayé mon père par les cris menaçants de la foule, par tous ces bras levés pour me frapper, j'en ai la certitude, mon père, vous qui m'aimez aussi, vous eussiez fait ce qu'a fait Richard !

— Nous pourrions être d'un avis différent sur ce point, Elisabeth; mais excuserez-vous de même la trahison infâme dont cet homme s'est rendu coupable envers ses compatriotes, trahison flétrie de ceux mêmes qui en ont profité?

— Vous devez savoir mieux que personne, mon père, que Richard n'est pas un traître. Vous, l'ami du colonel Braidwaith, vous ne pouvez ignorer que cette accusation est absurde, insensée.

— Je la crois fondée, ma fille. A la vérité, Braidwaith, selon l'usage, n'a nommé personne, et peut-être ne connaissait-il pas le véritable nom du coupable; mais il m'a montré les rapports envoyés par l'espion de Pondichéry, et, quoiqu'ils ne fussent pas signés, j'ai pu, en les comparant à la lettre que m'avait écrite Richard de Beaulieu, constater l'identité de l'écriture. D'ailleurs, le traître avait exigé, pour prix de sa trahison, deux pièces qui lui avaient été remises. L'une était un passe-port qui devait permettre de traverser le camp anglais sans être inquiété; l'autre, une sauvegarde pour les marchandises que pourrait contenir un certain magasin de la ville après la reddition de la place. Le passe-port a servi à Richard de Beaulieu quand il s'est échappé de Pondichéry; la sauvegarde s'est trouvée, lors de l'occupation de la ville, entre les mains de son agent... son associé, son ami, ou quel que soit son titre. Ces preuves n'étaient-elles pas claires, décisives, et les Français n'ont-ils pas eu raison de sévir?

— Je ne comprends rien, mon père, aux apparences qui accusent Richard. Cent fois, lui et moi, nous avons cherché, sans résultat, à deviner cette cruelle énigme. D'abord, mon père (oh! pardonnez cette coupable pensée!), nous avons cru que vous-même, aveuglé par la haine, vous étiez l'auteur des machinations... Pardonnez-nous encore une fois! Quoique implacable dans vos colères, nous ne devions pas oublier combien vous êtes probe, juste, plein de noblesse... Puis, nos soupçons se sont portés sur une autre personne dont la générosité apparente avait pu cacher un piège et que certains indices accusent gravement. Mais, pour s'assurer de la vérité, il faudrait aller aux informations, accomplir des démarches qui nous sont impossibles dans l'isolement absolu où nous vivons.

— Enfin, Elisabeth, interrompit sir Georges avec impatience, que puis-je à tout cela?

— Ah! mon père! n'êtes-vous donc plus le brave officier dont le nom, si célèbre dans ces mers, est également respecté de ses compatriotes et de ses ennemis? N'avez-vous pas dans cette partie du monde un crédit sans bornes? Si vous vouliez prendre en main la cause d'un malheureux auquel votre inimitié a été bien fatale, vous parviendriez aisément, je n'en saurais douter, à lui rendre l'estime et la sympathie des honnêtes gens.

— Vous croyez, Elisabeth, lors même que je parviendrais à faire révoquer la sentence qui le condamne dans les possessions anglaises, comment serait-il en mon pouvoir de le disculper auprès des Français, contre lesquels vous soutenons une guerre sanglante et acharnée?

— Vous avez du moins la liberté de vos actions, mon père; et si vous consentiez à ouvrir une nouvelle enquête, soit à Pondichéry, soit à Madras, d'après certaines indications que je pourrais vous fournir... Et puis, malgré la guerre, n'êtes-vous pas fréquemment en rapport avec des Français influents? Si vous vouliez dire un mot en faveur de mon Richard, avouer votre erreur, peut-être même la reconnaître publiquement pour votre gendre...

— Jamais! interrompit le commodore avec violence. Pour le défendre, il faudrait que je le crusse innocent, et je le sais coupable. Quant à reconnaître une alliance avec l'homme à qui je dois le malheur de ma vie, l'homme qui vous a réduite à cette déplorable position, le ciel tombera sur la terre avant que je m'y résigne!

Elisabeth allait adresser au rude marin de nouvelles instances, quand on frappa timidement à la porte, et Richard entra.

— Sir Georges, dit-il, pardonnez-moi de troubler une entrevue qui devrait être sacrée pour tous, même pour moi; mais j'ai cru nécessaire de vous rappeler que le major Grudmann et le docteur van Stetten vous attendent dans la pièce voisine, et que votre absence prolongée pourrait éveiller la défiance du gouverneur.

— Il suffit, répliqua le commodore d'un ton sec et hautain; je vais rejoindre ces messieurs. Mais je n'ai pas à craindre que ce terrible major découvre qui je suis, car alors il ne pourrait tarder non plus à découvrir qui vous êtes, et le danger serait pour vous comme pour moi.

Le soupçon outrageant que contenaient ces paroles appela une rougeur subite sur les joues de Richard; un geste d'Élisabeth détermina le colon à dévorer l'injure.

Le commodore reprit, après une courte pause :

— Je vais savoir, monsieur, jusqu'à quel point vous êtes sincère dans votre étalage de beaux sentiments. Tout à l'heure vous avez affirmé que vous ne vous opposiez pas au départ d'Élisabeth, à qui je veux rendre le rang honorable dont vous l'avez fait descendre. Joignez donc vos instances aux miennes pour la décider à me suivre dans quelques jours. J'ai consenti, de plus, par amour pour elle, à prendre sous ma protection certaines personnes de sa famille qu'il lui plaira d'amener.... Êtes-vous encore disposé à ne mettre aucun obstacle à ces projets?

— Oui, sir Georges, oui, répondit Richard Palmer avec chaleur; j'approuve vos desseins, et j'en appelle de tous mes vœux l'accomplissement.... Élisabeth, poursuivit-il en s'adressant à sa femme, ne négligez pas l'occasion qui s'offre de rentrer dans la vie commune; cette occasion peut-être ne se représentera plus. Emmenez avec vous tous ceux que j'aime; depuis longtemps, vous savez, leurs souffrances et les vôtres, l'incertitude de votre avenir et du leur, sont le plus grand, le plus constant, le plus douloureux de mes supplices. Abandonnez-moi, je vous en conjure, à la fatalité qui me poursuit. je serai fort et courageux quand je vous saurai plus heureux que moi. Ne craignez pas de vous confier à la protection de sir Georges; il vous aime, il est bon; envers moi seulement il s'est montré injuste et cruel.... Élisabeth, chère et bien-aimée Élisabeth, pensez à vous, pensez à notre enfant! l'avenir est si sombre, si désespéré!

Il était impossible de méconnaître la sincérité de cette ardente prière; cependant Élisabeth répondit avec fermeté :

— Richard, ne me pressez pas davantage; mon parti est pris : tant qu'il me restera un souffle de vie, je ne consentirai pas à me séparer de vous.

— Mon amie, réfléchissez donc, vous périrez à la peine!

— Eh bien! mon mari et mon fils pourront du moins pleurer sur ma tombe.

Richard prit la main d'Élisabeth et la pressa contre ses lèvres.

— Je m'en doutais, dit-il tristement au commodore, rien ne peut dompter cette âme aimante et courageuse.... Elle ira jusqu'à ce qu'elle succombe sous le fardeau!

Sir Georges quitta son siége.

« Ma fille y songera, dit-il d'une voix altérée; elle appréciera l'indulgence dont j'ai fait preuve aujourd'hui envers elle, et elle ne mettra pas à son consentement une condition absurde, impossible.... Le navire la Gertrude doit demeurer ici jusqu'à ce qu'il ait complété son chargement. En attendant, je verrai souvent Élisabeth, et sans doute elle finira par comprendre ce qu'elle me doit, ce qu'elle doit à son enfant, à son mari lui-même.... Pas un mot, ma fille; vous êtes en ce moment sous l'influence de cette exaltation qui engendre les déterminations funestes.... Allons, monsieur.... monsieur Palmer, ajouta-t-il, il est temps de rejoindre le major.

Élisabeth se précipita dans ses bras et lui dit entre deux baisers :

— Mon père, n'est-il pas vrai que vous pardonnerez à Richard comme vous m'avez pardonné à moi-même?

Sir Georges ne répondit rien et sortit suivi du colon.

Dans la pièce voisine ils trouvèrent van Stetten et Grudmann qui fumaient leur pipe en buvant du grog. Le major jeta un regard oblique aux survenants, comme si cette absence prolongée eût excité ses soupçons. Le prétendu Smith lui dit en hollandais, avec une tranquillité parfaite :

— Ma foi! monsieur le gouverneur, votre ami Palmer n'est pas accommodant. Nous ne pouvons tomber d'accord sur le prix de ses denrées, et particulièrement de son riz et de sa cannelle, qui sont en baisse à Batavia. Je reviendrai donc ici, mais avec le capitaine van Roer, qui sera peut-être plus habile et plus heureux.

La conversation s'était établie sur nouveaux frais parmi les hôtes de l'habitation, quand la négresse Maria parut toute effarée. Elle venait chercher le docteur van Stetten pour secourir Élisa-

beth, qui, à la suite des violentes secousses que nous connaissons, avait été prise d'une affreuse crise de nerfs.
Le docteur sortit aussitôt. Palmer était inquiet, et le commodore lui-même paraissait mal à l'aise. Le major Grudman se leva majestueusement :
— Monsieur Smith, dit-il, je crains que nous ne gênions le voisin Palmer ; nous allons donc, si vous le trouvez bon, retourner au palais du gouvernement. Je comptais offrir une place dans mon palanquin à notre excellent docteur pour revenir à la colonie; mais il faudra que van Stetten se contente, pour cette fois, de l'abri de son parasol. Aussi bien il fait se fier parce qu'il a conservé tout son embonpoint et que j'ai perdu le mien ! Mais il n'y a pas encore longtemps qu'il est au Nouveau-Drontheim, et laissons agir notre soleil... Ah çà ! Palmer, ajouta-t-il en s'adressant au colon, j'espère que l'indisposition de votre lady n'aura pas de suite fâcheuse, et que vous pourrez assister demain soir à la fête que donnant les gens du pays aux marins et aux passagers de la Gertrude?
Palmer balbutia quelques paroles sans suite en réponse à cette invitation ; puis le prétendu Smith et lui se saluèrent avec un embarras évident, et les visiteurs remontèrent dans leurs palanquins.
Chemin faisant, le gouverneur, qui avait remarqué je ne sais quoi de mystérieux dans les rapports de Smith et de Palmer, disait à part lui en lâchant d'énormes bouffées de tabac :
— Hum! il y a certainement quelque chose entre ces deux Anglais... Voudraient-ils, par hasard, se moquer de moi?

VI. — LE BIMBANG.

Au centre du village du Nouveau-Drontheim, se trouvait un immense hangar, qui servait de lieu de réunion ou de balley aux habitants. D'ordinaire, à ces balleys, qui existent dans toutes les bourgades de Sumatra, est joint un bâtiment qui sert d'habitation temporaire aux étrangers; mais la colonie, entourée de forêts impénétrables et de montagnes escarpées, n'étant accessible que du côté de la mer, on avait jugé inutile d'ajouter à la maison publique cet accessoire hospitalier. Le balley du Nouveau-Drontheim consistait donc seulement, comme nous l'avons dit, en une espèce d'appentis dont la toiture en feuilles de vacoi était soutenue par des piliers de bois façonné. Quelques bancs composaient tout le mobilier.
Or, il était d'usage, quand un navire ami entrait dans le port, qu'une fête ou bimbang fût donnée par la population locale à l'équipage et aux passagers de ce navire. On les invitait à se rendre au balley le soir, et là ils trouvaient tout le village assemblé pour les recevoir avec solennité. Les gadises (jeunes filles malaises), revêtues de leurs plus beaux atours, les faisaient complimenter par un vieillard expert dans l'art de bien dire, puis elles présentaient leurs boîtes de siri aux voyageurs qui devaient en retirer le siri (bétel) et le remplacer par de petits présents selon leur générosité. Ces présents consistaient habituellement en éventails, miroirs et autres bimbeloteries d'Europe ou de Chine. Ce cérémonial accompli, le reste de la soirée était employé en divertissements de toutes sortes.
C'était une fête de ce genre que la population du Nouveau-Drontheim donnait à l'équipage de la Gertrude, le surlendemain de l'arrivée de ce navire, et à l'heure indiquée pour la réunion, le balley présentait l'aspect le plus animé.
Au dehors, c'était une de ces nuits tièdes et claires, au ciel tout diamanté d'étoiles, comme on n'en trouve que sous les tropiques. Mille sortes de mouches de feu voltigeaient dans l'air, en traçant des sillons lumineux ; et les bouffées de brise apportaient par intervalles les parfums des girofliers et des cannelliers. Un calme profond régnait dans la campagne et permettait d'entendre jusqu'aux murmures faibles et lointains de la forêt.
Au dedans, l'assemblée était éclairée par un grand nombre de ces lanternes chinoises en papier de couleur qui commencent à se populariser en Europe. Suspendues en guirlandes entre les piliers qui soutenaient la toiture de feuillage, elles formaient de charmants dessins, et l'on voyait voltiger à l'entour des insectes bizarres, de superbes papillons de nuit, attirés par cet éclat inaccoutumé. Les catingangs, espèce d'harmonica composé de petits gongs qu'on frappe avec une baguette, mêlaient leurs sons doux et mélodieux aux voix des improvisateurs et des improvisatrices, qui se livraient un de ces combats de chant appelés pantouns. Au centre de l'assemblée, les jeunes filles malaises, avec leurs vêtements de soie brodés, leurs cercles d'or et d'argent aux bras et aux jambes, exécutaient de gracieuses danses en agitant leurs écharpes, tandis que les mères et les duègnes, assises ou accroupies autour des danseuses, formaient tapisserie, comme dans les pays civilisés.
Le reste de l'assemblée se divisait en groupes distincts, selon les nationalités, les couleurs, les costumes et les caractères. En première ligne on doit mentionner les soldats hollandais, tout fiers de leurs uniformes sales, rapiécés, incomplets, dont il était difficile de deviner la nuance primitive. Réunis dans un coin, ils causaient flegmatiquement des canaux de la Hollande, sur lesquels on patine l'hiver, et de leurs frais petits jardins aux statues de faïence. Puis venaient des Malais au teint cuivré, à la tête enveloppée d'un madras, qui, assis par terre, excitaient deux coqs, dont les ergots étaient armés de pointes d'acier, à se battre avec acharnement. Autour d'eux se tenaient de nombreux spectateurs qui avaient parié pour l'un ou pour l'autre des champions et à chaque péripétie du combat on entendait des cris sauvages, des imprécations, des menaces dont nous ne saurions dépeindre la férocité. Plus loin, c'étaient des fumeurs d'opium chinois et malais qui, beaucoup plus silencieux, se livraient à leur irrésistible et dangereuse passion. Les nègres et négresses s'étaient rapprochés pour rire, chanter ou danser la chika et la bamboula ; mais chacun de ces joyeux moricauds se gardait bien de se mêler aux Malais et aux Malaises, qui, en toute occasion, leur témoignaient un profond mépris à cause de la blancheur de leurs dents. Enfin, d'autres groupes bariolés étaient formés par des Hindous aux vêtements de calicot, des Javanais aux chapeaux pointus, voire des marins goudronnés de la Gertrude, qui mâchaient du tabac ou du bétel, suivant leurs goûts particuliers.
Dans cette réunion nombreuse et un peu mêlée, on trouvait plusieurs personnages de notre connaissance. D'abord M. le gouverneur, l'honnête major Grudmann, trônait sur une chaise de rotin au bout de la salle. En souverain populaire qui veut honorer ses sujets, il avait mis son uniforme le plus neuf, son chapeau le mieux galonné, et il fumait avec une dignité plus imposante que jamais. Derrière lui plusieurs personnes lui formaient comme un cortège d'honneur ; c'étaient trois ou quatre officiers subalternes de la garnison, au milieu desquels le docteur van Stetten, armé de ses grandes lunettes vertes, faisait des remarques sur la variété des races humaines. Palmer était là aussi, sombre et distrait, mais il n'avait pu se dispenser d'assister à cette solennité. Enfin, venaient les véritables héros de la fête, le capitaine van Roer qui bâillait dans son chapeau ciré, et le prétendu Smith, son passager, qui, l'air impatient et contraint, paraissait fort tenté d'envoyer l'assistance au diable. Du reste, sir Georges, malgré son attitude maussade, avait tenu à se montrer généreux envers les dames et demoiselles de l'endroit; jamais les boîtes de siri n'avaient reçu de plus jolis éventails, de plus magnifiques rubans, de plus brillants étuis. Cette munificence avait laissé loin celle de van Roer lui-même et peut-être contribuait-elle à exalter la bruyante gaieté des danseuses.
Parmi celles-ci, on admirait surtout Légère, la fille de Tucur-d'Éléphants. En dépit de sa bouche dévastée par le siri, c'était en effet une charmante gadise. Son teint animé, ses yeux de feu, pleins de coquetterie provocante, disaient quel plaisir elle prenait aux divertissements de la soirée. Aussi les hommages de diverses couleurs ne lui manquaient-ils pas ; au nombre de ses soupirants se trouvaient un beau noir du Congo, un Indien d'un jaune safran et un jeune contre-maître de la Gertrude, qui semblait être le mieux venu auprès d'elle. Tous les trois ne pouvaient lui exprimer leur admiration de vive voix, à cause de la différence des langages ; mais le langage des yeux et du geste n'étant pas interdit, elle n'ignorait nullement les sentiments qu'elle inspirait. Cependant le jeune contre-maître, comme nous l'avons dit, semblait avoir un avantage marqué sur ses rivaux, et l'élégante boîte de la gadise avait été remplie plus d'une fois par le galant marin.

Tueur-d'Éléphants ne paraissait pas s'inquiéter beaucoup des coquetteries de sa fille. Accroupi au milieu des spectateurs du cock-pit, il ne se laissait pas distraire pour si peu. A la vérité, son coq était blessé, comme nous le savons, et les soins de van Stetten n'avaient pu encore mettre le vaillant animal en état de reprendre le cours de ses exploits; mais Tueur-d'Éléphants pariait pour les coqs des autres, et il observait avec un intérêt extraordinaire les chances diverses de la lutte. Une fois pourtant que le combat s'était ralenti, à cause de la fatigue ou des blessures des champions, il eut le loisir de jeter un regard vers l'endroit où devait se trouver Légère. Il l'aperçut bientôt; fière et souriante, elle tenait encore à la main l'écharpe ou *salindani* dont elle venait de se servir pour former des poses charmantes avec ses compagnes. Autour d'elle papillonnaient ses trois adorateurs qu'elle ne songeait pas à désespérer. Tout à coup Tueur-d'Éléphants fronça le sourcil, fendit la foule, et, s'approchant de sa fille, lui dit en malais d'une voix rude :

— Souviens-toi de ta mère la *Ronguine*. »

A ce nom, Légère éprouva comme une secousse électrique; le sourire s'effaça de ses lèvres; ses traits, si joyeux tout à l'heure, prirent une expression sauvage. Elle répondit au regard de son père par un regard de menace et de défi. Cependant elle ne tarda pas à baisser les yeux. Écartant avec impatience ses adorateurs, elle rejeta son écharpe sur ses épaules, quitta la danse et alla s'asseoir entre deux vieilles femmes, simples spectatrices de la fête. Le jeune contre-maître ne tarda pas à la suivre dans sa retraite; mais le nègre et l'Hindou, qui avaient compris les paroles du père, avaient disparu, et ils n'osèrent s'approcher de la gadise pendant le reste de la soirée.

A l'autre extrémité du balley, dans le quartier des fumeurs d'opium, avait lieu une scène de nature différente. Au nombre de ces maniaques on ne s'étonnera pas de rencontrer le compagnon de Tueur-d'Éléphants, ce taciturne Malais que l'on appelait par excellence Fumeur-d'Opium. Il avait d'autant plus de sujet de prendre part à la fête à sa manière, que les libéralités un peu forcées du docteur l'avaient enrichi le matin d'une forte provision de sa drogue favorite. Aussi avait-il profité de l'occasion pour s'enivrer en bonne conscience. Étendu sur la terre nue, la tête appuyée sur un billot, il tenait à la main l'instrument qui lui servait à aspirer les vapeurs du dangereux narcotique. Assis à son côté, Yaw, le chef des Chinois de l'habitation Palmer, l'assistait avec un zèle qui ne pouvait être désintéressé, et prenait soin que le feu ne s'éteignît pas dans la pipe de son ami.

On se souvient en effet que Yaw, comme la plupart des habitants du Céleste-Empire, était lui-même passionné pour l'opium, et il ne négligeait aucune occasion de se livrer gratis à ce plaisir coûteux. Aussi avait-il l'habitude, chaque fois que le Malais s'abandonnait à sa passion, de venir s'établir auprès de lui, de le combler de caresses, de lui rendre mille petits services. En récompense de son obséquiosité, il lui était permis de fumer, après l'opération, les résidus de la pipe; souvent même, profitant de l'espèce d'extase où finissait par tomber son compagnon, il parvenait à lui dérober quelques grains d'opium vierge dont il se délectait à ses moments de loisir.

C'était donc l'espoir d'une pareille aubaine qui le rendait si empressé et si prévenant. Il fallait voir se dandiner comme un énorme poussah, et ricaner d'un air niais, tandis que sa longue queue se tortillait derrière lui comme un serpent en colère ! Aussi bavard, insinuant, rusé, que l'autre était brute et cruel, il lui disait d'un ton caressant :

— Yaw est ton ami; l'amitié est d'or. Yaw veillera sur toi comme la mère sur son enfant qui sommeille. Livre-toi aux délices de cette gomme divine, et puisse le ciel t'envoyer des rêves « couleur de vermillon, » des rêves pleins de pagodes d'or, de femmes aux petits pieds et de thé au doux parfum! Plonge-toi dans l'extase qui rend le pauvre égal au puissant mandarin, qui calme la douleur de celui qui souffre, et qui fait que la vie s'épanouit comme une fleur au soleil.

Ces belles choses, débitées moitié en chinois, moitié en patois du pays, étaient perdues sans doute pour le stupide maniaque, qui ressentait déjà les premières impressions de l'ivresse; mais elles l'endormaient, comme une chanson de nourrice endort le nourrisson qui ne peut la comprendre. Yaw ne s'impatientait pas; toujours attentif et souriant, il entretenait le feu sacré, prenait soin qu'une dose d'opium succédât à une autre, et disait en se balançant avec la régularité d'un magot à ressort :

— L'homme qui a un ami est un homme heureux !

En attendant, il recueillait avec de grandes précautions les parties imparfaitement brûlées de la drogue chérie, et observait « son ami » du coin de son œil bridé, pour reconnaître le moment où le Malais n'aurait plus conscience de lui-même; mais Fumeur était habitué de longue date à l'opium, et une haute dose était nécessaire pour l'enivrer. D'ailleurs ces vapeurs nauséabondes ne produisaient pas sur lui l'extase paisible que le Chinois comptait y trouver; au contraire, plus il subissait l'action soporifique, plus son visage de cuivre jaune se crispait d'une manière convulsive, plus son œil devenait dur, fixe, et s'injectait de sang.

Cependant Yaw crut bientôt reconnaître à des signes certains que le fumeur était complétement ivre. Alors, sans interrompre ses cajoleries, il alla chercher dans le sarong du Malais la boîte d'écorce qui contenait la provision d'opium, l'ouvrit, et en plaça une nouvelle prise sur le feu de sa pipe. Comme décidément son camarade n'avait plus la force d'aspirer, il fourra la boîte dans ses vêtements et porta la pipe à ses lèvres. Il ne cessait de se dandiner, de ricaner, et, pendant que sa longue queue sautait de droite et de gauche, à chaque mouvement de sa tête rasée, il répétait d'un air béat :

— L'amitié est d'or. C'est mon tour à présent ! « L'ami doit partager tout ce qu'il possède avec son ami. Je tiens cette sentence de mon arrière-cousin, le mandarin à bouton de cristal, qui possédait plusieurs jardins près de Canton.

Il se mit à fumer avec activité, afin de se trouver le plus promptement possible dans l'état où se trouvait son cher Pylade, et il ne remarquait pas à ses côtés un autre Chinois, son inférieur, qui l'épiait pour lui jouer peut-être le même tour quand le moment serait venu.

Il ne remarquait pas non plus, à mesure qu'il se plongeait sans bourse délier dans l'extase tant désirée, que Fumeur-d'Opium le regardait de son œil fixe et menaçant, et que la main tremblante du Malais cherchait à tâtons le criss passé dans sa ceinture; la satisfaction de sa passion dominante faisait oublier à Yaw sa prudence et sa poltronnerie habituelles.

Tout à coup Fumeur poussa un cri rauque, assez semblable au rugissement du tigre de la forêt, et, par un mouvement frénétique, il se dressa sur son séant; son ivresse incomplète lui avait permis de reconnaître l'indigne abus de confiance dont il venait d'être victime, et un accès de fureur avait fini par vaincre l'engourdissement qui s'était emparé de tous ses membres. Il se jeta sur Yaw, son criss à la main, et bien prit au Chinois d'avoir conservé sa présence d'esprit et son agilité, car il n'eût plus jamais trompé personne. Prompt comme l'éclair, il sauta de côté, tandis que Fumeur-d'Opium, entraîné par son élan, tombait de toute sa longueur sur le sol et enfonçait profondément dans la terre la lame de son terrible poignard.

Une vive alarme se propagea dans l'assemblée.

« Il est *amokspower* (enragé), dit une voix.

— Oui, oui, il est *amokspower*, » répéta-t-on de toutes parts.

Aussitôt les femmes s'enfuirent; la partie pusillanime de l'assistance, c'est-à-dire les nègres et les Chinois, se disposa à imiter les femmes, tandis qu'au contraire les soldats hollandais tiraient leurs sabres et se mettaient en défense.

Pour faire bien comprendre la portée de ce mot : il est *amokspower!* nous rappellerons que les Malais, fumeurs d'opium, sont sujets à des accès de frénésie pendant lesquels ils attaquent et tuent tous ceux qui les approchent. C'est une espèce de rage furieuse, comparable à celle du chien hydrophobe, et l'on se souvient que le compagnon de Tueur-d'Éléphants était menacé depuis longtemps de ses atteintes.

Aussi n'avait-on aucun doute que tel fût le cas de Fumeur en ce moment. Il avait attaqué Yaw à l'improviste et le coquin de Chinois poussait des clameurs et extravagantes en se démenant par terre, qu'on pouvait croire qu'il avait été frappé à mort. On s'attendait maintenant à voir le maniaque se relever et charger tous les assistants inoffensifs. C'était pour cela que les soldats hollandais, habitués à de pareilles scènes, mettaient le sabre à la main pendant que le gros de l'assemblée s'enfuyait en désordre. Un cercle de lames nues se forma rapidement autour du Malais renversé.

La paix fut ainsi conclue et signée à la grande satisfaction de la négresse. (Page 92.)

Le gouverneur n'avait pas bougé de son trône de rotin, et continuait de fumer sa pipe avec tout le flegme batave. Comme les soldats se retournaient vers lui pour demander ses ordres :
— Tuez-le, dit-il tranquillement.

Le major Grudmann était pourtant un excellent homme; mais, endurci par l'exercice du pouvoir absolu dans ces contrées sauvages, il considérait un Malais ivre d'opium comme un buffle échappé ou un serpent venimeux.

Les soldats, avec le même sang-froid, allaient exécuter le commandement de leur chef, quand un homme, s'élançant dans le cercle, écarta les sabres avec un incroyable mépris du danger. C'était Tueur-d'Eléphants qui accourait au secours de son compatriote, moins peut-être par affection pour lui que par haine des Européens qui allaient frapper un Malais.

— Le Fumeur n'est pas *amokpsower*, s'écria-t-il ; mais il a été insulté, volé par ce Chinois maudit. Il se venge, il fait bien..... Ne le touchez pas.

Il désignait Yaw qui venait de se relever sans blessures et s'enfuyait à toutes jambes, tandis que Fumeur-d'Opium, incapable de l'imiter, s'agitait par terre en poussant de sourds rugissements.

Les soldats regardèrent de nouveau Grudmann.

— Eh bien! donc, s'il n'est pas dangereux, laissez-le, dit le major en haussant les épaules.

Les Hollandais se retirèrent impassiblement. Tueur-d'Élé-

phants s'accroupit auprès de son compagnon, lui enleva son criss par mesure de précaution ; puis, l'enveloppant lui-même dans la toile de son sarong, afin de le mettre dans l'impuissance de nuire, il l'emporta hors du balley. Cependant, comme en se retirant il passait près de sa fille et du contre-maître, il répéta d'un ton farouche :
— Souviens-toi de la Ronguine, ta mère.
Cinq minutes après, l'assemblée rassurée reprenait les chants, les danses et les conversations interrompus.

VII. — LE MAJOR GRUDMANN.

Cet incident avait produit une certaine agitation parmi les Européens groupés autour du gouverneur. Sir Georges dit à voix haute en souriant :
— Voilà un bel échantillon des mœurs de ce pays ! Ma foi ! monsieur le major, je ne vous félicite pas sur l'exquise civilisation de vos administrés !
— Bah ! c'est peu de chose, dit le gouverneur, il se passe ici souvent des faits bien autrement graves, et j'ai besoin de quelque fermeté pour maintenir l'ordre. Du reste, j'aurais dû en finir depuis longtemps avec ces deux Malais intraitables ; mais, comme ils appartiennent à M. Palmer, je me suis montré indulgent par considération pour lui.
— Je vous rends grâce, monsieur le major, répliqua Palmer distraitement ; quant à moi, je n'ai pas encore eu de motif suffisant pour les congédier. Fumeur-d'Opium n'est habituellement qu'une espèce de brute inoffensive, il suffit à sa tâche qui consiste à conduire les buffles au pâturage, Tueur-d'Éléphants passe pour le meilleur chasseur de la colonie, et jusqu'ici...
— Ce sont de fort élégants serviteurs pour les dames de l'habitation Palmer, interrompit sir Georges avec une ironie dont Richard seul pouvait comprendre la portée ; de plus, ne sont-ils pas un peu anthropophages ? On assure que tous les Malais le sont.
— Pas absolument tous, répondit le docteur van Stetten, vous pouvez jurer pour ceux des deux gaillards qui étaient là tout à l'heure. Ils appartiennent à la nation des Battas, une des plus féroces de l'intérieur de l'île.., Et tenez, monsieur Smith, n'avez-vous pas entendu tout à l'heure le Tueur-d'Éléphants adresser à haute voix quelques mots à sa fille?
— C'est possible, mais je ne comprends pas leur langage.
— Ni moi non plus ; mais ce nom de la Ronguine m'a fait deviner qu'il s'agissait d'un avertissement paternel donné à Légère, dont la coquetterie promet beaucoup pour l'avenir... Les paroles du père ont certainement rapport à une petite histoire très-connue dans le pays, et qui a fort diverti dans le temps notre digne major.
— Oui, oui, murmura le gouverneur, l'histoire est drôle.
— Contez-la-moi donc, messieurs, dit sir Georges distraitement ; ni le capitaine van Roer, ni moi nous ne dédaignons une bonne histoire.
— En deux mots la voici, reprit le docteur. Tueur-d'Éléphants habitait, il y a quelques années, son pays natal et il avait une femme qu'il aimait... autant qu'un Malais peut aimer. Cette femme, fort belle, s'appelait la Danseuse, dans leur idiome la Ronguine, car vous savez que les Malais n'ont pas de nom, mais seulement des surnoms. La Ronguine donc avait un goût décidé pour la danse ne manquait pas une fête du voisinage. La conséquence en ut qu'elle trompa son mari et que son mari la tua.
— L'histoire n'est pas neuve, docteur ; pareille chose arrive assez souvent dans les pays civilisés.
— Patience ! monsieur Smith ; si le commencement tient des mœurs européennes, la fin tient tout à fait de celles des sauvages. Donc Tueur-d'Éléphants avait tué la Ronguine. Or, dans son pays, ce n'est pas seulement la femme coupable qui est punie, mais encore le séducteur. Tueur-d'Éléphants alla porter plainte au rajah ou gouverneur, et le galant fut condamné au supplice usité en pareil cas.
— Et quel est ce supplice ?

— Être mangé vif sur la place publique ; et le mari, le frère, le père, enfin la personne qui avait des droits sur la femme déchue, peut choisir, selon son goût, le meilleur morceau. Tueur vous dira que, le jour de la cérémonie, il choisit les oreilles du séducteur de sa femme. C'est, d'après lui, un mets délicieux.
— Et il les mangea, dit le gouverneur en riant d'un gros rire, à la sauce au citron : c'est la sauce officielle, la sauce exigée par la code Battas [1].
Quelques éclats de rire accueillirent l'anecdote.
— Le fait est, dit sir Georges, qu'on n'a pas encore songé à établir une semblable pénalité dans l'ancien monde ; c'est pour cela, sans doute, qu'il y a tant de femmes coquettes... Et, à la suite de cette aventure, votre Tueur-d'Éléphants a dû quitter son pays pour venir s'établir ici ?
— Il ne l'eût pas sans doute quitté pour si peu ; mais on a parlé de coups de criss échangés entre lui et les parents de l'individu qu'il a croqué si gaillardement par sentence de juge ; bref, un jour, il y a de cela deux ou trois ans, nous l'avons vu arriver ici avec sa fille dans un pros venant de Padang. Tout leur bagage alors aurait tenu dans le fond d'un chapeau ; mais, depuis qu'ils sont dans la maison de M. Palmer, ils ont acquis de l'aisance.
— Il paraît pourtant, reprit sir Georges, que cet homme ne tolérerait pas l'inconduite de sa fille, et cela du moins lui fait honneur.
— Aussi avez-vous vu le soupirant hindou et le soupirant noir, qui connaissent l'histoire de la Ronguine, s'éclipser au premier mot du père... Mais voici votre petit contre-maître là-bas, qui continue à jouer de la prunelle avec la jolie Malaise ; il ne sait pas à quoi il s'expose si Tueur-d'Éléphants vient à perdre patience, et Tueur n'en a pas une forte provision...
— Il faut que je prévienne le pauvre garçon, dit le capitaine van Roer ; diable ! j'aurai besoin de mon contre-maître pour retourner en Europe.
— Parlez-moi de pères qui veillent ainsi sur leurs filles ! dit sir Georges avec amertume ; ils ne sont pas dupés et bafoués comme certains pères des autres parties du monde.
Et il jeta sur Palmer un regard haineux. Grudmann s'en aperçut ; cependant, il reprit avec une gaieté affectée :
— Oui, oui, Tueur-d'Éléphants est rigide sur le chapitre des mœurs ; mais seulement quand il s'agit de noirs, d'Hindous ou même d'Européens, que dans son orgueil stupide il considère comme étant de race inférieure : il est moins farouche pour les Malais qui viennent rôder autour de Légère. D'ailleurs, un jour que les piastres et les roupies feraient défaut dans ses poches, du diable si je ne le croirais pas capable de mettre sa fille pour enjeu dans une partie de dés ou dans un combat de coqs... sauf à manger encore au jus de citron le joueur qui la lui aurait gagnée !
Et le bon gouverneur se mit à rire le premier de sa plaisanterie ; puis, se tournant vers un vieux sergent hollandais qui s'était tenu toute la soirée près de son siège, il lui dit à voix basse quelques mots auxquels l'autre répondit d'un ton bref et péremptoire. Palmer profita de ce moment et se pencha de même vers le commodore.
— Au nom du ciel ! monsieur, lui dit-il bas avec précipitation, cachez mieux votre haine contre moi et tout esprit de dénigrement contre tout ce qui vous entoure ; le major a des soupçons.
Sir Georges fit un geste de colère, Grudmann s'en aperçut encore, mais cette fois il ne crut pas nécessaire de dissimuler.
— On dirait vraiment, monsieur Smith, reprit-il d'un air de bonhomie, en s'adressant au commodore, que vous en voulez à Palmer au sujet de son riz et de sa cannelle, et lui, de son côté, semble vous garder rancune de quelque chose... Voyons, Palmer, continua-t-il d'un ton amical en se tournant vers le colon, vous êtes trop galant homme pour vous offenser des innocentes critiques de M. Smith sur les gens que vous employez à l'habitation et dont il faut bien se servir à défaut d'autres ?
Le colon protesta, les yeux baissés, qu'il n'avait pas eu de semblables pensées, et sir Georges, à son tour, assura, non sans ironie, qu'il était plein d'estime et de respect pour M. Palmer.
Grudmann poursuivit en bourrant tranquillement sa pipe :

[1] Historique.

— A la bonne heure! ce serait mal de se quereller entre compatriotes. Sur ma foi ! monsieur Smith, ajouta-t-il avec rondeur, on vous croirait fraîchement arrivé d'Europe, à voir l'étonnement que vous causent les mœurs de ce pays. Vous avez pourtant navigué déjà dans ces mers, à ce qu'on prétend ?

Palmer regarda de nouveau le commodore comme pour l'avertir d'être prudent.

— Oui, oui, répliqua le prétendu Smith, ces mers ne me sont pas inconnues... mais on va si peu à terre...

— Si peu ! et comment diable, alors, faites-vous votre commerce? il faut bien venir à terre pour charger ou décharger le navire !

— Je ne m'occupe pas toujours de commerce ; je voyage aussi par curiosité.

— Hum ! la curiosité a bien ses dangers dans cette partie du monde... Enfin, soit ; mais en voyageant ainsi par curiosité vous devez recueillir des nouvelles intéressantes, et jusqu'ici vous ne nous en avez appris aucune. Cependant des faits accomplis depuis six mois pourraient encore être nouveaux pour de pauvres reclus tels que nous.

Le major, en parlant ainsi, avait un air si simple, si bonhomme, si bienveillant, qu'il était impossible de lui soupçonner une arrière-pensée. Néanmoins Palmer paraissait être sur des charbons ardents, tandis que sir Georges répondait avec une sorte d'impatience :

— Je ne sais rien, monsieur le major ; le capitaine van Roer pourrait mieux répondre à vos questions.

— Moi, répliqua van Roer, épais Flamand fort taciturne, je serais tout au plus capable de vous dire le dernier cours du café et des épices sur le marché de Batavia.

— En ce cas, messieurs, reprit Grudmann d'un petit ton décidé, ce sera moi qui vous apprendrai des nouvelles. Savez-vous que le corsaire français Surcouf a reparu dans les mers de l'Inde ?

— Surcouf ! répéta le commodore en tressaillant, c'est impossible.

— Vous croyez ? et pourtant il a déjà fait des prises sur les Anglais.

— Impossible, vous dis-je, s'écria sir Georges dans une extrême agitation ; ensuite il aura peut-être rencontré quelqu'un de ces navires qui vont d'Inde en Inde sans escorte !

— Comme vous prenez feu, dit le gouverneur en riant ; mais dussiez-vous sauter comme un magasin à poudre, il ne s'agit pas cette fois d'un méchant navire isolé. Surcouf s'est emparé d'un convoi de trois beaux bâtiments de la compagnie des Indes, et ce convoi était sous la protection de la frégate *la Dorothée*, qui porte le pavillon du commodore Stevenson.

Les yeux de sir Georges roulaient dans leurs orbites :

— Mais alors, dit-il, se contenant à peine, *la Dorothée* a dû soutenir un combat acharné contre cet insolent aventurier ?

— C'est ce qui vous trompe, répliqua froidement Grudmann ; on ne sait pourquoi le commodore ne se trouvait pas à bord au moment de la rencontre, et sa frégate a pris chasse honteusement devant le terrible Surcouf.

Un effroyable juron sortit de la bouche du marin :

— Cela est faux, mille démons ! cela est faux ! répéta-t-il d'une voix tonnante en se levant avec impétuosité.

Toute l'assemblée était attentive, bien que la plupart des assistants ignorassent de quoi il s'agissait.

— Mon Dieu ! il se perd, » murmura Richard.

Et il glissa dans l'oreille du commodore :

— C'est un piège. »

Sir Georges n'était plus en état de comprendre un pareil avertissement.

— Au nom de l'honneur, monsieur le major, poursuivit-il, apprenez-moi sur quoi se fonde cette incroyable absurdité ?

Grudmann ne répondit pas ; il cligna des yeux, donna un ordre au sergent qui se trouvait derrière lui et qui s'empressa de sortir. Alors le gouverneur alluma méthodiquement sa pipe, et reprit avec un calme parfait :

— Cette nouvelle paraît vous chagriner beaucoup, monsieur William Smith ; eh bien ! rassurez-vous, car il serait possible qu'elle ne fût pas rigoureusement exacte.

Sir Georges respira plus librement.

— Ainsi donc, demanda-t-il le corsaire Surcouf

— Est ou n'est pas dans nos mers ; je ne saurais rien affirmer à cet égard.

— Et la frégate *la Dorothée* ?

— Croise encore dans le détroit de Malacca ou dans le détrait du Bengale, ou partout où l'on a jugé à propos de l'envoyer.

— Mais alors, monsieur, demanda sir Georges avec hauteur, où tendait donc cette histoire ridicule ?

— Major Grudmann, dit Palmer à son tour, il n'est pas généreux à un brave militaire tel que vous, de blesser ainsi le patriotisme de sujets anglais qui sont vos hôtes en ce moment !

— Ah ! voisin Palmer, répliqua le gouverneur, êtes-vous si mal informé ou bien êtes-vous dupe à ce point vous-même que vous ayez besoin de l'explication de ma conduite ? Eh bien ! cette explication vous ne l'attendrez pas longtemps, vous et l'honorable gentleman dont vous prenez si chaudement la défense.

Un bruit cadencé de pas se fit entendre. Douze soldats hollandais, en tenue de service et la baïonnette au bout du fusil, s'avancèrent sous la conduite du vieux sergent, et après avoir écarté la foule stupéfaite, cernèrent le groupe d'Européens.

Palmer pâlit, tandis qu'au contraire sir Georges se redressait avec dignité. Le major Grudmann se leva et dit au prétendu Smith d'un ton ferme et résolu :

— Vous êtes sir Georges Stevenson, commodore, dans la marine royale d'Angleterre... N'essayez pas de le nier ; vous avez été positivement reconnu, et d'ailleurs vous venez de vous trahir vous-même... Prétendez-vous que vous n'êtes pas sir Georges Stevenson ?

Il se fit un profond silence ; nègres, Chinois, Malais semblaient avoir eux-mêmes conscience de la gravité de l'événement qui s'accomplissait au milieu d'eux.

— Eh bien ! quand cela serait ? répondit sir Georges avec sérénité, n'y a-t-il pas eu en ce moment une suspension d'armes entre la Pays-Bas et l'Angleterre ? Ne suis-je pas venu ici avec un passe-port signé du gouverneur général de Batavia, avec des recommandations de plusieurs Hollandais honorablement connus, et sous les auspices du brave capitaine van Roer ?

— Du diable si je savais qui vous étiez ! interrompit van Roer, en ouvrant de grands yeux effarés.

— Le capitaine Van Roer, reprit le major, a été trompé comme les personnes honorables dont il s'agit, comme le gouverneur général, comme moi-même ; quel moyen a-t-on employé pour y réussir ? Peu importe ; toujours est-il, commodore Stevenson, que vous, officier supérieur de la marine anglaise, vous vous êtes glissé, sous un faux nom et sous un déguisement, dans une colonie que votre nation, je le sais, se propose d'attaquer un jour ou l'autre, comme elle a attaqué les autres possessions de la Hollande. Or, croyez-vous que moi, major dans les armées de la république batave, je ne doive rien dire à cela ? Qu'êtes-vous venu faire ici, sinon examiner l'état de nos fortifications, compter nos canons et nos soldats, afin de trouver moins de difficultés plus tard à vous emparer de cette place..., ce qui n'arrivera, soyez-en sûr, que lorsqu'on aura tué le vieux Sigismond Grudmann !

Un grand nombre de voix s'élevèrent à la fois, mais celle de Palmer domina toutes les autres.

« Major Grudmann, s'écria-t-il, vous m'avez témoigné souvent de l'estime et de l'affection ; eh bien ! je vous l'affirme sur l'honneur, les motifs qui ont déterminé le voyage, peut-être imprudent, du commodore au Nouveau-Drontheim, motifs parfaitement connus de moi, n'ont pas le but déloyal que vous supposez, et si j'osais vous dire...

— Paix ! monsieur Palmer, interrompit sèchement le gouverneur ; je ne vous demande pas quels rapports existent entre vous et l'officier anglais ; il me suffit de savoir que vous êtes incapable de trahir le pays dont vous avez reçu l'hospitalité pendant bien des années. Le commodore seul doit porter la peine de ses actes, et je vais lui prouver...

— Major Grudmann, interrompit encore Palmer, avant de prendre une détermination qui peut avoir des conséquences les plus funestes, ne jugeriez-vous pas convenable de consulter vos officiers réunis en conseil ?

— Je ne consulte jamais personne quand il s'agit de mon devoir ; ce que je fais, je le fais sous ma seule responsabilité...

Commodore Stevenson, je vous arrête au nom du gouvernement de la république batave. »

Il y eut un moment de stupeur parmi les assistants ; enfin sir Georges s'écria :

« Je proteste contre cette violation de l'armistice conclu entre l'Angleterre et la Hollande ! Vous serez honteusement désavoué par votre gouvernement, monsieur... En quelle qualité puis-je être votre prisonnier ?

— En qualité d'ESPION, puisque vous voulez le savoir, répondit le gouverneur brutalement.

Sir Georges allait s'élancer sur lui ; les soldats le retinrent :

— Major Grudmann, s'écria-t-il en fureur, vous me rendrez raison de cette insolence !

— Aussitôt que vous serez libre, si vous l'êtes jamais, commodore Stevenson, je m'empresserai de me mettre à vos ordres... Ah ! vous aviez sans doute entendu parler là-bas, sur vos vaisseaux, du major Grudmann comme d'un bonhomme un peu vaniteux, mais simple, crédule, et vous êtes venu en toute confiance pour le tâter... Vous l'avez tâté maintenant, qu'en pensez-vous ?... Et que l'on ne se plaigne pas ! Dans les circonstances actuelles, je serais en droit d'envoyer le commodore Stevenson dans un champ voisin, avec six hommes, le fusil chargé, et au commandement.... »

Une rumeur de protestation s'éleva parmi les officiers, marins et militaires, qui se trouvaient là.

— Allons, rassurez-vous, répliqua le major ; je laisserai au gouverneur général le soin de juger cette affaire. Dans le plus bref délai, la Gertrude mettra à la voile pour transporter le prisonnier à Batavia sous bonne escorte. Jusque-là, il sera détenu au fort, où je vais le conduire moi-même, et tous ses papiers me seront remis..... Ah ! monsieur, je vous disais bien qu'il ne faisait pas bon se moquer de moi !

Palmer demanda que sir Georges fût du moins considéré comme prisonnier sur parole ; le commodore l'interrompit.

— Je ne donnerai pas ma parole, dit-il énergiquement ; si je la donnais, j'aurais l'air de reconnaître qu'on avait le droit de m'arrêter. M. le major, qui doit trouver si rarement dans ce coin ignoré du monde, l'occasion d'accomplir des actions d'éclat sera libre de rehausser par un excès de rigueurs le prix de sa glorieuse capture. Quant aux autres personnes qui cachent sous de beaux dehors de générosité une indigne trahison, elles ne parviendront pas à me donner le change, qu'elles le sachent bien.

Palmer se contenta de lever les yeux au ciel, comme pour le prendre à témoin de l'injustice qui lui était faite ; Grudmann, trop loyal pour laisser peser des soupçons sur un innocent, s'empressa de répondre :

— Dans nos positions respectives, monsieur le commodore, vos sarcasmes ne peuvent m'atteindre ; mais, vous paraissez accuser M. Palmer de votre infortune ; je dois vous détromper... Sergent Muller, continua-t-il en s'adressant au vieux soldat qui s'était tenu près de lui pendant toute la soirée, approche.

Muller fit trois pas en avant, s'arrêta carrément, l'arme au bras, la main à la hauteur de son bonnet.

— Raconte devant M. le commodore ce que tu m'as dit de lui ce matin.

— Eh bien ! mon major, balbutia le sergent, je ne vous ai pas trompé, le voyez-vous à présent ! Je l'ai reconnu pour un Anglais aussitôt qu'il est descendu à terre. Ce n'est pas étonnant, car je suis resté près de trois mois prisonnier de guerre à bord de son vaisseau, et je voyais le commodore tous les jours quand il montait sur le pont. Il était peu méchant, quoiqu'il fût brusque, et je ne savais trop si je devais vous prévenir de ma découverte. Ma foi ! à tout hasard je me suis décidé à vous conter la chose, et alors...

— Tu as eu raison et tu seras récompensé ; va, maintenant.

Le sergent salua et rentra dans les rangs.

— Messieurs, reprit Grudmann en s'adressant à l'assemblée, je dois ajouter qu'avant même le rapport de Muller, j'avais déjà des soupçons au sujet du passager de la Gertrude. Cependant, ce soir j'ai voulu m'assurer par moi-même s'il n'y avait pas d'erreur possible. J'ai commandé au sergent de demeurer près de moi et d'examiner à loisir la personne suspecte. Moi-même, tout à l'heure, j'ai essayé du nom de Surcouf et de la Dorothée, pour juger de l'impression qu'ils produiraient sur le soi-disant Smith ; vous savez comment l'expérience a réussi... M. le commodore ne peut donc s'en prendre qu'à lui-même ou, s'il aime mieux, à la fatalité de sa fâcheuse mésaventure.

Sir Georges demeura sombre et muet. Après une courte pause, Grudmann reprit froidement :

— Vous plairait-il, commodore, de m'accompagner au fort ?

— Me voici, répliqua sir Georges avec simplicité.

Il se plaça lui-même au milieu des soldats.

— Encore une fois, commodore Stevenson, reprit Grudmann, je ne voudrais pas user envers vous de rigueurs inutiles ; donnez-moi votre parole d'honneur de ne pas chercher à vous échapper, et vous serez libre dans la colonie jusqu'au moment où la Gertrude fera voile pour Batavia.

— Marchons, messieurs, répliqua l'Anglais.

— Soit donc ; puisque vous voulez être gardé, on vous gardera !

Le major reprit sa pipe, enfonça son chapeau sur ses yeux, puis il escorta lui-même le prisonnier, afin de s'assurer que ses ordres seraient ponctuellement exécutés.

Le docteur van Stetten, le capitaine van Roer et la plupart des officiers de terre et de mer, restèrent à la fête qui continua bientôt sur nouveaux frais, et ils s'entretinrent avec animation des événements de la soirée ; mais Richard Palmer rejoignit l'escorte, et se mit à causer bas avec le gouverneur.

A cette heure de la nuit, le brouillard commençait à s'élever et à obscurcir l'éclat des étoiles, les petites lanternes des mouches de feu commençaient à pâlir, la brise de mer acquérait plus de force et de fraîcheur. Cependant on pouvait voir encore briller dans l'ombre les fusils des soldats, et on distinguait aisément le commodore qui marchait au milieu de ses gardiens d'un air calme et assuré.

Après une courte conversation, Grudmann dit à Richard :

« Parlez-lui, si vous voulez, monsieur Palmer ; mais vous n'obtiendrez rien. Vos compatriotes sont d'un orgueil indomptable, et celui-ci a une tête de fer. D'ailleurs, vous ne paraissez pas jouir d'un grand crédit auprès de lui, et c'est là ce qui m'empêche d'arrêter sur vous-même certains soupçons.... Donc : essayez, j'y consens. »

Il dit un mot aux soldats, et Palmer put approcher du commodore.

— Sir Georges, demanda Richard en anglais, n'avez-vous aucune recommandation à me faire, aucun désir à exprimer ?

— Prévenez Elisabeth, avec les ménagements convenables, de ce contre-temps inattendu, et annoncez-lui que je souhaite lui parler... si toutefois on veut bien me permettre de la recevoir.

— Je lui transmettrai ce vœu, sir Georges, et j'espère encore que le danger qui vous menace pourra être écarté.

— Le danger ! croyez-vous que les autorités hollandaises approuveront l'odieuse conduite de ce ridicule major à mon égard ?

— Vous prisez trop bas le major Grudmann, commodore, et vous ne vous êtes pas assez défié de lui. Quant aux autorités hollandaises, vous avez trop fait de mal à leur nation pour qu'elles ne saisissent pas cette occasion de vous retenir, dans un moment où la guerre va sans doute recommencer entre la Hollande et l'Angleterre.

— Soit, j'en courrai les chances.

Au bout d'un moment, le commodore reprit :

— J'ai peut-être des excuses à vous adresser, monsieur, pour vous avoir accusé ce soir d'une trahison dont vous étiez innocent... Recevez-les donc ; je voudrais que les autres accusations portées contre vous ne fussent pas mieux fondées que celle-ci.

— Eh ! quoi, sir Georges, dans l'inquiétante situation où vous vous trouvez, ne comprenez-vous pas enfin que l'homme le plus loyal, l'homme dont les intentions sont les plus droites, peut être victime de fausses apparences ? N'êtes-vous pas précisément sous le coup de fausses imputations dont je souffre moi-même sans l'avoir mérité ?

L'orgueil de l'Anglais faillit se révolter de nouveau contre cette assimilation : Richard poursuivit :

— Je regrette, sir Georges, que vous ayez obstinément refusé de vous considérer comme prisonnier sur parole, car le major Grudmann se trouvera dans la nécessité d'en agir rigoureusement avec vous et de vous tenir à la gêne jusqu'au départ de *la Gertrude*. D'ailleurs, je dois vous prévenir, moi qui connais le pays, que toute évasion serait impossible, et permettez-moi de vous conseiller...

— Il suffit, monsieur; quand j'aurai besoin de vos conseils, je vous les demanderai... Mais si vous n'êtes pas disposé, par dévouement pour moi, à m'accompagner jusqu'à cette misérable bicoque qu'on appelle ici une forteresse, je ne veux pas vous retenir davantage. En récompense de vos bons offices, je ne révèlerai, quoi qu'on fasse, ni votre vrai nom ni votre passé, j'en prends l'engagement, et l'on ne trouvera rien dans mes papiers qui puisse mettre sur la voie des découvertes... N'est-ce pas cette assurance que vous veniez chercher auprès de moi?

— Vous agirez selon votre fantaisie, sir Georges, répliqua Richard blessé de la persistance de cette haine.

En même temps, il salua froidement et rejoignit le major Grudmann.

— Rien; vous aviez raison, major, le commodore a une tête de fer.

— Eh bien! moi, j'en ai une de caillou, et si nous les choquons, ma foi! il en jaillira du feu.

Quelques minutes après, Richard prit congé; et tandis que le cortége continuait sa marche vers son habitation, en évitant le balley, où la fête devenait de plus en plus bruyante.

Nous savons que les maisons de la colonie étaient abritées par de grands arbres, formant des touffes non interrompues de feuillage jusqu'à la forêt. Sous les arbres régnait, à cette heure de la nuit, une obscurité à peine combattue par une faible et lointaine lueur qui provenait de la salle de danse. Cependant le colon s'avançait sans hésitation vers l'avenue de tamarins, quand un effroyable hurlement, bientôt suivi d'un coup sourd, comme celui d'une hache appliquée sur un tronc d'arbre, retentit à quelque distance. Richard s'arrêta tout à coup.

— Qu'y a-t-il? qui va là? demanda-t-il dans cette langue commune aux habitants de la colonie.

On ne répondit pas; mais à une place où les arbres étaient moins serrés, il entrevit un homme de grande taille, qui se tenait immobile, un bâton à la main.

— Qui va là? répéta Richard avec plus de force.

Une espèce de grognement, d'un caractère étrange, lui répondit cette fois; mais l'homme au bâton disparut et tout redevint calme.

— Bah! dit Palmer après avoir attendu un instant, c'est sans doute quelque Chinois en goguette ou quelque nègre ivre de cava.

Il se remit en marche, et n'entendit plus jusqu'à sa demeure que les sons éloignés des flûtes malaises et des catingans, qui arrivaient par intervalles jusqu'à lui, apportés par la brise de mer.

VIII. — L'AMI D'ÉDOUARD.

Le jardin de l'habitation Palmer passait pour une des curiosités de la colonie du Nouveau-Drontheim. Ce jardin, ainsi que la maison, était situé, comme nous l'avons dit, au pied de grands rochers rougeâtres qui, de ce côté, terminaient la vallée. Des montagnes, tombait un ruisseau d'eau fraîche et limpide ne tarissant jamais. Cette eau pénétrait dans l'enceinte bien close du verger, à travers une double claire-voie, afin qu'elle ne pût entraîner de celle-ci certains hôtes dangereux; puis, et après avoir rempli un joli bassin, où se jouaient des poissons dorés, après avoir serpenté gracieusement au milieu de plates-bandes de fleurs, elle sortait de l'enclos par extrémité opposée et allait arroser les rizières, pour de là se jeter dans le fleuve voisin.

Ce jardin conservait encore, sous ses maîtres européens, les ornements bizarres dont le riche Chinois, qui en avait été le premier propriétaire et le créateur, s'était plu à le surcharger. Des allées tortueuses, sablées en sable de couleur, formaient une espèce de labyrinthe dont les stations étaient marquées par de petites tours au toit garni de clochettes, par des ponts de bambou, des idoles hideuses, des kiosques et des pagodes d'architecture singulière. Des plantes rares et curieuses croissaient à l'ombre de magnifiques arbres fruitiers, bananiers, manguiers, orangers, pamplemousses; mais le même goût bizarre, qui se manifestait dans la disposition générale du jardin, se retrouvait dans les détails. Ainsi un arbuste élégant poussait sur le dos d'un éléphant de porcelaine; une fleur charmante s'épanouissait sur la tête d'un oiseau ou à l'extrémité de la queue d'un chien de même matière.

Toutes les fantaisies incroyables que nous voyons sur les meubles de laque, sur les paravents et les éventails venus de Chine, existaient là en réalité. Palmer avait respecté ces *baroqueries* par insouciance et la plupart tombaient en ruines. Seulement, il avait fait établir aux endroits convenables les belvédères qui dominaient la haie de plantes épineuses servant de clôture, et, de chacun de ces belvédères, on jouissait d'une vue différente, mais toujours admirable, sur les plantations, sur le village, sur la rivière et même sur la mer bleue qui bornait l'horizon.

La principale de ces constructions quasi théâtrales qui décoraient le jardin était une pagode située près de l'endroit où le ruisseau tombait du rocher en cascade, et, à cause de cette situation, il y régnait de tout temps une fraîcheur bien précieuse sous la zone torride. On y arrivait de la maison par une allée d'arbres nains, extrêmement touffus, qui ne laissaient passer aucun rayon de soleil. La pagode, bâtie moitié en bois, moitié en briques, avait plusieurs toits superposés et relevés aux angles, comme on en voit sur les belles potiches du Céleste-Empire. Elle était peinte de couleurs éclatantes, et sa façade portait encore çà et là des traces de dorures. L'intérieur formait une pièce unique assez sombre, dont quelques siéges en rotin, une petite table et des nattes composaient l'ameublement.

C'était là que, le matin du jour qui suivit la fête, Édouard et sa cousine Anna faisaient un petit déjeuner en attendant le repas commun de la famille. Les deux enfants avaient l'habitude de se rendre à la pagode aussitôt qu'ils étaient levés, et, d'ordinaire, Madame Surrey venait présider à leur repas. Mais ce jour-là Madame Surrey avait été appelée de bonne heure dans l'appartement d'Élisabeth, où sans doute Richard racontait à sa femme et à sa sœur le triste événement de la veille. La négresse Maria était donc chargée seule de servir et de surveiller le cousin et la cousine; or Maria, fatiguée d'avoir passé la nuit presque entière à la danse, bâillait de manière à laisser voir les trente-deux dents blanches qui étaient l'abomination des Malais du voisinage.

Le déjeuner consistait en une grande jatte de ce lait jaune, parfumé, plein de crème, que donne la vache du buffle, en fruits de l'arbre à pin et en bananes, enfin, en noix de cocos fraîchement ouvertes. Les deux enfants, vêtus d'habillements blancs de forme peu différente, faisaient honneur au repas avec ce vaillant appétit qui est le signe de la santé. Ils étaient gais et souriants l'un et l'autre; mais mons Édouard se montrait plus bruyant que de coutume en l'absence de sa tante, tandis que la petite Anna, au contraire, affectait un air majestueux, presque maternel, pour imposer à son turbulent compagnon.

Édouard en était encore sur son thême favori, à savoir, sa dernière aventure avec un tigre et un orang-outang, et il assurait fièrement qu'il retournerait bientôt à la forêt pour revoir la grande fleur et pour chercher son arc, un arc superbe, qui lançait de grandes flèches à plus de cent pas. En entendant cette fanfaronnade, Maria, qui semblait sommeiller sur un siége, tressaillit et se releva brusquement.

« Vous pas faire cela, massa Édouard, dit-elle avec un accent d'effroi; vous pas aller dans la forêt, jamais.... jamais. L'homme « qui ne parle pas » emporterait vous.

— M'emporter? répliqua l'enfant dédaigneusement. Je voudrais bien voir cela!

— Dieu préserve vous, massa Édouard, reprit la bonne négresse avec agitation; vous trop jeune, pas comprendre... Dans le pays à moi, en Afrique, être aussi de ces hommes « qui ne parlent pas; » mais eux être noirs, parce que là-bas tout être noir, les hommes qui parlent comme ceux qui ne parlent pas. Eh bien! quand j'étais petite, eux emporter pauvre femme négresse et pauvre négrillon, pour les garder longtemps, bien longtemps avec eux dans les bois. »

La jolie Anna tremblait de tous ses membres; mais le rodomont Édouard ne parut nullement impressionné par les exploits des gorilles et des chimpanzés du Sénégal qui, en effet, passent pour enlever fréquemment des femmes et des enfants.

— Bah ! nous ne sommes pas ici dans ton pays, Maria, dit-il de son air fanfaron.

— Mais les hommes « qui ne parlent pas » être aussi méchants dans ce pays que dans le mien, quoique d'une autre couleur. Moi prier vous, cher petit massa, de ne pas aller dans la forêt.

— Je te dis que je n'ai pas peur. Mais voyons, quand ces hommes des bois ont emporté des négresses ou des négrillons, les ont-ils tués ?

— Non, non, massa Édouard ; eux leur donner à boire et à manger ; eux leur construire des cases, ne leur faire aucun mal.... Négresses et négrillons revenir plus tard, mais plus savoir parler, être sauvages comme eux !

— Ah ! tu vois bien ! ils ne font pas de mal !.... D'ailleurs, celui-là m'aime ; il nous a défendus contre le tigre qui allait nous croquer ; aussi j'irai dans la forêt et je reprendrai mon arc.

— Oh ! non, non, renonce à cette idée, Édouard, mon cher Édouard, dit Anna toute en larmes, en se jetant à son cou ; je t'en prie !...

Le valeureux Édouard avait grande envie de pleurer lui-même ; cependant, il répondit avec un stoïcisme un peu forcé :

— Tu es une fille, cousine Anna ; mais moi je suis un homme et je n'ai pas peur comme toi.

— Eh bien ! oui, j'ai peur ! s'écria la pauvre enfant en le mangeant de caresses ; n'y va pas.... promets-moi de n'y pas aller !

Et comme le jeune garçon hésitait à prendre l'engagement exigé, sa cousine, changeant de ton, lui dit avec une petite coquetterie sentimentale :

— Allons ! Édouard, je vois bien que vous ne m'aimez pas ?

— Mais si, je t'aime.

— Alors vous ne voulez pas que je vous aime moi ?

— Je veux que tu m'aimes, au contraire.... avise-toi un peu de ne pas m'aimer !

— Croyez-vous que l'on commande à ses affections ? Désormais, quand vous m'apporterez des bouquets de fleurs, je les jetterai aux chèvres ; et, quand vous voudrez m'embrasser, je me sauverai.... Et puis vous m'avez dit que je serais votre petite femme, mais je n'y consentirai pas.

Pour le coup, le vaillant paladin fut vaincu et il se mit à pleurer aussi ; cependant, il tenta un nouveau retour offensif.

— Nous verrons bien, reprit-il moitié douleur, moitié menace, si tu jetteras mes bouquets et si tu refuseras de m'embrasser, et si tu ne voudras pas être ma petite femme.... Je suis plus fort que toi et je te battrai.

— Eh bien ! je pleurerai et je me laisserai battre.

Édouard n'y tint plus.

— Non, je ne te battrai pas ; non, je ne voudrais pas que tu pleures ! s'écria-t-il en éclatant ; cousine, pardonne-moi, j'ai été méchant.... Pardonne, et je ferai tout ce que tu voudras.

— Ainsi, vous n'essayerez pas de retourner à la forêt où le grand vilain singe pourrait vous tuer ou vous emporter ?

— Non.

— Vous ne penserez plus à votre arc, à la grande fleur et à tout le reste ?

— Non, non, je te le jure.

— Alors, embrasse-moi ; tu m'offriras ce soir un bouquet que je mettrai dans ma chambre en souvenir de toi, et je t'aimerai toujours.

La paix fut ainsi conclue et signée, à la vive satisfaction de la nègre è, qui écoutait avec admiration le naïf caquetage de ces jolis enfants. En les voyant s'embrasser, elle frappa l'une contre l'autre ses grosses mains noires et se mit à rire aux éclats.

— Bien fait, bien fait ! répétait-elle. Ah ! missi Anna sait comment s'y prendre, et ce sera une maîtresse femme !

Cependant la collation était finie, et Maria se disposait à emporter les restes du déjeuner. Le cousin et la cousine, encore sous l'impression de la réconciliation récente, paraissaient être de la meilleure intelligence ; chacun d'eux renchérissait sur l'autre pour effacer le souvenir de la querelle. Anna ne tarda pas à mettre de nouveau la soumission d'Édouard à l'épreuve.

— Puisque te voilà redevenu gentil, dit-elle d'un air câlin et timide à la fois, tu ne dois pas oublier qu'il est l'heure d'étudier ta leçon de géographie. Maman Surrey et tante Élisabeth sont occupées en ce moment, mais elles seraient fort mécontentes si tu n'avais pas appris ta leçon avant l'heure de la sieste.

Tout en parlant, la petite sirène exhibait un traître livre, passablement déchiré, qu'elle avait caché dans les plis de sa robe blanche. A la vue de cet odieux bouquin, Édouard fronça le sourcil et faillit se révolter encore.

— Ah ! ce n'était pas dans nos conditions ! dit-il avec humeur.

Mais Anna insista doucement ; elle remontra d'un ton persuasif qu'Édouard serait à merveille dans la pagode pour apprendre sa leçon, que personne ne viendrait l'y déranger, que peu de minutes lui suffiraient pour accomplir sa tâche journalière et qu'alors il pourrait jouer sans remords. Bref, elle finit par le décider, et il prit, en rechignant le livre maudit.

— Si encore tu restais avec moi pendant que j'étudie ! reprit l'écolier d'un ton piteux.

— Bon ! moi présente, tu ne peux te décider à jeter les yeux sur ton livre ; tu ne cesses de causer et de rire... Allons, du courage ! Si tu as bientôt appris ta géographie, tu verras quelle agréable surprise je te réserve !

Quelle était cette surprise ? La charmante enfant n'en savait rien elle-même ; elle employait tout simplement une petite ruse dont elle avait reconnu la puissance sur son cousin. Cette fois encore, Édouard se laissa prendre à cette amorce, et ouvrit le livre avec une impatience fiévreuse. Anna satisfaite l'encouragea par un signe de son joli doigt et sortit avec la négresse, qui murmurait toujours en riant :

— Ça sera une femme, miss Anna ! Moi pas savoir parler ainsi à Darius.

Demeuré seul, Édouard poussa la bonne volonté jusqu'à lire la moitié au moins de sa leçon ; mais dès qu'il n'entendit plus les pas d'Anna, son ardeur se ralentit. Il quitta le livre, puis le reprit, et enfin vint s'accouder à une étroite fenêtre qui donnait sur le jardin, du côté opposé à la maison. Sans y songer, il se mit à observer les beaux insectes qui voltigeaient de toutes parts avec un murmure monotone, et il devint immobile et silencieux comme il arrive parfois, dans la solitude, aux enfants les plus turbulents.

A cette heure, le brouillard n'était pas entièrement dissipé ; les vapeurs fauves que pénétrait déjà le soleil formaient comme une gaze autour des objets un peu éloignés et en estompaient légèrement les contours. Édouard était tombé dans une sorte de rêverie, quand un certain frémissement qui se fit dans un ébénier voisin attira tout à coup son attention.

Nous avons dit que le jardin était entouré d'arbustes épineux qui formaient une clôture impénétrable ; mais en dehors de cette enceinte existait un rideau de grands arbres destinés à protéger les plantations contre le soleil ; c'était à cette rangée d'arbres extérieurs qu'appartenait l'ébénier dont nous parlons. Édouard n'aperçut rien d'abord à travers le sombre et épais feuillage ; mais, ayant attaché son regard sur le même point, avec la constance d'un enfant curieux et inoccupé, il finit par entrevoir une forme confuse dans la partie la plus fourrée. Cette forme n'avait aucun mouvement, et l'on pouvait la confondre avec la maîtresse branche qui la cachait imparfaitement ; mais à mesure que le cahot se dissipait, l'enfant distinguait avec plus de netteté une tête barbue, dont les yeux brillants étaient tournés vers lui. Il n'y avait pas à s'y méprendre, c'était l'orang-outang.

En se trouvant ainsi face à face avec l'être redoutable dont on racontait des choses si extraordinaires, le premier sentiment d'Édouard fut un sentiment d'effroi, et il se retira précipitamment de la fenêtre ; mais la curiosité ne tarda pas à l'y ramener. Une distance trop considérable pour être franchie d'un bond existait entre l'ébénier et les arbres de l'intérieur du jardin ; il n'y avait donc pas à craindre d'attaque, d'autant moins que la fenêtre de la pagode eût été trop étroite pour livrer passage à l'homme des bois. D'ailleurs, on se souvient qu'Édouard éprouvait une vive reconnaissance pour son libérateur. Seulement, à l'heure, il avait promis à sa cousine de ne plus se hasarder du côté de la forêt, c'était par pure condescendance. Aussi se rassura-t-il promptement, et il examina le terrible visiteur avec cette avidité d'un écolier qui trouve l'occasion de dérober quelques instants à l'étude.

L'orang demeurait en partie caché dans le feuillage ; mais on sait qu'il avait les proportions d'un homme de la plus haute taille, c'est-à-dire environ six pieds. Ses bras et ses jambes étaient longs, maigres, quoique d'une vigueur incroyable; son ventre était gros, sa poitrine carrée. Un poil roux couvrait tout son corps ; mais sa face était nue, de couleur grisâtre, et encadrée seulement d'une espèce de barbe fauve. Il avait la bouche large, le nez saillant ; ses yeux petits semblaient assez doux quand il n'était pas en colère. Somme toute, il ressemblait pour le moins autant à l'espèce humaine que les Hottentots, les Bochismans et plusieurs autres races dégradées. Sauf le langage que la nature leur a refusé, les orangs diffèrent peu, physiquement parlant, de certains sauvages de l'Océanie, et, si l'on en croit une foule de récits, leur intelligence est plus développée que celle de ces sauvages.

Autant Édouard prenait plaisir à examiner celui-ci, autant l'orang paraissait trouver de plaisir à examiner Édouard. Étendu sur sa branche, il ne remuait pas, de crainte peut-être d'effrayer le jeune garçon. Sa physionomie était grave, mélancolique, presque pensive et son regard avait une expression caressante. Il n'en fallait pas tant pour que mons Édouard se crût en droit de se familiariser avec sa nouvelle connaissance. Il alla chercher à la table un régime de bananes que la négresse avait laissé pour le cas où il voudrait se distraire des fatigues de l'étude en suçant un de ces fruits parfumés, et l'apporta sur la fenêtre ; puis, après avoir mangé lui-même une banane, il en jeta une autre à l'orang.

Le fruit, quoique lancé avec une certaine adresse, allait passer à quelques pieds du destinataire, quand tout à coup un long bras, armé d'une main énorme, se détendit comme un ressort d'acier ; la banane fut saisie légèrement au vol et disparut aussitôt dans une large bouche munie de dents formidables.

Cette fois l'enfant eut peine à contenir l'explosion de sa joie ; il arracha les bananes les unes après les autres pour les envoyer à son voisin de l'ébénier, et il eut le plaisir de le voir saisir ces fruits avec la même dextérité. Plusieurs d'entre eux cependant ayant été mal dirigés, l'orang n'essaya pas de les rattraper et ne parut nullement regretter cette proie savoureuse ; on eût dit qu'il songeait moins à satisfaire son appétit qu'à montrer de la bonne volonté à une faible et gracieuse créature qu'il eût pu briser d'un souffle.

Ce jeu plaisait beaucoup à Édouard, qui avait tout à fait oublié sa leçon, comme on peut croire. Par malheur, les bananes tiraient à leur fin et il songeait à renouveler sa provision sans donner de soupçons aux personnes du logis, quand des voix animées se firent entendre de l'autre côté de la maison. L'homme des bois devint inquiet et se tapit bien soigneusement dans le feuillage ; on ne voyait plus que ses yeux, dont l'expression était sombre et farouche. En vain Édouard lui lança-t-il ses dernières bananes, l'orang ne montra plus aucune velléité de s'en saisir ; il avait décidément pris l'alarme, et peut-être de son poste élevé apercevait-il quelque chose qui l'empêchait de répondre à ces agaceries.

Édouard, à son tour, ne tarda pas à prêter l'oreille. Les clameurs allaient toujours croissant, et, au milieu des voix criardes des Chinois et des nègres, il reconnaissait une voix grave de son père. Jugeant l'occasion favorable pour esquiver sa leçon de géographie, il prit assez cavalièrement congé de son ami, quitta la pagode, traversa la maison sans s'arrêter et arriva enfin dans la cour, où un spectacle inattendu frappa ses regards.

Les gens de l'habitation formaient un groupe compacte autour d'un arbre ; ils étaient vivement agités et poussaient des clameurs qui avaient retenti jusqu'au fond du jardin. Mais tandis que les Malais semblaient proférer des imprécations et des menaces, les nègres se répandaient en lamentations et les Chinois avaient l'air de se défendre avec toutes sortes de gestes et de démonstrations ridicules. Au milieu de ce tumulte, Palmer s'efforçait d'interposer son autorité afin d'obtenir un peu de silence, et le docteur van Stetten examinait attentivement un homme couché sans mouvement sur le sol. A quelques pas en arrière, le sergent Muller et quatre soldats en uniforme attestaient que le cas était assez sérieux pour qu'on eût dû requérir l'assistance de la force publique.

Édouard allait se précipiter à travers la foule, quand Anna, qui se trouvait sur la verandah avec sa mère et sa tante, lui cria d'un ton d'épouvante :

— N'avance pas, cousin Édouard ; il y a là un homme mort !
— Qui donc ?
— Le Malais Fumeur-d'Opium.
— Oui, oui, rentre, mon enfant, dirent les deux femmes ; un pareil spectacle n'est pas fait pour toi.

Mais Édouard feignit de n'avoir pas entendu cet appel et se glissa au premier rang parmi les spectateurs.

C'était en effet Fumeur-d'Opium qui gisait là sur l'herbe, le crâne ouvert et sanglant. Deux noirs, en se rendant à leurs travaux, avaient découvert le corps inanimé dans les plantations, à très-peu de distance du batey. Leurs cris avaient attiré les passants ; on avait mis le cadavre sur un brancard et on l'avait transporté à l'habitation Palmer, à laquelle appartenait le défunt.

L'enfant, en dépit de sa hardiesse, détourna les yeux avec horreur, et il allait peut-être revenir sur ses pas, quand le docteur van Stetten qui, un genou en terre, avait fait un examen minutieux du corps, se releva :

— Messieurs, dit-il d'un ton ferme, ma conviction est complète ; ce malheureux a péri assommé par un effroyable coup de bâton qui lui a brisé la tête, et sa mort remonte à huit ou dix heures environ.

— Je crois que vous ne vous trompez pas, docteur, répliqua Palmer. Tout le monde, en effet, a pu voir hier au batey que Fumeur était amokspower ou bien près de le devenir. Sans doute lorsque son camarade l'a emporté dans la campagne et laissé à lui-même, cet homme, le cerveau troublé par l'opium, se sera jeté furieux sur quelque passant qui, en se défendant l'aura renversé d'un coup de bâton.

— Voilà ce que je nie formellement, répliqua van Stetten ; dans le cas dont vous parlez, Palmer, le coup eût porté sur le devant de la tête ; or, Fumeur a été frappé par derrière ; la mort est le résultat d'un crime.

La plupart des assistants ne pouvaient comprendre cet entretien qui avait lieu en hollandais ; cependant un des noirs de l'habitation dit dans son jargon :

— C'est Yaw, le Chinois, qui avoir tué Fumeur, moi parie ; Yaw avait peur de lui, parce que Yaw lui avait dérobé son opium, et Fumeur se serait vengé. Alors méchant Chinois s'est caché sans doute, et quand Fumeur a passé, il l'a tué.

— Oui, oui, c'est Yaw ! dirent plusieurs voix en différentes langues.

— La chose n'est pas absolument impossible, reprit Richard ; mais comment ce Chinois, si poltron et si pusillanime, aurait-il commis un pareil crime, au risque d'être découvert ?... Eh bien ! il faut interroger Yaw.... Où est-il maintenant ? Au champ de cannes à sucre, sans doute ?

— Non, non, maître, répliqua le noir, qui semblait garder rancune aux Chinois pour quelque méfait ancien ou récent ; Yaw pas être allé aux champs aujourd'hui ; lui être resté dans sa case, avoir pas osé sortir.... Vous voyez bien que lui être coupable !

— Faites-le venir sur-le-champ, dit Palmer avec autorité ; ou plutôt attendez, je vais moi-même le chercher.

Il se dirigea vers le petit et fragile édifice que Yaw occupait dans l'enclos ; les discussions animées continuèrent autour du corps, tandis que le docteur expliquait au sergent Muller un cas de médecine légale.

Richard trouva le Chinois dans des transes mortelles. Yaw, prosterné devant une petite idole domestique, brûlait des morceaux de papier doré afin de se rendre la divinité favorable. Un homme aussi économe avait dû y regarder à deux fois avant d'offrir ce coûteux sacrifice, mais sans doute le danger lui semblait pressant.

A la vue de son maître, il se leva précipitamment et, sans attendre qu'on l'interrogeât, il se répandit en protestations d'innocence accompagnées de gestes d'énergumène. Il parlait avec une volubilité extraordinaire, employant tour à tour la langue chinoise et toutes les autres langues dont il avait retenu des bribes.

— Pourquoi n'es-tu pas à ton travail? lui demanda Richard d'un ton sévère ; que fais-tu là? Pourquoi as-tu peur, si tu es innocent ?

— Yaw a la conscience blanche comme une feuille de papier avant que le lettré ait écrit dessus avec son pinceau. Yaw était l'ami de Fumeur-d'Opium.... les deux doigts de la main. Il rendra la boîte qui appartenait à Fumeur : il voulait seulement la lui garder pour l'empêcher de devenir *amokspower*.....

— Il ne s'agit pas de cela ; je te demande ce que tu fais ici, pourquoi tu as l'air de te cacher, quand la mort de ce pauvre Malais met toute l'habitation en émoi.

— Oui ! oui ! il est mort ! reprit Yaw avec un désespoir grotesque ; j'ai perdu l'ami de mon cœur, la fleur de mon jardin ; la lanterne de mon logis est éteinte. Yaw a peur des Malais qui veulent toujours planter leur criss dans la poitrine d'un Chinois. Pauvre Chinois ! toujours persécuté parce que la misère l'a forcé de quitter le Céleste-Empire fleuri !

Richard finit par s'impatienter de ce bavardage.

— Allons, dit-il, si tu peux te justifier, viens le faire en présence de tes camarades et en présence de la force armée, qui s'emparera de toi si tu es trouvé coupable.

Yaw voulait résister, mais Palmer le saisit d'une main vigoureuse et l'entraîna dans la cour, où le meurtrier supposé fut accueilli par des cris d'indignation et de colère. Le Chinois recommençait à se défendre avec prudence, quand tout à coup son regard devint fixe, sa voix expira sur ses lèvres ; il venait de voir Tueur-d'Éléphants, l'ami particulier du défunt, accourir de toute sa vitesse. Légère, il l'accompagnait son père, lui parlait à voix basse, et sans doute elle lui racontait l'événement tragique, car le Malais avait son air le plus menaçant.

Néanmoins il ne s'élança pas d'abord sur Yaw et se pencha sur le cadavre comme s'il n'eût voulu s'en rapporter qu'à lui-même pour apprécier le cas. Bientôt, à la grande surprise des spectateurs, il se redressa et dit tranquillement :

— Ce n'est pas Yaw qui a tué Fumeur.

Tout le monde se récria ; le Malais poursuivit avec la fermeté d'un homme sûr de lui :

— Yaw est un misérable Chinois, sans force et sans courage ; sa main n'aurait pu faire une pareille blessure. Voyez, un seul coup a été porté, et le crâne a été broyé comme le crâne du tigre !... C'est l'orang-outang qui a tué Fumeur-d'Opium.

— L'orang ! répéta Édouard en jetant un regard d'épouvante vers les arbres du jardin.

Cette assertion paraissait certaine à tous ceux qui connaissaient la grande expérience du chasseur malais ; mais Palmer, van Stetten et le sergent Muller, qui représentaient en ce moment l'autorité civile et militaire, demandèrent des explications. Alors Tueur-d'Éléphants, avec une espèce d'impatience brutale, exposa que la nuit précédente, à la suite de la scène que nous avons racontée, il avait trouvé le cadavre ; que sans doute Fumeur, en se débattant contre l'ivresse, avait eu la force de se lever, et que l'orang-outang, attiré peut-être dans le voisinage de la fête par la lumière et la musique, lui avait porté cet effroyable coup qu'aucun bras humain n'était capable de porter.

Ces explications rappelèrent à Richard le cri qu'il avait entendu en rentrant à l'habitation, l'individu gigantesque, armé d'un bâton, qu'il avait vu s'enfuir dans l'ombre.

— Tueur-d'Éléphants a raison, reprit-il ; ce qu'il a deviné, je puis presque dire que je l'ai vu.

Il raconta en peu de mots son aventure, et bientôt on n'eut plus aucun doute sur la manière dont était mort le pâtre de l'habitation.

Le pauvre Yaw, entièrement disculpé, extravaguait dans la joie comme il avait extravagué dans la douleur ; c'étaient des contorsions de magot, des exclamations baroques, des prosopopées lunatiques, dont nous essayerions en vain de donner une idée. Enfin, il retourna en se dandinant à sa loge, et pour se remettre des émotions de cette cruelle matinée, il se prépara un des mets les plus délicieux de sa cuisine économique, des vers de terre au jus de cloportes.

Cependant la certitude que Fumeur-d'Opium avait été frappé mortellement au milieu du village donnait fort à penser aux habitants, car chacun pouvait à bon droit redouter pour soi-même un sort pareil. L'invisible ennemi allait sans doute faire de nouvelles victimes dans les avenues, dans les vergers, le jour comme la nuit, et il fallait aviser à délivrer promptement la colonie d'un semblable fléau.

— Moi plus oser sortir de la case pour aller aux champs, dit un des nègres trembleurs.

— L'orang frappe comme la foudre, dit un des Chinois, et son bâton doit être aussi gros que le mât d'une jonque.

— Eh bien ! il ne m'effraye pas, moi, dit Tueur-d'Éléphants, et je vengerai la mort de Fumeur.

— Je ne m'y oppose plus cette fois, Tueur-d'Éléphants, reprit Richard ; je voulais d'abord épargner cet orang, à cause du service qu'il a rendu à mon fils ; mais le dernier événement lève tous mes scrupules. Tu peux te mettre sur-le-champ à la recherche de ce dangereux animal ; et ceux de mes gens qui voudront t'accompagner sont libres de le faire ; je fournirai des armes et des munitions. Moi-même, je prendrais part volontiers à cette chasse, si une affaire du plus haut intérêt ne m'appelait en ce moment au fort chez le gouverneur.

Et il regarda sa jeune femme et sa sœur qui, du haut de la verandah, semblaient l'attendre avec impatience.

Le docteur van Stetten n'entendait rien à cette conversation, mais il fut mis au courant de la situation par Richard.

— A la bonne heure, Palmer, dit-il avec satisfaction ; voilà une résolution qui peut tourner à l'avantage de la science. Pour moi, je donnerai dix belles pagodes d'or à celui qui m'apportera la peau de l'orang, et encore ferai-je là un excellent marché, car, de tous les animaux de la création, aucun n'est moins connu en Europe.

— Je vais transmettre votre promesse à nos gens, mon cher van Stetten, et certainement elle produira merveille. Mais, voyons, ne vaudrait-il pas mieux pour tout le monde essayer de prendre l'animal vivant?

— Vivant ! répéta van Stetten, je donnerais un de mes yeux pour posséder un orang vivant ; mais qui pourrait s'emparer de lui, quand il s'élance d'arbre en arbre avec tant d'agilité que l'on croirait qu'il a des ailes ? D'ailleurs les hommes de la colonie ne suffiraient pas pour le contenir, et il briserait comme un fil toutes les cordes qui n'auraient pas la force d'un câble de navire. Allez, le mieux est d'en délivrer le pays comme on pourra, et de me mettre en mesure d'expédier sa peau au muséum de Leyde dans le plus bref délai.

Les dix pagodes d'or promises par van Stetten à l'heureux vainqueur de l'orang excitèrent vivement l'avidité des assistants, et la chasse s'organisa séance tenante. Deux noirs de l'habitation, cinq ou six Malais, parmi lesquels se trouvait Boa, chasseur renommé ; enfin, plusieurs soldats hollandais de la garnison et le sergent Muller lui-même, s'offrirent pour battre sur-le-champ les environs sous la conduite de Tueur-d'Éléphants, que son expérience spéciale désignait comme le chef de la chasse ; le docteur van Stetten se proposait d'accompagner l'expédition en qualité de simple curieux.

Ces dispositions prises, Richard ordonna aux Chinois de porter au cimetière de la colonie le corps de Fumeur-d'Opium, et il envoya chercher des armes et des munitions à l'habitation qui en était bien fournie. Quand tout fut prêt, quelqu'un demanda d'un ton résolu :

— Eh bien ! où est maintenant ce terrible singe ?

— Sur notre tête, peut-être, répliqua Tueur-d'Éléphants en regardant les arbres à l'épais feuillage qui couvraient le groupe des chasseurs.

La panique faillit se mettre dans la bande, et plus d'un eut la velléité de s'enfuir ; mais on se rassura en voyant le chef demeurer calme après un rapide examen.

— S'il n'est pas sur ceux-là, reprit Tueur-d'Éléphants, il doit être sur quelque autre grand arbre du voisinage, et nous allons les visiter tous les uns après les autres. Il a pour habitude de se coucher sur une grosse branche pendant la chaleur du jour. Soyez donc attentifs, et au moindre mouvement dans le feuillage, tirez tous ensemble... Il faut plus d'une balle pour tuer un orang.

Palmer leur recommanda encore d'être prudents, de marcher serrés les uns contre les autres, et ils se mirent en mouvement, suivis de près par le bon docteur qui n'avait d'autres armes que son immense parapluie ou parasol, car le riflard servait à deux fins. Quant à Richard, après avoir donné aux noirs

Il la balançait doucement dans ses longs bras (page 44.)

qui restaient au logis l'ordre de préparer un palanquin pour transporter Élisabeth au fort, il se hâta de rentrer à l'habitation.

Édouard l'y avait précédé, et l'enfant n'était pas peu effrayé de la position dangereuse où se trouvait son ami l'orang-outang. Évidemment le singe, malgré sa force et son agilité prodigieuses, allait se trouver fort empêché. S'il n'avait pas songé à quitter son poste de l'ébénier, il était facile de l'entourer et de lui couper la retraite du côté des bois. Du reste, Édouard n'eut pas un instant la pensée de trahir la retraite de son libérateur : l'image sanglante du Malais lui inspirait autant de pitié que d'horreur, mais il se roidissait contre ses impressions et murmurait avec opiniâtreté :

— Fumeur était laid et méchant... et puis « l'homme qui ne parle pas » a tué le tigre ; je ne veux pas qu'on le tue.

Ne pouvant résister à la tentation de savoir ce qu'était devenu l'homme des bois, il se glissa dans le jardin et se mit en observation devant le grand ébénier. Une légère agitation du feuillage lui prouva que l'orang n'avait pas bougé. Bientôt même il le vit soulever la tête avec circonspection et tourner ses yeux perçants vers la bande des chasseurs. On eût dit qu'il avait conscience du danger, et il se mouvait avec des précautions extrêmes. Toutefois il n'avait pas l'air de se défier de l'enfant ; il paraissait le considérer plutôt comme un allié, disposé à lui prêter secours au besoin, que comme un espion de ses ennemis.

Heureusement les chasseurs qui exploraient les arbres de la plaine avaient pris une direction opposée à celle du jardin. Ils faisaient grand bruit, tirant parfois des coups de fusil pour effrayer l'orang et l'obliger à sortir de sa retraite. Une foule de gens de la colonie, des enfants surtout, s'étaient joints à eux et poussaient des cris dans le même but. Néanmoins il n'était pas probable que la bande tumultueuse eût la pensée de chercher l'ennemi si près des habitations ; on le supposait plutôt réfugié sur la lisière de la forêt, et c'était de ce côté que se poursuivaient les investigations.

Une voix qui appelait Édouard de l'intérieur du logis vint arracher l'enfant à sa contemplation. Il fallait rentrer, et quoique le danger ne fût pas imminent pour son compagnon, Édouard ne put s'empêcher de dire naïvement à voix haute :

— Prends bien garde à toi, pauvre orang !

L'homme des bois montra encore sa tête intelligente entre le feuillage, comme s'il eût voulu le remercier de cet avis ; puis Édouard, répondant à un nouvel appel, se mit à courir vers la maison.

Élisabeth et madame Surrey l'attendaient avec impatience ; son père et sa mère voulaient l'emmener au fort avec eux. Il allait monter en palanquin avec Élisabeth, déjà parée pour une visite de cérémonie, tandis que Richard irait à pied. Bientôt Édouard eut tout à la joie de s'admirer dans ses plus beaux vêtements, de se promener en chaise à porteurs, de n'avoir pas à réciter une leçon qu'il n'avait pas apprise, et il oublia l'orang, la mort de Fumeur, les événements de la matinée. Il ne s'aperçut même pas que sa pauvre mère, en lui mettant ses habits de fête, avait les yeux pleins de larmes.

IX. — LE PRISONNIER.

Le fort du Nouveau-Drontheim était situé, comme nous l'avons dit, sur une sorte de promontoire assez élevé qui dominait la rade et la rivière. On y arrivait par un sentier roide et tortueux ; et bien que, ce jour-là, le ciel fût couvert de nuages qui annonçaient un prochain changement de saison, le trajet devait sembler très-rude aux porteurs du palanquin. Mais Richard, qui marchait à pied près de la litière, leur donnait en temps des encouragements, et l'on atteignit assez rapidement l'entrée principale du fort.

Cette entrée avait pour défense un fossé assez profond, sur lequel était jeté un pont-levis délabré. Habituellement, les habitants de la colonie pouvaient pénétrer sans difficulté dans l'enceinte ; mais, ce jour-là, un soldat hollandais en grand uniforme montait la garde à l'extrémité du pont. Toutefois, cette sentinelle avait sans doute reçu des ordres spéciaux, car non-seulement elle n'arrêta pas les visiteurs, mais encore elle leur fit le salut militaire quand ils passèrent devant elle.

Le fort présentait lui-même un aspect un peu différent de nos fortifications européennes à la Vauban, d'ordinaire si plates et si nues. Il était protégé de tous côtés par une muraille en pierre sèche, dans laquelle on avait pratiqué une douzaine d'embrasures destinées à recevoir de grosses pièces d'artillerie. Les pièces étaient là, en effet, mais deux ou trois, au plus, semblaient être encore en état de faire feu ; les autres, dont les affûts brisés ou pourris gisaient sur le sol, disparaissaient sous une triple couche d'herbes parasites. Quant à l'intérieur de l'enclos, on eût dit une petite forêt vierge. C'étaient de grands arbres reliés entre eux par des lianes inextricables, des massifs de feuillage qui laissaient à peine un passage étroit aux hommes de service.

Un navire venant du large eût pris ce bouquet de luxuriante verdure qui couronnait le promontoire pour le parc de quelque riche habitant du pays, et, en cas de combat, il n'eût su où diriger ses coups. Ce n'était pourtant pas cette considération qui avait décidé les créateurs de la forteresse à lui donner l'apparence d'un bocage ; mais, sans cette précaution, le soleil eût été tout à fait insupportable sur ce rocher, et le factionnaire qui s'y serait exposé avec son incommode fourniment et son pesant fusil, n'eût pas manqué de tomber bientôt foudroyé par la chaleur.

Le feuillage cachait complétement les magasins du fort, le logement destiné au gouverneur en cas de siège, et la caserne de la garnison ; aussi fallait-il connaître avec exactitude, pour trouver ces bâtiments, le labyrinthe de sentiers qui y conduisait. Cependant Palmer et les porteurs de palanquin ne s'y trompèrent pas ; ils s'engagèrent sans hésiter dans une allée sinueuse, mieux battue que les autres, et, après quelques minutes, ils arrivèrent à un petit édifice en pierres, mais simplement couvert en feuilles de vacoi : c'était la demeure officielle du gouverneur.

Comme madame Palmer et Édouard mettaient pied à terre sous la saillie de la vérandah, Grudmann, accouru pour offrir la main à Élisabeth. Le majestueux gouverneur, en raison de la chaleur, avait ôté son habit, sa perruque, et se trouvait dans un négligé fort peu imposant. Cependant il voulut remplir les devoirs de la plus minutieuse politesse envers les visiteurs, et, tout en les introduisant dans une pièce qui lui servait de cabinet de travail, il disait à Richard d'un ton de reproche :

— Sur ma foi, Palmer, c'est une trahison ! Quand ce matin vous m'avez envoyé, à l'intention de mon prisonnier, tant de beaux fruits et des rafraîchissements, vous m'aviez bien annoncé votre visite ; mais j'ignorais que l'aimable madame Palmer me ferait elle-même l'honneur, le plaisir... et vous me prenez au dépourvu, comme vous voyez. »

Il offrit des sièges à ses hôtes, sans remarquer leur air triste et contraint. Édouard, qui n'aimait pas à passer inaperçu, le tira par la manche en lui disant bonjour.

— Ah ! ah ! Mon ami *meynherr* Édouard ! s'écria le bon gouverneur en riant, qu'il soit aussi le bienvenu.... Mais, quant à je, je ne lui sais pas gré de sa visite : il irait volontiers au diable, pourvu qu'il y allât en palanquin !

Et Grudmann se mit à rire bruyamment ; mais il finit par s'apercevoir que Richard n'était pas dans son assiette ordinaire, et peut-être aussi entendit-il les soupirs et les sanglots mal étouffés qui s'échappaient derrière le grand voile de gaze dont Élisabeth était enveloppée. Il reprit d'un ton plus sérieux :

— Je me suis trop pressé de m'enorgueillir de cette visite, car, si je ne me trompe, elle n'est pas pour moi.

— Il est vrai, mon cher major, répliqua Palmer. Élisabeth et moi nous connaissons le commodore depuis longtemps, comme vous l'avez deviné sans doute, et nous venons remplir auprès de lui un pieux devoir, dont peut-être vous n'ignorez pas la nature.

— Je ne sais ce que vous voulez dire, Palmer.

— Ainsi donc, poursuivit Palmer en désignant de nombreux papiers épars sur une table, et qui, sans doute, appartenaient au commodore, vous n'avez rien découvert dans tout ceci qui ait rapport à nous ?

— Rien, sur ma parole ! Mais quand même j'aurais pénétré un secret qui intéresserait M. Palmer, ce secret, il peut en être convaincu, serait en sûreté avec moi.

— Je n'en doute pas, Grudmann, car je vous ai trouvé toujours bienveillant.

— Mon mari a raison, monsieur le major, répliqua Élisabeth en écartant son voile et en montrant son visage baigné de larmes, vous êtes bon, en effet, quoique trop sévère dans l'accomplissement de ce que vous appelez votre devoir..... Eh bien ! prouvez-nous encore votre affection pour nous en traitant votre prisonnier avec indulgence. Si vous saviez à combien de titres il nous est cher....

Un regard ardent de Richard l'arrêta au moment où elle allait peut-être se trahir.

— Je ne vous demande pas, mes bons amis, reprit Grudmann, de me mettre dans la confidence de vos rapports anciens et nouveaux avec sir Georges Stevenson, mais, de votre côté, ne me demandez pas que je me relâche de ma surveillance rigoureuse à son sujet, car sa capture prend de moment en moment plus d'importance à mes yeux.

— Cependant, major, répliqua Palmer, si je vous disais que les causes de ce voyage incognito du commodore me sont parfaitement connues, et que la politique ou la sûreté de cette colonie sont absolument étrangères à cette démarche imprudente...

— Vous me diriez cela et vous me le prouveriez, qu'il ne me

serait pas permis de vous croire, et je devrais toujours en référer à l'autorité supérieure..... S'il faut l'avouer, les papiers de sir Georges lui-même confirment mes soupçons.

— Grand Dieu ! est-il possible ? dit Élisabeth avec désespoir.

— Quoi ! major, vous croyez que le commodore Stevenson, un des plus braves officiers de la marine anglaise, aurait été capable.....

— Je crois ce qui est, Palmer ; le commodore n'est pas en congé comme on le supposait ; il a conservé le commandement de sa frégate, *la Dorothée*, qui croise peut-être non loin d'ici, et cette circonstance aggrave singulièrement la question. Un officier qui vient déguisé dans un poste ennemi, alors qu'il a des forces imposantes à sa portée pour tenter un coup de main, cela n'est-il pas significatif ?

Richard comprit en effet combien cette circonstance était fâcheuse pour sir Georges.

— Ainsi donc, major, reprit-il, vous pensez que *la Dorothée* pourrait attaquer la colonie ?

— Je n'en sais rien ; mais si elle avait cette fantaisie-là, je tâcherais de la recevoir de mon mieux. Quoi qu'il en soit, si elle vient dans l'intention de délivrer le prisonnier, elle arrivera trop tard, attendu qu'il partira ce soir même pour Batavia.

— Ce soir ! s'écria Palmer.

— Ce soir ! répéta Élisabeth avec effroi.

— C'est ainsi ; le capitaine van Roer fait ses préparatifs, et tout sera prêt à la marée prochaine, je l'espère.

Le major s'approcha de la fenêtre et montra, par une embrasure de canon, une partie de la rade et de la rivière qui formaient un vaste panorama au-dessous de lui. On voyait, en effet, malgré la distance, qu'une extrême activité régnait à bord de *la Gertrude*. De nombreux canots allaient et venaient alentour ; les matelots et tous les ouvriers du port qu'on avait pu embaucher travaillaient à embarquer l'eau, les vivres et la partie de la cargaison qui se trouvait disponible.

— Oui, poursuivit Grudmann, voilà van Roer à la besogne, et il n'y a pas de main morte. Il tient à effacer la faute qu'il a commise en nous amenant cet officier anglais, et il n'a pas osé résister à mes réquisitions de prendre la mer sans retard.... D'ailleurs, le ciel se couvre de plus en plus, la mousson peut changer d'un moment à l'autre, et il fera bien de gagner le large. Ce soir donc il embarquera sir Georges et quatre ou cinq hommes destinés à garder le prisonnier, et puis ma responsabilité sera déchargée du poids de cette malheureuse affaire.

Richard était pensif, comme s'il eût calculé les chances bonnes ou mauvaises que ce départ subit présentait à sir Georges ; mais Élisabeth en était fort attristée, et elle essaya de nouveau d'attendrir le major, mais son mari ne tarda pas à s'apercevoir combien ses efforts étaient inutiles.

— Allons ! ma chère Élisabeth, interrompit-il avec douceur, cessez de presser ce pauvre Grudmann. Major, vous savez que nous désirons voir le commodore Stevenson ?

— Rien ne s'y oppose, répliqua le gouverneur en se levant avec empressement pour échapper à ces supplications. On va vous conduire auprès de lui.

Il appela un planton qui se trouvait dans le corridor voisin, et lui dit quelques mots à voix basse. Le soldat s'inclina et se disposait à précéder les visiteurs, quand Édouard, que cette longue conversation ennuyait sans doute, tenta une fugue sournoise. Mais, avant qu'il eût dépassé le seuil de la porte, son père le rappela.

— Reste avec nous, lui dit-il ; où vas-tu donc ?

L'espiègle revint tout penaud.

— Je voulais seulement, répliqua-t-il d'un ton boudeur, aller dans la batterie et monter à cheval sur les canons.

— Le jeu pourrait être dangereux, mon vaillant ami, dit le major, car plusieurs de nos canons se tiennent assez mal sur leurs jambes, je veux dire sur leurs affûts.... Et puis, quoi que nous fassions, ils sont toujours pleins de reptiles et d'insectes ; il vaut mieux rester avec votre père et votre mère.

— Oui, dit Élisabeth à demi-voix en se baissant vers son fils, et puis tu vas voir ce gentleman qui est si bon !

— Si bon ! Il a refusé de m'embrasser l'autre jour ; aussi n'ai-je pas voulu de son palanquin.

— Il faut pourtant bien l'aimer.... surtout maintenant qu'il est prisonnier et malheureux.

Édouard ne paraissait pas se rendre compte bien nettement du sens de ces paroles ; mais le ton de sa mère, les larmes qu'il voyait dans ses yeux lui imposèrent, et il prit en silence la main d'Élisabeth.

— Excusez-moi si je ne vous accompagne pas, dit le gouverneur avec cette bonhomie qui s'alliait si étrangement avec une indomptable fermeté de caractère ; mais ma présence étant très-désagréable à sir Georges, je m'abstiens de tous rapports avec lui, autres que les rapports indispensables.... Cependant, il doit voir à cette heure qu'on ne se moque pas impunément de moi !

Il rentra dans son cabinet, alluma flegmatiquement sa pipe et reprit l'examen des papiers de sir Georges.

Le logement du gouverneur n'était pas vaste, et il ne fut pas nécessaire d'aller bien loin pour trouver l'endroit où le prisonnier était enfermé. A l'extrémité du corridor se trouvait une porte solide à laquelle on descendait par trois ou quatre marches de pierre. Le soldat ouvrit cette porte et introduisit les visiteurs dans une pièce voûtée qui semblait être la casemate du fort.

C'était en effet ce qu'on serrait, en temps de siège, les poudres et les autres munitions de guerre. Le caveau était faiblement éclairé par des soupiraux assez élevés et garnis d'un treillis de fer. En raison de sa position presque souterraine, il y régnait une certaine fraîcheur, avantage considérable dans un pays où la principale préoccupation de l'homme doit être, ce semble, de se soustraire à l'action d'une température dévorante. En revanche les insectes pullulaient sous cette voûte et son aspect n'était rien moins qu'attrayant.

On avait fait pourtant quelques efforts pour rendre cette pièce habitable. Un lit en rotin, des chaises, une table, quelques nattes formaient un mobilier suffisant quoique peu confortable. Ces meubles étaient de fabrique chinoise ; car, dans les colonies océaniennes, les Européens eux-mêmes sont obligés de recourir à l'industrie des habitants du Céleste-Empire ; la Chine est si près et l'Europe est si loin ! Sur la table on voyait un monceau de beaux fruits et des rafraîchissements de toutes sortes envoyés au prisonnier par la famille Palmer ; mais rien ne prouvait que sir Georges eût touché à ces présents et même qu'il leur eût donné une marque d'attention.

En ce moment, il se promenait d'un pas grave dans sa sombre retraite ; à la vue d'Élisabeth, qui entrait la première, il s'arrêta et sourit tristement ; mais, quand il aperçut Palmer et Édouard, il fit un geste d'impatience.

— Je n'avais demandé que ma fille, dit-il d'un ton dur.

Heureusement ces paroles, dites en anglais, furent perdues pour le brave soldat hollandais qui venait d'introduire la famille Palmer. Aussitôt qu'elle fut entrée, il referma la porte sur elle, en retira la clef et s'assit sur les marches à l'extérieur, en attendant qu'il plût aux visiteurs de ressortir.

Élisabeth s'était jetée dans les bras de son père ; mais Richard demeurait à quelques pas en arrière, tenant son fils par la main.

— Si monsieur le commodore, dit-il, veut bien réfléchir à nos situations réciproques, il comprendra peut-être qu'il était impossible à Élisabeth de venir seule au fort sans donner lieu à des suppositions de diverses natures. On ne pouvait, à moins de trahir un secret que sir Georges lui-même paraît vouloir garder....

— C'est juste, répliqua le commodore, je n'avais pas pensé à cela.

Il voulut entraîner Élisabeth vers l'autre extrémité de la pièce ; elle résista.

— Mon père, dit-elle avec une profonde tristesse, est-ce ainsi que vous recevez mon mari et mon fils, quand ils viennent vous donner un témoignage d'affection et de respect ?

Sir Georges l'obligea de s'asseoir à côté de lui.

— Eh bien ! Élisabeth, reprit-il à voix basse, vous n'ignorez pas sans doute comment le vaniteux personnage qui commande ici veut hâter mon départ ; ce soir, à la marée, je dois m'embarquer sur *la Gertrude*.... Êtes-vous enfin disposée à me suivre ?

— Mon père, je vous l'ai dit, ma résolution est inflexible comme mon devoir ; je ne séparerai jamais volontairement de mon mari et de mon fils.

Le commodore baissa la tête en soupirant. Élisabeth poursuivit :

— Et, puis, mon père, êtes-vous encore en état de me protéger ? Le major nous disait tout à l'heure que votre position prenait une gravité nouvelle par le fait que vous aviez conservé le commandement de votre navire pendant votre séjour ici... Oh ! mon père, mon père, pourquoi vous êtes-vous exposé à un pareil danger ?

— Ce danger, Élisabeth, ne m'effraye guère. Votre major Grudmann n'est qu'un soudard têtu qui veut faire l'important; cinq minutes de conversation avec l'amiral, gouverneur général des possessions hollandaises, suffiront pour que ma liberté me soit rendue. Si donc vous refusez de m'accompagner, je partirai seul pour cette fois ; mais je reviendrai et je serai peut-être plus heureux.

— Vous reviendrez, mon père ? vous êtes sûr de revenir ?

— J'en suis sûr et ce sera bientôt.

La jeune femme laissa tomber sa tête sur sa poitrine :

— Mon père, murmura-t-elle avec un accent déchirant, quand vous reviendrez, vous ne me retrouverez plus.

— Que voulez-vous dire, Élisabeth ?

— Mon père, ce n'est pas impunément que j'ai tant souffert depuis huit ans. Du jour où, cédant à une passion aveugle et coupable dans son principe, j'ai méconnu la sainteté de votre pouvoir paternel, une fatalité s'est attachée à moi ; le malheur m'a frappée en frappant ceux qui me sont chers ; c'est peut-être un châtiment de Dieu pour ma désobéissance! Mes forces se sont épuisées dans cette longue lutte ; ce funeste climat a fait le reste... Mon temps d'épreuves est sur le point de finir.

— Quoi, malheureuse enfant, serait-il possible !....

— Mon père, je le sens, l'adieu que je vais vous dire aujourd'hui sera éternel.... Mais du moins je ne mourrai pas sans avoir reçu votre pardon, et cette pensée adoucira mes derniers instants.

Le commodore la regarda fixement, comme s'il eût voulu chercher sur son visage les traces de ce mal qui devait avoir de si terribles effets. La jeune femme était belle encore, et une teinte rosée colorait ses joues ; mais elle était si maigre, si faible si chancelante, que ses tristes prévisions semblaient devoir se réaliser bientôt.

— Élisabeth, dit sir Georges d'une voix altérée, y songes-tu ? Toi si jeune, si fraîche encore.... Si je te croyais, je t'emmènerais avec moi, dussé-je t'emporter de force !

— Il serait déjà trop tard, mon père. Je ne peux me tromper sur mon état ; je vous prie donc d'écouter les vœux que je vais vous exprimer comme on écoute les derniers vœux d'une mourante.

Sir Georges l'invita d'un signe à parler.

— J'ai deux choses graves à vous demander, poursuivit-elle avec un accent solennel, et vous ne les refuserez pas à une fille que vous avez tant aimée. D'abord, je veux invoquer encore une fois votre pitié, votre justice pour ce cher et malheureux Richard.... Oh ! ne froncez pas le sourcil, mon bon père ! J'en atteste le ciel, mon mari est innocent des crimes dont on l'accuse.... Je vous le répète, la mort du capitaine Bolimbroke, sur la plage de Madras, n'a été qu'un malheur, un accident. Je fus témoin de tout. Si Richard n'eût pas repoussé cette brutale agression, je ne sais ce qui serait arrivé de lui et de moi. Quant à l'accusation de trahison et d'espionnage portée contre lui par les Français, ses compatriotes, elle est fausse et absurde, je vous l'affirme.

— Cependant, Élisabeth, il faudrait autre chose que des affirmations de votre part pour soustraire votre mari à la condamnation qui l'a frappé.

— Il y a dans cette affaire de Pondichéry une horrible intrigue que nous n'avons pu pénétrer encore ; mais nous soupçonnons depuis longtemps un homme qui, sous l'apparence de la générosité et du dévouement, a indignement trompé notre confiance ; je veux parler de cet ancien commis de mon mari, de ce Dubarrail qui lui remit le sauf-conduit pour traverser le camp anglais. Aujourd'hui, il ne répond pas à nos réclamations légitimes au sujet des sommes considérables dont nous sommes en droit de lui demander compte.... Depuis la dernière catastrophe, nous avons appris que ce Dubarrail, auquel nous avions accordé notre confiance, était un faussaire habile ; on a la certitude qu'il a été obligé autrefois de quitter la France afin d'échapper aux rigueurs de la justice. Consentez à entreprendre des recherches qui nous sont interdites par notre position même ; Pondichéry, ancienne colonie française, se trouve être aujourd'hui une possession de l'Angleterre ; informez-vous de ce Dubarrail, voyez-le vous-même, s'il existe encore ; pressez-le de questions et peut-être obtiendrez-vous de lui la preuve que mon pauvre Richard a été victime d'une infâme machination.

Le commodore était pensif ; peut-être pour la première fois un doute sur la culpabilité de Richard se présentait-il à son esprit.

— Élisabeth, reprit-il, pourriez-vous me fournir quelques indications au sujet de la personne dont il s'agit?

— Richard a rédigé sur cette affaire un petit mémoire, et il a recueilli différentes pièces qui peuvent aider à découvrir la vérité. Je vais les lui demander.

Elle s'approcha de son mari et lui parla bas. Palmer tira de son portefeuille plusieurs papiers qu'elle prit et remit à son père. Le commodore les examina rapidement.

— Il suffit, reprit-il ; je lirai ces documents avec l'attention qu'ils méritent. J'irai à Pondichéry, s'il le faut ; je ne négligerai rien pour acquérir une certitude complète... Mais vous avez encore une demande à m'adresser, Élisabeth ?

— Oui, mon père, et celle-là ne touche pas moins à mon cœur que la première. Il s'agit de mon Édouard que vous repoussez, et dont l'avenir serait si triste dans le cas où vous persisteriez à lui refuser votre appui. Voudrez-vous que ce pauvre enfant innocent porte la peine de mes fautes ? Ne lui tendrez-vous pas la main pour le ramener dans cette société hors de laquelle il a été jeté dès sa naissance ? Oh ! promettez-moi que vous protégerez mon fils, et cette promesse sera la consolation de mes derniers instants !

Comme si Georges hésitait à répondre, elle fit signe à Édouard de venir la joindre.

L'enfant était sur les genoux de son père. Ennuyé de l'obscurité de ce souterrain, de l'immobilité et du silence auxquels on le contraignait, il avait pris sur la table une belle orange il suçait avec distraction la pulpe sucrée.

À l'appel de sa mère, il accourut en sautillant. La pauvre Élisabeth l'enleva dans ses bras, bien qu'elle eût à peine la force de le porter, et le présenta au commodore en lui disant :

— Regardez-le, mon père, regardez-le bien.... N'est-ce pas un autre vous-même ?

Sir Georges attacha ses yeux fermes et pénétrants sur Édouard qui ne baissa pas les yeux. La ressemblance, en effet, était frappante, malgré la différence que l'âge mettait entre la figure brune, ridée, presque dure du marin, et le visage frais, rose et malicieux de l'enfant. C'étaient les mêmes lignes hardies, la même expression de fierté opiniâtre, et l'on sait que les caractères avaient aussi la même indépendance, la même impétuosité. Or, ces signes de ressemblance étaient d'une importance extrême dans la situation où Édouard se trouvait envers son grand-père, et Élisabeth l'avait compris instinctivement. Aussi observa-t-elle avec une joie indicible que les traits de sir Georges s'étaient sensiblement adoucis.

— Mon enfant, demanda le commodore à Édouard, qui avait supporté cet examen sans sourciller, l'autre jour vous avez voulu m'embrasser, et je vous ai repoussé.... Voulez-vous m'embrasser encore ?

— Oui, répliqua le petit garçon sans hésiter.

— Et pourquoi, Édouard ? Est-ce seulement parce qu'on vous a dit de m'aimer ?

— Non.

— Pourquoi donc, alors ?

Le père et la mère éprouvaient des transes mortelles. Ils craignaient que l'enfant gâté, entraîné par son étourderie, ne fît une réponse qui, dans ce moment d'hésitation suprême, eût blessé l'irascible commodore. Élisabeth dressait Édouard entre ses bras, comme pour l'avertir d'être sur ses gardes. Il répondit avec une assurance naïve :

— Je vais vous le dire. L'autre jour, vous pouviez aller où vous vouliez, vous vous promeniez en palanquin, vous aviez l'air de commander à tout le monde. Aujourd'hui vous êtes dans cette vilaine chambre noire, et il vous est défendu de sortir, et j'ai vu à la porte un soldat qui vous garde..... Embrassez-moi donc si cela vous plaît ; et puis je jouerai avec vous pour vous désennuyer.

Cette simple réponse, où se montrait tant de délicatesse enfantine, transporta de joie les pauvres parents. Cependant, le commodore se taisait.

— Tenez, continua Edouard, voulez-vous que je dise au soldat de vous laisser sortir? Je le connais; il s'appelle Capelle. Il m'a souvent porté sur son dos, et il m'aime beaucoup.... Et puis j'irai trouver le major Grudmann: il est le maître, n'est-ce pas, le major Grudmann? Eh bien! il fait tout ce que je lui demande. Vous sortirez et vous viendrez à l'habitation, où vous verrez ma cousine Anna.... Voulez-vous? dites, voulez-vous?

Sir Georges n'y tint plus.

— De l'âme, de la générosité, de la décision, s'écria-t-il; je l'aimerai, Elisabeth, je te le promets.

Et il serra Edouard contre sa poitrine avec une vivacité qui effraya presque le petit bonhomme.

La pauvre mère poussa un cri de joie.

— Richard! Richard! s'écria-t-elle en levant vers le ciel ses deux mains jointes, il a embrassé notre enfant!

Palmer lui-même avait les yeux humides de larmes; mais il n'osait s'approcher. Sir Georges s'en aperçut sans doute; il remit Edouard sur ses pieds et s'avança vers son gendre:

— Richard de Beaulieu, dit-il d'une voix qui n'avait plus ses intonations sèches d'autrefois, il ne tient pas à moi que cette réconciliation soit complète. Je ne peux ni ne dois vous tendre encore la main; mais je commence à espérer qu'un jour il me sera permis de le faire, et ce matin je ne croyais pas que ce jour dût venir jamais. Il est temps de nous séparer... Mon séjour ici a été court, et il a été troublé par un contre-temps fâcheux. Toutefois, il ne sera perdu ni pour vous ni pour moi. Je sais que cette fille chérie dont j'avais tant déploré l'abandon, m'a conservé tout son respect et toute sa tendresse; je sais que j'ai un petit-fils plein d'intelligence et de cœur, qui pourra devenir digne de moi; je sais enfin que ce gendre que j'ai tant poursuivi de mon mépris et de ma haine pourrait ne pas mériter son sort misérable.... Peut-être, continua-t-il avec un sourire amer, a-t-il fallu que je me visse moi-même prisonnier, soupçonné d'une action infâme, pour comprendre combien certaines apparences sont trompeuses et fatales! Si donc, Richard, vous êtes vraiment innocent, comme je le désire, ne perdez pas courage; aussitôt que je serai libre, ce qui ne peut tarder, j'irai à Pondichéry, à Madras, et si je me suis trompé à votre égard, justice complète vous sera rendue, je vous le jure!

Palmer pouvait à peine balbutier quelques mots de reconnaissance. Elisabeth se pendait au cou du commodore en répétant avec ravissement:

— Ah! Richard, mon Richard, je te disais bien que mon père était bon!

— Quant à toi, ma chère Elisabeth, reprit sir Georges d'un ton plein d'affection, permets-moi d'espérer que tu t'es trompée sur le mal dont tu souffres; ne me laisse pas, quand je te quitte, cette douleur et ce découragement. Tes souffrances viennent des inquiétudes qui te rongent depuis ton fatal mariage; mon pardon, ma tendresse, l'espoir d'une réunion prochaine, te rendront la santé et la vie.

— Que Dieu vous entende, mon père, dit la jeune femme. Eh bien! oui, je le veux, je l'espère, je vivrai pour jouir de l'immense bonheur qui m'est promis dans un avenir prochain.... Tenez, je me sens déjà plus forte, plus courageuse; je vais attendre, entre mon mari et mon fils, ces deux consolations de ma misérable existence, la joie à laquelle j'aspire de tous mes vœux. Revenez-nous bientôt, mon père, vous trouverez peut-encore votre pauvre Elisabeth pour jouir des biens précieux que vous lui apporterez.

Toute la famille semblait maintenant au comble de la félicité et Edouard passait des bras de l'un à ceux de l'autre, sans comprendre bien nettement la cause de ces caresses convulsives.

Cependant il fallait se séparer, car l'heure du départ de *la Gertrude* n'était pas éloignée. Richard se promettait de venir sur le port saluer une dernière fois le voyageur; mais Elisabeth devait rentrer à l'habitation, car elle n'eût pu se montrer publiquement en compagnie de son père sans donner lieu à des réflexions qu'il importait d'éviter. On se dit donc adieu, toutefois cet adieu n'eut rien de déchirant, on considérait maintenant la captivité du commodore comme une circonstance à peu près insignifiante. Au moment où la famille Palmer se disposait à se retirer, sir Georges, posant la main sur la tête de son petit-fils, dit d'un ton d'attendrissement:

— Sois béni, cher enfant; c'est toi dont la candeur, la grâce naïve m'ont rendu meilleur en me rendant plus juste. Tu es l'oubli du passé, l'espoir de l'avenir; et si d'odieux souvenirs se présentaient encore à mon esprit, ce serait ta gracieuse image que j'évoquerais pour adoucir ma tristesse et rasséréner ma pensée.

Il déposa un baiser sur le front d'Edouard; puis se tournant vers le père et la mère, qui l'écoutaient avec ravissement:

— Elisabeth, monsieur Richard, poursuivit-il, veillez bien sur lui; plus que personne au monde cet enfant chéri peut devenir le gage d'une réconciliation complète telle que vous la souhaitez, et peut-être lui devrons-nous tous le bonheur de nos derniers jours!

On se dit un dernier adieu avec une profonde émotion et l'on se sépara.

Dans le corridor, Palmer et sa famille retrouvèrent le soldat de garde, qui, après s'être assuré que son prisonnier ne lui avait pas faussé compagnie, referma la porte avec soin et précéda les visiteurs jusqu'à la pièce d'entrée. Là les attendait le major Grudmann, en tenue de cérémonie cette fois.

— Eh bien! Palmer, demanda-t-il, vous avez vu ce terrible commodore; êtes-vous content de lui?

— Je vous l'ai dit, major, bien qu'il eût peut-être quelques torts envers moi, c'est le plus franc et le plus loyal des hommes, et il ne mérite pas les soupçons outrageants...

— C'est bon, c'est bon; en ce cas, il aurait tort de s'alarmer de ce qui se passe. Il comptait s'en retourner à Batavia par *la Gertrude*; eh bien! son désir va se réaliser, et, eût-il voulu prolonger son séjour ici, la chose serait impossible maintenant, car vous voyez comme moi que le temps se brouille et que nous allons voir une mauvaise époque de mousson. Il faut donc prendre le large au plus vite, si l'on ne veut être claquemuré pour longtemps dans le port. Du reste, l'officier anglais ne sera pas plus à plaindre sur *la Gertrude*; il aura les mêmes douceurs qu'au premier voyage, une bonne cabine, des provisions fraîches... Seulement, j'aurai renforcé l'équipage de quatre ou cinq de mes hommes, chargés de remettre le prisonnier à l'amiral.

— D'après ce que je vois, mon cher major, vous avez l'intention de traiter sir Georges avec la courtoisie qu'exigent son grade élevé et son mérite personnel?

— Sans doute; cependant ce n'est rien qu'un espion, après tout,... et il a voulu se moquer du gouverneur de cette colonie!

Palmer allait protester; mais sa femme l'entraîna sans lui laisser le temps de répondre.

X. — LE DÉPART.

Quand la famille Palmer se trouva dans l'enclos du fort, elle put reconnaître combien le major avait eu raison d'annoncer un changement de saison ou plutôt de *mousson*, suivant l'expression usitée dans les mers indiennes. Les nuages, qui s'étaient montrés depuis quelques jours dans le ciel habituellement si pur de Sumatra, couvraient maintenant le soleil d'un voile épais, et des masses de vapeurs, montant de la mer, assombrissaient de plus en plus l'atmosphère. Cependant la chaleur continuait d'être accablante; un malaise inexplicable pesait sur tous les êtres animés; la nature elle-même était comme malade dans l'attente d'une de ces convulsions si effrayantes sous l'équateur. Une brise, ardente comme les exhalaisons d'un four, ne soufflait que par bouffées; et pourtant les feuilles des girofliers, des caféiers et des cannelliers s'agitaient sans cesse avec une sorte de frémissement, tandis que de grosses lames paresseuses venaient s'écraser à grand bruit sur la grève.

Les détails de ce tableau menaçant et grandiose devinrent plus apparents encore quand on quitta l'enceinte du fort et quand on atteignit le pont-levis, d'où l'on dominait la rade, la rivière et la vallée entière jusqu'à la forêt. En revanche, les avenues étaient désertes, les plantations abandonnées pour le moment ; l'activité s'était concentrée autour du navire, qui continuait ses préparatifs de départ. Les hommes de l'équipage travaillaient demi-nus à terminer le chargement, aidés dans cette rude besogne par les noirs et les Malais ; mais tous, accablés par cette température exceptionnelle, se trouvaient obligés de se plonger de temps en temps dans la rivière, au risque des crocodiles, pour se rafraîchir et réparer leurs forces épuisées. Du reste, un silence funèbre semblait régner sur la terre et sur les eaux.

Élisabeth était remontée dans son palanquin, et essayait vainement de se donner un peu d'air respirable avec son grand éventail japonais. Quant à Édouard, on lui avait permis de marcher jusqu'à l'habitation, et il se tenait à côté de son père, regardant toutes choses avec cette curiosité enfantine que rien ne peut abattre.

Comme l'on descendait l'avenue tortueuse qui conduisait au village, le calme de la plaine fut troublé par un tumulte subit. On entendit d'abord plusieurs coups de fusil de gros calibre, puis des clameurs confuses. Ces bruits ne venaient pas du côté de la rivière, car les travailleurs de la *Gertrude* poursuivaient paisiblement leur besogne, mais de l'intérieur du village, et même, à ce qu'il semblait, de l'habitation Palmer.

Richard s'était arrêté brusquement et avait ordonné aux porteurs de s'arrêter aussi. Il pouvait y avoir danger à marcher en avant, et la prudence conseillait d'attendre que l'on sût de quoi il s'agissait. Élisabeth se penchait avec inquiétude à la portière de son palanquin pour demander la cause de cette halte ; mais les explications ne furent pas nécessaires.

Tout à coup les cris et les explosions d'armes à feu recommencèrent de plus belle, et l'on vit à une certaine distance, au milieu des plantations, une foule bariolée d'hommes et d'enfants se disperser en tous sens, comme s'ils avaient été poursuivis. L'auteur de cette alerte était un être de taille gigantesque, dont les mouvements annonçaient une agilité merveilleuse. En un instant trois ou quatre personnes furent culbutées, et de ce nombre se trouvait un individu armé d'un volumineux parapluie. Après cet exploit, le vainqueur gagna un palmier voisin, en atteignit légèrement la cime, et, s'élançant d'arbre en arbre, disparut bientôt dans le feuillage.

— C'est l'orang-outang, dit enfin Richard qui avait observé l'événement avec anxiété.

— Pauvre homme des bois ! s'écria Édouard ; on l'a donc découvert ?

Mais nul ne remarqua le regret évident du petit garçon.

— N'est-ce pas cet excellent docteur van Stetten, qui vient d'être renversé là-bas ? ajouta Richard ; oui, mais heureusement le voici qui se relève, et les autres aussi se remettent sur pied.... allons ! ils en seront sans doute quittes pour la peur. L'orang n'avait pas de bâton, et c'est ce qui les a sauvés.

— Que Dieu soit loué ! soupira Élisabeth en retombant sur les coussins de sa chaise à porteurs, ces orangs sont de terribles bêtes.

— Père, dit Édouard, puisque ce pauvre homme des bois n'a blessé personne, est-ce qu'on va le poursuivre encore ; est-ce qu'on va le tuer ? Moi je ne veux pas ; il est mon ami.

— Il le faut pourtant, répliqua Richard ; il importe à la sûreté du pays que nous nous débarrassions de lui au plus tôt.... Avancez, vous autres, ajouta-t-il en s'adressant aux porteurs de palanquin, il n'y a pas de danger.

— Édouard, prends la main de ton père, dit Élisabeth avec vivacité.

On se remit en marche. Les cris et les explosions d'armes à feu continuaient, mais on ne les entendait plus que faiblement et d'une grande distance. Comme l'on arrivait au village, on rencontra van Stetten tout éclopé, la perruque de travers, les vêtements déchirés et souillés de poussière ; il regagnait piteusement et à petits pas sa demeure.

M. et madame Palmer firent halte encore pour s'informer de ses nouvelles.

— Ah ! mes bons voisins, dit-il d'un ton tragi-comique, il m'en souviendra de ma rencontre avec ce maudit orang ! Ce n'est ni un homme, ni un animal, mais un diable déchaîné, qui a des muscles d'acier et qui vole en l'air sans avoir d'ailes.... On l'a délogé du grand ébénier qui se trouve près de votre jardin, et on l'a pourchassé d'arbre en arbre jusqu'à votre champ de poivre ; mais, au moment le plus inattendu, il est tombé comme la foudre au milieu de nous. Sans autres armes que ses longs bras et ses poignets vigoureux, il a renversé tout ce qu'il a rencontré, et nous a échappé avec une telle prestesse que nul n'a pu comprendre comment la chose s'était passée.

— En définitive, reprit Palmer, personne n'a été blessé dans cette bagarre ?

— Tueur-d'Éléphants a eu quelques dents cassées en tombant et son fusil a été rompu.... vous savez, cet ancien fusil à mèche..... Tueur-d'Éléphants ne pardonnera jamais à l'orang ce mauvais coup-là.

— Bah ! je lui donnerai un autre fusil..... quant à ses dents, songez que les dents d'un Malais ne valent pas grand'chose.

— Un noir a eu, je crois, un bras démis, mais cela me regarde.

— Et vous-même, mon bon docteur, demanda Élisabeth, n'avez-vous pas été maltraité ?

— Ne m'en parlez pas, chère dame ; j'ai été jeté par terre aussi rudement que par l'aile d'un moulin.... Mon chapeau a été défoncé, mes lunettes ont été brisées ; si je n'ai pas été tué du coup, je le dois peut-être à mon parapluie, qui a empêché l'orang de frapper juste et qui a, de plus, amorti ma chute.... Aussi, voyez comme il est arrangé !

Et il essaya vainement d'ouvrir le piteux rifflard, amas informe de bois brisé, de baleines tordues, d'étoffe en lambeaux.

Richard et Élisabeth elle-même ne purent s'empêcher de sourire, pendant qu'Édouard disait tout bas avec une joie naïve :

— Ah ! ah ! il s'est joliment défendu, mon ami l'homme des bois !

Il poursuivit, en s'adressant à van Stetten :

— Monsieur le docteur, est-ce qu'il est blessé, l'orang ?

— Non, mon enfant ; les balles glissent sur sa peau comme s'il était protégé par un charme. En réalité, ses mouvements sont si brusques et si rapides que nos meilleurs tireurs ne peuvent l'ajuster.

On voyait maintenant plusieurs chasseurs refluer vers le centre du village, et parler avec animation à ceux qu'ils rencontraient, tandis que les clameurs ne cessaient pas dans l'éloignement.

— Qu'est-ce encore ? demanda Palmer ; l'orang reviendrait-il de ce côté ?

Élisabeth fit un geste d'effroi, et van Stetten se mit en garde avec son parapluie ; mais cette alerte était fausse, et la contenance calme des gens du village n'annonçait pas de danger prochain. Un noir de l'habitation, qui semblait venir du théâtre de la lutte, accourut vers ses maîtres.

— Eh bien ! Darius, demanda Richard, quelles nouvelles apportes-tu ?

— Ah ! massa, répondit le nègre avec toutes sortes de démonstrations bizarres qui pouvaient exprimer la joie comme autre chose, lui être pris pour cette fois.

— Qui donc est pris ?

— Lui.... « l'homme qui ne parle pas. »

— Que dis-tu ? s'écria van Stetten ; vous êtes parvenus à prendre le singe vivant ? C'est impossible ! Il vous eût tous réduits en poudre vingt fois avant de se laisser approcher par aucun de vous.

— Ah ! massa, dit Darius en ricanant, lui être pris, mais nous pas le tenir encore.

— Que diable nous chante là cet imbécile de moricaud ?... explique-toi donc, butor !

Le pauvre Darius, déconcerté par la brusquerie du docteur, s'embrouillait dans ses explications. Palmer alors l'interrogea doucement, et ne tarda pas à savoir la vérité.

L'orang, après avoir échappé une première fois aux chasseurs, s'était dirigé en droite ligne vers la forêt, et n'avait pas tardé à gagner sur eux une avance considérable. Par malheur, une nouvelle solution de continuité existait entre les plantations et les grands bois, si bien qu'il s'était trouvé encore dans la nécessité de descendre à terre et de marcher pour atteindre son refuge habituel. Appuyé sur un gros bâton qu'il venait de casser à un casuarina ou arbre de fer, il accomplissait ce trajet avec toute la rapidité possible, quand il avait été rejoint par ceux qui le poursuivaient. D'abord il les tint en respect en faisant avec sa massue un formidable moulinet ; mais les balles et les flèches sifflaient à ses oreilles, et, quoique intrépide, l'homme des bois sentait le besoin de se mettre promptement à l'abri de ces attaques. Dans sa perplexité, il prit un parti qui pouvait avoir pour lui des suites funestes.

La vallée du Nouveau-Drontheim s'étendait, comme nous l'avons dit, au pied de hautes montagnes volcaniques, et, à l'endroit où l'orang était ainsi pressé, quelques blocs de basalte formaient une pointe avancée dans la plaine. Au milieu de ces rochers se trouvait une cavité profonde d'où s'échappait une source abondante, et les eaux s'étaient ouvert à travers les blocs un étroit passage qui seul donnait accès dans cette espèce d'abîme.

Or, ce fut dans ce passage que l'homme des bois eut la malencontreuse idée de s'engager, espérant peut-être gagner par là le sommet boisé des rochers ; mais il fut bientôt détrompé. Au bout du défilé, il se trouva dans une fosse aux parois perpendiculaires, unies, dures comme le marbre, et infranchissables. Il voulut sur-le-champ revenir sur ses pas ; il était déjà trop tard. Toute la bande des chasseurs se ruait, comme une meute hurlante et acharnée, à l'entrée de la gorge ; les balles et les flèches sifflaient, la retraite était impossible.

L'orang se retira, grondant sourdement, frappant de son bâton les rochers, faisant jaillir sous ses pieds l'eau de la source. De leur côté, les assiégeants ne perdirent pas de temps ; les uns continuèrent de pousser de grands cris pour effrayer l'assiégé, les autres roulèrent d'énormes quartiers de rocs dans le défilé, laissant à peine un espace suffisant pour l'écoulement des eaux. Aussi, en peu d'instants, le formidable singe fut-il enfermé comme dans une prison dont sa force extraordinaire et son agilité prodigieuse ne pouvaient plus le tirer.

Tel était l'événement dont le noir avait été chargé de porter la nouvelle à M. Palmer ; en même temps, Darius devait réclamer un fusil pour Tueur-d'Éléphants, qui avait eu le sien brisé dans la première lutte. Comme l'opiniâtre Malais se proposait de monter la garde nuit et jour auprès de la Fontaine-des-Laves (ainsi s'appelait la source), une arme lui était nécessaire, pour le cas impossible où l'homme des bois tenterait encore de forcer le passage.

Palmer ordonna au nègre de le suivre à l'habitation, où il lui remettrait le fusil demandé. Quant au docteur van Stetten, rien ne saurait exprimer sa joie lorsqu'il apprit la captivité de l'orang.

— Nous allons l'avoir vivant ! s'écriait-il. Darius, tu diras aux chasseurs qu'au lieu de dix pagodes d'or, j'en donnerai vingt s'ils peuvent me livrer en vie ce précieux animal. Tu diras aussi au Tueur que je guérirai ses coqs blessés, que je lui fournirai de l'opium autant qu'il en voudra... Quel bonheur si je pouvais envoyer en Europe le premier orang adulte qu'on y ait vu !

— Prenez garde, docteur, dit Richard en hochant la tête ; vous-même, ce matin, vous croyiez impossible de s'emparer de lui par aucun moyen connu.

— Mais il est prisonnier ; nous le dompterons par la privation de nourriture et de sommeil. Je vais m'entendre sur-le-champ avec Tueur-d'Éléphants, et d'ici à trois jours j'aurai rendu l'orang doux comme un agneau... Le jeûne et l'insomnie viennent à bout d'animaux plus féroces.

— Comment, dit le petit Édouard les larmes aux yeux, vous voulez faire mourir de faim ce pauvre homme des bois qui m'a sauvé du tigre ?

On ne lui répondit pas.

— Darius, demanda Élisabeth, est-on bien sûr que l'orang ne peut sortir de l'excavation où il est enfermé ?

— Pas de danger, maîtresse ; nous avoir jeté dans le défilé des pierres grosses comme une case ; lui plus pouvoir fuir, et, d'ailleurs, chasseurs garder le passage soigneusement. Moi être monté sur le rocher pour regarder lui au fond de la fosse... Quelle drôle de mine lui faire là dedans ! Lui grincer des dents et vouloir déchirer moi... et moi riais !

En même temps, Darius montrait ses dents blanches et frappait ses mains l'une contre l'autre avec une joie d'enfant.

— Mais ne pourrait-il sauter par-dessus les bords de la fosse ? On dit ces singes si lestes et si forts !

— Encore une fois pas de danger, maîtresse, répliqua le nègre ; si vous voir, vingt pieds de profondeur... Pour que « l'homme qui ne parle pas » se tirât de là, il faudrait attacher une corde à l'un des arbres qui sont au bord du gouffre et la lui jeter... Mais qui jettera cette corde ? pas Darius, bien sûr.

— Une corde ! murmura Édouard ; il suffirait d'une corde pour le sauver ?

Et il demeura pensif.

— Eh bien ! Richard, dit Élisabeth à son mari, puisqu'il n'y a rien à craindre, continuons notre chemin... Vous savez que nous avons bien d'autres soucis !

— C'est vrai, ma chère ; d'ailleurs, la marée commence à monter et la Gertrude semble prête à lever l'ancre.

On prit congé du docteur qui retourna en toute hâte à la Fontaine-des-Laves ; et la famille Palmer, accompagnée de Darius, poursuivit sa marche vers l'habitation.

Là, on employa le reste de la journée à réunir et à envoyer au navire en partance tout ce que l'on supposait pouvoir être utile ou agréable au commodore pendant la traversée. La Gertrude reçut ainsi des provisions fraîches et des fruits en quantité suffisante pour nourrir l'équipage pendant trois mois. Élisabeth ne croyait jamais avoir fait assez ; tous les gens de service allaient et venaient incessamment sur le chemin de l'habitation à la rivière, afin d'exécuter ses ordres multipliés. Pendant ce temps Richard rédigeait des nouvelles notes, qu'il comptait remettre à son beau-père au moment de l'embarquement.

Ces soins divers, aussi bien que les émotions de la matinée, avaient épuisé la pauvre Élisabeth, déjà si faible et si souffrante ; force lui fut bientôt de se coucher dans un hamac d'écorce aux brillantes couleurs, qui lui servait habituellement de lit de repos. Cependant, quoique son corps fût incapable d'activité, son esprit conservait tout son ressort. Agitée par de fiévreuses espérances, elle disait à la bonne madame Surrey, qui la soignait avec son dévouement ordinaire :

— Votre tour viendra bientôt, ma sœur, je vous le promets. Mon père m'a pardonné, pourquoi ne vous pardonnerait-il pas comme à Richard, comme à toutes les autres personnes dont il se croit offensé ?

— Et pourtant, Élisabeth, il n'a pas voulu me voir, moi la veuve de son meilleur ami ; il ne s'est informé ni de moi ni de ma pauvre enfant ?

— Excusez-le, ma bonne sœur ; dans les premiers moments de son arrivée, sa colère, si longtemps contenue, a dû faire explosion ; puis les événements se sont succédé si rapides et si graves !... Mais ayez patience encore quelques mois ! Écoutez : tous les malheurs de ces dernières années nous ont été envoyés en expiation de nos torts ; cette expiation est finie maintenant, et nous allons connaître d'heureux jours. Mon père ne paraît nullement inquiet de l'absurde accusation qui pèse sur lui ; dans un délai très-court, nous le reverrons ici ; alors la réconciliation sera complète, et nous quitterons tous ensemble cet odieux pays où nous avons tant souffert.

— Puissent vos vœux s'accomplir, ma chère Élisabeth ! répondit en soupirant madame Surrey, moins accessible aux illusions que l'enthousiaste créole ; pour moi, je crains bien que la rancune du commodore...

— Ne parlez pas ainsi, ma sœur, interrompit Élisabeth avec vivacité ; mon père vous rendra sa confiance, son affection, je vous le répète. Anna et vous, après avoir partagé nos infortunes, vous partagerez nos prospérités... Ma sœur, ajouta-t-elle en baissant la voix d'un air confidentiel, le commodore a de grands projets sur Édouard ; il doit se charger de son éducation ; il compte le faire arriver promptement aux honneurs, à la fortune. Or, vous êtes-vous aperçue qu'Édouard n'aimait et ne craignait personne autant que sa cousine ? Elle seule parvient à dompter ce caractère indocile, et nul ne pourra mieux diriger mon fils dans la bonne voie. Aussi, qui nous empêchera plus tard de réaliser mon rêve le plus doux : un mariage entre nos deux enfants ?

Ce projet était pareillement le projet favori de sa belle-sœur, et Élisabeth le savait bien. Cependant madame Surrey répondit en détournant la tête :

— Allons ! allons ! Élisabeth, il n'est pas temps encore de

parler de cela. Nos enfants sont si jeunes et il peut survenir tant d'événements inattendus!... Mais je vous en prie, ma sœur, reposez-vous un peu. Votre agitation m'inquiète et m'afflige.

Elle enveloppa madame Palmer dans son voile de gaze, donna un léger balancement au hamac; puis, posant un doigt sur sa bouche, elle commanda le silence à Élisabeth. Celle-ci obéit comme une enfant et ferma les yeux; mais elle les rouvrit presque aussitôt.

— Ma sœur, dit-elle, un mot encore... Une tempête se prépare... Mon Dieu! si mon père allait courir des dangers!

— Rassurez-vous; tout le monde affirme, au contraire, que, grâce à ce changement de mousson, la traversée de la Gertrude sera plus courte et plus facile... Van Roer est un bon marin, il connaît parfaitement les passes de l'île. Ayez donc l'esprit en repos et ne parlez pas, car je refuserais de répondre davantage.

Élisabeth ferma de nouveau les yeux; mais il était évident qu'elle ne pouvait ni ne voulait dormir, et qu'elle poursuivait dans le recueillement les brillantes images de ses rêves.

Pendant que ceci se passait à l'étage supérieur de l'habitation, Anna et Édouard se trouvaient dans une pièce du rez-de-chaussée, sous la garde de Maria. La négresse était en train de confectionner une robe d'un beau jaune citron qui, avec un madras de couleur coquelicot pour coiffure, devait lui compléter une toilette capable d'éblouir tous les noirs du voisinage au prochain bimbang.

Seulement, comme la pauvre femme n'était pas fort habile ouvrière, ses coutures eussent laissé beaucoup à désirer si Anna ne lui eût prêté le secours de son aiguille et de son bon goût. C'était grâce à Anna que la robe paraissait à peu près digne de revêtir une créature humaine; et miss Surrey elle-même s'escrimait de ses jolis doigts pour achever l'œuvre, à la vive satisfaction de sa compagne.

Édouard ne cessait de tourner autour des travailleuses; il se montrait plus sérieux, moins bruyant que d'habitude, et paraissait fort occupé de se fabriquer un nouvel arc. Toutefois il interrompait souvent son ouvrage pour aller se mettre à la fenêtre qui donnait sur le jardin, et regardait avec attention le vieil ébénier sur lequel, le matin même, il avait aperçu l'orang-outang.

Une fois qu'il revenait silencieux et pensif vers sa cousine, celle-ci, sans cesser de tirer l'aiguille avec activité, lui demanda distraitement :

— Édouard, as-tu appris ta leçon de géographie?
— Certainement.
— Alors, pendant que je travaille, tu vas me la réciter.
— Je n'ai pas mon livre.
— N'importe; je la sais par cœur, moi.
— C'est que... c'est que, depuis ce matin, je l'ai oubliée.

Anna le regarda d'un air de reproche et soupira. Après un moment de silence, Édouard reprit à son tour :

— As-tu entendu dire, Anna, qu'on allait laisser mourir de faim ce pauvre homme des bois? Cela doit faire bien mal, de mourir de faim!

— Tu as raison; cet orang t'a sauvé la vie ainsi qu'à Maria, et je ne peux m'empêcher de le plaindre.

— Tu le plains? demanda l'enfant en tressaillant, alors tu ne serais pas fâchée qu'il s'échappât de la Fontaine-des-Laves.

— J'en serais bien contente.

Anna, en s'exprimant ainsi, cédait uniquement à un sentiment de compassion, et elle ne soupçonnait pas combien de larmes lui coûterait un jour cette fatale parole.

Édouard s'assit sur un siége, dans une inaction qui n'était pas habituelle à sa remuante nature. Tout à coup il se leva de nouveau et se dirigea vers la porte.

— Où vas-tu? lui demanda sa cousine.

— Tu sais bien, reprit Édouard avec embarras, que tu m'as permis ce matin..... je vais te cueillir un bouquet.

— Allons, j'y consens. Tu trouveras de jolies fleurs dans le jardin.

— Dans le jardin, fi donc! Il y en a de bien plus belles au pied de la cascade.

— Je ne veux pas de celles-là! répliqua la petite fille d'un ton péremptoire, je ne les accepterai pas.

— Alors je vais au jardin.

— Massa Édouard, vous pas vous éloigner, dit Maria comme il sortait; maître vouloir emmener vous pour voir embarquer le grand officier anglais.

— C'est bon! je serai là.

Et il quitta la salle. Anna et la négresse continuèrent de tailler et de coudre avec ardeur. Comme l'enfant ne rentrait pas, Anna quitta un moment son travail et s'approcha de la fenêtre. Elle vit dans le jardin Édouard qui saccageait les plates-bandes. Rassurée à ce sujet, elle vint reprendre sa place et prêta l'oreille à un interminable récit qu'avait commencé Maria pour lui faire prendre en patience les ourlets et les surjets de la robe citron.

Plus d'une demi-heure s'écoula de cette manière. La nuit approchait, le temps devenait sombre, et la tempête qui se préparait depuis le matin semblait imminente. Anna interrompit la négresse au milieu de son conte :

— Où donc est Édouard? s'écria-t-elle en courant de nouveau à la fenêtre.

Elle appela son cousin. Personne ne répondit; seulement, elle trouva sur l'appui de la fenêtre un charmant bouquet qu'on y avait déposé du dehors à son intention. Elle prit les fleurs, mais son inquiétude ne diminua pas, et elle dit avec agitation :

— Où peut-il être allé? Il est si hardi, si entreprenant!

— Vous pas vous tourmenter, missi Anna, répliqua la négresse, et finir bien vite la robe de pauvre Maria. Petit massa Édouard être parti sans doute avec maître, que moi avoir entendu sortir tout à l'heure.

— C'est juste, répliqua miss Surrey, qui respira plus librement; il a dû sortir avec son père.... Il aurait pu pourtant me dire adieu!

Elle fit une moue sentimentale; mais bientôt elle promena son petit nez rose sur le bouquet, sourit et se remit à la besogne.

Richard, en effet, venait de sortir, mais seul. Il était en retard, il lui fallait marcher à grand pas pour arriver au port avant le départ de la Gertrude, et d'ailleurs il ne voulait pas exposer son fils à la tempête prochaine. Il s'était donc décidé à laisser l'enfant au logis et avait quitté précipitamment l'habitation.

Quand Palmer atteignit tout en nage le fort du Nouveau-Drontheim, le navire avait déjà gagné le milieu de la rivière et tous les prhos, toutes les embarcations de la localité se tenaient à portée pour faciliter les manœuvres d'appareillage. En même temps que le colon, le commodore arrivait sur la grève escorté de quatre soldats qui devaient s'embarquer avec lui. Un peu plus loin venaient deux Malais chargés des bagages de sir Georges. La marche était fermée par le major Grundmann et Muller; le sergent écoutait avec attention les instructions minutieuses que lui donnait son chef au sujet du prisonnier, dont l'attitude paraissait calme et assurée.

Richard rejoignit ce groupe au moment où l'officier anglais allait entrer dans la barque destinée à le transporter à bord. Après avoir salué respectueusement sir Georges, il lui transmit tout bas les derniers adieux d'Élisabeth, et lui présenta les notes qu'il avait préparées. Au nom de sa fille, le commodore ne put cacher une certaine émotion.

— Chère Élisabeth! dit-il en soupirant, où donc est-elle maintenant?

Palmer se retourna et lui montra l'habitation dans l'éloignement. Sur la galerie extérieure qui ornait la façade de la maison se tenaient deux femmes dont une agitait par intervalles un mouchoir blanc. Le commodore devina sa fille :

— Que Dieu la bénisse! que Dieu la bénisse! répéta-t-il d'une voix étouffée; vous, monsieur, en mon absence, prenez grand soin d'elle.... veillez aussi sur cet enfant qui est déjà si cher à mon cœur.... Si vous voulez qu'on jour je vous pardonne, quoi qu'il arrive, vos torts, vos fautes, vos crimes peut-être, faites que je retrouve à mon retour ces êtres précieux, Édouard et Élisabeth!

Palmer allait répondre, mais un coup de canon tiré par la Gertrude annonça que l'heure du départ était arrivée. Les soldats invitèrent le commodore à entrer dans le canot; Richard eut à peine le temps de lui dire à voix basse et les larmes aux yeux :

(Édouard ! mon cher petit Édouard ! Page 51.)

— Revenez-nous bientôt, sir Georges, et si je me borne à vous demander justice, vous n'aurez lieu de me refuser ni grâce ni pardon.

Quelques minutes après, Grudmann et Palmer se trouvaient seuls sur la grève avec quelques curieux, tandis que le canot qui portait le prisonnier accostait *la Gertrude*. Aussitôt que les voyageurs furent à bord, on se hâta de lever l'ancre; le navire déploya quelques voiles, et se mit en mouvement sans recourir aux embarcations, qui revinrent bientôt l'une après l'autre au rivage, comme des oiseaux à leur nid.

Le navire voguait assez péniblement, poussé par une brise irrégulière. Au moment où il approchait de l'îlot qui protégeait l'entrée de la rade, il se fit tout à coup un grand bruit du côté de la terre : des tourbillons de sable s'élevèrent impétueusement, les arbres mugirent et se courbèrent jusqu'au sol; la rivière et la mer, qui étaient d'une couleur terne et plombée auparavant, se couvrirent instantanément d'une écume blanche comme la neige. Quand la rafale tomba sur le navire, il s'inclina de manière à faire croire qu'il allait être englouti, mais il se releva aussitôt et continua d'avancer vers le large.

— Voici le vent, dit le gouverneur; *la Gertrude* fera bonne et prompte route, je l'espère.

— Ne vous semble-t-il pas, major, demanda Richard avec inquiétude, qu'une tempête qui débute ainsi pourrait avoir des conséquences fâcheuses pour nos voyageurs?

— Bon! le vent souffle de terre; il est donc favorable pour sortir du port. Une fois le navire hors de la rivière, l'orage pourra se déchaîner s'il en a la fantaisie; devînt-il un raz de marée, *la Gertrude* ne s'en soucierait guère.

Malgré la confiance du major, *la Gertrude* luttait avec effort contre l'ouragan, dont la violence croissait de minute en minute. Le navire venait de carguer presque toutes ses voiles, et par moments il se couchait sur l'eau, fouettant les lames de ses basses vergues; mais il ne tardait pas à se redresser, et se frayait majestueusement une route à travers l'écume turbulente. Il se dirigeait ainsi vers l'espèce de goulet qu'il devait franchir pour gagner l'Océan; mais avant qu'il l'eût atteint, les vagues devinrent si hautes, les vapeurs qui remplissaient l'atmosphère si sombres, les nuages de sable si épais, qu'il disparut entièrement aux regards des spectateurs.

Le major s'empressa de rentrer pour éviter la pluie, qui allait tomber bientôt par torrents et qu'annonçait déjà le grondement du tonnerre. Richard seul demeura sur la grève, au risque d'être renversé par les rafales ou emporté par une de ces lames monstrueuses qui se précipitaient avec furie contre le rivage, et il essayait toujours, mais inutilement, de revoir le navire fuyant à l'horizon. Un nouvel événement vint pourtant l'obliger à tourner son attention vers un autre point.

Au milieu du fracas des éléments, plusieurs coups de fusil, puis des cris effrayants retentirent encore à l'autre extrémité de la colonie. Richard chercha des yeux quelle pouvait être la cause de cette rumeur; mais, du côté de la terre comme du côté de la mer, on ne pouvait rien distinguer à quelques pas de soi, malgré les éclairs éblouissants qui commençaient à briller. Le colon, poussé par un vague pressentiment, résolut de se rapprocher du village, afin de prendre des informations. Il se mit donc en marche, non sans peine, car à chaque instant le vent menaçait de le culbuter, et il était aveuglé par le sable, les feuilles sèches, les pailles de riz qui voltigeaient autour de lui. Enfin, il put gagner une place un peu mieux abritée contre la tempête, et il rencontra Darius, qui courait deçà delà comme un fou, ou comme s'il eût été lui-même le jouet de ce vent furieux.

Darius n'avait pas aperçu Palmer quand celui-ci l'appela. Le noir, en reconnaissant son maître, eut l'air d'abord de vouloir l'éviter; néanmoins, après une courte hésitation, il s'approcha de Richard, et lui dit d'une voix qui pouvait difficilement se faire entendre au milieu du désordre de la nature:

— Ah! maître, maître, quel malheur!.... Vous, mourir de chagrin!..... vous, perdre la raison!

— Qu'est-il donc arrivé, Darius?

— Moi pas oser dire..... un si grand malheur! Cher petit massa Édouard!

— Édouard! répéta le colon avec énergie; que sais-tu à propos d'Édouard? Parle, parle donc; je le veux?

Le noir avait une telle frayeur que ses dents claquaient.

— Non, non, jamais! s'écria-t-il, vous tueriez moi..... Grâce, grâce, maître; pauvre Darius être innocent de tout.

— Je ne te maltraiterai pas; je veux seulement savoir ce qui concerne mon enfant, mon Édouard. ... Parle as-tu, drôle?

Il essaya de prendre Darius par le bras; Darius fit un saut en arrière.

— Non, non moi pouvoir pas dire, répéta-t-il hors de lui; vous tuer moi..... Allez à la Fontaine-des-Laves, alors vous apprendrez la vérité.

Et il s'enfuit à toutes jambes, laissant Palmer dans la plus cruelle anxiété. Le colon voulut le rappeler, le poursuivre, mais Darius était déjà loin. Palmer courut donc éperdu à la Fontaine-des-Laves, où il devait avoir l'explication des paroles du nègre.

XI. — LA FONTAINE-DES-LAVES.

Revenons maintenant à Édouard, qui avait si singulièrement disparu pendant que sa cousine et sa gouvernante le croyaient occupé à cueillir des fleurs dans le jardin.

La pensée qu'on allait torturer le singe captif, le priver de nourriture et de sommeil, le tuer peut-être, fermentait dans le cerveau du jeune Palmer. D'après les récits des nègres et des autres personnes qui l'entouraient, Édouard ne considérait pas l'orang comme un animal, mais comme une espèce d'homme privé de la parole, tout au moins comme un être intermédiaire entre l'homme et la brute. Aussi sa loyauté enfantine lui commandait-elle d'acquitter sa dette de reconnaissance envers son libérateur. Mais comment s'y prendre? Darius avait bien dit qu'un bout de corde suffirait pour opérer la délivrance du prisonnier; mais où trouver de la corde? Et puis comment sortir de l'habitation? La première personne qui le rencontrerait seul dans la campagne se croirait en droit de le ramener au logis, où il devrait subir une verte réprimande pour son escapade.

Tout en se livrant à ces réflexions un peu vagues, comme on le croira sans peine, chez un enfant si jeune, il acheva son bouquet, le déposa sur la fenêtre et se glissa dans la cour. Il n'avait encore aucun plan arrêté: il eût obéi au moindre appel venu de la maison. Mais son père écrivait dans le salon, sa mère et sa tante étaient enfermées à l'étage supérieur; Anna écoutait dans la salle basse la négresse qui lui contait une histoire africaine; personne ne paraissait donc songer à lui, et il se trouvait abandonné aux suggestions de son humeur aventureuse.

Il porta les pas machinalement vers un bâtiment qui servait à emmagasiner les récoltes de l'habitation. Dans le désordre causé par les événements du jour, la porte de ce magasin était restée ouverte, et l'enfant put entrer sans difficulté. Des cordes de différentes grosseurs se trouvaient là pour fermer les paquets et les ballots. Édouard en prit une et s'empressa de la cacher dans ses vêtements. Toutefois, il ne savait pas encore nettement à quel usage il pourrait l'employer, et peut-être songeait-il que tout hasard elle lui servirait pour une escarpolette ou quelque autre jeu de son âge.

Ce larcin accompli, il se mit à errer dans la cour. Elle était alors déserte. Une case sumatrienne, construite sur des piliers, et à laquelle on montait par une échelle de bois, paraissait seule avoir conservé quelqu'un de ses habitants. Il en sortait un chant monotone, qui toutefois ne manquait pas d'une harmonie étrange; c'était la fille de Tueur-d'Éléphants qui fredonnait un pantoun.

Bientôt Légère elle-même descendit l'échelle de sa demeure. Bien que la gadise n'eût plus ses ornements de fête, elle conservait cette beauté fière et un peu dure qui caractérise les femmes malaises. Drapée dans son sarong, elle portait sur son épaule un vase de terre, et le soutenait de son bras nu par un geste sculptural; de l'autre main elle tenait quelque chose enveloppé dans une large feuille de vacoï.

Elle continuait de chanter, tout en mâchant son siri, et elle allait s'éloigner sans faire attention à Édouard; mais l'enfant s'approcha d'elle d'un air câlin:

— Légère, lui dit-il dans le patois de la colonie, où vas-tu?

— A la Fontaine-des-Laves, répliqua la gadise sans le regarder.

— Et pourquoi vas-tu à la Fontaine?

— Pour apporter la nourriture à mon père et lui donner des nouvelles du coq blessé.

— Il va bien, le coq?

— Oui.

Et elle voulut encore partir. Édouard la retint par les plis de son sarong.

— Légère, écoute donc.... je t'aime bien, emmène-moi à la Fontaine-des-Laves.

— Qu'y ferais-tu?

— Je voudrais voir l'orang que l'on retient prisonnier.

La gadise était très-flattée de cette demande; car, malgré son orgueil de race, elle avait envié bien des fois l'intimité qui régnait entre l'enfant de ses maîtres et les autres femmes de l'habitation. Cependant elle répondit sèchement:

— On t'a défendu de sortir avec moi.... Les maîtres me gronderaient et mon père me battrait. Rentre à la maison.

Édouard s'offensa de ce refus peu ménagé; mais son désir d'aller à la Fontaine s'accroissait par la contradiction et il répondit d'un ton cajoleur:

— Tu ne sais pas pourquoi l'on me défend de sortir avec toi. C'est que les Malais, dit-on, mangent de la chair humaine. Tante Surry m'a conté l'histoire d'une ogresse qui mangeait des enfants et qui avait des dents pointues comme les tiennes. Mais je n'ai pas peur d'être mangé, je suis un homme; et puis l'ogresse était laide et toi tu es jolie.

Cette réponse naïve, qui semblait pourtant habilement calculée, persuada la jeune fille. Légère voulait-elle seulement faire niche à ceux qui l'accusaient d'anthropophagie, ou bien cédait-elle à

l'irrésistible pouvoir de la louange? Peut-être l'un et l'autre mobile agirent-ils sur sa détermination, et elle répondit :
— Viens donc.

Elle se mit en marche d'un bon pas, et, quoiqu'elle fût pieds nus, Édouard avait peine à la suivre.

L'enfant craignait d'abord d'être aperçu de la maison; et, tant qu'on fut dans l'avenue, il regarda derrière lui avec inquiétude; mais bientôt on quitta les routes battues afin de gagner la Fontaine-des-Laves par le plus court. Ne craignant plus alors d'être rencontré et reconduit au logis, il ne tarda pas à recouvrer son assurance naturelle.

Légère, tout en parcourant les champs de poivre et les rizières, son vase sur l'épaule, ne semblait plus songer à son petit compagnon et fredonnait tout bas.
— Que portes-tu là, Légère? demanda Édouard avec distraction.
— Ce n'est pas de la chair humaine, enfant; c'est un morceau de chèvre et du riz avec un fruit de l'arbre à pain cuit sous la cendre.

Édouard, déconcerté par cette rude réponse, n'osa plus rien dire; et la gadise continua son chant en puisant dans sa botte, par intervalles, une prise de bétel.

Au bout d'un quart d'heure, on atteignit la Fontaine-des-Laves. Tueur-d'Éléphants, Darius et les autres chasseurs gardaient les rochers d'où jaillissait la source; certains que l'orang ne pourrait escalader les parois de la fosse, ils se contentaient de veiller sur le passage par lequel il était entré pour empêcher, au besoin, l'homme des bois de renverser les pierres qui muraient sa prison. Néanmoins, ils ne croyaient pas l'entreprise possible même à leur vigoureux adversaire, car ils remplissaient négligemment leur tâche, et, couchés sur l'herbe, ils jouaient aux dés et à d'autres jeux de hasard en usage dans la colonie.

La présence d'Édouard leur causa quelque étonnement mêlé d'inquiétude. Bien qu'aucun danger ne parût à craindre, ils ne voyaient pas sans appréhension le fils bien-aimé du plus riche planteur du voisinage s'exposer à l'un de ces accidents si ordinaires dans cette contrée maudite. Darius voulut le ramener sur-le-champ à l'habitation, et il essaya de s'emparer de lui; mais Édouard résista, égratigna, mordit, si bien que le pauvre noir, n'osant employer la force, finit par le lâcher, se réservant de veiller sur tous ses mouvements et de le garantir contre de nouvelles imprudences.

De son côté, Tueur-d'Éléphants paraissait très-irrité contre sa fille, qui avait servi de guide à l'enfant, et il l'apostrophait rudement en malais.

La farouche gadise ne s'en émut guère.
— Il a voulu venir, dit-elle froidement en déposant à terre ses provisions.

Édouard s'empressa de prendre la parole :
— Oui, j'ai voulu venir! reprit-il d'un ton résolu, et qui m'en eût empêché? Je suis le maître, peut-être, et je n'ai pas peur.

Cette décision, chez un enfant si jeune, ne manquait jamais de plaire à Tueur-d'Éléphants.
— Pourquoi donc as-tu voulu venir? demanda-t-il à Édouard, plus doucement.
— Pour voir l'homme des bois.

Le Malais lui indiqua du doigt les blocs de basalte au sommet desquels se trouvaient quelques arbres et quelques broussailles; de là le regard pouvait plonger dans l'intérieur de la fosse où l'orang était enfermé.

Ce ne devait être qu'un jeu pour Édouard, habitué à tous les exercices du corps, de grimper sur le rocher; mais, avant de tenter l'ascension, il s'assit sur une pierre à côté de Tueur, et lui dit d'un ton insinuant :
— Est-ce que tu n'as rien donné à manger à l'homme des bois depuis ce matin?
— Rien.
— Est-ce que tu ne lui jetteras pas quelque chose ce soir?
— Non.
— Et demain?
— Non. L'orang est méchant parce qu'il est fort; la faim le domptera. Quand il aura jeûné trois jours, il se laissera prendre

et attacher. Alors je le livrerai à van Stetten, qui me comptera vingt pagodes d'or.... et je ne partagerai avec personne! ajouta-t-il comme à lui-même en posant la main sur la poignée de son criss.
— Si pourtant, demanda le petit garçon, la faim ne parvenait pas à le dompter, que ferais-tu?
— Je grimperais sur le rocher, et je lui tirerais des flèches empoisonnées.... Elles tuent bien mieux que les fusils inventés par les seranis; mais on nous défend de nous en servir.

Édouard, en apprenant la condamnation de son protégé, eut envie de pleurer, cependant il se contint encore :
— Oh! Tueur, tu ne seras pas assez méchant pour faire souffrir ainsi ce pauvre homme! Songe donc, il a cassé la tête du tigre qui allait me dévorer.
— Oui, mais il a tué Fumeur, un Malais de la race des Battas, et il a brisé le fusil que je tenais de mon père. Je me vengerai.

Cette fois, Édouard laissa librement couler ses larmes.
— Tueur, dit-il en joignant les mains, laisse aller l'homme des bois, je t'en supplie. Quand je serai grand, je te donnerai beaucoup de pagodes d'or, et puis de beaux fusils, et puis des coqs de combat.... Mais tu me causerais bien du chagrin si tu tourmentais ou si tu tuais ce pauvre orang qui m'a sauvé la vie!

Édouard avait fait fausse route; les pleurs et les supplications ne produisaient aucun effet sur le sanguinaire chasseur. Tueur-d'Éléphants haussa les épaules.
— Tu es un enfant, dit-il avec dédain, et un guerrier Battas n'aurait pas dû t'écouter si longtemps.

Il détourna la tête et se mit à manger les provisions apportées par sa fille. Puis, ayant satisfait son appétit, il joua les restes de son repas avec les autres chasseurs qui n'avaient pas interrompu leurs parties de dé et d'osselets.

Édouard demeurait donc libre de ses actions; Darius, qui devait veiller sur lui, causait maintenant avec Légère et il était tout absorbé par les agaceries de la coquette gadise. Ce n'était pas que Légère eût abjuré ses préjugés de race contre les noirs; mais elle n'avait qu'un noir sous la main en ce moment; et puis, on assurait que Darius courtisait Maria qu'il devait épouser, il n'en fallait pas tant pour que la diablesse jaune s'efforçât de tourner la tête au prétendant d'une autre femme. Darius se défendait, non sans un certain plaisir, contre l'infernale coquetterie de la Malaise, et il n'avait pas le loisir de songer à l'enfant téméraire de ses excellents maîtres.

Aussi personne ne bougea quand Édouard, après quelques instants d'hésitation, commença d'escalader les roches, et, s'aidant des pieds et des mains, en atteignit le sommet. Là, il se trouvait sur les bords du gouffre, et il y plongea un regard assuré.

Malgré l'obscurité croissante, on pouvait distinguer, au fond de l'entonnoir, un petit bassin dont les eaux, d'une limpidité extrême, s'écoulaient doucement par le canal qui leur servait de dégorgeoir. Sur une étroite plate-forme qui entourait le bassin se tenait l'orang-outang. Les parois, taillées à pic, rendaient impuissante toute tentative pour sortir de cette espèce de puits.

L'homme des bois avait fait pourtant des efforts inouïs afin d'opérer sa délivrance, comme l'attestaient ses ongles usés, ses mains ensanglantées par les aspérités du basalte; mais à cette heure, appuyé contre le roc, ses grands bras pendant le long de son corps, l'œil triste et morne, il demeurait immobile et semblait à bout de force et de courage. Quand il entendit un bruit léger au-dessus de lui, il tressaillit et leva la tête. Peut-être reconnut-il Édouard, car son œil prit tout à coup une expression si triste, si douce et en même temps si suppliante, qu'il était impossible de ne pas en être touché.

Jusqu'à ce moment, nous le répétons, l'enfant n'avait pas eu de volonté nette et bien arrêtée. Il était venu là autant par esprit d'opposition et par curiosité que dans le but de secourir son ami en détresse. Mais en voyant l'orang si faible, si abattu, presque mourant, il éprouva un ardent désir de le secourir sans retard et à tout prix.

« Mon Dieu! il a faim peut-être, » pensa Édouard.

Il tira de sa poche une belle figue mûre, qu'il avait réservée pour son usage particulier, et la jeta libéralement à l'homme des bois; mais celui-ci semblait trop affligé de sa situation présente pour songer à manger. La figue tomba près de lui sans qu'il usât de son adresse ordinaire pour la saisir, et il ne cessait d'attacher sur l'enfant son œil plein d'intelligence, de douleurs et de prière, comme pour lui demander un secours plus efficace.

Edouard se souvint alors de la corde dont il s'était emparé à tout hasard ; mais, avant de l'employer à un usage quelconque, il voulut voir ce qui se passait parmi les chasseurs chargés du blocus de la Fontaine. Tueur-d'Eléphants, avec son acharnement ordinaire, jouait aux dés contre ses compagnons, tandis que Darius et Légère continuaient de chasser et rendre l'écart d'un air animé. Nul n'observait le jeune Palmer, nul ne semblait songer à lui.

Rassuré sur ce point, il se mit à dévider la corde qu'il avait apportée. Quoiqu'elle fût d'une certaine grosseur, elle paraissait encore bien faible pour supporter le poids d'un animal aussi impétueux et aussi lourd. D'ailleurs, à supposer qu'elle ne se rompît pas, comment l'homme des bois, épuisé de fatigue et de jeûne, aurait-il la force de se hisser jusqu'au bord du gouffre ? Or, le moindre bruit, la moindre tentative manquée devait appeler l'attention des chasseurs et rendre l'entreprise impossible.

Malgré ces difficultés, insurmontables peut-être, Edouard, pour l'acquit de sa conscience, attacha solidement une extrémité de la corde au tronc d'un palmier qui avait poussé dans les fentes du basalte ; puis il lança l'autre bout dans la fosse. Il n'attendait aucun bon résultat d'une disposition si simple et sans doute insuffisante ; cependant il se pencha en avant pour juger de ce qui allait arriver.

Ce qui arriva eut lieu si rapidement qu'il en fut frappé de stupeur. L'orang avait suivi, avec une attention marquée, mais sans bouger, tous les mouvements d'Edouard. Quand il vit la corde tomber, son corps affaissé se redressa tout à coup ; d'un bond prodigieux il franchit le bassin de la source, saisit la corde et atteignit avec une agilité inconcevable la cime du rocher. En un clin d'œil il fut auprès de son libérateur, et, brandissant sa massue, qu'il n'avait pas abandonnée, il poussa un cri rauque, dominateur, comme pour annoncer son triomphe.

Edouard oublia l'échange de bons offices qui avait eu lieu entre lui et l'orang, pour s'abandonner à une terreur puérile, complète, insensée, quand cet être bizarre, hideux, de taille colossale, surgit tout à coup devant lui, comme un démon sorti de l'enfer. Il voulut fuir ; ses jambes se dérobèrent sous lui, et il tomba dans les broussailles en poussant des cris de douleur.

Aussitôt l'alarme se mit parmi les chasseurs, qui n'eurent pas de peine à deviner une partie de la vérité. Le jeu et les causeries furent interrompus ; chacun saisit son arc et son fusil, et commença à gravir le rocher ; mais quelle que fût leur promptitude, il devaient arriver trop tard.

L'homme des bois s'était approché d'Edouard, l'avait relevé avec précaution, et le retournait d'un air surpris, quand les chasseurs arrivèrent. Menacé par tant d'ennemis, il prit son parti tout à coup. Il se débarrassa de son bâton, serra Edouard sur sa poitrine velue, et saisissant de l'autre main le tronc de l'arbre le plus proche, il grimpa jusqu'au faîte, malgré son fardeau, avec la rapidité de la pensée.

Les chasseurs en voyant l'unique enfant du riche colon emporté ainsi dans les airs, tremblaient qu'il ne fût précipité de cette effrayante élévation, et n'osaient faire usage de leurs armes, de peur de le blesser. Pour lui, d'abord étourdi par la célérité du mouvement, il ne tarda pas à recouvrer ses sens, et il se mit à appeler en secours en employant les diverses langues qu'il connaissait. C'était alors que Tueur-d'Eléphants et les autres, dans l'espoir que la frayeur pourrait décider l'orang à lâcher sa proie, avaient tiré des coups de fusil sans les ajuster, et poussé de grands cris qui avaient retenti au loin dans la campagne.

Cette démonstration n'eut pas le résultat qu'on en attendait. L'orang ne voulut pas pour si peu renoncer à sa conquête ; embrassant de nouveau le pauvre enfant, qui continuait ses plaintes et ses supplications, il s'élança lestement sur un arbre voisin du premier, de là sur un autre, et bientôt il fut visible qu'il allait gagner la forêt, où il serait à l'abri de toute poursuite.

Bien que l'âme de ces hommes grossiers ne fût pas facile à émouvoir, ils paraissaient touchés de la terrible position d'Edouard, et ne négligeaient rien pour couper la retraite à son ravisseur. Ils étaient descendus du rocher et couraient çà et là en criant toujours, en chargeant et déchargeant leurs armes. Par malheur, les arbres, quoique parfois assez largement espacés, se continuaient sans interruption jusqu'aux grands bois, et l'orang, en sautant de l'un à l'autre, pouvait braver leurs atteintes.

Une circonstance nouvelle était venue accroître les difficultés de la poursuite. Le vent impétueux qui précédait l'orage s'était déchaîné, comme nous l'avons dit, sur la vallée, soulevant des tourbillons de poussière et de feuilles sèches ; les arbres s'entrechoquaient avec un fracas épouvantable. Au milieu de ce désordre, les chasseurs aveuglés, assourdis, ne pouvaient plus suivre des yeux les mouvements de l'homme des bois, entendre les lamentations de la victime. Du reste, la voix du jeune Palmer devenait de plus en plus faible, soit à cause de la prodigieuse élévation où il se trouvait, soit que l'haleine lui manquât pendant ces bonds énormes que l'orang exécutait avec tant d'aisance et de légèreté.

La dernière fois qu'on les aperçut l'un et l'autre, ils étaient sur le vieux bombax au pied duquel avait eu lieu, quelques jours auparavant, la scène du tigre. Il y avait en ce moment un intervalle de calme, et l'on pouvait distinguer de loin la haute stature de l'homme des bois, les vêtements blancs du petit garçon. Chose singulière ! on eût dit que l'orang avait conscience des souffrances et des fatigues de la fragile créature dont il s'était emparé ; il prenait des précautions pour lui épargner des secousses trop rudes ; il écartait de elle avec adresse les branches qui eussent pu la blesser.

Un instant même, reconnaissant qu'il avait pris beaucoup d'avance sur ses adversaires, il demeura immobile pour lui permettre de respirer ; il la balançait doucement dans ses longs bras à la manière des nourrices. Malgré toutes ces précautions, Edouard ne semblait plus être qu'une masse inerte ; son corps frêle eût été ballotté, comme il l'eût été brisé par quelque choc, ou comme si la vie l'eût abandonné déjà.

Mais bientôt une nouvelle rafale vint obscurcir l'atmosphère ; quand elle cessa et quand on put revoir la cime du bombax, l'homme des bois et l'enfant avaient disparu.

Les chasseurs s'arrêtèrent découragés ; seul, l'intrépide Tueur-d'Eléphants continua d'avancer en disant :

— L'orang m'a offensé ; un guerrier Battas doit se venger.

Il était fort imprudent de s'aventurer à cette heure de la soirée dans ce désert immense, où l'on devait être exposé à des dangers de toute nature. Quelques-uns des compagnons de Tueur le suivirent pourtant jusqu'à cette partie du bois où les colons avaient pratiqué des éclaircies ; mais, à la lisière de la forêt vierge, ils se dispersèrent, sous prétexte de continuer les recherches de côtés différents. En réalité, convaincus de l'inutilité de leurs efforts pour arracher sa proie à l'orang, ils ne songeaient plus qu'à chercher promptement un abri contre l'orage.

XII. — DÉSESPOIR.

Nous savons maintenant ce que Darius avait voulu dire en annonçant à son maître un épouvantable malheur.

Quand Palmer, éperdu et haletant, atteignit la Fontaine-des-Laves, il ne trouva plus que Légère, qui ramassait tranquillement les restes du repas de son père en murmurant :

— Darius lui-même m'a quittée..... je ne tiens pas beaucoup à Darius, un noir dur à « des dents de chien ; » cependant je vaux bien cette laide Maria, peut-être !

Elle se disposait à s'éloigner. Richard lui demanda d'une voix entrecoupée :

— Où est l'homme des bois ? où sont-ils tous ? qu'est-il arrivé ?

La gadise le regarda d'un air distrait, chercha dans sa boîte un tampon de bétel et répondit enfin sans s'émouvoir :

— Partis tous à la poursuite de l'orang... même Darius ! Mais qu'il vienne désormais roucouler autour de moi : je renverrai ce chétif nègre bien loin !

— Je te demande, reprit le colon, frémissant d'impatience et de crainte, quel malheur vient d'arriver ici tout à l'heure ?

— L'homme des bois est sauvé... et il a emporté l'enfant.

— Quel enfant ?

— Édouard, le petit garçon à maître, Édouard a jeté une corde à l'orang, et l'orang s'est enfui en emportant Édouard.

Il faut pardonner à Légère cette sécheresse de cœur : elle était Malaise et n'était pas mère ; qui lui eût fait comprendre qu'une semblable nouvelle, donnée sans ménagement, était capable de porter un coup mortel au malheureux Richard ?

En acquérant cette épouvantable certitude, Palmer sentit comme une lame d'acier lui traverser le cœur ; mais il se roidit contre la souffrance et demanda d'une voix à peine distincte quelle direction l'orang avait prise. Légère lui désigna le grand bombax, et il s'élança de ce côté en s'écriant :

— Mon Édouard... mon enfant bien-aimé ! que dira Élisabeth ?

La gadise le regarda s'éloigner et lutter avec efforts contre les tourbillons de vent ; puis elle replaça son vase sur l'épaule et retourna vers les habitations, sans paraître se douter du mal qu'elle avait fait.

En peu d'instants, Palmer atteignit le bombax ; mais vainement chercha-t-il le ravisseur de son fils ou les chasseurs qui le poursuivaient. La nuit tombait rapidement et la lueur passagère de quelques éclairs encore éloignés ne pouvait vaincre l'obscurité croissante. Le colon essaya d'appeler : le mugissement de l'orage couvrit sa voix. Parfois, au milieu de ce fracas, il croyait distinguer des plaintes, des voix humaines qui répondaient à son appel ; mais il reconnaissait bientôt qu'il avait été trompé par ces espèces de gémissements lugubres que produit le vent en s'engouffrant dans la profondeur des bois.

Néanmoins, Richard ne se décourageait pas. Sans armes, nu-tête, car il avait perdu son chapeau dans sa course effrénée, les vêtements en lambeaux, les mains et le visage ensanglantés par les arbustes épineux contre lesquels il s'était heurté, il continuait d'aller au hasard en appelant son fils d'une voix éteinte. Comme il errait ainsi dans les ténèbres, une forme noire se montra tout à coup à son côté. Il devina plutôt qu'il ne reconnut Tueur-d'Éléphants.

Il s'empressa de lui demander s'il avait des nouvelles de son fils.

— Je n'ai rien vu, répliqua Tueur avec colère.

— Eh bien ! cherchons encore, reprit Palmer énergiquement ; Tueur, tu es un chasseur expérimenté, intrépide, tu connais la vie des bois, aide-moi à retrouver mon Édouard bien-aimé.

— Demain.

— Pourquoi demain ? pourquoi pas à l'instant même ? Demain peut-être ce monstre aura étouffé mon fils, ou bien l'enfant sera mort de fatigue et d'effroi.

— L'orang ne tuera pas Édouard, dit le Malais froidement ; les « hommes qui ne parlent pas » aiment les petits enfants et en prennent grand soin. Maître, n'allez pas maintenant dans la forêt.

— Crois-tu donc, reprit Richard impétueusement, que j'aie peur des tigres et des autres bêtes féroces ? Je veux rendre l'enfant à sa mère ou je mourrai à la peine.

— Le Tueur n'a pas peur non plus ; mais on ne voit rien, on n'entend rien, pendant la nuit et pendant l'orage.

— Les éclairs commencent à briller, et tout à l'heure ils vont illuminer les bois mieux qu'en plein jour ; nous pourrions peut-être apercevoir mon fils.

— Maître, maître, répliqua le Malais avec impatience, n'inquiétez pas l'orang ; il est caché sans doute dans le voisinage ; et si vous l'inquiétez, il s'enfuira sans doute bien loin avec Édouard et nous ne pourrons plus le retrouver.

Ces raisons ne manquaient pas de justesse, mais la tendresse paternelle et le désespoir aveugle du colon l'empêchaient de les comprendre.

— Je n'abandonnerai pas ainsi mon enfant, dit-il ; je ne quitterai pas ces bois que je ne l'aie retrouvé, dussé-je le chercher toute la nuit !

Et il voulait entrer dans la partie inconnue de la forêt, d'où sortait en ce moment un vacarme effrayant, comme si tous les monstres de l'univers s'y fussent réunis pour hurler à la fois. Le Malais, offensé de son insistance, n'essaya plus de le retenir, et allait retourner à son grand soin, quand on entendit appeler à grande distance. En même temps, des torches brillèrent sous le feuillage, et plusieurs personnes apparurent, courant avec rapidité. Comme Richard se retournait, sa femme, pâle et chancelante, vint se jeter à son cou en lui disant d'une voix brisée :

— Richard, mon bien-aimé Richard, où est notre enfant ?

Avec Élisabeth étaient venues madame Surrey et jusqu'à la petite Anna ; toutes les trois dans le costume négligé qu'elles portaient chez elles et sans coiffure. Légère, en effet, n'avait pas manqué de raconter à ses maîtresses, avec aussi peu de ménagements qu'à son maître, l'enlèvement d'Édouard. En apprenant cette horrible nouvelle, la tendre mère était tombée sans connaissance ; mais elle s'était relevée bientôt, et, puisant une force factice dans la fièvre et le désespoir, elle avait pris sa course vers la Fontaine-des-Laves. Anna et la tranquille madame Surrey elle-même, à peine moins accablées, l'avaient suivie, mêlant leurs cris aux siens, leurs larmes aux siennes. Tous les gens attachés à l'habitation, même les plus égoïstes et les plus impassibles chinois, avaient accompagné la pauvre famille. Le cortège s'était grossi en chemin d'un certain nombre d'habitants du village, et tout ce monde arrivait au moment où Richard, fou de douleur, essayait de pénétrer dans les fourrés inextricables de la forêt vierge.

La question d'Élisabeth parut porter au comble l'exaltation du père.

— Je te le rendrai, Élisabeth, s'écria-t-il ; je te le rendrai, je te le jure. Laisse-moi, rentre à la maison..... c'est à moi de retrouver ce fils que Dieu m'a donné pour être ma consolation et ma joie !

— Eh ! n'est-il pas mon enfant comme le tien ? répliqua la mère impétueusement ; Richard, je ne te quitte pas.

— Et moi aussi, s'écria la petite Anna en sanglotant ; oh ! permettez-moi de chercher avec vous ma bonne cousine Édouard !

A la lueur des torches de bois résineux que portaient les noirs, Palmer regarda cette femme et cette enfant qui s'offraient pour être les compagnes de sa périlleuse excursion. Pâles, faibles, haletantes, elles avaient peine à se soutenir : c'était miracle qu'elles fussent venues jusque-là. Pendant qu'il insistait pour les décider à rentrer au logis, madame Surrey, beaucoup plus calme quoique non moins douloureusement affectée, avait questionné Tueur-d'Éléphants et les autres chasseurs du pays sur l'opportunité de ces recherches, faites immédiatement, dans des circonstances si contraires. Elle se hâta d'intervenir avec cette autorité que donnent une conviction profonde et une amitié sincère.

— Mon frère, ma sœur, dit-elle résolûment, la douleur vous égare ; il est impossible de tenter quelque chose ce soir pour ce malheureux enfant. Richard, je vous en conjure, attendez à demain matin, si vous voulez que vos recherches soient efficaces. A cette heure de nuit, par cette obscurité profonde, à quoi vous servirait-il de vous engager dans ces bois épais, remplis de troncs d'arbres renversés et de marécages, infestés de bêtes féroces ? D'ailleurs, l'orage ne fait que commencer, et il est évident que d'un moment à l'autre sa violence deviendra irrésistible. Une fois, votre dévouement doit être sage et réfléchi pour qu'il produise d'heureux résultats ; attendez à demain.

— Mais demain il sera trop tard ! s'écria Élisabeth à son tour.

— On m'assure que nous devons nous en rapporter à l'instinct merveilleux de l'homme des bois pour préserver notre Édouard de tout mal, et que l'on aura plus de chances de le retrouver demain si l'on n'alarme pas ce soir son ravisseur... Richard, Élisabeth, je vous en supplie par tout ce qu'il y a de plus sacré, au nom même de ce pauvre enfant, revenez sur vos pas.

— Eh bien ! Palmer, emmenez avec vous ma bonne Élisabeth et cette petite, qui ne sauraient m'être d'aucune utilité ; quant à moi, mon parti est pris ; je vais chercher mon fils !

— Richard, je veux te suivre, s'écria Élisabeth, qui s'appuyait contre un arbre pour ne pas tomber.

— Et moi aussi, répéta Anna.

— Personne n'entrera dans la forêt à cette heure, dit une voix mâle qui s'éleva tout à coup du milieu des spectateurs ; ce serait une imprudence, une folie, et je ne le permettrai pas.

C'était le major Grudmann qui venait d'arriver avec le docteur van Stetten ; prévenus l'un et l'autre de l'accident qui frappait la famille Palmer, ils n'avaient pas hésité à braver la tempête pour lui apporter leurs consolations et leurs secours.

Richard, malgré la gravité de la situation, rougit de colère en recevant un ordre si cavalier.

— En vertu de quel droit, major Grudmann, demanda-t-il, prétendriez-vous m'imposer vos volontés ?

— En vertu du droit de l'humanité, monsieur Palmer ; du

droit qu'a quiconque d'empêcher un sacrifice absurde et inutile ; enfin, s'il en est besoin, du droit que me donne mon titre de gouverneur et de magistrat suprême de la colonie. Demain, si vous persistez, vous serez libre de vous aventurer dans ces solitudes où peut-être aucune créature humaine n'a pénétré avant vous ; mais ce soir le danger est trop évident, trop certain, pour que je vous permette de risquer gratuitement votre vie, et vous voudrez bien, je l'espère, entendre la voix de la raison.

Nous savons que le gouverneur, fort entiché de son autorité, était homme à la faire respecter par tous les moyens. Néanmoins, Palmer ne paraissant pas disposé à céder, van Stetten s'empressa d'intervenir.

— Voyons, Palmer, dit-il, rendez-vous à l'évidence. D'autres devoirs, d'autres affections vous réclament..... Regardez votre femme.

Elisabeth, en effet, maintenant que l'exaltation première était passée, s'affaiblissait de minute en minute, et elle finit par s'affaisser dans les bras de sa belle-sœur et de Maria en murmurant :

— Plus d'espoir ! mon fils est perdu !

Richard courut à elle, mais elle était évanouie, et peut-être ne fallait-il pas se plaindre qu'elle n'eût plus conscience de la réalité.

En ce moment le vent, qui jusque-là n'avait soufflé que par rafales, se déchaîna subitement avec une persistance effrayante. Cette fois on sentit que les intermittences étaient finies et que le typhon des mers indiennes allait montrer sa terrible et sauvage puissance. Les torches des noirs, malgré la ténacité de la flamme, s'éteignirent à la fois. Les cimes des plus hautes palmiers vinrent toucher la terre et un grand nombre d'arbres se brisèrent sous l'effort de la tempête. Dans la forêt pas un végétal, depuis le gigantesque bombax jusqu'au plus flexible rotin, qui ne parût pousser une plainte, un cri de détresse. En même temps on eût dit que le ciel croulait sur la terre ; la pluie tombait en gouttes larges, serrées, retentissantes et abattait avec une rapidité merveilleuse les tourbillons de feuilles et de poussière dont l'atmosphère était obscurcie. Par-dessus ce tumulte immense, universel, le tonnerre élevait sa grande voix ; non pas ce tonnerre grave, majestueux qui gronde par intervalles dans nos climats tempérés, mais le tonnerre tropical, continu, assourdissant, qui éclate comme l'explosion de mille canons à la fois, en lançant des flammes comme un volcan, et qui est fréquemment accompagné à Sumatra de tremblements de terre.

En présence de ces formidables convulsions de la nature, l'homme se sent si chétif, si misérable, que ses passions les plus fougueuses se taisent tout à coup. Un revirement de cette espèce s'opéra dans la volonté de Richard ; le colon comprit enfin les dangers de son opiniâtreté, l'absurdité de ses espérances.

— Dieu ne le veut pas ! dit-il avec douleur. Pauvre enfant ! pardonne-moi de tarder encore quelques heures à te secourir et de songer d'abord à ta mère.

Il enleva dans ses bras Elisabeth, toujours évanouie.

— Ma sœur, Anna, dit-il avec fermeté, rentrons bien vite à l'habitation. Docteur, je vous prie de ne pas nous quitter, car vos soins nous seront certainement nécessaires.

— Je le crains, répliqua van Stetten en soupirant ; votre bonne et vaillante dame n'avait pas besoin de cette nouvelle secousse... Mais marchez, je vous suis.

— A la bonne heure ! dit le major Grudmann, voilà mon excellent voisin devenu raisonnable... Eh bien ! Palmer, il faudra que vous me donniez aussi l'hospitalité pour ce soir, car votre maison est la plus rapprochée de l'endroit où nous sommes, et cet orage n'a pas l'air d'une plaisanterie.

On se mit en marche aussitôt. La nature était comme ivre ou folle autour des colons ; à chaque instant, des branches monstrueuses ou même des arbres entiers menaçaient de les écraser dans leur chute, le vent paraissait devoir les renverser à chaque pas, et plusieurs d'entre eux se sentirent soulever de terre. La pluie les aveuglait ; heureusement, malgré l'absence des torches, ils ne risquaient plus de s'égarer dans les ténèbres : des éclairs éblouissants, qui se succédaient sans relâche, répandaient une lumière plus vive qu'en plein jour, et la foudre, tombant sur plusieurs points à la fois, allumait des incendies que la pluie et le vent éteignaient aussitôt.

Les colons marchaient, autant que possible, serrés les uns contre les autres, afin de mieux résister à l'ouragan. La négresse Maria aidait son maître à porter Elisabeth, que ces torrents d'eau ne parvenaient pas à ranimer. Madame Surrey avait pris dans ses bras sa fille Anna, qui ne cessait de pleurer en songeant à Edouard. Les autres suivaient en se prêtant un mutuel appui, et on s'appelait parfois au moyen de cris aigus qui pouvaient seuls dominer le bruit tumultueux des éléments.

On atteignit ainsi les limites de la forêt. Dans les défrichements, on avait moins à craindre d'être écrasé par la chute des arbres, mais le vent y acquérait plus de force encore et y formait des trombes d'une impétuosité épouvantable. Les plants de cannes à sucre et de poivriers étaient couchés sur le sol et comme rasés, les rizières complétement dévastées, les girofliers, les muscadiers, les camphriers déracinés ; c'était un désastre irréparable pour la colonie.

Mais Palmer ne s'en souciait guère en ce moment ; il ne pensait qu'à l'état alarmant de sa femme, dont les cheveux blonds, ruisselants de pluie, flottaient au hasard. Quand la flamme bleuâtre des éclairs illuminait la face livide d'Elisabeth, on eût dit d'un cadavre. Souvent aussi Richard tournait la tête du côté de la forêt. Une fois même, il s'arrêta brusquement ; au milieu des mugissements de la tempête, il avait cru distinguer la voix claire d'un enfant, une voix qui faisait vibrer toutes les fibres de son cœur..... Mais bientôt il avait reconnu son erreur, et il avait continué son chemin.

On arriva enfin à l'habitation. Elle avait elle-même déjà bien souffert ; plusieurs cases de nègres étaient renversées, le vent menaçait d'enlever la toiture des autres bâtiments, et les eaux de la cascade voisine commençaient d'envahir le jardin. Mais Richard ne s'occupa pas plus de ces ravages que de ceux des plantations. Il entra dans la salle basse, où la plupart de ses compagnons le suivirent, éclairés par une vieille négresse qui gardait le logis. Sans déposer son précieux fardeau, il dit au gouverneur, d'un ton de cordialité :

— J'ai des excuses à vous adresser, major Grudmann, pour avoir méconnu vos bonnes intentions. Prouvez-moi que vous ne m'en gardez pas rancune en donnant ici des ordres comme si vous étiez chez vous... Docteur van Stetten, vous serez appelé auprès de ma pauvre malade aussitôt qu'elle aura été mise au lit. En attendant, tout ce que je possède vous appartient... Ma sœur, songez à votre fille et à vous... Mais surtout, ajouta-t-il en élevant la voix et en employant la langue commune aux divers habitants du Nouveau-Drontheim, mes serviteurs n'oublieront pas que je veux être demain avant le jour à la forêt.

En même temps il transporta Elisabeth dans sa chambre, laissant ses hôtes et les autres habitants de la maison réparer de leur mieux les fatigues de la soirée.

XIII. — LA POURSUITE.

Comme on peut croire, personne cette nuit-là ne reposa tranquillement à l'habitation Palmer. En dehors des autres sujets d'inquiétude, Elisabeth était en danger, et le docteur ne pouvait la quitter d'un instant. Richard, de même, ne se coucha pas, non plus que madame Surrey. La malade avait cependant repris ses sens, mais elle était en proie à une fièvre intense accompagnée de délire, et l'air grave de van Stetten témoignait des appréhensions qu'éprouvait l'excellent homme.

L'orage se prolongea pendant une grande partie de la nuit ; ce fut seulement vers le matin que la pluie, le tonnerre et le vent ayant diminué de violence, le major Grudmann et ses gens purent quitter l'habitation pour regagner leurs demeures. Toutefois, le gouverneur, avant de partir, avait organisé obligeamment une petite expédition qui, sous la conduite de Palmer, devait recommencer d'actives recherches dans les bois dès que paraîtrait le jour. Elle se composait d'abord de Tueur-d'Eléphants, qui avait un ardent désir de venger ses griefs personnels contre l'orang ravisseur d'Edouard, puis de Boa, autre Malais attaché au gouvernement militaire du Nouveau-Drontheim, en qualité de guide ou de batteur d'estrade. Boa, que l'on appelait ainsi à cause de son habileté à grimper aux arbres et à traverser en rampant les fourrés les plus épais, avait pénétré, disait-on, plus avant qu'aucun chasseur de la colonie dans les vastes forêts du voisinage, et son expérience spéciale ne pouvait manquer d'être d'un grand secours. Le nègre Darius, assez bon tireur, et surtout fort dévoué à Richard, devait aussi accompagner son maître et porter ses bagages. C'était tout, car un plus grand nombre de personnes eût pu devenir un embarras au milieu des difficultés et des périls d'une semblable excursion.

Le gouverneur indiqua lui-même avec un soin minutieux les mesures à prendre pour parer à toutes les éventualités. Les voyageurs devaient être bien munis d'armes, chargés de provisions pour plusieurs jours, car ils risquaient de s'égarer dans ces solitudes inconnues. Grudmann voulut parler en personne à Tueur-d'Éléphants, et surtout à Boa, qui se trouvait aussi à l'habitation; il les menaça des plus terribles châtiments s'ils donnaient à M. Palmer sujet de se plaindre d'eux; il leur fit au contraire les plus brillantes promesses pour le cas où ils parviendraient à ramener le père et l'enfant sains et saufs à la colonie. Ce fut seulement après avoir arrêté toutes ces dispositions, auxquelles Richard était incapable de songer en ce moment, qu'il consentit à se retirer.

Au moment où les premières teintes du jour commencèrent à colorer le ciel, les deux Malais et Darius furent sur pied et équipés pour le départ. On alla prévenir Richard, qui était assis accablement auprès du lit de sa femme, le visage caché dans ses mains. Il se leva en silence et sortit. Cinq minutes après, il revint avec le costume qu'il portait habituellement à la chasse, chapeau de latanier, pantalon et veste en cuir, bien serrés autour du corps pour donner moins de prise aux épines ; il était armé d'un lourd fusil à longue portée, d'une paire de pistolets et d'un coutelas destiné surtout à élaguer les lianes et les autres plantes grimpantes. Malgré cet équipement belliqueux, il était si pâle, si sombre, si abattu que son aspect devait seulement inspirer de la pitié.

A la lueur d'une bougie qui éclairait la chambre, il s'approcha de la malade. Depuis qu'Élisabeth était sortie de son évanouissement, le délire ne l'avait pas quittée, et elle n'avait prononcé que des paroles sans suite ; cependant, lorsque son mari se pencha vers elle pour l'embrasser, elle ouvrit les yeux et dit, avec un accent dont rien ne saurait peindre le caractère navrant :

« Mon Richard, je vais vous attendre, *lui* et *toi* ! »

Le colon balbutia quelques paroles en pleurant ; mais déjà Élisabeth ne l'entendait plus. La force de la situation n'avait pu dominer qu'un instant le mal qui la dévorait, et le délire était revenu aussitôt.

Palmer s'en aperçut, et, après avoir donné un dernier baiser à sa malheureuse compagne, il fit un effort pour s'arracher à cette scène de douleur. Mais alors il se sentit doucement retenu dans les bras de sa sœur et de sa nièce. Madame Surrey, toujours raisonnable et comprenant l'inutilité de certaines recommandations, pleurait en silence. La petite Anna, pâle et frémissante sous ses vêtements de nuit, disait en joignant les mains :

— Oh ! n'est-ce pas, mon oncle, que vous me rendrez mon cousin Édouard ?

Palmer, qui avait soulevé sa nièce pour l'embrasser, détourna la tête.

— Adresse-toi à Dieu, Anna, dit-il d'une voix sourde, à Dieu, qui seul aura le pouvoir de me faire revenir ici avec ce malheureux enfant !

— Surtout revenez, Richard ! murmura madame Surrey en sanglotant.

— Et revenez promptement, ajouta le docteur à son tour.

Richard se dégagea des étreintes de sa nièce et de sa sœur :

— Que voulez-vous dire, van Stetten ? demanda-t-il avec angoisse. L'état d'Élisabeth présenterait-il du danger ?

— J'espère que non ; mais la secousse a été rude, et les transports du cerveau ne sont pas de favorable augure dans ce climat maudit... Nous aurions besoin d'une bonne nouvelle pour opérer une réaction avantageuse sur le moral de la malade.

Richard sentit, malgré la réserve du médecin, que l'existence de sa femme allait aussi dépendre du résultat de sa périlleuse entreprise ; cependant il se tut, donna un dernier baiser à sa famille et sortit précipitamment de la chambre.

Van Stetten le suivit dans le vestibule, où attendaient les deux Malais et Darius ; il semblait avoir quelque chose à dire au colon, bien qu'une espèce de honte l'empêchât d'exprimer sa pensée. Comme Richard le suppliait de quitter la malade aussi peu que possible pendant son absence :

— Comptez sur moi, Palmer, répliqua le docteur ; je m'établis ici jusqu'à votre retour. Mais, de votre côté, ne pourriez-vous faire quelques observations sur cet animal si rare et si peu connu, l'orang-outang ? Vous ne sauriez croire combien ces observations seraient précieuses pour la science ; et si seulement vous aviez l'occasion de mesurer son angle facial, ou de vous assurer que le pouce de ses pieds n'est pas *opposable*, comme le soutiennent certains voyageurs....

Richard fit un geste d'impatience ; cependant il serra une dernière fois la main du docteur, puis il quitta l'habitation avec les trois hommes désignés pour l'accompagner.

La terre était encore plongée dans les ténèbres, mais une faible lumière commençait à blanchir le ciel vers l'orient. Il fallait donc se hâter pour atteindre la forêt avant que le retour du soleil eût déterminé l'orang à s'enfoncer plus avant dans les bois. Le tonnerre et la pluie avaient cessé, quoique le vent soufflât encore avec une certaine force et que de grands nuages traversassent rapidement le zénith. Les chasseurs ne pouvaient marcher sans d'extrêmes précautions sur ce terrain bouleversé : là c'étaient des pierres ou des troncs d'arbres apportés par les torrents ; plus loin c'étaient des flaques d'eau bourbeuse qu'il fallait éviter. Le sol avait complètement changé d'aspect en une seule nuit : des plantations entières avaient disparu, des ravins profonds sillonnaient les champs cultivés ; l'œil le plus familiarisé avec ces localités ne pouvait les reconnaître sous la couche de boue et de sable, sous les feuilles, les branchages et les débris de toutes sortes dont elles étaient couvertes en ce moment.

Mais Richard avait d'autres sujets de préoccupation. Ses yeux se tournaient fréquemment vers la forêt vierge, au-dessus de laquelle apparaissaient les premières lueurs du matin ; parfois il les attachait sur les hommes hardis qu'il avait associés à ses fatigues et à ses dangers, comme pour juger du degré de confiance qu'il devait mettre en eux.

Le nègre et les deux Malais étaient vêtus, à peu près comme lui, d'habits de peau épais et bien serrés au corps ; contre leur habitude, ils portaient des espèces de bottines ou de sandales pour protéger leurs pieds contre les épines ou les aspérités des rochers. Outre leurs longs fusils, leurs pistolets, leurs criss ou coutelas recourbés, ils étaient chargés de provisions et de bagages indispensables dans une pareille excursion. Boa pouvait avoir une quarantaine d'années, âge avancé dans ce climat dévorant, et sa taille était un peu au-dessous de la moyenne. En revanche, ses muscles d'acier, qui saillaient sous sa peau d'un jaune olivâtre, témoignaient d'une vigueur infatigable. La bonne harmonie semblait régner entre lui et Tueur-d'Éléphants ; non pas que de pareils gens fussent accessibles aux sentiments d'humanité et de pitié qui eussent dû les soutenir dans leur entreprise, mais ils comptaient partager la récompense promise après le succès, sauf à se battre quand viendrait le moment du partage. Seul, le nègre Darius s'exposait au péril par dévouement pour son maître et pour l'enfant perdu. Malheureusement, Darius était le plus faible, le moins expérimenté des trois, et peut-être devait-il avoir besoin lui-même du secours de ses hardis compagnons.

Boa, sur la recommandation du gouverneur, avait amené un allié dont les services pouvaient aussi ne pas être à dédaigner dans l'occasion ; c'était un énorme chien au poil hérissé, à la mine féroce, mais intelligente. Il avait au cou un collier garni de pointes de fer, et il était retenu par une solide attache de cuir. Doué d'un excellent odorat, il marchait le nez collé contre le sol ; quand il rencontrait la trace d'une de ces bêtes fauves que l'orage avait chassées de leur retraite pendant la nuit, il tiraillait sa laisse en grondant, et son maître avait peine à lui faire abandonner la voie.

Telle qu'elle était, cette petite troupe semblait parfaitement appropriée aux exigences de la situation, et, sous la conduite de Palmer, elle ne pouvait manquer de réussir dans son entreprise, si toutefois l'entreprise ne se trouvait pas au-dessus des forces humaines.

En dépit des détours et des tâtonnements, on atteignit la forêt avant que les premiers rayons du soleil se fussent montrés à l'horizon. Des trombes avaient renversé des massifs d'arbres entiers ; les fougères gigantesques, les broussailles étaient abattues à certaines places, comme si elles eussent été piétinées par des troupeaux d'éléphants ; des branches fraîchement cassées jonchaient le sol ; une eau écumeuse, chargée de sable et de débris, remplissait tous les creux. Le bombax lui-même, ce géant qui avait supporté pendant tant de siècles le renouvellement des saisons, n'avait pas été épargné : la foudre avait brisé sa cime, fendu son tronc robuste, dispersé au loin ses magnifiques grappes de fleurs pourprées.

Ce fut pourtant vers cet arbre, sur lequel l'orang avait été vu la veille pour la dernière fois, que se dirigèrent les chasseurs. Lorsqu'il en approcha, Richard s'aperçut qu'il marchait sur les débris du krouboul, la fleur merveilleuse qui avait attiré son fils deux jours auparavant dans ce lieu fatal, et il poussa un douloureux gémissement à ce souvenir.

Les Malais se consultèrent au sujet de la route à prendre ; mais on ne crut pas prudent d'entrer plus avant dans le bois tant que les ténèbres ne seraient pas dissipées. Heureusement, il ne fut pas nécessaire d'attendre longtemps ; la lumière jaillit bientôt avec cette soudaineté merveilleuse dont nous avons parlé et laissa voir nettement le contour des objets environnants. On n'apercevait pas le soleil, car des masses sombres de nuages couvraient toujours le ciel ; mais il devenait possible maintenant de reconnaître les difficultés et les dangers du chemin, et quelques chants d'oiseaux, s'élevant au milieu des frémissements de la brise expirante, annonçaient le réveil de la nature après la crise effrayante de la nuit.

Alors Boa se tourna vers Darius et lui dit brièvement :
— L'habit de l'enfant ?

Le noir tira de son sac un objet de petit volume ; et Richard reconnut, avec un mélange d'attendrissement et de surprise, un des vêtements de son fils.

— Que voulez-vous faire de ceci ? demanda-t-il d'une voix étouffée.

— Maître va voir, répliqua Darius.

Et il remit le vêtement à Boa. Celui-ci le prit et le fit flairer à son chien.

— Je comprends, s'écria Palmer, c'est une bonne pensée !... Oh ! si cette brave bête retrouvait la trace d'Édouard !

Les deux Malais l'invitèrent par signe à garder un rigoureux silence, et Boa dit au chien :
— Cherche, maintenant.

L'animal aspira les diverses émanations dont l'air était chargé, et parut hésiter quelques instants ; mais bientôt il se tourna vers la forêt vierge, renifla d'une manière plus bruyante, et finit par regarder obstinément du même côté, en tiraillant la laisse et en agitant à la fois la queue et les oreilles.

— Il sent ! prononça Boa.

Rien ne saurait rendre la joie qu'éprouva Richard ; son cœur paternel bondit dans sa poitrine, et il allait laisser échapper un mot, quand Tueur-d'Éléphants l'arrêta de nouveau :

— Ne parlez pas, dit-il à voix basse, ou l'orang s'enfuira vite avec Édouard. Marchons sans bruit ; l'homme des bois a l'oreille fine et peut-être voudra-t-il défendre l'enfant : un coup de massue étendra mort celui de nous qui s'y attendra le moins.

Richard, comprenant la sagesse de ces précautions, ne répliqua pas ; il vérifia l'amorce de son fusil, et, après avoir invité Darius à se tenir près de lui, il suivit Tueur-d'Éléphants et Boa, qui s'engageaient déjà dans la forêt sous la conduite du limier.

L'animal, au lieu de mettre son nez à terre, selon l'usage des chiens de chasse, marchait la tête haute en reniflant fréquemment. Plusieurs fois il voulut donner de la voix ; mais toujours une secousse, communiquée à son collier par Boa, venait couper court à ces velléités dangereuses.

Il entra dans la forêt vierge par un point extrêmement fourré, et en apparence tout à fait impénétrable pour un être humain. Cependant Boa, comme s'il eût voulu justifier son surnom, s'y glissa derrière le chien et disparut en silence au milieu des arbustes épineux. Les autres chasseurs découvrirent un passage moins difficile, bien qu'ils ne pussent s'y engager que un à un et en rampant. A quelque distance de la lisière du bois, l'absence d'air et de soleil rendait les arbustes moins compactes, moins vigoureux. Toutefois, l'on gagnait peu de terrain, et une demi-heure de cette marche pénible n'avait pas conduit les chasseurs à plus de cinq ou six cents pas du grand bombax.

Bientôt on se trouva dans une clairière remplie de blocs de basalte abrupts et entassés sans ordre. Des fougères arborescentes et d'autres herbes colossales, qui semblaient appartenir à la végétation antédiluvienne, essayaient de cacher ces rocs pittoresques, dont les fentes nourrissaient pourtant quelques-unes des fleurs admirables que nous cultivons à grands frais dans nos serres chaudes. Autour de cette espèce de place, des lianes immenses pendaient en festons aux palmiers, aux ébéniers, aux pandanus, aux casuarinas et formaient d'innombrables arceaux de verdure ; quelques arbres avaient été renversés, les uns par la tempête récente, les autres par d'anciens orages ou par les années ; mais tous étaient ensevelis dans des amas de plantes grimpantes et de ces splendides orchidées qui vivent parasites sur les vieux troncs. Quelques oiseaux aux couleurs de pierres précieuses, bec-fleurs, colibris, suceriers, voltigeaient autour de ces corolles odorantes, encore humides de pluie, et une odeur suave parfumait l'atmosphère, comme il arrive dans les jardins à la suite d'un orage.

En cet endroit le chien se mit à marcher d'un pas rapide ; il précipitait les mouvements de sa queue ; et il eût fait entendre des aboiements, si son maître ne l'en eût empêché par les rudes secousses de la laisse. Mais en surveillant le limier, Boa fit signe à ses compagnons d'être sur leurs gardes et lui-même apprêta son fusil.

Tout témoignait en effet, que l'enfant, n'était pas éloigné, non plus que son ravisseur, et la prudence devenait de plus en plus indispensable. L'orang avait peut-être éventé les chasseurs, peut-être était-il déjà en embuscade avec sa terrible massue. Il fallait constamment regarder à droite et à gauche, surtout scruter le feuillage au-dessus de soi, car la mort pouvait arriver comme la foudre. L'orang ne manque jamais son coup et tous ses coups sont mortels.

Aussi les chasseurs, en se traînant dans les hautes herbes, à travers mille obstacles, étaient-ils attentifs au plus léger mouvement, au moindre bruit. Une feuille agitée par le vent, un pic frappant de son bec un morceau de bois pourri, un singe de petite taille jouant dans les lianes, leur faisaient vivement retourner la tête, et ils ne se remettaient en marche qu'après avoir reconnu exactement l'objet de leurs alarmes. Ils étaient absorbés par cet important examen, quand Boa, qui les précédait de quelques pas, s'arrêta tout à coup, et, posant à terre la crosse de son fusil, les appela du geste. Ils se hâtèrent de le rejoindre, et, rassurés par son attitude calme, ils se relâchèrent un peu de leur vigilance.

Au pied d'une énorme roche qui surplombait, était un enfoncement assez profond où plusieurs personnes auraient pu se trouver à l'abri pendant l'orage de la nuit précédente. Or, il était visible que cette espèce de niche avait été occupée récemment ; une grande quantité de mousse sèche y formait un lit ; de larges feuilles de vacoi y avaient été apportées pour servir de couverture. Quelques débris de noix de coco et de plusieurs autres fruits sauvages étaient dispersés alentour, comme pour attester que ceux qui avaient cherché sous cette roche une retraite temporaire n'étaient pas partis sans avoir déjeuné.

C'était là ce que Boa examinait avec tant de soin, et il retenait fortement le limier qui, le cou tendu, voulait fouler cette couche rustique. Lorsque les autres chasseurs furent près de lui, le Malais, écartant les feuilles avec précaution, montra deux formes, l'une grande, l'autre petite, distinctement empreinte dans la mousse. Il posa le doigt tour à tour dans chacune d'elles et dit d'un accent de triomphe :

— Ici l'orang.... là Édouard.

Tueur-d'Éléphants et Darius semblaient convaincus de la justesse de cette observation, mais Richard manifesta des doutes.

— Impossible, dit-il, nous ne sommes pas ici à plus d'un demi-mille du grand bombax au pied duquel nous nous arrêtâmes hier au soir. Si mon enfant et cet horrible singe avaient passé la nuit si près de nous, ils eussent pu entendre nos cris et Édouard n'eût pas manqué d'y répondre.

— Et le vent, et la pluie ! dit le Malais ; mais le maître va voir.

En même temps il rendit la main au chien, qui se mit à flairer le lit de mousse avec avidité. Bientôt l'intelligente bête

Les porteurs de brancard marchaient le plus souvent... (Page 83.)

comme si elle eût voulu confirmer les assertions de Boa, tira de dessous les feuilles un petit morceau d'étoffe que Richard, tout en larmes, reconnut pour avoir fait partie des vêtements de son fils.

— Il est donc bien vrai que l'orang a épargné ses jours! s'écria-t-il; mais regardez bien, mes amis; ne reconnaissez-vous à aucun signe qu'Édouard est malade ou blessé?

Les Malais examinèrent de nouveau la mousse brin à brin; on n'y voyait nulle trace de sang, et parmi les restes de fruits épars autour du rocher, il s'en trouvait plusieurs qui, sans aucun doute, avaient été grignotés par une bouche plus délicate et plus mignonne que celle de l'homme des bois. On pouvait conclure de ces diverses circonstances que non-seulement Édouard n'avait pas de blessure sérieuse, mais encore que, malgré son chagrin inévitable, il avait conservé tout son appétit.

— Mais alors, où donc est-il? demanda Richard avec anxiété.
— Pas loin, répondit Boa; le lit est encore un peu chaud.... Pas de bruit.

Déjà le chien avait abandonné le creux du rocher et rôdait çà et là, le nez collé au sol, comme s'il eût rencontré une piste régulière. Il y avait donc lieu de croire que l'enfant, en quittant la couche où il avait passé la nuit à côté de son farouche gardien, avait eu la liberté de marcher, et que si l'on suivait sa trace avec patience, on parviendrait enfin à le rejoindre. Cependant cette espérance ne fut pas de longue durée. La trace aboutissait à un amas de troncs d'arbres renversés et pourris qu'un si jeune enfant n'aurait pu franchir sans aide; aussi finissait-elle brusquement. Là, sans doute, l'orang avait pris Édouard dans ses bras pour le transporter par la voie aérienne, la voie de terre présentant trop de difficultés.

Cette certitude consterna les chasseurs : mais les Malais, après avoir examiné attentivement la disposition des lieux, devinèrent avec sagacité la direction que le ravisseur avait dû choisir. On tourna plusieurs obstacles, et quand on atteignit un emplacement où le sol plus uni permettait de marcher aisément, le chien retrouva tout à coup la piste qu'il avait perdue.

Boa, par diverses expériences, voulut constater la réalité de cet important résultat; mais le limier paraissait sûr de son fait et précipitait son pas, le nez collé à terre, comme auparavant. Bientôt on n'eut plus de doutes; dans un endroit où les torrents avaient laissé du sable humide, on vit nettement imprimées deux traces parallèles; l'une était celle d'un pied énorme, au pouce largement espacé et d'une conformation particulière, l'autre était évidemment celle d'un jeune enfant. Toutes les deux paraissaient si fraîches, qu'elles avaient dû être faites peu d'instants auparavant.

Richard ne pouvait contenir sa joie.

« Mon Dieu! murmura-t-il en levant vers le ciel ses yeux humides, avez-vous vraiment décidé dans votre sagesse qu'il nous serait rendu? »

Mais ses compagnons l'invitèrent de nouveau à garder le silence, et l'on jugeait à leur air soucieux, qu'en dépit de ces chances plus favorables, ils ne considéraient pas encore la partie comme gagnée.

On s'était remis en marche, et l'on suivait maintenant une espèce de sentier qui semblait avoir été tracé par quelque animal de grande taille, hôte ordinaire de ces solitudes. Ce sentier était capricieux, irrégulier, interrompu à chaque instant par des souches d'arbres et des plantes grimpantes. La vue ne pouvait donc s'étendre au delà d'un cercle de quelques pas, et l'on ignorait absolument à quelle distance on se trouvait de l'orang et de son prisonnier. Cependant le chien montrait une ardeur de plus en plus vive, et l'on devait s'attendre à les apercevoir d'un moment à l'autre. Aussi les chasseurs se traînaient-ils avec précaution derrière Boa, l'œil attentif et le doigt posé sur la détente de leurs fusils.

Cette constance ne devait pas être sans résultat. Au bout du sentier, les courageux chercheurs d'aventures entrèrent dans une partie de la forêt d'un aspect majestueux et solennel, où ils trouvèrent la récompense de leurs fatigues.

Des arbres, d'une prodigieuse grosseur, régulièrement espacés, soutenaient une triple voûte de feuillage sous laquelle pénétrait à peine un jour oblique et affaibli. On eût dit de ces énormes piliers qui décorent les cathédrales gothiques ; des milliers d'années peut-être avaient été nécessaires à ces troncs noueux, à ces racines colossales pour prendre ce merveilleux développement. Il y avait sous cette voûte des échos comme dans les grands édifices, et le babillage des perruches qui jouaient sur les limites de la zone obscure, sans oser les franchir, s'y répétait d'une manière funèbre. A travers le tissu serré des branches et du feuillage, il eût été impossible d'apercevoir la moindre partie du ciel. Aussi toutes les plantes fleuries et odorantes, qui ont besoin pour vivre d'air et de lumière, avaient-elles disparu, même ces orobanches parasites, ces orchis aux couleurs éclatantes qui poussent partout dans les forêts sumatriennes. Le sol était seulement revêtu de lichens jaunâtres, au milieu desquels croissaient des champignons, des agarics et autres cryptogames aux formes bizarres, amis de l'humidité et des ténèbres.

Or, à la lueur blafarde qui se glissait dans les profondeurs du bois, les chasseurs venaient enfin d'entrevoir deux espèces d'ombres qui se mouvaient à une centaine de pas en avant ; leur regard exercé ne tarda pas à reconnaître l'orang et le jeune Palmer. L'homme des bois, remarquable à sa haute taille et à ses longs bras, s'avançait lentement, appuyé sur un bâton qui lui servait à la fois de soutien et de défense. A côté de lui, Édouard, sans chapeau, les vêtements déchirés, marchait en faisant entendre les gémissements prolongés, nonchalants, que poussent les enfants mutins fatigués de pleurer ; ces gémissements, répétés par l'écho, formaient un murmure triste et continuel qui serrait le cœur. Cependant l'homme des bois ne paraissait exercer aucun mauvais traitement sur son petit compagnon ; au contraire, il montrait pour lui une véritable sollicitude. Il s'arrêtait parfois pour l'attendre ; l'enfant avait encore les mains pleines de fruits sauvages, des baies comestibles que son ravisseur recueillait pour lui aux arbres du chemin. L'orang semblait prendre à tâche de lui épargner toute fatigue, d'écarter de lui tout danger ; souvent il lui passait sa large main sur le dos comme pour le caresser. Cette affection si visible rendait plus périlleuse l'entreprise des chasseurs, car évidemment l'homme des bois n'abandonnerait pas sans combat une proie qui lui était si chère.

A la vue de son fils, Richard laissa échapper un faible cri ; mais un mouvement rapide de Darius et un regard impérieux des deux Malais lui rappelèrent l'obligation de se contenir. Par bonheur, le frémissement du vent qui venait de s'engouffrer sous les longues arcades de verdure avait couvert cette exclamation arrachée par un sentiment irrésistible ; sans doute l'orang, dont l'ouïe pourtant était d'une finesse étonnante, n'avait rien entendu, car il ne s'était pas retourné. Cependant, il pouvait d'un moment à l'autre, par l'effet de sa défiance naturelle, regarder en arrière, et comme les chasseurs n'avaient aucun moyen de se cacher, cette circonstance se présentant, devait tout perdre.

Il était urgent de prendre un parti ; l'homme des bois et l'enfant s'éloignaient toujours, et sur ce terrain nu il semblait également impossible de les poursuivre ouvertement ou d'essayer de les surprendre. Palmer et les gens s'étaient jetés à plat ventre derrière une grande fourmilière abandonnée, et Boa s'était empressé de museler son chien dont les services devenaient inutiles pour le moment ; puis, tandis que l'un d'eux suivait de l'œil chaque mouvement de l'orang, les autres se mirent à délibérer.

Un plan fut bien vite arrêté. On convint que Richard et le nègre continueraient directement la poursuite, en se glissant d'arbre en arbre et en prenant toutes les précautions pour ne pas être remarqués du défiant animal ; pendant ce temps, Boa et Tueur-d'Éléphants tâcheraient, en faisant un détour, d'atteindre avant lui un bouquet de cocotiers situé à quelque distance, et vers lequel il se dirigeait avec son petit prisonnier ; ainsi l'orang se trouverait cerné, et l'on parviendrait peut-être à opérer la délivrance d'Édouard. Ce plan présentait bien des difficultés, et le succès en paraissait douteux, mais il était le seul réalisable et on songea sur-le-champ à l'exécuter.

Les Malais revinrent donc un peu sur leurs pas, et, se jetant dans des halliers touffus, ils ne tardèrent pas à disparaître. De leur côté, Richard et Darius ne perdirent pas de temps ; ils avançaient en se courbant et en profitant des obstacles de la route. Les mousses et les lichens dont le sol était couvert favorisaient cette manœuvre, parce qu'ils amortissaient le bruit de leurs pas. En arrivant à portée de fusil, ils devaient tirer sur l'orang, sans attendre leurs compagnons ; mais ils avaient à se défier de leur ardeur et à prendre garde de tirer de trop loin, car dans ce cas ils risqueraient d'atteindre l'enfant ou bien de ne blesser que légèrement l'homme des bois, ce qui ne manquerait pas de le rendre plus terrible encore.

Mais, en dépit de leurs efforts, ils gagnaient très-peu de terrain sur ceux qu'ils poursuivaient. A chaque instant il leur fallait demeurer immobile pour échapper aux regards de l'orang, qui se montrait inquiet, comme si son instinct l'eût averti de l'existence d'un danger. Ces mouvements multipliés et fatigants retardaient considérablement leurs progrès et causaient au pauvre père une mortelle impatience.

Cependant l'orang et Édouard avaient franchi les limites de cette partie de la forêt vierge qu'on pouvait appeler la partie ténébreuse, et ils venaient d'atteindre le bosquet de cocotiers. Une lumière éblouissante les inondait maintenant, et on les voyait distinctement, malgré la distance. Tout à coup ils s'arrêtèrent ; Palmer craignit d'abord qu'ils n'eussent pris l'alarme ; mais l'attitude calme de l'orang le rassura. Du reste, cette halte fut bientôt expliquée ; l'homme des bois se coucha par terre au bord d'une flaque d'eau de pluie et se mit à boire avec avidité, tandis qu'Édouard, plus délicat, puisait l'eau dans sa petite main et la portait plusieurs fois à ses lèvres, pour apaiser la soif qui le dévorait.

Le moment était précieux ; Richard et le nègre, bannissant toute précaution, s'élancèrent en avant. Ils dévoraient l'espace ; mais Richard allait bien plus vite que Darius qui, chargé de lourds bagages, ne tarda pas à rester en arrière.

Palmer ne songeait pas à l'attendre et courait toujours à perdre haleine ; mais il dut s'arrêter de nouveau. L'orang se relevait et regardait autour de lui d'un air craintif. Le colon se coucha jusqu'à ce que son adversaire se fût remis en mouvement ; il frémissait de colère et serrait convulsivement son fusil entre ses mains ; mais il était trop loin pour oser faire feu. Il eut quelques minutes d'angoisses cruelles. L'orang allait-il continuer de marcher avec l'enfant, ou bien emporter sa proie sur les arbres, ce qui semblait être son mode favori de voyager ?

Le hasard, ou plutôt la Providence, se chargea d'arranger les choses mieux encore qu'on n'eût osé l'espérer.

Les cocotiers au pied desquels se trouvait la flaque d'eau étaient chargés de fruits mûrs de la plus belle apparence. L'homme des bois, avec cette soudaineté de résolution qui caractérise les quadrumanes, jeta sa massue et se mit à grimper sur un de ces arbres, dans l'intention évidente d'en recueillir les noix. L'enfant resta seul sur le bord de l'eau ; mais, ne sachant où aller, il dut attendre son pourvoyeur, et s'assit à terre sans cesser de pleurer tout bas.

Palmer alors reprit sa course avec une impétuosité frénétique. L'émotion le suffoquait, ses tempes battaient, son cœur bondissait dans sa poitrine. Son fils, cet enfant perdu, l'espoir et la joie de sa famille, était là devant lui : il allait le toucher, le presser dans ses bras, et cette fois la mort seule pourrait l'en séparer. Darius, qui avait rejoint son maître, ne montrait pas moins d'ardeur. Pour être plus agile à la course, il avait jeté sur la mousse le fardeau qui l'écrasait, et, armé seulement de son fusil, il se tenait prêt à payer bravement de sa personne au moment du péril.

Déjà Richard n'était plus qu'à une courte distance de son fils et il pouvait observer certains détails navrants qui lui avaient échappé jusque-là. Le pauvre petit garçon n'avait plus que des lambeaux de vêtements ; son visage pâle, fatigué, aux yeux rouges et abattus, était sillonné, ainsi que ses mains, d'écorchures sanglantes dont l'orang, en dépit de toutes ses précautions, n'avait pu le préserver. Il y avait dans son attitude un abattement, une tristesse, un désespoir que rien ne pourrait exprimer ; cependant, avec la curiosité ordinaire de son âge, il suivait des yeux les mouvements de son ravisseur sur l'arbre voisin, ou bien il regardait distraitement les noix de coco tomber à grand bruit dans la flaque d'eau.

Richard était convaincu que son fils ne pouvait plus lui échapper. Avant que l'orang fût descendu du cocotier, Édouard allait se retrouver sous la protection de son père. Le colon haletant, fou de bonheur, tendit les mains vers lui, et comme l'enfant ne cessait de regarder la cime de l'arbre, il lui cria d'une voix éteinte :

— Édouard ! mon cher petit Édouard !
— Massa Édouard ! cria Darius à son tour.

Cette fois, l'enfant avait entendu ; il retourna vivement la tête. En reconnaissant son père et le nègre qui accouraient, un sourire de joie ineffable s'épanouit sur ses lèvres. Il se leva précipitamment et se mit à courir au-devant d'eux en s'écriant :

— Ah ! père, mon bon père, je savais bien que tu viendrais à mon secours !

Mais ces clameurs imprudentes, ces mouvements irréfléchis avaient tout perdu. Comme le père et le fils étaient sur le point de se réunir dans une énergique étreinte, une espèce de fantôme velu se jeta entre eux en poussant une interjection rauque et gutturale.

Richard, et Darius qui le suivait de près, furent renversés, malgré leur vigueur, et lancés à dix pas, comme par une catapulte, avant d'avoir pu se reconnaître. En même temps l'orang, car c'était lui qui venait de se laisser tomber du haut du cocotier, s'empara du pauvre petit qui se débattait et se lamentait pitoyablement ; puis, embrassant un tronc d'arbre voisin, il en atteignit le faîte avec une rapidité incroyable et disparut de nouveau.

Un moment encore une voix, de plus en plus faible et éloignée, cria dans le feuillage :

— Père ! au secours ! Mon père ! mon père !

Mais Richard ne pouvait l'entendre ; sa tête avait porté avec tant de force contre une grosse souche qu'il gisait sans mouvement sur l'herbe, rendant le sang par la bouche et par le nez. Darius, moins maltraité, ne demeura étourdi qu'une minute au plus. En revenant à lui, il porta son fusil à l'épaule et fit feu au hasard. Mais déjà l'orang était loin, et les cris de l'enfant s'étaient éteints dans le morne silence des bois.

XIV. — LA FORÊT VIERGE.

u bruit de l'explosion, les broussailles s'entr'ouvrirent et les deux Malais accoururent sur le théâtre de cette scène courte, mais terrible. Ils avaient été retardés de leur côté par les difficultés ordinaires dans les forêts vierges. Toutefois, ils avaient très-bien vu l'orang sur le cocotier, et ils avançaient en rampant dans les hautes herbes pour lui envoyer deux balles dans le corps, au moment où la catastrophe était arrivée. Ils ne manifestèrent aucune sympathie pour Palmer, toujours étendu sans connaissance, et quand ils leur eut appris ce qui venait de se passer, ils se mirent en colère, tant contre Darius que contre le maître. Selon eux, avant de courir à l'enfant, il eût fallu faire feu sur l'homme des bois ; eux-mêmes allaient le tuer ou du moins le blesser d'une manière grave, quand la précipitation des deux autres était venue déconcerter leurs manœuvres. Vainement Darius alléguait-il le sentiment paternel qui avait entraîné Palmer hors des bornes de la prudence ; comment faire comprendre un pareil sentiment à ces êtres féroces, qui n'aiment rien, ne respectent rien, ne craignent rien ? Au lieu d'accueillir ces explications, ils maltraitèrent le pauvre noir en gestes et en paroles. Néanmoins, dans l'espoir de retrouver l'orang, qui ne pouvait être bien éloigné, ils se mirent à sa poursuite avec le chien, laissant le fidèle serviteur libre de donner des soins à son maître évanoui.

Darius alla chercher dans la mare voisine un peu d'eau, qu'il répandit sur le visage de Richard ; mais ce fut seulement après un temps assez long que Palmer reprit ses esprits ; encore quand il rouvrit les yeux et quand il regarda d'un air effaré autour de lui, ne parut-il pas avoir complétement conscience de sa situation.

— Ah ! maître, dit Darius, c'est bien heureux « que l'homme qui ne parle pas » n'avoir pas eu son bâton, car nous avoir été tués sur le coup... A présent, vous boire cela.

Et il lui tendit une gourde de rhum. Richard en avala quelques gorgées, et la mémoire sembla enfin lui revenir.

— Et Édouard ? où est Édouard ? demanda-t-il brusquement.

Darius lui rappela la triste vérité. En apprenant que Tueur-d'Éléphants et Boa étaient déjà partis à la recherche de l'orang, Richard s'écria :

— Il faut les rejoindre bien vite. Je ne veux pas laisser à d'autre le soin de délivrer mon enfant... ce pauvre petit ange qui m'attendait, qui comptait sur moi et m'appelait à son secours !

Il essaya de se lever ; mais sans doute le choc qu'il avait reçu avait offensé quelque organe important, car il retomba aussitôt.

— Maître, vous pas remis encore, dit le nègre avec affection ; vous attendre ici en reposant vous. Les Malais bientôt revenir, et alors tous ensemble aller à la recherche de massa Édouard.

Force fut à Palmer de se résigner ; mais, accablé par l'idée de son impuissance, il cacha sa figure dans ses mains et versa d'abondantes larmes.

Au bout d'une demi-heure environ, Tueur-d'Éléphants et Boa revinrent sombres et mécontents ; ils n'avaient trouvé aucune trace de l'orang, ils n'avaient pas entendu la voix d'Édouard. Palmer leur demanda ce qu'il fallait faire.

Ils répondirent avec humeur que l'entreprise était manquée, et que selon toute apparence l'occasion perdue ne se représenterait plus. Maintenant la vigilance de l'homme des bois était éveillée ; il allait fuir avec sa victime, sans s'arrêter un instant, et il ne remettrait le pied sur terre que quand il serait à une immense distance.

— Or, vous ne vous imaginez pas, disait Boa, combien la forêt est grande... Vingt journées, trente journées de marche ne suffiraient pas peut-être pour arriver au bout. Comment donc retrouver l'orang ?

Et il concluait avec son compagnon qu'il fallait abandonner Édouard à sort et regagner la colonie. L'indignation ranima Palmer :

— Quoi donc ! dit-il en s'appuyant sur le coude, je renoncerais ainsi dès le premier jour, dès la première heure, à l'espoir de délivrer mon enfant ! je reculerais devant les premiers obstacles ! Je croyais Tueur-d'Éléphants et Boa plus hardis, plus durs à la fatigue ; mais s'ils sont déjà las et découragés, qu'ils partent ; dussé-je rester seul, je ne retournerai pas en arrière.

— Maître, dit Darius, moi suivre vous jusqu'à la mort.

Le reproche du colon avait offensé les Malais. Richard fut mieux inspiré en leur rappelant quelle récompense leur était promise en cas de succès, et il continua :

— L'orang ne saurait tarder à redescendre à terre. Il paraît avoir beaucoup d'affection pour mon fils, et quand il le verra haletant, brisé de ces bonds continuels, il prendra pitié de lui et quittera sans doute le sommet des arbres. Vous connaissez aussi bien que moi, mieux que moi, l'étonnant instinct de ces orangs, instinct qui se rapproche tant de la raison humaine !

— Les orangs sont des hommes qui ne veulent pas parler, répliqua Boa, en reproduisant l'opinion généralement admise dans la Malaisie ; ils ont beaucoup plus de raison que certaines espèces d'hommes qui parlent.

— Dieu veuille qu'ils aient aussi le sentiment de la compassion pour la faiblesse ! dit Richard en soupirant ; enfin, voulez-vous me suivre ?

Il ajouta tout ce qu'il put imaginer pour les décider à continuer les recherches, et, quoique ni l'un ni l'autre n'attendît de bons résultats d'une nouvelle tentative, ils annoncèrent qu'ils étaient prêts à marcher en avant.

Par un effort de volonté, Richard parvint à se remettre sur ses pieds avec le secours de Darius. Il chancelait, il éprouvait d'atroces douleurs à la tête ; mais il cachait ses souffrances, de peur qu'elles ne fussent un nouveau motif de découragement pour ses compagnons.

On revint à la flaque d'eau sur le bord de laquelle avait eu lieu la catastrophe. Les Malais examinèrent attentivement les localités, firent flairer au chien la trace toute récente de l'enfant et de son ravisseur, et, après qu'ils se furent concertés ensemble, on se remit en route.

On marcha longtemps ; on marcha jusqu'au soir, en s'enfonçant de plus en plus dans ces déserts. A mesure que l'on avançait, ils prenaient un aspect plus sauvage, et sans doute ils n'avaient jamais été foulés par le pied d'une créature humaine. Parfois on rencontrait des bêtes féroces, qui heureusement ne songeaient pas à charger la petite troupe, et que de son côté elle se gardait bien d'irriter. On ne parlait que par monosyllabes, et à voix basse ; on évitait le bruit, et l'on s'arrêtait assez souvent pour scruter le silence majestueux de ces solitudes. Mais on n'entendait plus ni l'orang ni Édouard ; nulle part on ne rencontra leur trace. Le chien lui-même, bien qu'on lui donnât fréquemment à flairer le vêtement de l'enfant perdu, ne semblait plus comprendre ce qu'on lui voulait, et, après avoir quêté une minute ou deux autour de lui, comme pour l'acquit de sa conscience, il s'attachait à la piste de quelque daim. Sans doute, si l'orang était descendu à terre après la dernière alerte, ce n'avait été que fort loin et dans un lieu inabordable où le hasard n'avait pas conduit les chasseurs.

Une heure environ avant le coucher du soleil, tous étaient à bout de force et d'énergie. Ils avaient fait cette longue traite la plupart du temps à plat ventre ou bien en se frayant un passage à travers les lianes avec leurs coutelas. Leurs vêtements de peau étaient traversés de longues épines dont quelques-unes passaient pour vénéneuses ; leurs mains et leurs visages étaient déchirés ; mille sortes d'insectes avides de sang, moustiques, maringouins, guêpes énormes, les suivaient avec acharnement, formant autour d'eux comme une nuée bourdonnante. D'ailleurs, pendant la journée ils n'avaient pu s'arrêter pour prendre leur repas, et s'étaient contentés de manger quelques fruits cueillis aux arbres de la forêt ; la faim les pressait donc et contribuait pour sa part à leur profond abattement.

Mais nul n'était dans un état aussi déplorable que Richard, le chef de l'expédition. Ces fatigues excessives, les angoisses poignantes auxquelles il était en proie, avaient aggravé ses souffrances d'une manière presque intolérable. Une fièvre ardente le dévorait ; parfois des brouillards épais passaient devant ses yeux et il pouvait à peine se conduire ; d'autres fois son esprit se troublait, il avait le vertige, il ne savait plus ce qu'il voulait, où il allait. Aussi, vers la fin de la journée, en dépit de son courage, était-il obligé de s'appuyer sur Darius pour suivre la troupe, et, sans le dévouement du noir, il fût depuis longtemps resté en arrière.

Il devenait donc urgent de songer à une retraite pour la nuit. Les Malais eux-mêmes ignoraient où ils se trouvaient ; le ciel avait été couvert de nuages toute la journée, et d'ailleurs les arbres étaient si serrés qu'il eût été impossible de s'orienter d'après le mouvement du soleil. On savait seulement que l'on était loin, bien loin des habitations humaines, et l'on n'avait d'autre ressource que de camper au milieu des bois. Or, un orage non moins terrible que celui de la veille se préparait, et il était temps de s'arrêter pour se créer un abri.

Ce n'était pas chose aisée, en effet. Il fallait trouver une place découverte, nettoyer le terrain afin de détruire les insectes dangereux, construire une hutte avec des branches et des feuilles, ramasser du bois pour entretenir pendant l'obscurité un feu capable d'écarter les bêtes féroces, et ces travaux devaient présenter bien des difficultés à des hommes rompus de fatigue.

Cependant quand on vint annoncer à Richard qu'il était nécessaire de faire halte, il ne manqua pas de résister : selon lui, rien ne pressait ; on pouvait avancer encore, et peut-être finirait-on par atteindre ceux que l'on poursuivait. Mais les Malais ne tinrent pas compte de ses instances, et tandis que le malheureux père demeurait étendu sur l'herbe à la garde du nègre, ils songèrent à pourvoir aux exigences impérieuses du moment.

L'endroit où l'on s'était arrêté ne paraissait pas favorable pour un campement. On se trouvait sur une espèce de large chemin, tracé par le passage habituel d'une troupe de grands animaux, soit buffles, soit éléphants : et qu'arriverait-il si ces formidables troupeaux, qui sont surtout en mouvement pendant la nuit, venaient fondre sur les voyageurs plongés dans le sommeil ? D'ailleurs, les chasseurs mouraient de soif ; il importait de découvrir de l'eau. Les deux Malais, chacun de son côté, se mirent donc à chercher dans le voisinage un emplacement plus avantageux.

Au bout de quelques instants, Tueur-d'Éléphants revint tout désappointé, et s'assit à l'écart en attendant son compagnon. Celui-ci ne tarda pas à revenir aussi, escorté de son chien qui pouvait maintenant vaguer en liberté. Sans doute Boa avait été plus heureux dans ses recherches, car il dit simplement
— Venez tous.

Tueur-d'Éléphants le suivit sans demander d'explication ; mais il ne fut pas aussi facile à Richard de se rendre à cet appel. Le colon, appesanti par ce moment de repos, ne pouvait plus se mettre debout. Cependant il y parvint avec l'aide de Darius, et se traîna derrière les autres, en poussant des gémissements qui lui étaient arrachés par d'affreuses tortures.

On fit ainsi une certaine de pas. Boa avait choisi pour lieu de campement une clairière environnée d'arbres gigantesques. Une mare était au milieu, et, quoique l'eau provînt de la dernière pluie, elle ne manquait ni de limpidité ni de fraîcheur. Mais ce qui frappa surtout les chasseurs fut la vue de trois ou quatre huttes en branchages, couvertes de feuilles et disposées sur de grosses racines saillantes. Ces huttes, sans portes et sans fenêtres, d'un travail très-grossier, pouvaient être d'un grand secours à des gens qui n'avaient ni le loisir ni la force de s'en construire d'autres. L'une d'elles était perchée sur un pandanus, à l'enfourchure des branches, comme le nid d'un énorme oiseau. Mais ce mode de construction n'avait rien d'extraordinaire dans un pays où la plupart des habitations sont portées sur des pieux, comme nous l'avons vu dans les maisons malaises du Nouveau-Drontheim.

Richard, quoique anéanti par la fatigue et la souffrance, examina curieusement ces constructions singulières.
— Comment des êtres humains, dit-il avec effort, ont-ils pu habiter ces tristes solitudes ?
— Pas hommes des colonies, répliqua laconiquement Boa, mais hommes qui ne parlent pas.
— Quoi ! s'écria Richard, ces huttes ont été construites et occupées par des orangs ?
Les deux Malais répondirent affirmativement.

— Alors établissons-nous ici ; les habitants de ces cabanes ne peuvent manquer d'y revenir, et peut-être parmi eux se trouvera celui qui m'a ravi mon fils.

Mais Boa fit remarquer que les huttes semblaient être abandonnées depuis longtemps. Les feuilles de vacoi qui formaient la toiture tombaient en poussière ; les amas de mousse qui servaient de lit dans l'intérieur fourmillaient de scolopendres, de mille-pieds, de scorpions et d'autres bêtes venimeuses. Des débris de noix de coco étaient accumulés alentour ; mais ils étaient pourris, décomposés. Une de ces massues que portent les singes de grande espèce avait été oubliée dans la hutte principale, et l'on jugeait à sa vétusté qu'elle se trouvait là depuis plus d'une année. Enfin, rien ne permettait d'espérer que ces cabanes dussent recevoir de sitôt la visite de leurs anciens propriétaires.

Néanmoins il fallait s'installer là pour la nuit ; l'orage montait, le ciel s'assombrissait de plus en plus ; il n'y avait pas une minute à perdre. Boa s'occupa donc de recouvrir deux de ces cabanes avec de nouvelles feuilles, et de remplacer par de la mousse fraîche la mousse infestée d'insectes. De son côté, Tueur-d'Éléphants se mit à ramasser une provision de bois sec et à couper les herbes autour du campement.

Ces travaux divers, grâce à l'expérience spéciale des deux Malais, s'achevèrent avec promptitude. Bientôt Richard fut établi dans la hutte principale, sur une couche moelleuse. Darius devait rester auprès de son maître, tandis que Boa et Tueur-d'Éléphants occuperaient une hutte voisine. Les Malais et le nègre étaient convenus de veiller à tour de rôle pendant la nuit.

Ils soupèrent avec appétit autour du feu, qui avait en ce moment le double avantage d'éclairer les chasseurs et d'éloigner les moustiques. Quant à Richard, qui n'eût rien pris depuis la veille, il put seulement avaler quelques gouttes de lait de coco que le nègre lui apporta. Il était tombé dans une sorte d'engourdissement, et, haletant, les yeux fermés, il continuait de pousser des gémissements involontaires.

La nuit vint, et avec la nuit l'orage attendu. Les chasseurs se retirèrent précipitamment dans les huttes; des torrents d'eau tombaient du ciel, et le tonnerre grondait sans relâche. En quelques minutes le feu du bivouac fut complétement éteint, et il devenait impossible de le rallumer sous cette pluie diluvienne. C'était là un danger de plus, le feu seul pouvant tenir à distance les bêtes féroces; mais, en dépit du choc épouvantable des éléments, les chasseurs fatigués s'endormirent, sauf celui qui devait veiller pour la sûreté commune.

La tempête dura jusqu'au jour, et ce fut à cette circonstance peut-être que l'on dut de ne pas être attaqué par les habitants de la forêt vierge, car les animaux sauvages semblent perdre une partie de leur férocité pendant ces grandes perturbations de la nature. Une seule alerte eut lieu tandis que Boa était en faction. Le chien, qui dormait auprès de son maître, releva tout à coup la tête et poussa un grondement sourd. Boa, sachant bien ce que cela signifiait, saisit son fusil et regarda lentement autour de lui. A moins de vingt pas, des yeux fixes brillaient dans l'ombre. Sans hésiter, il épaula son arme et lâcha la détente : un hurlement retentit. Le Malais, après avoir tiré, prit en main son criss, s'attendant à voir fondre sur lui l'animal furieux; mais rien ne bougea plus du reste de la nuit. Le bruit de l'explosion et le hurlement du monstre s'étaient si bien confondus avec le fracas de la tempête, que le sommeil des autres chasseurs n'en avait même pas été troublé. Seulement, quand Boa le matin alla juger de l'effet produit par son coup de feu, il trouva sous les broussailles de larges flaques de sang que les eaux pluviales n'avaient pu effacer d'une manière complète; sans doute un tigre royal venait pour la première fois d'éprouver dans son désert la puissance dominatrice de l'homme.

Au jour, le nègre, reposés et dispos, semblaient tout prêts à recommencer leurs recherches. Par malheur, le chef de l'expédition n'était plus en état de la diriger ou même d'être d'aucun secours à ses compagnons. Son teint rouge, ses yeux hagards, attestaient les ravages de la fièvre; on l'appela, il ne paraissait pas entendre; on essaya de le mettre sur ses pieds, il retomba comme une masse inerte. On le pressa de questions, il ne répondit que par des sons inarticulés; il ne pensait plus, il ne sentait plus, il ne comprenait plus.

Que faire? Boa et Tueur-d'Éléphants, durs pour les autres comme pour eux-mêmes, voulaient abandonner le malade; ils parlaient de rentrer à la colonie, laissant Richard et le nègre devenir ce qu'ils pourraient. Mais Darius déploya toute son éloquence pour les détourner de cette résolution égoïste; il leur rappela surtout les recommandations expresses du gouverneur; il leur dit que s'ils abandonnaient ainsi massa Palmer, le major les ferait pendre ou fusiller dès qu'ils reparaîtraient au Nouveau-Drontheim; enfin il employa de tels arguments que les Malais finirent par se montrer plus traitables.

Il fut convenu qu'ils suivraient seuls la piste de l'orang pendant la journée qui commençait, tandis que Darius resterait à la hutte avec le malade. Tueur et Boa devaient y revenir le soir, après avoir battu les cantons environnants; et si leurs investigations n'avaient pas eu de résultat, on songerait le lendemain matin à reprendre la route de l'habitation. Sans doute d'ici là Palmer, soulagé par un repos absolu, aurait recouvré sa connaissance et serait capable de manifester sa volonté. Ce plan arrêté, l'un des Malais monta sur un arbre afin de s'orienter et de pouvoir retrouver les huttes plus tard. Après avoir fait ses observations, il rejoignit son camarade, et les deux s'enfoncèrent de nouveau dans la forêt, accompagnés du limier.

Darius demeura donc seul auprès de son maître, et cette journée lui parut interminable. La pluie continuait de tomber en abondance, quoique le temps fût calme, et l'eau filtrait à travers le toit de la cabane. Le malade ne paraissait pas s'en plaindre; au contraire, il plaçait machinalement son front brûlant sous le mince filet d'eau qui tombait goutte à goutte, et en éprouvait une sorte de soulagement. Il n'adressait pas la parole à Darius, et l'on eût dit qu'il ne le reconnaissait pas; mais, par moments, il était violemment agité et, dans son délire, il tenait les propos les plus navrants. Tantôt il croyait revoir son fils et lui prodiguer de tendres caresses, tantôt il appelait sa chère Élisabeth et lui adressait des consolations affectueuses. Le nom du commodore Stevenson revenait aussi parfois sur ses lèvres. La joie, l'espérance, la terreur, semblaient présenter tour à tour à son esprit troublé des images douces ou terribles. Puis, abattu par ces violentes secousses, il retombait dans un morne engourdissement qu'interrompaient de nouveaux accès de délire.

Sur le soir, les deux Malais revinrent à la hutte, très-fatigués et trempés jusqu'aux os. Ils n'avaient pas vu l'orang et avaient perdu toute espérance de rejoindre le malheureux Édouard. Il ne fallait pas songer à pénétrer plus avant dans ces interminables forêts. Ils avaient été attaqués par un de ces ours noirs qui rongent le cœur des palmiers, et, après l'avoir blessé de leurs deux coups de fusil, ils l'avaient achevé avec leurs criss. De plus, l'un d'eux avait été poursuivi par un buffle, et il lui avait fallu employer la ruse pour échapper au farouche animal. Enfin, à quelques lieues des huttes, s'étendait un immense marais, tout rempli de crocodiles et de serpents monstrueux, qui paraissait former une barrière infranchissable. Les deux Malais l'avaient longé longtemps sans trouver un passage pour le traverser, et, selon toute apparence, ce passage n'existait pas. Il était donc urgent d'opérer la retraite; aussi bien la saison pluvieuse qui commençait pouvait, si l'on tardait trop, rendre le retour à la colonie très-difficile et très-périlleux, sinon impossible.

Ces raisons étaient déterminantes, et Darius ne savait que répondre, sinon que son maître était tout à fait incapable de marcher. Cependant, il voulut attendre jusqu'au lendemain avant de proposer un parti définitif, espérant que dans la nuit l'état de Palmer pourrait s'améliorer.

Mais cette nuit fut encore plus désastreuse que la précédente. Le malade avait été constamment agité, et son délire ressemblait par moments à la frénésie. D'autre part, la pluie ne cessait pas et menaçait la contrée d'une véritable inondation. On n'avait donc pu, cette fois encore, allumer de feu, et les tigres avaient continuellement rôdé autour des huttes en poussant des hurlements affreux. On s'était trouvé dans l'obligation de tirer de temps en temps des coups de fusil pour les écarter et de rester sur le qui-vive; aussi, quand les premiers rayons du jour parurent, aucun des chasseurs n'avait-il goûté un moment de repos.

Ils auraient eu pourtant besoin de réparer leurs forces pour supporter les fatigues nouvelles qui les attendaient. Il n'y avait plus, en effet, d'illusion à se faire; la nécessité parlait; il fallait abandonner l'enfant à son sort et regagner la colonie au plus vite. Les vivres étaient entièrement épuisés, et l'on n'avait plus de ressources que dans les fruits sauvages de la forêt. Les vêtements étaient en lambeaux; les pieds étaient ensanglantés; les corps déchirés par les épines, dévorés par les insectes féroces de ces bois. Une retraite immédiate devenait indispensable, et comme Richard était incapable de se mouvoir on résolut de le porter.

Ce ne fut pas sans peine que Darius décida les Malais à prendre ce parti; il dut employer de nouveau les promesses et les menaces, car ils refusaient encore de se charger du malade. Enfin, ils consentirent avec répugnance; et aussitôt on fit les préparatifs de départ. On construisit avec des branches une espèce de litière sur laquelle on déposa Richard, toujours plongé dans la même atonie; puis, après avoir déjeuné d'un gros lézard, qu'ils mangèrent tout cru, faute de pouvoir allumer du feu, les chasseurs abandonnèrent les huttes des orangs.

On croira facilement que le voyage ne put s'accomplir qu'au prix de fatigues inouïes. Les porteurs du brancard marchaient le plus souvent sur un sol inondé, à travers des broussailles inextricables, pendant que le troisième chasseur leur ouvrait une route avec son coutelas. A chaque instant on se détournait de la ligne droite pour éviter les mares profondes, ou bien des massifs d'arbustes épineux, dont le feu seul aurait pu avoir raison. On faisait ainsi le double de chemin, et, pour comble de malheur, on s'égarait fréquemment malgré la sagacité des Malais à se reconnaître au milieu de ces déserts. Aussi, plusieurs fois, Boa et Tueur-d'Éléphants s'assirent-ils, refusant d'aller plus loin et menaçant de leur criss le pauvre Darius qui les exhortait à prendre courage.

Le fidèle serviteur éprouvait lui-même, à certains moments, de pareilles défaillances, et en venait aussi à penser que la tâche commencée excéderait ses forces. Tout son corps n'était plus qu'une plaie; il mourait de faim, il pouvait à peine se tenir sur ses pieds meurtris. Cependant ces accès de découragement étaient courts; il ne tardait pas à se ranimer, et, quand il voyait faiblir un de ses compagnons, il allait s'atteler au brancard avec une nouvelle ardeur.

Mais si les souffrances des chasseurs étaient affreuses, celles de Richard ne sauraient se dépeindre. Ballotté au milieu des ronces, sans pouvoir se garantir de leurs atteintes, trempé de pluie, dévoré par la fièvre, il ne pouvait que gémir par intervalles; encore ces gémissements devinrent-ils de plus en plus faibles, et vers la fin de la journée ils cessèrent complètement. Un moment, Darius crut que c'en était fait de son maître; mais ayant glissé la main sur le cœur de Richard, il y sentit de légers battements. Toutefois, il fallait se hâter si l'on ne voulait que cette dernière étincelle de vie s'éteignît bientôt.

Dans cette retraite funeste, le chien de Boa fut d'un grand secours. Plusieurs fois, il retrouva la route perdue; plusieurs fois, il donna l'éveil contre les bêtes malfaisantes qui allaient surprendre les chasseurs sans défense. Enfin, ce fut lui qui annonça par de sonores aboiements l'arrivée à la colonie.

Il était temps; le soleil allait se coucher au milieu de nuages d'un rouge de sang, et si les voyageurs avaient dû passer encore une nuit dans la forêt sans nourriture et sans abri, peut-être aucun d'eux ne fût-il revenu de cette périlleuse excursion. Cependant, par un effet merveilleux de la force morale, ils se ranimèrent tout à coup en retrouvant des sentiers battus, en apercevant autour d'eux les signes du voisinage de l'homme. Leur taillé courbée se redressa, ils portèrent plus allègrement leur fardeau. Seul, le malade ne donna aucune marque de joie : il était inanimé.

Comme la troupe débouchait dans les cultures, les Chinois de l'habitation Palmer venaient de terminer leurs travaux de la journée et se disposaient à rentrer au logis. Plusieurs, avec leur flegme national, regardèrent le piteux état des chasseurs sans songer à s'informer de ce qui leur était arrivé, à leur offrir des secours. Mais ce n'était pas le compte de Tueur-d'Éléphants; il fit signe à Darius, qui en ce moment l'aidait à porter Richard, et ils déposèrent le brancard à terre. Alors le Malais alla saisir par leurs longues queues les deux Chinois les plus proches. Malgré leurs protestations et leur résistance, il les attela au brancard en leur disant, la main sur son criss :

— Il est aussi votre maître... A votre tour !

Et force fut aux Chinois, parmi lesquels se trouvait notre ancienne connaissance Yaw, de prendre jusqu'à la maison la place des porteurs, tandis que ceux-ci, brisés et chancelants, les suivaient avec peine.

Il était nuit quand ils atteignirent l'habitation. A la nouvelle de leur retour, on accourut au-devant d'eux avec des flambeaux. On n'osait les questionner et on les regardait avec avidité. Leur aspect piteux était assez significatif; quelques mots de Darius achevèrent de faire comprendre le mauvais succès de l'expédition. Puis le nègre, à son tour, demanda des nouvelles de madame Palmer.

— Ah ! Darius, répondit Maria en pleurant, grand malheur dans la maison !... Bonne maîtresse à nous n'avoir pas deux heures à vivre.

En ce moment, madame Surrey et la petite Anna, pâles et tremblantes l'une et l'autre, parurent sur le seuil de la porte.

— Edouard ! s'écria la jeune fille; me ramenez-vous mon cousin Edouard ?

Personne ne répondit.

— Et mon frère ! s'écria madame Surrey, où est mon frère ?

La lumière d'une torche tomba sur le brancard, et l'on put voir le malheureux Palmer livide, les traits décomposés, donnant à peine quelques signes d'existence. Madame Surrey le crut mort et poussa un cri déchirant, tandis qu'Anna tombait évanouie.

Le docteur Van Stetten accourait à son tour; un coup d'œil suffit pour lui apprendre la vérité.

— Ah ! dit-il avec tristesse, la bonne nouvelle que j'attendais pour ranimer ma pauvre malade ne viendra pas; voici, au contraire, un surcroît de besogne pour moi et de douleur pour tous... Qu'a donc fait cette famille pour être si cruellement frappée ?

— Elle est maudite, docteur, répliqua madame Surrey avec égarement. Élisabeth a raison ; nous subissons la peine de quelque grande faute; car sans cela, pourrions-nous croire à la bonté de Dieu ?

Mais ces paroles, arrachées à la douce et excellente femme par l'excès du désespoir, ne furent pas entendues. On s'empressait de secourir Palmer, tandis que la négresse emportait Anna sans connaissance.

Le lendemain matin, on apprit dans le village du Nouveau-Drontheim que madame Palmer était morte dans la nuit, et que son mari était lui-même à toute extrémité. En même temps, le bruit se répandait que le navire *la Gertrude*, parti trois jours auparavant avec le grand commodore anglais sir Georges Stevenson, avait péri corps et biens.

XV. — JAMES STEWART.

Cinq années s'étaient écoulées depuis les événements que nous venons de raconter.

Dans cet intervalle, des changements remarquables s'étaient accomplis au Nouveau-Drontheim, et la colonie avait pris un aspect de merveilleuse prospérité. De nombreux bâtiments, indigoteries, sucreries, moulins, couvraient maintenant la vallée comme s'ils eussent surgi du sol ; la forêt vierge, qui jadis entourait les habitations d'une ceinture menaçante, avait reculé de plusieurs milles, et la culture avait fait partout de notables conquêtes.

Le grand bombax lui-même n'existait plus; on voyait des champs de poivre, de riz, de patates au lieu même où Edouard et sa gouvernante avaient été attaqués par un tigre. La population de Nouveau-Drontheim paraissait avoir triplé dans cette courte période. A la vérité elle se composait encore de ce bizarre mélange d'Hindous, de Malais, de nègres et d'Européens que nous connaissons déjà, mais les Européens s'étaient accrus dans une proportion plus grande, et, outre les pluros caboteurs, il y avait toujours plusieurs navires européens à l'ancre dans la rivière.

Les moyens de défense de la colonie étaient aussi devenus plus sérieux. A la place de la pauvre citadelle délabrée qui couronnait le rocher à l'entrée du havre, on apercevait, de chaque côté de la rivière, deux belles batteries, bien entretenues et bien gardées, capables de résister longtemps à des forces imposantes. Enfin, un dernier changement expliquera peut-être tous les autres; au lieu du pavillon hollandais, c'était le pavillon anglais qui déroulait ses longs plis à la brise de mer au-dessus des forts, et le génie lent, patient, routinier des Pays-Bas avait cédé la place au génie entreprenant, audacieux, envahisseur de la Grande-Bretagne.

Cette substitution avait eu lieu peu de mois seulement après la triple catastrophe survenue dans la famille Palmer. Les Anglais, qui avaient déjà enlevé successivement à la Hollande ses autres possessions de Java, Bornéo, Malacca, ne pouvaient plus oublier plus longtemps la chétive colonie du Nouveau-Drontheim. Le major Grudmann avait été averti plusieurs fois du danger dont il était menacé ; mais comme on ne lui envoyait ni hommes ni munitions, que pouvait-il faire ? Ce qu'il fit. Dès que les Anglais se présentèrent en force pour s'emparer du pays confié à sa garde, l'honnête et brave gouverneur s'enferma lui seul au fort avec ce qu'il avait de soldats et se fit tuer. Quant à ses compagnons, après avoir brûlé leur dernière gargousse, lancé leur dernier boulet à l'ennemi, ils se rendirent et obtinrent une capitulation honorable.

Nous avons dit quel développement le caractère actif des maîtres actuels du Nouveau-Drontheim avait donné à la colonie, au milieu de la prospérité commune, l'habitation Palmer n'avait pas cessé d'être florissante; au contraire, ses constructions paraissaient plus vastes, mieux entretenues qu'autrefois, elle avait un plus grand nombre de travailleurs, et ses magasins, à peine vidés par les navires qui venaient chercher à Sumatra leurs cargaisons d'épices ou de bois de teinture et d'ébénisterie, se remplissaient de nouveau, comme par enchantement, de toutes sortes de denrées pour satisfaire à de nouvelles demandes. La maison avait conservé son air propre et coquet ; le jardin n'avait perdu aucune de ses bizarreries chinoises, ni sa pagode aux clochettes dorées, ni ses ponts de bambou jetés sur le ruisseau de la cascade, ni ses éléphants de porcelaine dont la trompe était un pot de fleurs. Une autorité sage et bienfaisante semblait encore s'exercer dans cette maison, dont elle assurait la richesse et le bien-être.

Cette influence toutefois ne pouvait être celle de Richard Palmer. Le chef de la famille n'avait plus la volonté et l'énergie nécessaires pour une pareille tâche. Après avoir failli succomber aux suites de son désespoir, il n'avait pas accepté la vie comme un bienfait quand il avait repris conscience de lui-même. Privé de sa femme et de son fils, qui avaient été sa consolation et son espérance au milieu de tant d'épreuves, il était devenu sombre, taciturne, farouche. Il ne s'inquiétait nullement de ses affaires, et ne se plaisait que dans les bois où il passait souvent cinq ou six jours consécutifs. Quand il revenait à l'habitation, après ces longues absences, il était maigre, affamé, épuisé de fatigue. Son humeur morne faisait dire dans le pays qu'il avait perdu la raison.

A défaut de son frère, madame Surrey, qui déjà du temps d'Elisabeth avait la surintendance du logis, aurait pu prendre la direction des intérêts de la famille. Mais madame Surrey, dont la santé avait été fortement ébranlée par les dernières catastrophes, était maintenant faible et maladive ; aussi se contentait-elle de prodiguer ses soins et sa tendresse au malheureux Richard, sans oser cependant contrarier ses goûts pour la solitude, et la véritable providence de l'habitation Palmer était Anna Surrey.

Anna avait alors dix-sept ans, et la précocité de son intelligence égalait la bonté de son cœur. A la suite des funestes événements que nous avons racontés, elle avait semblé, si jeune encore, devenir femme tout à coup. Comprenant la sainteté de la mission qui échéait à elle et à sa mère, de soutenir, d'aimer, de consoler son oncle, d'empêcher sa ruine, elle avait montré une décision, une prudence fort au-dessus de son âge. Mûrie par le malheur, elle était venue peu à peu à tout prévoir, à tout préparer, à tout ordonner dans la maison. Elle avait acquis promptement l'expérience commerciale, et c'était elle qui tenait les livres, qui dirigeait les opérations de négoce. C'était elle qui surveillait les travailleurs, empêchait le gaspillage ; sa petite main blanche pouvait devenir au besoin une main de fer. Le succès jusqu'ici avait couronné ses efforts ; nul ne s'était aperçu que le chef d'habitation était incapable de défendre ses intérêts, et plus il s'absorbait dans la misanthropie, plus la prospérité matérielle semblait, grâce à la jeune fille, vouloir créer de larges compensations à ses infortunes passées.

Donc, cinq années s'étaient accomplies. Au moment où se renoue le fil de cette histoire, on était à la fin de la mousson pluvieuse, c'est-à-dire au mois de mai, et le ciel si longtemps nuageux de Sumatra avait repris son azur éblouissant. Bien que le printemps soit à peine sensible dans ces climats de feu où la végétation ne se repose jamais, certaines teintes plus vertes et plus fraîches, certaines senteurs plus suaves attestaient le rajeunissement de la nature. Une plus grande activité régnait aussi parmi les colons, depuis le retour du beau temps, et les navires affluaient dans la rade. Chaque jour le marin qui était en vigie sur le rocher où l'on voyait encore les ruines de l'ancien fort signalait l'approche d'un nouveau bâtiment, et un coup de canon transmettait aussitôt cette bonne nouvelle aux habitants de la colonie, qui appréciaient d'avance les marchandises destinées à former la cargaison de retour.

Cependant, un matin, le vieux matelot qui était de faction au mât des signaux, après avoir annoncé à la manière ordinaire un événement de ce genre, parut avoir connaissance de quelque fait particulier digne d'être transmis sur-le-champ à l'autorité supérieure. Laissant donc le poste à la garde d'un de ses aides, il se hâta de se rendre chez le gouverneur, qui demeurait au bord de la rivière, sous la protection d'une des formidables batteries construites récemment.

Ce gouverneur ne rappelait en rien le pauvre major Grudmann, si ferme et si rusé malgré son apparence de bonhomie ; c'était un jeune homme de vingt-huit ans, lieutenant de vaisseau dans la marine anglaise. Il avait une physionomie franche et ouverte, des manières distinguées ; on assurait qu'il appartenait à une opulente famille bourgeoise d'Angleterre. Brave, instruit, bien protégé, M. James Stewart, ainsi s'appelait le gouverneur, était certainement un officier de grand avenir, et on pouvait s'étonner qu'on le laissât consumer ses belles années dans cette colonie piètre et malsaine. Mais on disait tout bas qu'il expiait par cet exil certaines folies de jeunesse ; qu'il avait eu le malheur de se montrer trop vif envers un supérieur, et qu'on l'avait envoyé au Nouveau-Drontheim jusqu'à ce qu'on eût pu assoupir cette fâcheuse affaire. Quoi qu'il en fût, à en juger par les manières élégantes du jeune gouverneur, par le goût qu'il semblait avoir pour le monde, cette espèce de déportation sur la limite du désert devait lui paraître bien pénible.

Le marin trouva James Stewart dans un joli cabinet meublé à l'européenne. Le gouverneur, vêtu du riche uniforme de la marine royale, parcourait nonchalamment des dépêches qui lui étaient arrivées le matin par un navire de commerce. Au bruit que fit l'employé aux signaux, il releva la tête.

— Eh bien ! Robert, qu'y a-t-il encore ? demanda-t-il avec distraction.

— Une voile au large, monsieur.

— Bon ; c'est la troisième d'aujourd'hui... Mais était-il nécessaire de me déranger pour cela ? J'avais entendu le canon... Retournez à votre devoir.

— C'est que, commandant...

Et le vieux marin tortillait son bonnet entre ses doigts.

— En finirez-vous ?

— Eh bien ! Votre Honneur, cette fois j'ai reconnu un vaisseau de haut bord.

— En êtes-vous sûr ? demanda Stewart avec intérêt ; un vaisseau de ligne dans ces parages !

— Non, Votre Honneur, mais une belle et bonne frégate, qui me fait l'effet d'avoir au moins cinquante sabords.

— Et vous n'avez pas vu son pavillon ?

— Elle n'en porte pas, monsieur ; du moins elle était encore tout à l'heure à une trop grande distance pour qu'on pût reconnaître ses couleurs.

— C'est bien, je vais voir cela par moi-même. Venez.

Il prit sur la table une excellente lunette, se couvrit de son chapeau, et, malgré un soleil brûlant, il monta d'un pas leste à l'observatoire, suivi du vieux marin, qui, pour l'atteindre, fut obligé, comme il le disait, de mettre toutes ses voiles au vent.

Stewart promena son regard sur l'immense étendue de l'océan Pacifique. Jamais cette mer n'avait mieux mérité son nom ; elle était d'un bleu limpide, et à peine une brise régulière ridait-elle sa surface majestueuse. Sur les indications de Robert, le gouverneur dirigea sa lunette vers l'horizon. A plusieurs lieues au large, bien au delà de l'îlot situé à l'entrée de la rade, on apercevait un petit blanc que l'on pouvait prendre d'abord pour une mouette voltigeant à fleur d'eau ; mais le marin ne s'y trompa pas ; il avait en effet reconnu un navire, et se mit à l'étudier avec un intérêt soutenu.

Robert attendait en silence le résultat de ses observations. Enfin l'officier retira la lunette de son œil, la ferma d'un coup sec, comme un homme dont la conviction est complète, et dit en souriant :

— Vous avez raison, Robert, c'est bien une frégate à peu près du numéro que vous avez annoncé, et elle manœuvre visiblement pour entrer dans notre port.

— Ah ! Votre Honneur, je savais bien ! s'écria le matelot enchanté d'avoir rencontré juste.

— Oui ; mais si vous aviez mieux ouvert les yeux, vous eussiez pu voir le pavillon anglais (que Dieu le bénisse !) flotter à son mât avec le pennon d'amiral.

— Le pennon d'amiral ! Goddam ! rien que cela ?

— Regardez vous-même, dit le gouverneur en lui tendant la lunette.

Le brave marin posa son chapeau sur un affût, et porta respectueusement la lunette à ses yeux. Après une minute d'examen, il reprit d'un air de confusion :

— Comment n'ai-je pas reconnu plus tôt le chiffon en queue d'aronde ? Mais la frégate s'est rapprochée de la côte pendant que je descendais à la batterie, et puis...

— Il suffit, interrompit Stewart ; il est certain qu'un amiral anglais, quel qu'il soit, vient nous rendre visite, et peut-être y aura-t-il ici bientôt des changements qui ne me déplairont pas...

Mais, poursuivit-il d'un ton différent, la frégate ne pourra doubler l'île Ronde avant deux ou trois heures, et d'ici là j'ai quelque chose à faire... Ainsi donc, bon quart, maître Robert !

Et il descendit précipitamment le rocher, laissant le vieux marin tout ébahi de la gravité des nouvelles qu'il venait d'apprendre.

Le gouverneur, en rentrant chez lui, ordonna de préparer sur-le-champ son palanquin ; puis, ayant pris dans son cabinet quelques papiers et donné des instructions à ses gens, il monta dans la chaise à porteurs, qui partit aussitôt pour l'habitation Palmer.

Chemin faisant, Stewart tira de sa poche une large lettre arrivée le matin même et portant le cachet de l'amirauté Il en examina longuement la suscription, qui était ainsi conçue : *A monsieur Richard de Beaulieu, dit Palmer, au Nouveau-Drontheim.*

— Richard de Beaulieu ! murmurait-il, est-ce ainsi vraiment que se nomme l'oncle de miss Anna ? Je le croyais, et ce nom annonce une origine française... Mais où donc ai-je entendu d'jà prononcer ce nom de Beaulieu ? Il me semble qu'il se rattache à quelque affaire scandaleuse... Bah ! miss Anna m'expliquera tout cela sans doute.

Il replaça le paquet dans sa poche, et, bien qu'il demeurât pensif pendant le reste du trajet, il sembla que ses réflexions eussent pris une autre direction.

Le gouverneur mit pied à terre sous la verandah de l'habitation, et, sans même se faire annoncer, il entra dans la salle basse qui servait de lieu de réunion à la famille Palmer.

Cette salle, enduite, comme nous le savons, d'un stuc chinois d'une blancheur éblouissante, avait conservé son air de propreté et de confort. De belles fleurs tropicales s'épanouissaient dans des potiches du Japon, et de charmants oiseaux, veuves, colibris, bengalis, voltigeaient dans une cage dorée. Les meubles étaient frottés, luisants. Un négrillon mettait en mouvement les pumkas qui entretenaient dans la pièce des courants d'air frais et parfumés. Tout annonçait l'ordre, l'abondance et le bien-être.

Quand le gouverneur entra, plusieurs personnes de notre connaissance se trouvaient dans le salon. Anna Surrey, vêtue de blanc et couverte d'un voile de gaze, selon son habitude, était assise devant une petite table en laque de Chine qui lui servait de bureau. Le climat, si meurtrier pour tant d'autres, n'avait fait que hâter le développement de sa beauté. Elle était grande, svelte sans maigreur. Quoique blonde, ses traits avaient cette teinte dorée qui caractérise les brunes, et ses yeux bleus conservaient sous son voile l'éclat et la vivacité des yeux noirs. Elle compulsait les registres de comptabilité, mais cette occupation ne l'empêchait pas de se mêler de temps en temps à la conversation qui avait lieu entre les assistants. En face d'elle était madame Surrey, sa mère, qui avait bien vieilli pendant ces dernières années. Pâle et souffrante, elle était en train en ce moment d'énumérer ses maux au docteur van Stetten, qui lui-même paraissait bien jauni et bien ridé, quoiqu'il n'eût perdu que fort peu de son embonpoint.

Mais, avant d'aller plus loin, il est nécessaire d'expliquer comment van Stetten, médecin militaire hollandais, avait continué d'exercer son art dans la colonie devenue anglaise. Van Stetten donc était, ou du moins se disait prisonnier de guerre. Réellement, lors de l'occupation du Nouveau-Drontheim, le docteur, ainsi que tous les autres fonctionnaires hollandais, avait été considéré d'abord comme prisonnier, mais bientôt ses compagnons d'infortune avaient obtenu la permission de regagner leur pays, et seul il avait été retenu dans la colonie par nécessité. En effet, peu de temps après le débarquement, une épidémie de la nature la plus grave s'était déclarée au Nouveau-Drontheim, et, les Anglais n'ayant pas amené d'officier de santé avec eux, force avait été au docteur de donner ses soins aux malades.

Plus tard, le gouverneur qui avait précédé James Stewart avait cru devoir insister auprès de van Stetten pour qu'il demeurât à son poste jusqu'à ce qu'on eût reçu de l'Angleterre ou des établissements anglais de l'Inde un officier de santé. Mais la guerre que soutenait alors la Grande-Bretagne contre la France et la Hollande laissait peu de médecins disponibles, et jusqu'à ce jour van Stetten n'avait trouvé personne pour le remplacer.

Toutefois, ni le précédent gouverneur, ni James Stewart n'avaient jamais eu la pensée de considérer van Stetten comme prisonnier de guerre. On le comblait d'attentions et de présents ; il ne se donnait pas une fête dans le pays qu'il n'y fût invité un des premiers. S'il eût insisté d'une manière tant soit peu énergique pour obtenir sa liberté, depuis longtemps il eût été renvoyé en Europe. Mais bien des liens secrets attachaient le digne homme au Nouveau-Drontheim : d'abord son affection pour la famille Palmer, puis le désir d'augmenter ses collections et de terminer un grand ouvrage sur l'histoire naturelle de cette partie de Sumatra, enfin la difficulté qu'il eût trouvée à se caser désormais dans cette partie du monde où la Hollande n'avait plus de colonies.

Cependant le docteur n'avouait pas ces raisons, qui lui faisaient prendre en patience secrètement sa position actuelle ; il aimait mieux se poser en victime de la politique britannique ; il croyait ou feignait de croire qu'on le retenait par force, et il se répandait volontiers en lamentations sur sa triste destinée. On connaissait sa faiblesse et on se gardait bien de la heurter ; mais on ne le plaignait guère, et l'on riait tout bas de ses doléances.

Aussitôt que le gouverneur parut, toutes les personnes présentes se levèrent pour le recevoir, et l'on eût pu remarquer qu'un léger incarnat était venu colorer subitement les joues de miss Surrey. Quant à van Stetten, après avoir salué le chef de la colonie, il prit un air froid et contraint qu'il affectait toujours en présence de l'officier anglais.

Celui-ci montra une urbanité parfaite, et s'excusa d'abord de cette entrée précipitée. Après avoir adressé aux dames les compliments d'usage, il se tourna vers le docteur à son tour, et lui tendit amicalement la main :

— Monsieur le gouverneur est trop bon, dit van Stetten avec son humilité étudiée, et de telles marques de sympathie seraient de nature à me faire oublier la différence de nos positions.

— Allons ! allons ! docteur, répliqua Stewart avec une teinte de malice, consolez-vous ; cette position que vous déplorez si amèrement va peut-être bientôt changer, et d'ici à quelques jours vous serez libre de retourner en Europe.

— Serait-il possible ? s'écria van Stetten d'un ton qui, à son insu, n'exprimait pas la joie.

— Je l'espère.... On vient de me signaler une grosse frégate qui a le cap sur nous, et, selon toute apparence, elle porte l'amiral gouverneur général des possessions anglaises ; vous pourrez lui demander votre rapatriement, et sans doute il ne vous le refusera pas.

— Je le lui demanderai certainement, reprit le docteur avec embarras, quoiqu'il doive être bien pénible de quitter ces aimables dames et.... et tous mes amis du Nouveau-Drontheim. Mais, ajouta-t-il, comment pouvez-vous savoir avec certitude que l'amiral se trouve sur le navire signalé au large ? Hier encore, si je ne me trompe, vous ignoriez complètement cette visite si prochaine.

— Vous oubliez, docteur, que ce matin *le Pégase*, venant d'Angleterre, m'a apporté des dépêches. J'ai appris ainsi que le gouverneur général devait prochainement partir pour les mers de l'Inde, et qu'il visiterait la colonie. Or, *le Pégase*, ayant perdu plusieurs mois en relâche par suite de graves avaries, a précédé sans doute de quelques heures seulement le haut personnage dont il était chargé d'annoncer l'arrivée.

— Et sait-on du moins, monsieur Stewart, demanda miss Anna, le nom de cet amiral ?

— Je n'ai aucun renseignement à cet égard, miss Surrey. Quand *le Pégase* a mis à la voile, le nouveau gouverneur général n'était pas encore nommé... Mais, comme à l'ordinaire, ajouta James, vous avez sans doute, votre mère et vous, une grande impatience de voir les officiers de la marine anglaise qui vont débarquer, et je viens vous inviter, l'une et l'autre, à m'accompagner sur la plage pour assister au débarquement.

Anna regarda sa mère qui secoua la tête.

— A quoi bon, mon enfant ? dit madame Surrey ; celui dont tu t'obstines à espérer le retour n'a-t-il pas péri dans le naufrage de *la Gertrude* ?

— Mais le navire hollandais *la Gertrude* n'a pas fait naufrage, ma chère dame, dit le gouverneur avec un peu d'impatience,

Le maître avait reconnu le signal d'alarme. (Page 62.)

car il répétait cette assertion pour la centième fois; le bruit qu'il avait sombré se répandit autrefois, il est vrai, mais ce bruit fut bientôt démenti; et il est certain aujourd'hui que *la Gertrude*, malgré nos croisières, dut regagner l'Europe.

— Et pourtant, monsieur Stewart, dit Anna tristement, personne encore n'a pu nous donner des nouvelles du commodore Stevenson, qui se trouvait à bord de ce navire.

— Cela n'a rien d'étonnant, miss Surrey, car la plupart des officiers anglais qui, comme moi, servent leur pays dans cette partie du monde ne sont pas retournés depuis plusieurs années en Angleterre, et nous n'apprenons que par hasard les événements accomplis dans la mère patrie. D'ailleurs, nous avons fait éprouver, depuis le commencement de la guerre, assez de pertes cruelles à la Hollande pour qu'elle ne se hâte pas de nous rendre un officier aussi distingué que l'était le commodore.

— Ah! c'est une triste chose que d'être prisonnier des ennemis de son pays! dit van Stetten avec emphase en levant les yeux au ciel, et nul ne le sait mieux que moi.

Mais cette observation passa inaperçue.

— Je veux vous croire, monsieur Stewart, reprit Anna; mais alors, comment le commodore n'aurait-il pas donné de ses nouvelles depuis cinq années ?

— L'énormité des distances, mille événements faciles à imaginer, ont pu l'empêcher d'écrire ou empêcher ses lettres de parvenir à destination. J'ignore, miss Surrey, les motifs du vif intérêt que vous prenez au commodore Stevenson; mais, quels qu'ils soient, le sort de cet officier me paraît digne d'envie.

Il poursuivit après une courte pause :

— A propos de lettres, miss Surrey, j'allais oublier un des objets de ma visite.... Une lettre m'est arrivée par *le Pégase*, à l'adresse de M. de Beaulieu, dit Palmer, et j'ai pensé qu'elle pouvait être destinée à votre oncle, bien que personne ici ne le connaisse sous ce nom de Beaulieu.

— Beaulieu! répéta la jeune fille en pâlissant.

Madame Surrey n'était pas moins troublée.

— Qui peut encore l'appeler ainsi? balbutia-t-elle; c'est une cruauté ou tout au moins une grande imprudence.

Le gouverneur entendit imparfaitement ces paroles, mais il remarqua l'anxiété de la mère et de la fille.

— Vous jugerez mieux que moi, reprit-il en affectant un air d'indifférence, si cette lettre est ou non pour M. Palmer... La voici.

Et il présenta le paquet aux dames. Celles-ci, après avoir lu la suscription, échangèrent quelques mots à voix basse, ne sachant peut-être si elles devaient accepter ou refuser la lettre mystérieuse. Comme elles hésitaient, Stewart ajouta :

— Pourquoi ce paquet ne contiendrait-il pas les nouvelles que vous attendez avec tant d'impatience du commodore Stevenson? Vous voyez qu'il est revêtu du cachet de l'amirauté.

— C'est vrai, dit Anna précipitamment; oh! mon Dieu serait-il possible?... Et pourtant ce nom de Beaulieu donnerait à penser...

Elle s'arrêta en s'apercevant que le gouverneur l'écoutait.

— Je crois, monsieur, dit-elle avec embarras, que mon oncle, en effet, a porté autrefois ce nom de Beaulieu, et que cette lettre lui est vraiment destinée.

— Eh bien! miss Surrey, ne pourriez-vous vous en assurer sur-le-champ?

— Mon oncle ne se trouve pas en ce moment à l'habitation; il en est tournée de chasse dans la forêt depuis quatre ou cinq jours, et son absence prolongée commence à nous inquiéter.

— Il lui arrive pourtant assez souvent, si je ne me trompe, d'en faire d'aussi longues, et vous ne pouvez manquer de le revoir bientôt... Mais je vous croyais autorisée, miss Surrey, à ouvrir les lettres de votre oncle pendant ses incursions dans les bois?

— Oui, quand il s'agit de lettres commerciales; mais celle-ci paraît avoir une certaine importance, et je n'oserais me permettre...

— Il suffit, miss Surrey; puisque vous pensez qu'elle peut être adressée à M. Palmer, je vous la remets volontiers. Et maintenant que je me suis acquitté de ma commission, poursuivit-il d'un ton suppliant, persisterez-vous dans votre refus de m'accompagner au port pour assister à l'arrivée de la frégate?

Anna regarda de nouveau sa mère; mais madame Surrey prit prétexte de sa faiblesse et de son état de souffrance pour ne pas accepter l'invitation.

— Cette démarche serait certainement sans résultat, poursuivit-elle d'une voix gémissante, et elle ne pourrait que me fatiguer cruellement. Quand vous êtes entré, monsieur Stewart, j'étais en train de consulter ce bon docteur van Stetten, car mes maux deviennent chaque jour plus nombreux et plus intolérables.

— La consultation était terminée, je crois, dit avec empressement le docteur.

— Non, non, pas encore, mon digne monsieur : il me restait encore bien des choses à vous dire. Si donc notre cher gouverneur voulait nous accorder encore quelques instants, je le prierais de faire un tour de jardin avec ma fille, et, pendant ce temps, j'achèverais de vous exposer le triste état de ma santé.

Cette proposition paraissait cadrer avec quelque désir secret de Stewart; aussi s'empressa-t-il d'offrir son bras à Anna, qui l'accepta en rougissant, et ils sortirent tous les deux, tandis que van Stetten se préparait avec résignation à écouter les redites continuelles de la valétudinaire.

XVI. — LA PAGODE.

Le jardin de l'habitation, en dépit de ses ornements bizarres, formait, comme nous l'avons dit, une charmante promenade. Des arbres touffus entrelaçaient leur feuillage au-dessus des allées de manière à ne laisser passer aucun rayon de soleil, et les eaux, descendues des montagnes, y entretenaient une délicieuse fraîcheur. Anna et le gouverneur parcoururent d'abord ces belles avenues sans prononcer une parole : non pas que Stewart ne parût avoir quelque chose à dire; mais lui, si brave devant l'ennemi, manquait peut-être de résolution pour entamer la conversation avec sa jolie compagne. Enfin, comme l'on passait devant la pagode où le petit Édouard venait autrefois étudier sa leçon, il s'arrêta tout à coup et dit, plutôt dans l'intention de rompre ce silence embarrassant que par curiosité réelle :

— Pourquoi donc ce pavillon est-il toujours fermé, miss Surrey? Je n'y ai pas encore pénétré, que je sache, et pourtant je gagerais que l'imagination baroque de son constructeur chinois s'est exercée à l'intérieur comme à l'extérieur.

— A ce pavillon, répondit Anna, se rattachent des souvenirs chers et pénibles. Il est pour ma mère, pour mon oncle, pour moi-même, comme un temple où nous ne pouvons entrer sans émotion. Aussi n'y laissons-nous pénétrer aucune personne étrangère à la famille.

— Fort bien, et naturellement je suis relégué parmi les profanes?

Le gouverneur, en faisant cette observation, n'avait pas songé qu'elle pût être prise pour un reproche; aussi fut-il fort étonné quand Anna tira une clef de sa poche, et, ouvrant la pagode, lui dit avec dignité :

— Entrez, monsieur; il n'est rien ici que vous ne puissiez voir.

Au lieu de se rendre à cette invitation, James demeura immobile sur le seuil du pavillon.

— Je crains de vous avoir offensée, miss Surrey, dit-il d'un ton d'inquiétude; je n'avais pas la pensée...

— Entrez, répéta la jeune fille en accompagnant cette fois son invitation d'un léger sourire.

— Et à quel titre, je vous prie?

— A titre d'ami, à titre d'homme de cœur qui comprend toutes les délicatesses du sentiment et respecte la religion des souvenirs.

Stewart, en reconnaissance de cette réponse, saisit la main d'Anna et la pressa contre ses lèvres, avant que miss Surrey eût pu s'en défendre, puis ils pénétrèrent l'un et l'autre dans la pagode.

Il y régnait une demi-obscurité qui disposait au recueillement. Rien n'avait été changé à l'arrangement des meubles; seulement on avait fait de l'intérieur du kiosque une sorte de musée composé d'objets qui avaient appartenu au malheureux enfant. Sur la table on voyait les livres d'étude qui avaient causé tant d'ennuis à Édouard; ses jouets, le petit arc qui avait remplacé l'arc perdu dans la forêt, étaient entassés dans un coin. A un clou était suspendu son chapeau de paille, qu'on avait retrouvé le soir de l'enlèvement à la Fontaine-des-Laves. Il semblait que celui qui avait fréquenté autrefois ce pavillon dût y revenir d'un moment à l'autre, et qu'on se fût ingénié à laisser les choses dans l'état où il les avait placées.

Anna, en entrant dans ce lieu de sinistre mémoire, ne put se défendre d'une certaine émotion; mais elle la réprima aussitôt et dit avec un calme apparent :

— C'est la négresse Maria qui est chargée de tenir tout en ordre ici. La pauvre femme, vous savez, avait été la gouvernante de mon cousin, et elle n'accomplit jamais sa tâche dans ce pavillon sans verser bien des larmes!

— Je suis heureux et fier, miss Surrey, dit Stewart, d'avoir obtenu un privilège que l'on n'accorde à personne. Eh bien! cette faveur de votre part m'encourage à vous prier de m'écouter un instant, ici même.... Peut-être ce que j'ai à vous dire ne sera-t-il pas déplacé dans ce sanctuaire de famille.

Anna manifesta un peu de surprise ; toutefois nous n'oserions affirmer qu'elle n'avait pas soupçonné l'intention de Stewart de l'entretenir en particulier, et qu'elle n'avait pas choisi avec réflexion la pagode pour cet entretien. Elle désigna un siège au gouverneur, pendant qu'elle-même s'asseyait à quelque distance ; puis elle attendit en silence, mais non sans un certain battement de cœur, la communication annoncée.

James, après quelques hésitations, reprit d'un ton presque solennel :

— L'arrivée de l'amiral, miss Surrey, va, je pense, influer sur mon sort d'une manière décisive. Ma disgrâce va cesser, et il me tiendra qu'à moi peut-être de retourner bientôt en Europe.

Anna tressaillit.

— Vous allez partir, monsieur Stewart ? s'écria-t-elle avec une vivacité qui dénotait beaucoup de trouble.

Mais elle ajouta plus froidement :

— Ce sera un grand chagrin pour.... pour vos amis.

— Et miss Surrey est de ce nombre, sans doute ? Oh ! Anna, Anna, laissez-moi espérer que ce départ vous causerait un peu de regret !

— Monsieur Stewart ne saurait douter.... il a toujours eu tant d'égards et d'affection pour ma famille....

En dépit d'elle-même, une larme se glissa entre ses longs cils et y trembla comme une goutte de rosée au pistil d'une fleur. Cette larme, James l'aperçut et il s'écria transporté :

— N'essayez pas de le nier, Anna, ce départ ne saurait vous trouver indifférente, et de mon côté je ne pourrais sans désespoir quitter ce pays où j'ai rencontré la plus séduisante, la plus aimable, la meilleure des femmes !... Eh bien ! miss Surrey, il dépendra de vous que je ne quitte pas de sitôt cette colonie.

— De moi, monsieur Stewart ? Je ne vous comprends pas.

— Cela est-il bien vrai, miss Surrey ? reprit James avec chaleur en se rapprochant d'elle ; n'avez-vous réellement pas compris le but de mes assiduités dans votre maison ? n'avez-vous pas compris la portée de mes attentions, de mes prévenances ? n'avez-vous pas lu dans mes yeux, dans mon cœur, l'amour profond, dévoué, loyal, que je ressens pour vous ?

— Monsieur...

— Oh ! vous pouvez m'entendre, Anna ; mes intentions sont droites et honorables. Ce que je vous demande, c'est la permission d'aller trouver votre mère et votre oncle pour leur demander votre main.

Véritablement il semblait à Anna que ce beau jeune homme, à demi prosterné devant elle, attendant anxieusement son arrêt, eût le droit d'être écouté. Cependant elle rougit et pâlit tour à tour ; puis elle se mit à fondre en larmes sans rien dire.

Stewart interpréta cet attendrissement dans le sens le plus favorable à ses désirs.

— Anna, dit-il d'une voix très-altérée, vous me pardonnez donc d'avoir osé aspirer à votre main ?

La jeune fille parut faire un douloureux effort sur elle-même.

— Monsieur Stewart, répliqua-t-elle, ce que vous souhaitez est impossible.

— Que dites-vous, me serais-je trompé ? Anna, vous ne m'aimez pas !

— Ce n'est pas d'affection qu'il s'agit... mais je ne saurais devenir votre femme.

— Et m'est-il permis de demander les motifs de ce refus ?

— J'aimerais mieux ne pas les dire... Cependant monsieur Steward ne connaît pas ma famille, et il existe de ce côté des obstacles devant lesquels il serait peut-être le premier à reculer.

— Il est vrai qu'aujourd'hui, pour la première fois, j'ai entrevu dans votre maison des mystères que je ne soupçonnais pas... Mais si vous m'aimiez, Anna, aucun obstacle ne serait peut-être insurmontable.

Elle ne répondit pas et continua de verser des larmes en détournant la tête. James Stewart se leva brusquement :

— Allons ! reprit-il d'un ton sombre, je vais demander mon ordre de départ à l'amiral.

— Ne partez pas, dit Anna avec une vivacité qui excluait toute réflexion.

— Vous voulez que je reste ? Anna, de grâce, expliquez-vous !... Que signifient ces larmes ? Faites-moi entendre, ne fût-ce que par signes...

— Ayez pitié de moi, James, dit la pauvre enfant hors d'elle-même. Dans le cas où j'aurais pour vous la préférence... que vous méritez si bien, je ne pourrais vous écouter, car je suis fiancée à un autre.

— Fiancée à un autre, vous ?

— Si je ne savais à qui je parle, je n'oserais exposer avec franchise les sentiments auxquels j'obéis, de peur d'exciter des risées : mais rien de pareil n'est à craindre de la part de monsieur Stewart ; je le prie donc de reprendre sa place et de me prêter un moment d'attention.

Le gouverneur se rassit. Alors Anna se mit à raconter en détail l'étroite intimité qui régnait autrefois entre elle et son jeune cousin Édouard Palmer, l'influence qu'elle exerçait sur lui, l'affection qu'il éprouvait pour elle ; comment ils avaient été destinés l'un à l'autre par le vœu de leurs parents, et comment, tout enfants, ils avaient pris au sérieux cet engagement prématuré, jusqu'au jour où une catastrophe à peine croyable était venue les séparer.

— Sans doute, monsieur Stewart, poursuivit Anna, vous ne verrez dans cette promesse, si sacrée à mes yeux, qu'un enfantillage qui a fait indigne d'une attention sérieuse. Vous me direz sans doute aussi que mon cousin a certainement péri depuis longtemps, et que je dois me considérer comme libre de tout engagement envers lui. Cependant mes convictions à moi sont bien différentes. Quoi qu'on fasse, je ne peux croire que la parole échangée même entre deux enfants doive être mise à néant. Quant au pauvre Édouard, j'ai la certitude qu'il existe encore, que nous le reverrons ; les efforts de son père, qui brave chaque jour mille morts pour retrouver ses traces, seront tôt ou tard couronnés de succès, j'en suis sûre. Je ne sais d'où me vient cette confiance, mais elle est chez moi profonde, immuable, et domine toutes mes actions. C'est parce qu'Édouard reparaîtra un jour que j'ai pris à tâche de défendre ses intérêts, d'augmenter sa fortune, tâche que mon oncle, brisé par ses chagrins passés, absorbé par un autre devoir plus impérieux, est incapable de remplir désormais. Je veux, quand il reparaîtra, qu'Édouard puisse vivre dans l'abondance et la richesse ; mais à quoi lui serviraient mes efforts et mes sacrifices, si lorsqu'il réclamerait la compagne de toute sa vie, il la trouvait mariée à un autre ?

De nouvelles larmes suivirent cette naïve explication. Anna parlait avec tant de candeur et d'assurance qu'il était impossible de douter de la réalité de ses étranges scrupules.

— Et voilà, s'écria Stewart d'un air de pitié, vos motifs pour repousser mes prières et ma tendresse !... Anna, pauvre Anna, vous vous faites martyre d'un devoir imaginaire, vous jouez votre avenir sur un rêve... Je vous en conjure, songez combien de pareilles espérances sont insensées... Quels motifs avez-vous de croire qu'Édouard Palmer existe encore ?

— Et vous-même, quels motifs avez-vous de croire qu'il n'existe plus ?

— Les circonstances connues de la catastrophe, l'impossibilité pour une créature humaine de vivre dans ces déserts affreux, parmi les bêtes féroces... Et d'ailleurs, quand même Édouard reparaîtrait, ainsi que vous l'espérez contre toute probabilité, appréciera-t-il encore le don que vous voulez lui faire et voudra-t-il le réclamer ?

— Oh ! il ne m'a pas oubliée, il m'aime toujours... Il est impossible que mon image ne soit pas restée présente à sa mémoire !

— Soit ; mais réfléchissez donc, miss Surrey ; votre parent, après avoir passé plusieurs années dans les bois, au milieu de ces êtres sauvages qui se sont emparés de lui, sera fort différent de ce qu'il était autrefois... Il sera tellement changé que votre œil aurait peine à le reconnaître et se détournerait de lui avec horreur.

— J'ai déjà pensé à cela, dit Anna, en frémissant, et je n'ose m'arrêter à cette cruelle idée. Mais plus ce malheureux enfant sera dégradé, plus il aura besoin de mon affection et de mon dévouement.

— Encore une fois, miss Surrey, vous vous créez à plaisir des obligations qui pourraient excéder vos forces. Je vous en supplie, renoncez à ces chimères.

— A votre tour, monsieur Stewart, ne me pressez pas davantage ; ce que vous appelez des chimères se réalisera, j'en ai la ferme croyance. Et comment pourrais-je ne pas tenir compte de mes anciennes affections, quand ici, dans la pièce où nous sommes, tout me parle de celui que vous voudriez me faire oublier ? Voyez ; ces objets qui nous entourent sont autant de précieuses reliques qui me rappellent son image et le rendent comme présent au milieu de nous. C'était ici qu'il venait jouer ou étudier, c'était ici que sa gaieté s'épanchait en bruyants éclats. Que de fois suis-je accourue pour réprimer les écarts de cette joie turbulente ! il m'écoutait, m'apaisait et me fermait la bouche avec un baiser.

Anna semblait se complaire dans ses souvenirs, et elle les évoquait avec opiniâtreté, comme s'ils eussent dû lui être d'un grand secours dans la circonstance actuelle. Stewart finit par se montrer blessé de cette persistance.

— Il suffit, miss Surrey, dit-il avec froideur en se levant une seconde fois ; je vois qu'aucun sentiment nouveau ne peut lutter contre vos impressions d'enfance. La réalité, en effet, est si vulgaire à côté des fictions que crée une imagination ardente !... Si vous le permettez, miss Surrey, nous allons rejoindre votre mère.

Il s'approcha d'elle pour lui offrir le bras et la ramener à la maison ; mais Anna demeura immobile, profondément absorbée dans ses pensées.

— Ah ! dit-elle enfin comme à elle-même, si je pouvais croire que mes espérances ne sont pas fondées et qu'il ne reviendra plus !

— Expliquez-vous, Anna, s'écria le gouverneur, prompt à saisir la moindre parole encourageante ; si vous aviez la certitude que votre cousin ne reviendra plus, vous pourriez donc céder à mes vœux ?

— Je ne sais, murmura la jeune fille les yeux baissés, et pourtant....

— Vous m'aimez donc, Anna ? Oh ! dites-moi seulement que vous m'aimez, et il n'est pas d'épreuves que je n'accepte pour vous obtenir.

— J'ignore si je vous aime comme vous souhaitez d'être aimé, Stewart, répliqua miss Surrey avec une naïveté et un abandon charmants, mais sûrement mon affection pour vous est toute différente de celle que j'éprouvais pour Édouard. J'aimais mon cousin comme une sœur aînée pourrait aimer un jeune frère qu'elle serait chargée de soutenir, de protéger ; je me sens, au contraire, entraînée vers vous pour y chercher encouragement, conseil et protection.

— Anna, chère Anna ! s'écria Stewart, merci de cet aveu ; vous m'avez réservé le meilleur lot.

Et il couvrit de baisers les mains de miss Surrey, qui, toute confuse, balbutiait :

— N'est-ce pas, James, que vous ne voulez plus partir ?

— Non, Anna ; je déclarerai à l'amiral que je suis satisfait de ma position, que je veux rester au Nouveau-Drontheim, et, si nous quittons un jour cette colonie, nous la quitterons ensemble.

Mais la passion du jeune officier allait plus vite que la tendresse craintive et timorée d'Anna. Miss Surrey parut retomber dans ses irrésolutions.

— Prenez garde, monsieur Stewart, répliqua-t-elle ; je n'ai pas dit..., Et si un jour Édouard venait à reparaître ?

— Il ne reparaîtra plus, je m'en porte garant.

— En ce cas, je pourrais vous avouer.....

Elle s'interrompit pour écouter, on l'appelait de l'autre extrémité du jardin.

— C'est ma mère, reprit-elle avec agitation ; elle vient ici, et il faut un motif bien pressant pour que, malgré sa faiblesse et ses souffrances, elle ait quitté le salon. Hâtons-nous de la rejoindre, monsieur Stewart ; nous reprendrons cette conversation une autre fois.

— Vous ne m'échapperez pas ainsi, Anna ; vous alliez me faire un aveu qui ne saurait être ajourné. De grâce, mettez fin à ces cruelles réticences !

— Eh bien ! donc, puisque vous l'exigez.... les obstacles qui pourraient s'élever contre vos projets, Stewart, ne viendront pas d'Anna Surrey.

Elle quitta précipitamment la pagode, et le gouverneur, tout heureux de cette réponse, la suivit en balbutiant des remercîments chaleureux.

A peine eurent-ils fait quelques pas dans le jardin qu'ils rencontrèrent madame Surrey et le docteur qui les cherchaient.

— Anna ! s'écria la bonne femme d'une voix haletante, rentre vite ! M. Stewart t'excusera, mais voici ton oncle qui nous arrive de la forêt. Maria vient de le voir traverser les plantations, et il paraît cruellement fatigué. Les gens de la maison sont allés audevant de lui, car il avait à peine la force de se traîner.

— Allons, chère mère, il ne peut lui être arrivé rien de fâcheux, puisqu'il nous revient..... Avec la permission de M. Stewart, je vais donner des ordres pour que rien ne manque à notre pauvre voyageur.

— Faites, faites, miss Anna, dit le gouverneur ; aussi bien je vais être obligé de me rendre au port dès que le canon annoncera l'arrivée de l'amiral, ce qui ne saurait tarder maintenant ; mais ce sera pour moi une grande joie de serrer la main à cet excellent Palmer avant de quitter l'habitation.

Pendant cette conversation, on avait traversé le jardin, et lorsqu'on atteignit la cour, on aperçut Richard qui débouchait de la grande avenue ; il était escorté de Darius et de Maria, qui portaient son fusil et son bagage. Mais madame Surrey remarqua tout d'abord qu'un petit chien, qui d'ordinaire accompagnait Richard dans ses courses aventureuses, n'était pas avec lui.

— Robin ne le suit pas ! dit-elle avec inquiétude ; serait-il arrivé malheur à ce pauvre petit Robin ?

— En effet, dit Anna, il a fallu quelque nouvelle catastrophe pour décider mon oncle à se séparer de son fidèle compagnon... Mon Dieu ! qu'allons-nous apprendre ?

Richard paraissait vieux et cassé, bien qu'à certains moments il fit preuve d'une vigueur extraordinaire. Son visage était noir, ridé, parcheminé ; sa barbe longue et inculte témoignait de son indifférence pour lui-même, et son œil cave reflétait parfois une sorte d'égarement ; son costume répondait à sa mine. Lui, si élégant quand il désirait plaire à une femme aimée, était vêtu de peaux à peine tannées et assujetties autour de ses membres par des lanières de cuir. Ces vêtements solides avaient pourtant subi les atteintes des épines et des herbes coupantes, car à plusieurs places ils laissaient voir sa chair dure, sèche, velue, que ni le dard des insectes ni l'aiguillon des arbustes ne pouvaient plus entamer.

Bien que Richard fût habituellement brisé de fatigue quand il revenait de ses courses dans l'intérieur du pays, jamais il n'avait paru aussi accablé qu'en ce moment. Il avait les pieds meurtris, la taille voûtée, et son regard fiévreux laissait deviner qu'à toutes ses autres souffrances se joignait celle de la faim. Si Darius et Maria, qui, soit dit en passant, étaient devenus mari et femme depuis l'époque de la disparition d'Édouard, ne l'eussent soulagé du poids de son bagage et de sa lourde carabine, il eût été incapable d'avancer. Néanmoins, en apercevant sa sœur, sa nièce, il accéléra sa marche, agita le bras comme s'il eut été impatient d'annoncer une grande nouvelle. Enfin, quand il fut près d'elles, il s'écria d'une voix rauque :

— Ma sœur, ma chère Anna, plus de doutes !... il existe, je L'AI VU !

Il s'arrêta et s'appuya contre le montant de la porte, car la force l'abandonnait, et il était pris de vertige.

— Richard, demanda madame Surrey, que voulez-vous dire ? de qui parlez-vous ?

— Mon oncle, dit Anna à son tour, que s'est-il donc passé ?

Il essaya de répondre, mais les sons s'arrêtaient dans sa gorge, la tête lui tournait, ses jambes se dérobaient sous lui. Cependant, il finit par murmurer avec effort :

— Édouard !... Édouard !... Édouard !... Et il tomba sans connaissance.

— Grand Dieu ! s'écria madame Surrey, il est dans le même état que le jour où il revint de la forêt la première fois. Sa vie fut longtemps en danger, et il est à craindre aujourd'hui...

— Non, non, madame, rassurez-vous, reprit le docteur qui s'était empressé de tâter le pouls au malade ; une extrême fatigue, le besoin de nourriture, peut-être une violente agitation morale ont déterminé cette crise ; mais un peu de repos et de nourriture suffira pour le remettre.

On transporta le colon dans sa chambre, et van Stetten le suivit pour lui donner ses soins. Pendant que l'on s'agitait autour de Richard, Anna dit bas au gouverneur avec égarement

— Stewart, Stewart, je vous le disais bien... il existe, il va revenir, mon oncle l'a vu... Tout est fini entre nous!... Adieu.
— Anna, de grâce, écoutez-moi ; il n'est pas certain encore...
— Il va revenir, vous dis-je ; il réclamera ma promesse ; je lui appartiens... oubliez-moi.

Et elle s'enfuit.

Stewart voulait courir après elle, mais en ce moment un coup de canon retentit dans le lointain et fut suivi aussitôt de plusieurs autres. C'était le signal qui annonçait l'entrée de l'amiral dans la rade du Nouveau-Drontheim, et l'étiquette militaire exigeait impérieusement que Stewart allât sans retard au-devant de son supérieur. Force lui fut donc d'ajourner l'explication qu'il désirait avoir avec la jeune fille.

— N'importe ! dit-il ; l'autre a beau revenir, je sais maintenant qu'elle m'aime, et rien n'est perdu.

Il remonta donc dans son palanquin et se fit conduire au port, où son devoir l'appelait.

XVII. — LE PÈRE.

Nous allons donner maintenant quelques détails rétrospectifs sur Richard Palmer et sur les événements de sa dernière excursion.

Quand Richard, à la suite d'une longue et douloureuse maladie, était revenu à la santé, grâce à la science et au dévouement du docteur van Stetten, il avait été pris d'abord, comme nous l'avons dit, d'un découragement profond. Cependant une pensée, qui peu à peu devint une idée fixe, s'empara de son esprit : d'après les bruits répandus sur les mœurs et les habitudes des orangs, on pouvait espérer que son fils vivait encore ; il fallait donc le retrouver, le délivrer, ou du moins le venger.

A force de réfléchir au même objet, Richard en vint à se persuader qu'il devait s'occuper sans relâche de cette délivrance et de cette vengeance, et quand cette détermination fut bien arrêtée en lui-même, sa convalescence marcha rapidement. Il avait désormais un but à sa vie ; et il croyait, en écoutant les suggestions de son amour paternel, obéir à la voix de cette pauvre mère qui, du fond de la tombe, lui ordonnait de rechercher et de sauver l'enfant perdu. Aussi, abandonnant les affaires de l'habitation à sa sœur et à sa nièce, se mit-il à combiner les moyens d'exécution de son projet.

Il lui répugnait d'employer des secours étrangers pour opérer cette œuvre de délivrance ; d'ailleurs les Malais, la seule race indigène qui eût la vigueur et l'énergie nécessaires pour l'assister efficacement, étaient féroces, traîtres et indomptables. Il résolut donc de ne compter que sur lui-même. Pour cela, il lui fallait renoncer à ses habitudes d'Européen, s'endurcir à la fatigue, aux privations, s'exposer aux dangers de la vie aventureuse des déserts : en un mot devenir sauvage. Cette tâche, dans la situation d'esprit où se trouvait Richard, ne lui parut pas au-dessus de ses forces, et il l'entreprit résolûment aussitôt que la santé lui fut revenue.

Son premier soin fut de se perfectionner au tir et d'acquérir cette adresse, cette sûreté de coup d'œil qui sont indispensables au chasseur dans les solitudes du Nouveau-Monde. Grâce à des efforts constants, il parvint à se servir avec une habileté extraordinaire d'une excellente carabine de gros calibre qu'il s'était procurée à grands frais. Cette arme dans ses mains avait une puissance formidable ; les plus énormes quadrupèdes tels que l'éléphant et le rhinocéros unicorne, assez communs dans les parties inhabitées de Sumatra, étaient tombés plus d'une fois sous ses coups. De même, il avait appris à manier le criss avec dextérité, et, dans une lutte corps à corps contre les monstres de la forêt vierge, il ne manquait jamais de plonger la terrible lame juste à la place où la blessure devait être mortelle.

C'était beaucoup, mais ce n'était pas tout ; il fallait encore, d'après son programme, rendre son corps insensible aux intempéries de ce climat malsain, s'habituer à se passer des aises de la civilisation, à dormir sur la dure : il fallait perfectionner sa vue et son ouïe, et ce résultat ne pouvait être obtenu que par une pratique longue et opiniâtre. Aussi, pendant les cinq années qui venaient de s'écouler, avait-il erré constamment dans les bois, vivant des produits de sa chasse, couchant où la nuit le surprenait, cherchant à plaisir les difficultés, les luttes et les périls.

Grâce à cette éducation nouvelle, Richard était devenu insensiblement tel qu'il avait pu le désirer. Sa santé s'était fortifiée ; ses membres avaient acquis de la vigueur et de l'agilité ; quoiqu'il eût considérablement maigri, il pouvait supporter longtemps la faim, la soif, la fatigue. Il entendait d'une distance considérable un bruit de pas sur les feuilles sèches ; son regard découvrait au milieu des plus épaisses broussailles l'embuscade d'une bête féroce, et il avait, pour suivre une piste pendant plusieurs lieues, l'instinct merveilleux des peaux-rouges de l'Amérique du Nord. En revanche, plus ses sens se perfectionnaient, plus son humeur devenait farouche. Il paraissait avoir une espèce d'horreur pour la société de ses semblables, et, pendant les rares et courtes apparitions qu'il faisait à la colonie, sa sœur et sa nièce voyaient avec effroi sa taciturnité, sa misanthropie, son insociabilité aller toujours croissant.

On comprendra facilement que Richard, dans ses longues courses à travers les forêts sumatriennes, avait dû s'exposer à de bien terribles aventures. Une fois, il avait eu à combattre contre un ours des cocotiers, sans autre arme que la petite hache avec laquelle il se frayait un chemin dans les broussailles. Une autre fois, il s'était trouvé tout à coup enveloppé dans les replis d'un monstrueux boa, qui l'entraînait pour le briser contre un arbre, selon l'habitude de ces formidables reptiles ; mais le colon, employant avec un merveilleux sang-froid la tactique des Malais, avait tiré son criss, tranché l'anneau froid et visqueux qui l'enlaçait, et achevé le serpent d'un coup de carabine. Nous ne parlons pas des buffles furieux qu'il avait arrêtés par une balle au milieu du front, lorsqu'ils le chargeaient avec impétuosité ; des tigres qu'il avait foudroyés au moment où, se glissant dans les hautes herbes pour s'élancer sur lui, il ne voyait encore que leurs yeux étincelants. Mais le danger auquel il se fût exposé le plus volontiers était précisément celui qu'il avait le moins occasion de braver ; nous voulons parler de celui qui eût résulté d'une rencontre avec les orangs. Or, cette espèce est assez rare ; Richard, pendant cette longue période n'avait fait qu'apercevoir quelques-uns, et toujours à une trop grande distance pour qu'il pût essayer de venger sur eux l'enlèvement de son fils. Dans les dernières années, ils avaient même complètement disparu, comme si les progrès constants de la colonie et le voisinage de l'homme eussent décidé ces êtres farouches à s'enfoncer plus avant dans le désert. Néanmoins, le chasseur ne désespérait pas de prendre tôt ou tard sa revanche contre eux ; toujours actif et vigilant, il comptait sur la Providence pour lui fournir l'occasion qu'il appelait de tous ses vœux. Quant à son fils, malgré ses recherches incessantes, il n'avait retrouvé aucune trace, et tout faisait supposer que si Édouard existait encore, les orangs l'avaient emmené avec eux dans quelque canton écarté où Palmer n'avait pu pénétrer jusque-là.

Il nous reste à mentionner le compagnon de Richard dans ses courses aventureuses, un chien appelé Robin, dont nous avons entendu madame Surrey déplorer l'absence. Ce Robin, que le chasseur avait dressé lui-même avec un soin particulier, n'était pourtant pas un dogue robuste, capable de donner un bon coup de dent pour la défense de son maître, comme le chien de Boa ; c'était au contraire une bête de très-petite taille, assez semblable à ces carlins qui font la joie de certaines vieilles filles. On ne pouvait donc pas compter sur Robin en cas d'un conflit sérieux avec les hôtes de la forêt ; en revanche, il avait l'odorat et l'ouïe d'une finesse singulière, et sa vigilance ne se trouvait jamais en défaut. Le jour, quand on était en marche, Robin allait en éclaireur à vingt pas en avant de Richard, scrutant les buissons, flairant les pistes, étudiant tout ce qui lui semblait suspect. Un danger se présentait-il, le roquet battait aussitôt en retraite, la queue entre les jambes, et poussait un jappement bas et timide dont son maître avait appris à distinguer toutes les nuances.

La nuit, Richard se construisait quelquefois un abri en branchages ; souvent aussi il se couchait dans un enfoncement de rocher ou dans un arbre creux. Robin, dans tous les cas, avait sa place aux pieds de Richard. Quoique endormi en apparence, il levait la tête au moindre bruit et faisait entendre le signal ordinaire ; aussitôt Richard était debout, sa carabine à la main. De la sorte, le maître et le chien ne pouvaient être surpris, avantage incalculable dans ces solitudes où le danger se présente toujours à l'improviste et où l'on succombe le plus souvent parce que l'on n'a pas su prévoir.

Tel était donc l'homme nouveau qui avait entrepris de retrouver l'enfant perdu, telles étaient les ressources dont il pouvait user contre les mille hasards défavorables de son affreux genre de vie. Cependant il ne se dissimulait pas qu'en dépit de ses précautions, de sa prudence, il serait sans doute tôt ou tard victime de sa témérité ; mais cette éventualité ne l'effrayait guère : il avait fait depuis longtemps le sacrifice de son existence, et, quand cette pensée de devenir un jour la proie des bêtes féroces se présentait à son esprit, il disait avec une sombre résignation :

— Soit ! mes peines alors seront finies.

Or, l'excursion dont nous avons vu le colon revenir en si piteux état, avait été plus longue et surtout plus féconde en résultats importants que toutes les autres. Richard était parti de l'habitation, six jours auparavant, avec son bagage ordinaire, c'est-à-dire ses armes, sa hache et quelques provisions. Cette fois il avait résolu de pousser ses explorations dans une partie nouvelle de la forêt. On se souvient en effet que, lors de son premier voyage en compagnie de Boa et de Tueur-d'Éléphants, ils avaient dû reculer devant un immense marais, d'une largeur inconnue, mais qui formait de ce côté un obstacle infranchissable.

Depuis cette époque, Palmer avait scruté minutieusement la portion des bois qui s'étendait entre ces marais et la colonie ; mais toujours ces bas-fonds, avec leurs gigantesques roseaux tranchants comme des sabres, avec leurs abîmes de vase sillonnés par les crocodiles, avec leurs flaques d'eau croupissante aux émanations empoisonnées, avaient arrêté ses pas. Cependant Richard, dans une tournée précédente, avait cru s'apercevoir, en montant sur un arbre élevé, qu'au centre à peu près de ces vastes marécages se trouvait une étroite chaîne de rochers qui pouvait servir à les traverser, et c'était sur ce point qu'il voulait tenter le passage.

Il marcha pendant deux jours afin d'atteindre cet endroit. Il se dirigeait au moyen d'une petite boussole de poche dont il ne se séparait jamais, et de certains signes de reconnaissance qui lui étaient devenus familiers. Il consultait aussi fréquemment une espèce de carte du pays qu'il avait tracée lui-même, et où il avait soigneusement consigné ses découvertes antérieures. A l'aide de ces indications, il retrouva sans peine la place qu'il cherchait, et ce succès fut bientôt suivi d'un autre. Il ne s'était pas trompé dans ses prévisions : les rochers basaltiques qu'il avait aperçus de loin se prolongeaient d'une manière irrégulière, mais continue, à travers le marais. C'était une chaussée naturelle qui permettait de franchir ces bas-fonds si dangereux et si mal fréquentés. Richard la suivit donc, sans s'inquiéter de quelques gavials qui firent mine de lui disputer le passage, et bientôt il pénétra dans une partie de la forêt toute à fait nouvelle pour lui, et deux ou trois fois plus vaste que ce qu'il connaissait déjà.

Pour la première fois depuis ses malheurs, un sentiment assez semblable à la joie se réveilla dans son cœur. Peut-être son fils était-il caché dans ce mystérieux canton ; peut-être allait-il enfin atteindre ces insaisissables orangs et punir le ravisseur d'Édouard. Cependant, malgré son impatience de commencer les recherches, il sentit la nécessité de ne pas s'enfoncer dans cette contrée inconnue sans s'être préalablement orienté avec soin, d'éviter plus tard les hésitations et les erreurs funestes. Il prit pour point de repère deux ou trois hautes montagnes situées au centre de l'île, nota sur sa carte certaines observations importantes, et alors seulement, il osa s'aventurer dans ces solitudes, où nul être humain n'avait peut-être pénétré depuis la création.

Cette portion du pays avait un aspect fort différent de celle qui s'étendait de l'autre côté des marécages, et le chasseur constata, non sans une vive satisfaction, qu'elle réunissait toutes les conditions désirables pour être fréquentée par les orangs. Il savait en effet que ces quadrumanes sont extrêmement frileux, et qu'à Sumatra, où le climat est sujet à de brusques variations de température, surtout dans le voisinage des montagnes, ils établissent d'ordinaire leur demeure dans des régions basses et couvertes, à l'abri du vent. Or, ce canton paraissait conforme aux exigences des orangs. C'était une espèce de vallée, ou plutôt une vaste dépression du terrain, qui s'étendait à perte de vue. Les arbres, de proportions colossales, n'étaient pas serrés les uns contre les autres, mais disposés par bouquets d'une façon pittoresque. Le sol était frais sans être marécageux ; de hautes herbes formaient une mer onduleuse de verdure, dont émergeaient les troncs séculaires des bombax et des palmiers. Le paysage avait le caractère majestueux et grandiose d'une savane américaine.

Palmer s'engagea résolûment dans ces hautes herbes. Dès les premiers pas, tout ce brillant tableau disparut à ses yeux, et il n'aperçut plus que la cime des arbres les plus proches. Robin le suivait, le nez au vent, l'œil au guet. Le colon ne tarda pas à reconnaître que cette puissante végétation, si calme, en apparence, était habitée par des hôtes nombreux. A chaque instant des volées d'oiseaux, spatules blanches, flamants roses, hérons à aigrettes flottantes, s'envolaient autour de lui, et de larges sillons tracés dans la prairie trahissaient le passage habituel d'énormes quadrupèdes ; mais, sauf un buffle qu'il trouva ruminant au pied d'une touffe de rotins et qui tourna vers lui son œil hagard sans se déranger, il ne vit rien qui fût motif d'alarmes.

Le chercheur d'aventures rencontrait aussi fréquemment de ces mares formées pendant la dernière saison des pluies, et qui l'obligeaient à faire de longs détours. Malgré ces obstacles, malgré les précautions que lui imposait sa situation, il marchait rapidement et il avait pénétré assez avant dans la vallée, quand il s'aperçut que le soleil allait se coucher. Or, il ne pouvait, sans s'exposer à des risques certains, passer la nuit à la belle étoile, comme il l'avait fait plusieurs fois déjà, et il était temps de songer à un abri pour la nuit. Par malheur, il ne voyait là ni rocher ni arbre creux qui pût lui servir de retraite temporaire ; il se trouvait en pleine savane, et il eût été de la dernière imprudence d'attendre le lendemain à la place où il était.

Richard se mit donc à la recherche d'un endroit plus favorable pour établir son camp. Il désirait surtout découvrir de l'eau courante, car, n'ayant pas voulu se désaltérer aux mares d'eau corrompue qu'il avait rencontrées en route, il mourait de soif ainsi que son petit compagnon. Son espérance ne tarda pas à se réaliser, et il trouva enfin un ruisseau frais et limpide où le maître et le chien purent se désaltérer à loisir.

Du reste, cette place était telle qu'on pouvait la souhaiter pour y passer la nuit. Outre l'eau potable, une des premières nécessités dans ces solitudes, il y avait des cocotiers, des figuiers, des bananiers chargés de fruits. De plus, Richard avisa entre les monstrueuses racines d'un banian, un creux assez profond pour lui servir de retraite ainsi qu'à Robin. Après s'être assuré que cette cavité n'était pas déjà en la possession de certains hôtes qui n'auraient pas volontiers consenti au partage, il se hâta de ramasser de la mousse et des feuilles sèches pour former son lit.

Pendant que Richard s'occupait de ce soin, le faible hurlement qui était toute la voix de Robin, car Robin n'aboyait jamais, attira son attention. Quoique le chasseur n'eût pas reconnu les intonations qui annonçaient un péril imminent, il porta vivement sa carabine à l'épaule et chercha des yeux quelle pouvait être la cause de cet avertissement. Bientôt les herbes s'entr'ouvrirent à vingt pas de lui et livrèrent passage à un cerf de petite taille, dont l'espèce est assez commune à Sumatra. Celui-ci, soit qu'il ne vit pas Richard, soit qu'il ignorât encore ce qu'il avait à redouter des créatures humaines, marchait le nez tranquille, et, redressant son bois majestueux, il s'approcha, sans défiance du ruisseau. C'était une proie facile et le colon songea qu'un filet de cerf rôti sous la cendre serait pour lui et son compagnon un souper délicieux après les fatigues de la journée. Il se disposait donc à lâcher la détente de sa carabine, et à troubler par une explosion d'arme à feu le silence profond du désert, quand Robin fit entendre un nouveau hurlement, mais cette fois sur un ton plaintif très-différent du premier. Le maître avait reconnu le signal d'alarme ; aussi ne songea-t-il plus au pauvre cerf, qui, après s'être désaltéré, s'éloigna sans se douter du danger qui venait de courir.

Richard, immobile et l'arme à l'épaule, regardait vainement dans toutes les directions ; il n'entendait aucun bruit et rien ne paraissait. Enfin, las d'attendre, il se tourna vers Robin pour lui reprocher son erreur, et alors il remarqua que le chien, au lieu de s'occuper de ce qui se passait à terre, avait les yeux fixés sur un arbre situé à trente ou quarante pas de lui. Le colon dirigea de même son attention sur ce point, et il finit par distinguer un grand corps qui se mouvait dans le plus épais du feuillage : c'était un orang.

Le premier mouvement de Richard fut pour tirer sur cet individu d'une race exécrée ; mais il se ravisa. L'orang non plus ne l'avait pas vu et ne paraissait pas inquiet. Sans doute sa demeure n'était pas éloignée; et au lieu de le tuer tout d'abord pour satisfaire une aveugle vengeance, ne valait-il pas mieux le suivre de loin et épier ses actions, sauf à lui envoyer une balle si les circonstances l'exigeaient ? Richard rabattit donc son arme encore une fois, et, se jetant derrière une touffe de bambous, il continua d'observer l'homme des bois.

Celui-ci, comme nous l'avons dit, montrait une sécurité complète, et sans doute il ne soupçonnait guère la présence d'un ennemi dans cette partie de la forêt, dont il avait été roi jusqu'à ce jour. Il ne s'élançait pas d'arbre en arbre, comme celui qui avait enlevé Édouard ; il avait, au contraire, des allures nonchalantes, paresseuses, qui semblaient être beaucoup plus dans les goûts de sa race. Il passait assez lourdement d'un arbre à un autre, et non sans s'être assuré prudemment que la branche sur laquelle il s'aventurait était assez solide pour le porter. Une cause particulière ralentissait encore ses mouvements ; ses mains étaient chargées de figues et de bananes qu'il venait de cueillir aux arbres voisins et qu'il avait réservées soit pour lui-même, soit pour les besoins de sa famille. Il ne fallait pas néanmoins trop compter sur cette indolence apparente. Palmer savait que à la moindre alerte l'homme des bois rejetterait prestement son fardeau et disparaîtrait avec la rapidité de la pensée.

Dès que l'orang fut à quelque distance, le chasseur saisit Robin, qui eût pu devenir pour lui un embarras sérieux, et le déposa dans le creux où il devait coucher lui-même, en lui ordonnant de rester immobile. C'en était assez ; le petit animal, dressé de longue date à ce manège, se blottit dans la cavité et il n'eût pas bougé jusqu'au lendemain sans la permission de son maître.

Richard, tranquille de ce côté, se mit à ramper dans les hautes herbes et ne tarda pas à retrouver l'orang qui continuait paisiblement sa route d'arbre en arbre. Le colon prenait les plus grandes précautions pour n'être pas aperçu ; mais, par malheur, les bandes d'oiseaux qui s'envolaient tumultueusement sur son passage pouvaient trahir sa marche. Une fois même, il se jeta ventre à terre, croyant avoir été découvert. L'homme des bois, en effet, venait de s'arrêter sur une grosse branche et avait fait entendre un bourdonnement sourd et guttural. Était-ce un cri de terreur ou un cri d'appel ? Richard ne savait qu'en penser, quand le même bourdonnement fut répété un peu plus loin, comme par un écho. Palmer, en acquérant cette certitude, éprouva un indicible sentiment de joie. Son vœu le plus cher se réalisait ; il allait enfin sans doute trouver ce qu'il avait cherché en vain pendant cinq années : une colonie d'orangs.

XVIII. — LES ORANGS CHEZ EUX.

Au bout de quelques instants, Richard atteignit une clairière soigneusement abritée contre le vent par d'épais massifs d'arbres et traversée par le ruisseau dont nous avons parlé. Dans cette espèce d'enclos, les herbes étaient foulées et comme piétinées ; sur la berge du ruisseau, un sentier bien battu et humide donnait à penser que l'on descendait habituellement par là pour aller se désaltérer. Mais ce qui frappa d'abord le chasseur, ce fut la vue de trois huttes à peu près semblables à celles qu'il avait déjà rencontrées dans la forêt lors de sa première excursion. Deux d'entre elles étaient perchées sur les maîtresses branches d'un vieil ébénier ; la troisième était adossée au tronc d'un bombax un peu à l'écart. Celle-ci, plus spacieuse infiniment mieux construite que les autres, était couverte en feuilles de palmier encore fraîches, et elle paraissait de beaucoup préférable aux misérables cases qui abritent certaines peuplades indigènes de la mer du Sud.

Aucun orang ne se montrait autour de ces singulières habitations, et Richard put les croire encore abandonnées; mais son incertitude dura peu. L'orang, qui l'avait guidé jusque-là, fit entendre de nouveau, en arrivant à la clairière, son bourdonnement mystérieux. Aussitôt quelque chose bougea dans une des huttes de l'ébénier, et deux têtes hideuses, l'une grosse, à la face proéminente et bestiale, l'autre plus petite et beaucoup plus semblable à une face humaine, apparurent à l'entrée. Sur un nouvel appel, les deux orangs sortirent de leur demeure et vinrent au-devant du premier. C'était évidemment la mère et le fils, sans doute la femelle et le petit de celui qui revenait de la provision. En effet, lorsqu'ils se furent rejoints, l'intimité la plus étroite parut régner entre eux trois ; les bourdonnements recommencèrent ; on s'assit sur une grosse branche, et on se mit à souper en famille des fruits que le père avait apportés.

Richard put donc observer ces êtres bizarres plus à loisir qu'il ne l'avait fait jusqu'alors. Le père et la mère avaient environ six pieds ; ils étaient couverts d'un pelage brun, doux et soyeux, sauf la face, les mains et quelques autres parties du corps, qui étaient nues et de couleur cuivrée. Une sorte de chevelure ornait leur tête, et une moustache surmontait leur bouche, qui était grande, aux lèvres minces et étroites. Leur œil, encadré d'épais sourcils, avait beaucoup de vivacité et d'expression. On remarquait dans leurs mouvements quelque chose de posé, de réfléchi qu'on n'eût pu trouver chez aucune espèce de singe. Le petit avait un air éveillé, presque intelligent, annonçant une certaine éducabilité. On sait, en effet, que les jeunes orangs transportés en Europe ont montré une facilité merveilleuse pour répéter la plupart des actes humains, et un savant moderne a exposé les faits étonnants qui se rattachent au jeune orang femelle donné autrefois à l'impératrice Joséphine, et que l'empereur Napoléon Ier avait appelé *mademoiselle Desbois*.

Richard n'était pas en humeur d'étudier le problème d'histoire naturelle que présentent ces curieux animaux et qui sera peut-être encore longtemps insoluble. Si même il n'eût pas craint de compromettre par trop de précipitation le résultat de sa découverte, il eût cédé à la tentation de troubler cette réunion de famille en envoyant une balle dans la tête du père. Mais il eut encore la force de se contenir, et sa réserve ne tarda pas à être récompensée.

Le plus jeune orang, tout en jouant avec une belle noix de coco apportée par son père, fit entendre deux ou trois cris particuliers, et se pencha vers la cabane placée au pied de l'arbre. Une voix répondit de l'intérieur de cette hutte, puis l'on vit sortir une créature étrange, dont les formes, toutes différentes de celles des orangs, étaient de nature à causer une profonde émotion à l'observateur.

En effet, ce n'était pas un orang, disons-le tout d'abord ; c'était un homme, ou plutôt un adolescent, qui avait la taille et la vigueur d'un homme. Une longue chevelure inculte lui servait de vêtement, et son corps, quoique brûlé par le soleil, durci par le contact de l'air, présentait les signes indélébiles de la race blanche. Ses ongles étaient longs et aigus, ses mouvements brusques et agiles ; néanmoins son regard avait de la douceur et même une sorte de tristesse farouche qui inspirait la compassion.

Nous ne saurions donner une idée de l'extase qu'éprouva Richard à cette apparition. Cet être misérable et dégradé, c'était son fils, c'était son Édouard. Sans doute il y avait loin de l'enfant blanc et rose qu'il avait perdu à cet adolescent robuste, hâlé, à l'air sauvage. Cependant il ne pouvait s'y tromper; son cœur paternel avait tressailli, la voix du sang avait parlé. Oubliant tout le reste, il voulait se soulever au-dessus des grandes herbes qui le cachaient, il voulait s'écrier : « Édouard ! mon cher Édouard ! » mais les sons s'éteignirent dans sa gorge, le bras qui le soutenait fléchit sous le poids de son corps, et il retomba la face contre terre, incapable de voir, d'entendre et de se mouvoir.

Cette faiblesse momentanée eut un heureux résultat, car elle donna le temps à la réflexion de modérer ses premiers transports. Richard, en reprenant conscience lui-même, sentit la nécessité d'agir avec une prudence extrême, s'il voulait ramener à la vie civilisée le malheureux enfant qu'il venait enfin de retrouver. Il ne se croyait pas sûr, en effet, d'abattre d'un seul coup de fusil l'orang qu'il avait aperçu le premier et qu'il soupçonnait d'être le ravisseur d'Édouard ; d'ailleurs, eût-il tué le chef de la famille, la femelle ne chercherait-elle pas à venger cette mort, ainsi que le plus jeune, dont les forces semblaient déjà redoutables? D'autres orangs pouvaient aussi se trouver dans le voisinage et accourir au premier signal d'alarme ; comment Richard, malgré ses armes et son courage, se défendrait-il contre une troupe de ces animaux dont il connaissait la vigueur indomptable? D'ailleurs et surtout ne se pouvait-il pas que le malheureux enfant, tombé dans cet état d'abrutissement profond, ne reconnût pas son père, ne prît la fuite à sa vue ou même n'essayât de se défendre contre lui? il valait donc mieux demeurer caché et attendre pour agir une occasion favorable.

Pendant que le chasseur se trouvait ainsi condamné momentanément à l'inaction, l'habitant de la hutte s'était avancé d'un pas nonchalant vers l'ébénier sur lequel la famille était réunie. A sa vue, le petit orang manifesta une joie extrême ; il redoubla ses cris sur un ton particulier, et sembla inviter le jeune homme à monter, en lui montrant de beaux fruits qu'il avait à la main. Comme Édouard, car nous l'appellerons ainsi désormais, ne se pressait pas de se rendre à cette invitation, il descendit lui-même à terre en se suspendant par les mains à la branche la plus basse de l'arbre ; puis courant sur deux pieds d'une manière un peu gauche, il se jeta au cou d'Édouard, qu'il paraissait aimer beaucoup, et lui donna d'ardents baisers en lui appliquant ses lèvres sur les joues et sur la poitrine.

Édouard, après avoir rendu distraitement ses caresses au jeune orang, se débarrassa de ses étreintes et passa outre. Mais ce n'était pas le compte de son compagnon, qui, en le voyant s'éloigner, poussa des cris perçants et lança loin de lui les fruits qu'il tenait à la main. Puis, comme ces démonstrations ne produisaient pas l'effet attendu, il se mit à trépigner d'un air mutin, et, se jetant à terre, il versa d'abondantes larmes qu'il essuyait avec ses poings, comme font parfois les enfants [1].

Cette douleur et cette colère ne touchèrent pas beaucoup Édouard, qui se contenta de sourire faiblement. Il continua son chemin jusqu'au ruisseau, se baissa et se mit à boire dans le creux de sa main ; après quoi, il parut chercher parmi les arbres environnants celui qui devait lui fournir son repas du soir. Avisant un grand figuier chargé de fruits, il l'embrassa résolûment, et, avec une légèreté peu inférieure à celle des orangs eux-mêmes, il en atteignit la cime ; là, il s'assit sur une branche et se mit à souper à son aise.

Cependant la mère paraissait s'émouvoir des plaintes de son enfant ; elle gesticulait en bourdonnant pour l'apaiser. Ne pouvant y parvenir, elle descendit à terre, le prit dans ses bras et le combla de caresses ; mais rien n'y faisait. Comme le petit orang continuait de pleurer et de crier, elle dut recourir à quelques tapes assez mesurées de sa large main, pour imposer silence au fruit de ses entrailles.

D'autre part, le père, son souper achevé, s'était étendu nonchalamment sur une grosse branche, attitude favorite des siens. Néanmoins il ne perdait pas de vue Édouard, dont l'éloignement paraissait exciter sa défiance. A la fin, trouvant sans doute que le jeune homme s'écartait trop ou tardait trop à revenir, il sortit de son indolence et se dirigea vers lui en sautant d'arbre en arbre. Le pauvre Édouard le vit s'avancer ; redoutant sans doute quelque brutalité, il se hâta de remplir sa bouche de figues et se laissa glisser au pied de l'arbre. Alors il revint piteusement vers les huttes par la voie terrestre, tandis que l'orang satisfait en apparence de sa docilité, revenait par la voie aérienne.

Richard était navré de voir son fils et le fils de sa chère Élisabeth, cet enfant de tant d'espérances, tombé à ce point de misère qu'il était l'esclave de ces singes hideux. Du reste, il n'y avait plus à douter qu'Édouard ne fût retenu de force, que les orangs n'exerçassent sur lui une surveillance continuelle pour l'empêcher de recouvrer sa liberté, dont sans doute il n'eût su que faire s'il fût parvenu à la reprendre, et cette circonstance méritait la plus sérieuse attention.

La bonne intelligence semblait maintenant régner entre Édouard et la famille quadrumane. Aussitôt que le jeune homme s'était approché, le petit orang avait sauté dans ses bras et l'avait encore une fois couvert de baisers. Une belle figue, que lui donna Édouard, acheva de rétablir les relations amicales, et ils jouèrent un moment dans l'herbe avec un plaisir égal. Le père avait repris sa pose nonchalante sur l'ébénier. Quant à la mère, assise au pied de l'arbre, elle suivait ces yeux du regard ; peut-être éprouvait-elle quelque jalousie de l'affection que son fils témoignait au prisonnier, mais elle la manifestait seulement par des sons gutturaux qui n'avaient aucun caractère menaçant.

Le colon observait tout cela avec autant d'étonnement que de douleur ; il lui semblait qu'Édouard, quoiqu'il eût acquis la stature et la vigueur d'un homme pendant les cinq dernières années, avait encore moins d'intelligence qu'au temps où il était petit enfant. Mais il dut bientôt interrompre ses observations et les réflexions qu'elles lui suggéraient ; le soleil venait de se coucher ; la nuit arrivait, comme à l'ordinaire, sans être précédée du crépuscule, et le ciel s'était assombri tout à coup. Bientôt l'orang mâle répéta son bourdonnement et rentra dans une des huttes de l'ébénier, tandis que la mère et le petit rentraient dans l'autre. Édouard, de son côté, se hâta de regagner sa cabane de feuillage ; tout redevint immobile et silencieux dans la clairière.

Richard ne savait ce qu'il devait faire, mais il avait un vif désir de tenter quelque chose pour se mettre immédiatement en rapport avec son fils. Comme il y réfléchissait, le fait pris d'un doute affreux ; pendant les scènes précédentes Édouard n'avait pas prononcé un mot ; ne se pouvait-il pas qu'il eût complètement désappris le langage humain, qu'il fût incapable de comprendre et de répondre quand on lui adresserait la parole? D'ailleurs quelle circonspection n'était pas nécessaire à l'égard de cette intelligence amoindrie par la solitude, le silence et la fréquentation des brutes! Malgré tout cela, le pauvre père résolut de risquer sur-le-champ une épreuve.

Après avoir donné aux orangs le temps de s'endormir et s'être assuré que la nuit était trop profonde pour qu'il fût aperçu, il se traîna jusqu'à la hutte d'Édouard, s'accroupit derrière la paroi de feuillage opposée à l'entrée, et, se servant de l'anglais, langue qui était autrefois la plus familière à l'enfant, il dit d'une voix douce :

— Édouard! cher Édouard! penses-tu encore à ton père?

Il ne fit dans la hutte un mouvement brusque, comme si l'on se fût levé sur son séant ; en même temps Richard entendit une respiration oppressée, haletante, qui trahissait une émotion extraordinaire. Peut-être l'habitant de la cabane croyait-il avoir été le jouet d'un rêve, reprit du même ton, quand Richard, après une courte pose, en appuyant sur chaque mot :

— Édouard! Édouard! as-tu donc oublié ton père qui t'aimait tant, et la mère Élisabeth, et la cousine Anna?

A peine avait-il achevé ces mots qu'il fut épouvanté lui-même de leur effet. Soit que la voix humaine, qu'il n'avait entendue depuis si longtemps, l'eût frappé de terreur, soit qu'il eût pu comprendre le sens de ces paroles, Édouard fut saisi d'un espèce de vertige. Il bondit hors de la hutte en poussant des cris affreux, et se mit à courir à droite et à gauche d'un air frénétique. Sa main brandissait une massue et il en frappait le vide, comme s'il eût voulu atteindre un fantôme. Tout en courant, il continuait de pousser des clameurs perçantes, sauvages, qui n'avaient plus rien d'humain. Enfin, éperdu, hors d'haleine, tout en sueur, il jeta son bâton, embrassa un tronc d'arbre, et, l'escaladant avec rapidité, il disparut au milieu des branches.

Richard demeura stupéfait du résultat de son action. Il craignit un moment que les orangs, qu'il entendait s'agiter dans leurs huttes, n'eussent la fantaisie de descendre et de rechercher la cause de cette panique ; heureusement ils ne tardèrent pas à se calmer, et le plus profond silence se rétablit dans cette portion de la forêt. Toutefois, le chasseur attendit longtemps sans voir revenir Édouard ; peut-être l'idée de sa cabane s'associait-elle dans l'esprit du malheureux enfant à l'idée de cette voix terrible qui avait retenti tout à coup à ses oreilles, et une insurmontable terreur le tenait éloigné.

Le chasseur, découragé, regagna la place où il devait passer

---

[1]. Nous ne voulons pas dans un ouvrage de ce genre, multiplier les citations ; nous devons seulement déclarer une fois pour toutes que, en ce qui concerne les mœurs, les instincts, le genre de vie des orangs, nous sommes resté, autant que possible, fidèle à la vérité historique. Voyez parmi les naturalistes les ouvrages de Bory Saint-Vincent, Boitard, Lesson, Frédéric Cuvier, etc., et parmi les voyageurs modernes, l'excellente monographie de l'orang-outang, par M. Riensi, publiée dans l'*Univers*, *Histoire et description des peuples*, volume de l'*Océanie*.   E. B.

Il poussa un cri sauvage et bondit comme un tigre. (Page 73.)

la nuit, et retrouva Robin dans le creux où il l'avait laissé. Le petit animal mourait de faim, et son maître s'empressa de lui donner à souper. Quant à lui, il ne songeait pas à manger, malgré les fatigues de la journée. Il n'osa pas non plus allumer de feu, selon son habitude, pour écarter les bêtes féroces, car cette lueur éclatante n'eût pas manqué d'inquiéter les orangs et peut-être son fils lui-même. D'ailleurs il n'avait aucune envie de dormir, et il se promettait d'être sur ses gardes pendant le reste de la nuit. Il s'établit donc dans son pauvre gîte, et, sa carabine sur ses genoux, il se mit à rêver aux difficultés de la situation.

Il ne suffisait pas, en effet, d'avoir retrouvé Edouard ; il fallait d'abord le soustraire à la domination de ces formidables animaux qui faisaient ainsi la traite de l'homme, et Richard savait assez de quoi ils étaient capables pour apprécier le danger d'une pareille entreprise. Afin d'atteindre ce but, il eût été nécessaire de se mettre en communication avec Edouard et de se concerter avec lui ; mais comment se concerter quand le seul son de la voix humaine produisait un effet si puissant sur le jeune sauvage ? Maintenant que Richard avait découvert son fils, il ne voulait pas risquer de le perdre de nouveau par quelque démarche imprudente ou dont le succès ne serait pas certain. Aussi, après y avoir longtemps réfléchi, s'arrêta-t-il au plan que voici : Ne rien entreprendre pour le moment ; retourner à la colonie afin de chercher des secours ; en revenir bientôt avec un grand nombre de personnes qui entoureraient la hutte d'Edouard et s'empareraient de lui, en dépit de la volonté et de la résistance des orangs. Ce plan était d'une exécution lente, et exigeait que le père laissât quelques jours encore l'enfant à son existence misérable, mais c'était le plus sûr, et Palmer n'en voulut pas d'autre.

Cependant, une inquiétude le bourrelait ; qu'était devenu Edouard ? Dans son aveugle frayeur ne s'était-il pas gravement blessé en se heurtant contre les arbres ou les rochers ? Ces pensées torturèrent le chasseur pendant le reste de la nuit. Plusieurs fois, il fut sur le point de retourner à la hutte pour s'assurer si son fils y était revenu ; mais il entrait désormais dans son projet que rien ne troublât la sécurité des orangs, qui, pendant son absence, pourraient quitter leur domicile actuel et aller s'établir dans un autre canton. Néanmoins, ne pouvant surmonter son inquiétude, il se glissa vers un massif de broussailles d'où il lui serait facile d'épier les habitants de la clairière ; il s'y établit avec Robin et attendit impatiemment le jour.

Ce jour parut enfin et les splendeurs matinales illuminèrent les bois. Par malheur, le cabout empesté roulait ses ondes épaisses sous la voûte de feuillage et empêchait de voir à quelque distance. Or, il n'y avait pas à espérer que le brouillard se dissipât avant quelque heures, et le chasseur, qui avait hâte d'agir, ne pouvait perdre tant de temps en observations. Mais il songea que si cette brume fâcheuse l'empêchait de voir, elle devait aussi empêcher qu'il ne fût vu, et il se rapprocha des huttes, en profitant pour se cacher de toutes les inégalités du terrain.

Il se trouvait alors fort près de la demeure des orangs, et il eut bientôt la satisfaction d'apercevoir Edouard qui revenait à pas lents vers sa cabane. Le jeune homme était plus abattu, plus triste encore que la veille, comme si l'événement de la soirée précédente eût réveillé en lui des souvenirs poignants. Il passa, la tête baissée, à côté de son père, et vint s'asseoir devant sa hutte d'un air sombre et rêveur.

Richard devinait ou croyait deviner ce qui troublait cette faible intelligence ; et que n'eût-il pas donné pour voler dans les bras de son fils, pour le calmer, lui expliquer ce qui lui semblait obscur et effrayant ? Mais la première expérience avait trop mal réussi pour qu'il fût prudent d'en risquer une nouvelle, et le père se contenta de verser une larme en murmurant :

— Va, pauvre enfant, courage ! quelques jours encore, et tes souffrances finiront !

Pendant qu'il essayait de surmonter son émotion, à quelques pas de lui, au bord du ruisseau, avait lieu une scène comique. L'orang femelle procédait à la toilette de son fils, et le plongeait dans l'eau pour le laver. Le jeune orang criait, protestait à sa manière, et se débattait ; la mère n'en tenait compte, et poursuivait sa besogne en employant tour à tour les caresses et les corrections afin de réduire l'indocile. Elle l'essuyait, le léchait, « et donnait à sa propreté, dit un voyageur qui avait été témoin oculaire d'un fait de ce genre[1], un temps et des soinsque dans bien des cas nos propres enfants pourraient envier. » Les grimaces du jeune orang, la persistance réfléchie de la mère, enfin la gravité du père, qui du haut d'un arbre voisin présidait à l'opération et réprimait de temps en temps par un bourdonnement sourd les incartades de son fils, formaient un tableau qui eût appelé un sourire sur les lèvres de Richard, si ces lèvres n'eussent depuis longtemps désapris à sourire.

Le chasseur n'avait plus aucun résultat sérieux à attendre de cet espionnage, et il fallait songer à la retraite. Aussi bien, dans la position où il se trouvait, le moindre accident, une branche brisée, un cri de Robin, pouvaient donner l'alarme aux orangs, les faire fuir peut-être avec leur prisonnier et compromettre l'entreprise projetée. Richard commença donc à opérer son mouvement rétrograde avec des précautions infinies. Après avoir prévenu le chien par signe qu'il devait se taire, il se mit à ramper lentement dans les broussailles, et bientôt ils se trouvèrent l'un et l'autre hors de la clairière.

Cependant ce ne fut pas sans un cruel serrement de cœur que le père s'éloigna de cet enfant chéri qu'il avait retrouvé au prix de tant d'efforts et de dangers. La dernière fois qu'il l'aperçut à travers le brouillard, Edouard était encore assis devant sa cabane et plongé dans ses mornes rêveries. Il avait la tête appuyée sur sa main, et ses longs cheveux incultes formaient comme un voile à sa douleur ; mais ce voile n'était pas assez épais pour cacher de grosses larmes qui roulaient sur ses joues bistrées.

Richard se mit en chemin avec ardeur. Il comptait franchir en deux jours la distance considérable qui le séparait du Nouveau-Drontheim, et revenir le troisième, en nombreuse compagnie, pour opérer la délivrance de son fils. Mais, en dépit des précautions qu'il avait prises, des points de reconnaissance dont il s'était assuré, il s'égara plus d'une fois dans la savane. Après avoir franchi de nouveau la tortueuse chaussée de rochers qui traversait les marais, il espéra que sa marche sur un terrain connu ne serait plus ralentie : un funeste événement vint encore déconcerter ses prévisions.

Le petit Robin, en rôdant autour de son maître pour éclairer la route, fut mordu par un de ces reptiles venimeux qui infestent les forêts de la Malaisie. Un tel accident n'était pas nouveau, et vingt fois Richard, en appliquant sur la blessure de son fidèle serviteur certaines herbes connues de lui, était parvenu à le guérir promptement. Cette fois encore il s'empressa de poser sur la plaie le spécifique ordinaire, mais le résultat ne répondit pas à son attente. Le chien continuait de souffrir, il enflait démesurément ; bientôt il ne put plus marcher, et force fut à Richard de s'arrêter pour lui donner ses soins. Mais tous les efforts furent inutiles ; la pauvre bête expira en attachant sur son maître des regards pleins d'affection et en lui léchant les mains.

Cette mort inattendue affligea fort le chasseur et le jeta dans un profond découragement.

— Cher petit compagnon de mes souffrances et de mes misères, disait-il, les larmes aux yeux, en retournant le corps inanimé, croyais-tu donc que tes services ne me seraient plus nécessaires ? Pourquoi laisses-tu notre tâche inachevée ?

Il ne voulut pas que le corps devînt la proie des bêtes féroces, et avec son criss il lui creusa une petite fosse ; puis il se remit en marche, l'œil morne et le cœur navré.

Cet événement lui avait fait perdre un temps précieux. D'ailleurs, privé de l'aide qu'il trouvait dans l'instinct merveilleux de Robin, le chasseur ne pouvait plus avancer avec autant de rapidité et d'assurance qu'autrefois. Aussi, au lieu d'arriver à la colonie le lendemain, comme il l'avait souhaité, n'y arriva-t-il que le troisième jour ; nous savons dans quel état.

XIX. — L'AMIRAL.

Quelques instants après avoir quitté l'habitation Palmer, James Stewart, monté dans son canot d'honneur, se dirigeait à force de rames vers la frégate anglaise qui venait de jeter l'ancre à l'entrée de la rade. L'arrivée du gouverneur était attendue, et il fut reçu à bord avec le cérémonial exigé par l'étiquette maritime. Plusieurs des officiers qui se trouvaient sur le pont étaient de sa connaissance, et il eût fort désiré de pouvoir s'entretenir avec eux ; mais l'usage ne permettait pas qu'il communiquât avec l'équipage avant d'avoir vu l'amiral, qu'on était allé prévenir. Stewart serra pourtant la main à deux ou trois anciens amis, et, se penchant vers l'un d'eux, il lui dit à voix basse :

— Pour Dieu ! William, apprenez-moi donc comment se nomme le haut personnage qui commande ici ?

— C'est l'ex-commodore sir Georges Stevenson de la Dorothée, un vieux loup de la mer des Indes.

— Stevenson ! répéta James avec surprise, voilà un singulier hasard. Eh bien ! ne sauriez-vous me dire encore...

Il n'eut pas le temps d'achever sa question : on venait le chercher de la part de l'amiral, et les deux officiers ne purent qu'échanger un signe amical en se séparant.

Un mousse conduisit Stewart dans la chambre somptueuse où se tenait sir Georges. Lorsque le gouverneur entra, l'amiral, une longue-vue à la main, était en train d'examiner, par une des fenêtres de la chambre, la colonie du Nouveau-Drontheim. Au bruit causé par le visiteur, il referma sa lunette, et, se retournant, il fit poliment quelques pas au-devant de son hôte.

Sir Georges, que nous retrouvons d'une manière inopinée, semblait avoir encore toute l'énergie de caractère, toute la décision hautaine d'autrefois, et il n'avait rien perdu de sa vigueur. Seulement sa taille s'était légèrement voûtée, et les rides profondes qui sillonnaient son visage brun semblaient être autant l'œuvre du chagrin que celle des années. Il portait un petit uniforme de mer dont les broderies d'or étaient flétries par les émanations de l'eau salée ; et, malgré la simplicité de son équipement, il conservait cet air d'autorité qui du premier abord imposait le respect.

Il accueillit le gouverneur avec bienveillance.

— Enchanté de vous voir, monsieur Stewart, dit-il en lui tendant la main ; je viens de m'assurer que tout était parfaitement en ordre dans votre gouvernement. Sur ma foi ! la colonie a fort bonne mine à présent. Et puis mon vieux sang s'est réchauffé en voyant flotter notre pavillon anglais sur ce rocher où j'ai vu flotter autrefois d'autres couleurs... Ah ! je ne saurais oublier la manière dont j'ai quitté il y a cinq ans cette bourgade, qui est aujourd'hui colonie anglaise sous votre loyal commandement !

Stewart avait entendu parler de l'arrestation de sir Georges au Nouveau-Drontheim, lors de la domination hollandaise, et de sa longue captivité ; mais il n'eut pas le temps de répondre, car l'amiral se mit à le questionner sur la situation de la colonie et sur un certain nombre de points qui intéressaient le service. James répondit avec modestie et dut entrer dans quelques détails. Or, pendant qu'il énumérait les améliorations accomplies au Nouveau-Drontheim et celles qu'il méditait encore, sir Georges se montrait distrait, préoccupé, parfois même il était visible qu'il n'écoutait pas. Enfin, n'y tenant plus, l'amiral interrompit le jeune officier.

— Il suffit, monsieur Stewart, reprit-il ; je vais descendre à terre, où je vous prie de me faire préparer un logement, et je jugerai par moi-même des bons effets de votre administration... Mais auparavant j'aurais besoin de quelques renseignements au sujet d'une famille du pays à laquelle je porte un vif intérêt, et dont je n'ai pas de nouvelles depuis cinq ans ; j'ai compté sur vous pour m'en fournir, monsieur Stewart.

James sourit.

— Si la famille dont vous parlez, milord, répliqua-t-il, est la famille Palmer, elle pense à vous, je peux vous en donner l'assurance, autant que vous pensez à elle.

---

[1]. Duvaucel, naturaliste, qui accompagnait sir Stampfort Raffles dans un voyage à Sumatra.

— Vous la connaissez donc? demanda l'amiral en se rapprochant de lui avec vivacité; vous la connaissez... intimement?

— Tout à l'heure encore, au moment où la frégate jetait l'ancre, j'étais à l'habitation Palmer, où l'on me parlait de sir Georges Stevenson avec un ardent désir de le revoir.

— Eh bien! alors, hâtez-vous de me tirer d'inquiétude, reprit le vieux marin; parlez-moi de ma... de cette noble et courageuse femme, Elisabeth Palmer; parlez-moi de son fils Edouard, ce charmant espiègle qui annonçait tant de décision et d'intelligence; parlez-moi aussi de... du chef de la famille... un homme bien malheureux !...

L'amiral s'exprimait avec une impatience fiévreuse. Stewart soupçonna quelque chose.

— Milord, reprit-il timidement, Dieu me garde d'une vaine et indiscrète curiosité! mais avant que je satisfasse à vos questions, veuillez m'apprendre de grâce quelle sorte d'intérêt vous prenez à cette famille.

Cette demande parut rappeler à sir Georges la nécessité de mieux cacher ses sentiments; il répliqua en effectant beaucoup de calme :

— J'ai été l'hôte de M. Palmer, lors de ma visite dans cette colonie il y a quelques années, et je reçus de lui de nombreuses marques de sympathie, lorsque l'officier hollandais qui commandait au Nouveau-Drontheim me fit arrêter comme prisonnier de guerre, malgré le droit des gens.

— N'est-ce que cela, milord, je peux vous apprendre de douloureux changements survenus chez M. Palmer depuis l'époque dont il s'agit. Je n'ai pas connu cette madame Palmer, qui passait pour un ange de douceur et de beauté; elle était morte plus de deux ans avant mon arrivée au Nouveau-Drontheim.

Stewart, trompé par la tranquillité affectée de l'amiral, n'avait cru devoir employer aucun ménagement pour annoncer cette terrible nouvelle. Sir Georges devint livide.

— Ma fille! s'écria-t-il dans un élan de douleur paternelle qu'aucune considération n'avait pu contenir.

Il chancela et s'appuya contre un des gros canons qui, selon l'usage, se trouvaient aux quatre angles de cette chambre d'apparat. Le gouverneur, éclairé par cette exclamation, s'élança pour le soutenir.

— Votre fille! répéta-t-il; pardonnez-moi, milord; mais comment deviner?... Remettez-vous, de grâce.... Je vais appeler, je vais....

Sir Georges lui fit signe de ne pas bouger, et, tombant sur un siège, demeura quelques instants comme anéanti. Enfin des larmes abondantes vinrent soulager sa poitrine oppressée.

— Ma fille! ma chère Elisabeth! murmurait-il; ah! bien des fois pendant ma captivité, j'avais entrevu la possibilité de ce malheur, mais je ne voulais pas y penser.... c'est une longue absence, ce sont ses espérances déçues qui ont porté le coup mortel à ma malheureuse enfant! On m'avait dit de me hâter; elle a perdu courage et le chagrin l'a tuée.... Prisonnier à l'autre bout du monde, je ne pouvais ni écrire, ni recevoir de ses nouvelles.... Mon Dieu! après tant d'angoisses, de souffrances et de misères, vous me réserviez donc ce coup, le plus terrible de tous!

La voix lui manqua; après un nouveau silence, il releva brusquement la tête :

— Elle avait un fils, reprit-il avec animation, un enfant qui était tout son image, qui avait son âme tendre et généreuse... Où est-il ?.... De par le ciel! vous taisez-vous, monsieur Stewart, poursuivit-il avec une sorte de colère, allez-vous me dire aussi qu'Edouard, mon petit-fils, n'existe plus?

Stewart, dont la figure bouleversée avait déterminé ces nouvelles alarmes, s'empressa de répondre :

— Hier encore, milord, je n'aurais osé vous donner aucune assurance à cet égard; mais aujourd'hui j'ai entendu dire que l'enfant n'avait pas péri comme on le croyait, quoique peut-être la mort soit préférable à sa condition présente !

— Expliquez-vous.... Qu'est-il arrivé?

Le gouverneur raconta comment Edouard Palmer avait été enlevé, plusieurs années auparavant, par un orang-outang, et comment un mot échappé à Richard, le matin même, donnait lieu de penser que l'enfant était retrouvé.

Sir Georges, après avoir entendu cet étrange récit, se frappa le front avec désespoir.

— Qu'avait donc fait cette pauvre Elisabeth, s'écria-t-il, pour être ainsi punie dans son père, dans son mari, dans son fils! Je ne l'avais pourtant pas maudite : depuis longtemps je lui avais pardonné sa fatale désobéissance; pourquoi le ciel s'est-il montré plus inexorable que moi? Et cet enfant innocent méritait-il le sort épouvantable auquel il semble maintenant condamné? Mais pour lui, du moins, l'expiation ne sera pas plus longue; et si vraiment l'on a des données sur le lieu de sa retraite, je ne quitterai pas ce pays sans l'avoir rendu à la société, je le jure. J'ai du pouvoir, je saurai m'en servir.

Un peu ranimé par ces projets, il adressa encore des questions au gouverneur, qui lui apprit tout ce qu'il savait sur la position actuelle de la famille Palmer. Peut-être Stewart, à son insu, s'appesantit-il un peu trop sur les mérites et les perfections d'Anna Surrey, qui avait la haute main dans l'habitation; bientôt sir Georges l'interrompit :

— Mille remerciments, monsieur Stewart, reprit-il; c'est une consolation pour moi d'apprendre que le mari de mon Elisabeth a trouvé dans miss Anna Surrey une amie dévouée, une fille affectionnée pour lui tenir lieu des personnes chéries qu'il a perdues.... Je connais peu miss Anna, car elle était bien jeune lors de mon dernier voyage, et les torts de sa mère envers Elisabeth et envers moi... Mais, ajouta-t-il d'un ton indifférent, j'oublie que vous ne pouvez me comprendre.

Il demeura pensif pendant quelques secondes, puis il se leva :

— Monsieur Stewart, dit-il avec cordialité, vous voilà devenu le confident de secrets que j'eusse désiré ne confier encore à personne ici; vous vous êtes trouvé auprès de moi dans un de ces moments où le cœur déborde, où l'homme le plus ferme n'est plus maître de sa volonté. Mais si j'avais dû faire choix d'un confident, je n'aurais pu en trouver, je le sais, de plus digne que vous de ma confiance.

Le jeune gouverneur s'inclina.

— Des raisons de la plus haute importance, continua l'amiral, m'obligent à tenir encore cachés les liens qui m'unissent à la famille Palmer; ai-je votre parole d'homme d'honneur et de marin anglais que vous ne parlerez à qui que ce soit, jusqu'à nouvel ordre, des circonstances que le hasard vous a révélées?

— Je vous la donne volontiers, milord. Moi aussi j'ai une vive affection pour la famille Palmer, et peut-être un jour, milord, invoquerai-je votre appui auprès d'elle afin d'obtenir ce qui est le plus ardent de mes désirs.

— Bien, bien, Stewart, répliqua l'amiral avec accablement; je compte séjourner quelque temps dans cette rade, où plusieurs navires de mon escadre doivent rallier la frégate, et j'aurai le loisir de vous entendre... Mais excusez-moi si je ne vous retiens pas davantage, j'ai besoin de me recueillir un peu après tant et de si cruelles agitations.

Le gouverneur prit congé.

— Voilà une entrevue bien remplie pour les affaires de notre patrie commune, reprit sir Georges avec amertume; mais l'Angleterre aura son tour!... Adieu donc, monsieur Stewart; je vous prie ce soir à terre. En attendant, je vous prie de faire savoir à l'habitation Palmer mon arrivée, qui ne peut manquer de surprendre, car sans doute on ne m'attendait plus.

Stewart sortit, l'amiral profondément triste. Pour lui, il ne s'arrêta pas longtemps sur le pont à causer avec les jeunes officiers, et prétextant la nécessité d'exécuter promptement les ordres qu'il avait reçus, il ne tarda pas à se jeter dans son canot pour retourner au Nouveau-Drontheim.

Vers le soir, l'amiral Stevenson descendit à terre avec l'appareil d'usage. Il était en grand uniforme, accompagné d'un brillant état-major; les canons des batteries et ceux de la frégate tonnaient à la fois, tandis que le gouverneur, à la tête de la petite garnison qu'on avait mise sous les armes, l'attendait sur la plage. Il fut facile de reconnaître que sir Georges se souvenait encore de quelle manière humiliante il avait quitté autrefois cette colonie, où il rentrait maintenant en triomphateur. Une ou deux fois un sourire ironique vint éclairer ses traits sombres, comme si quelque circonstance eût plus particulièrement rappelé ce contraste à son esprit; mais le reste du temps il demeura grave, taciturne, distrait. Le cérémonial officiel accompli, il s'empressa de se retirer dans la modeste maison qu'on appelait encore au Nouveau-Drontheim *le Gouvernement*. Il se dispensa même d'assister au dîner que le jeune gouverneur offrit aux principaux officiers de la frégate, et Stewart, sachant bien quels motifs secrets avait son supérieur de rechercher la solitude, ne s'offensa pas de ces singularités.

Le soir, à l'issue du dîner, devait avoir lieu, comme à l'ordinaire, au balley du village, une de ces fêtes malaises appelées bimbang; les plus jolies gadises du pays comptaient s'y trouver pour offrir, suivant l'usage, leurs boîtes de siri aux officiers et matelots récemment arrivés, et recevoir leurs présents. C'était là une bonne nouvelle pour les pauvres marins, qui depuis plus de six mois n'avaient pas quitté le bord; aussi les beaux fils du gaillard d'avant, et même quelques jeunes midshipmen à l'élégant uniforme, se proposaient-ils de se trémousser joyeusement au milieu des coquettes de toutes couleurs qui devaient composer l'assemblée. Cependant l'amiral se dispensa encore d'assister à cette fête, car il avait d'autres projets.

Au moment du débarquement, Stewart avait profité de la première occasion favorable pour dire bas à sir Georges qu'avis de son arrivée avait été donné à l'habitation Palmer, et qu'on l'y attendait. Stevenson, à la chute du jour, se dirigea, accompagné d'un seul matelot qui avait toute sa confiance vers la demeure de son gendre; il y arriva sans que sa présence eût excité l'attention des gens qui se rendaient au bimbang.

L'amiral fut reçu par Maria, qui semblait guetter son approche.

La négresse s'empressa de l'introduire dans la salle basse où se trouvaient madame Surrey et sa fille Anna, puis elle se retira sous la verandah avec le marin qui avait accompagné sir Georges.

La salle basse était éclairée par plusieurs bougies, et rien n'avait été changé ni à ses dispositions intérieures, depuis le jour où Stevenson s'y était trouvé avec sa fille. L'aspect de cette pièce réveilla donc toutes ses douleurs, et il n'aperçut pas d'abord Anna et sa mère, qui, debout à quelques pas, le regardaient en versant des larmes silencieuses. Comme il s'était arrêté sur le seuil de la porte, madame Surrey vint au-devant de lui et dit d'une voix étouffée :

— Ah! sir Georges, pourquoi avez-vous tant tardé?

L'amiral tendit la main à la vieille dame.

— Oublions nos anciens griefs, chère madame Surrey, dit-il avec un accent de bonté mélancolique; votre Anna et vous, n'êtes-vous pas l'une la fille, l'autre la veuve de mon vieil ami Surrey, mon brave compagnon d'armes?... Je n'ai plus qu'indulgence et pardon pour toutes mes injures passées... Souvenons-nous seulement que nous souffrons des mêmes maux, des mêmes regrets !

Il fut obligé de s'asseoir. Après une courte pause, la conversation s'établit entre ces trois personnes sur le pied de la plus affectueuse intimité. Bientôt sir Georges demanda :

— Et ce pauvre M. Palmer, pour qui j'ai été autrefois si injuste et si cruel, ne le verrai-je pas aussi?

Anna rappela l'état affligeant de Richard à son retour de la forêt.

— Quand il a repris connaissance, poursuivit-elle, il a mangé avidement puis il est tombé dans un sommeil si profond que rien ne semble pouvoir l'en tirer. Du reste, M. van Stetten a recommandé de ne pas essayer d'interrompre ce sommeil réparateur, et il nous a fait espérer qu'à son réveil mon oncle aura recouvré la santé. Nous sommes d'autant plus impatientes de nous entretenir avec lui qu'il assure avoir enfin retrouvé la trace de mon malheureux cousin Edouard !...

— On me l'a dit aussi, miss Anna, et puisse cette assertion se trouver véritable ! J'ai reporté sur l'enfant l'affection que j'avais pour la mère, et, s'il me fallait quitter ce pays sans avoir embrassé le fils de mon Elisabeth, sans avoir autre chose à en savoir, je n'aurais plus qu'à me faire tuer dans le premier combat auquel je prendrai part !

— Espérons, sir Georges, dit madame Surrey, que nos incertitudes à ce sujet seront bientôt levées.... Mais pardonnez-moi une question : en quittant Elisabeth pour la dernière fois, vous avez promis de songer à soustraire mon frère aux injustes accusations qui pèsent sur lui et qui l'obligent à vivre avec sa famille dans ce pays maudit ; sir Georges, avez-vous oublié votre promesse ?

— A mon regret, madame, je n'ai réussi qu'en partie dans cette tâche, répliqua l'amiral en soupirant, et c'est ce qui m'oblige à tenir encore secrets nos liens de parenté.... Il n'y a pas plus de dix-huit mois que j'ai recouvré ma liberté, et, à peine rentré en Angleterre, je me suis hâté d'employer mon crédit pour faire annuler le jugement qui frappait Richard comme coupable de meurtre à Madras. Vous avez dû recevoir, par l'intermédiaire de l'Amirauté, copie de l'acte qui déclare votre frère innocent et qui le met désormais à l'abri de toutes poursuites sur ce point.

— Mais Richard n'a rien reçu de pareil ! s'écria madame Surrey.

— Pardon, ma mère, reprit Anna : vous oubliez ce paquet, arrivé d'Europe ce matin même, et que mon oncle n'a pas eu la force d'ouvrir encore ; selon toute apparence, il contient la pièce importante dont parle sir Georges, et ainsi s'explique ce terrible nom de Beaulieu que porte la suscription.

— En ce cas, Dieu soit loué ! mon frère pourra du moins vivre dans une colonie anglaise sans craindre de nouvelles poursuites.... Mais ce n'est pas tout, sir Georges ; une autre accusation pèse sur Richard, et celle-là n'est ni moins injuste ni moins déshonorante que la première.

— Je ne l'ignore pas, madame ; mais, pour la détruire, il eût fallu aller dans l'Inde, et l'Amirauté, en me confiant, à ma sortie de ma longue captivité, le commandement supérieur dont je suis revêtu, ne m'a pas permis de m'acquitter de cette mission. Toutefois, j'ai envoyé à Pondichéry, en ce moment colonie anglaise, un ami dévoué qui s'est chargé d'examiner à fond cette funeste procédure ; je lui ai fourni tous les renseignements nécessaires ; je lui ai donné des recommandations pressantes pour les autorités locales, et peut-être sera-t-il parvenu à débrouiller les fils de cette ténébreuse intrigue. Il doit me rejoindre ici, et nous ne tarderons pas à connaître le résultat de ses démarches. En attendant, je n'ai plus aucun doute personnellement sur l'innocence complète de Richard de Beaulieu, dans cette affaire comme dans l'autre. Le colonel Braidwaith a été induit en erreur par un abominable intrigant ; le véritable coupable, le véritable traître était, j'en ai la conviction, ce même Dubarrail à qui Richard croyait devoir tant de reconnaissance. Par malheur, les faits établir ces faits d'une manière juridique, et l'entreprise paraît difficile ; mais, si je ne puis encore reconnaître ouvertement Richard pour mon gendre sans de graves inconvénients, je puis du moins lui accorder dès à présent toute mon estime et toute mon affection....

— Et vous comblerez ainsi le plus cher de ses vœux, sir Georges ! dit une voix émue derrière l'amiral.

Les deux dames se levèrent en poussant un léger cri ; Stevenson se retourna ; Richard, encore pâle et défait, se tenait sur le seuil de la porte, une lettre ouverte à la main.

— Quelle imprudence, mon oncle ! s'écria la jeune fille ; vous lever déjà !

— Mon frère, pouvez-vous abuser à ce point de vos forces ?

— Laissez, répliqua Richard avec une douce autorité ; je n'étais malade que de fatigue et de besoin ; un peu de nourriture et de repos ont suffi pour me guérir. D'ailleurs, comment pourrais-je dormir quand l'espérance et la joie, si longtemps inconnues dans cette maison, semblent enfin vouloir y entrer ?... Sir Georges, continua-t-il en désignant le papier qu'il tenait à la main, cette dépêche, que je viens de trouver auprès de moi à mon réveil, a achevé de me rendre la force et le courage. J'ai reconnu votre main dans cet acte de justice, et je bénissais quand on m'a annoncé votre présence dans cette maison, où vous avez été tant et si longtemps désiré ; alors je suis accouru et j'ai pu recueillir de votre bouche des paroles qui ont retenti dans mon cœur....

L'amiral gardait le silence, soit que les changements opérés depuis quelques années dans la personne de Richard le frappassent de surprise, soit qu'il fût bouleversé par les souvenirs que la vue de son gendre éveillait en lui.

— J'aurai mal entendu, poursuivit Palmer avec l'expression de tristesse qui lui était habituelle, ou les paroles que j'avais prises pour moi n'étaient pas destinées à mon oreille.... Sir Georges, et je n'ose l'en blâmer, veut attendre sans doute que ma réhabilitation soit complète en France comme en Angleterre, à Pondichéry comme à Madras.

Stevenson, voyant sa méprise, se leva vivement et lui ouvrit les bras ; Richard s'y précipita.

— Ah ! sir Georges, s'écria-t-il transporté, si notre chère et bien-aimée Elisabeth avait pu nous voir ainsi, n'eût-ce été qu'un instant, elle vivrait peut-être encore !

Le beau-père et le gendre s'entretinrent pendant quelques instants de la pauvre femme qui avait été l'objet de leur commune affection ; mais Anna et madame Surrey, malgré l'intérêt qu'une semblable conversation devait avoir pour elles, se montraient distraites, impatientes. Enfin, n'y tenant plus, Anna profita d'un intervalle de silence pour demander timidement :

— Mon bon oncle, depuis votre retour, ma mère et moi nous sommes dans la plus vive anxiété. Ce matin, vous nous avez annoncé un événement si heureux que nous pouvons à peine y croire. Quant vous nous avez appris cette nouvelle étiez-vous en proie à la fièvre ou bien est-il vrai en effet que vous avez enfin retrouvé mon malheureux cousin Edouard ?

— C'est vrai, Anna, c'est vrai ! s'écria Richard avec explosion.

— Mon frère, êtes-vous sûr ?...

— Ma sœur, ma chère Anna, poursuivit Richard, dans la colonie on m'a soupçonné de folie, je le sais, et peut-être vous-même avez-vous eu parfois des craintes pour ma raison. Mais je ne rêve ni ne délire quand j'affirme qu'Edouard existe. Je l'ai vu, vous dis-je ; je me suis trouvé à quelques pas de lui, j'aurais pu lui parler s'il eût été en état de reconnaître ma voix, de me comprendre et de me répondre.

Et il raconta en détail les incidents de sa dernière course dans la forêt vierge. Tous ses assistants l'écoutaient d'un air de stupéfaction, même l'amiral que sa vie aventureuse avait dû pourtant habituer de longue date aux événements extraordinaires. Les deux femmes poussaient parfois des exclamations de terreur, ou bien, joignant les mains, levaient les yeux au ciel et versaient d'abondantes larmes.

Quand Richard eut terminé son récit, sir Georges demeura pensif.

— J'avais entendu faire des récits merveilleux au sujet de ces grands singes de l'Afrique et de la Malaisie, reprit-il ; vraiment, Palmer, si tout autre que vous me contait de pareilles choses, il me serait impossible d'y ajouter foi.... Enfin, mon petit-fils, l'enfant de notre bien-aimée Elisabeth est encore vivant, et c'est là l'essentiel. On peut le délivrer et, malgré l'état déplorable auquel il est réduit, le rendre à la vie civilisée. Il est jeune ; l'éducation effacera les traces de sa dégradation présente ; et pourquoi ne deviendrait-il pas de nouveau l'orgueil et la joie de sa famille ? Palmer, comptez-vous tarder beaucoup à tenter la délivrance de ce pauvre enfant ?

— Je partirai demain matin.

Anna et madame Surrey voulurent faire des représentations à Richard ; il ne leur laissa même pas le temps d'ouvrir la bouche.

— Vous allez encore me parler de mes dernières fatigues, reprit-il d'un ton péremptoire ; il n'en soit plus question ! je suis entièrement remis ; je me sens redevenu fort et dispos. S je ne devais pas m'occuper de préparatifs indispensables, réunir le nombre d'hommes nécessaires pour assurer le succès de mon entreprise, je me mettrais en marche sur l'heure.

Les pauvres femmes, intimidées, n'osèrent élever aucune objection.

— Je comprends votre impatience, Richard, reprit l'amiral, et je la partage. Vous avez besoin, dites-vous, d'un grand nombre de personnes pour mener à bien votre projet ; où vous les procurer. Il y a sur la frégate des lascars que nous avons pris à Malacca pour les besoins de la manœuvre ; ce sont des hommes de fer, exercés à chasser le tigre dans les jungles impénétrables, et endurcis à toutes les fatigues de la vie des bois. Nous les joindrons aux gens du pays que vous pourrez déterminer à vous suivre, et moi-même je me propose de vous accompagner.

— Vous, sir Georges ? Mais votre âge, votre manque d'habitude...

— Ne s'agit-il pas de mon petit-fils, de l'enfant de mon Elisabeth ? Combien pensez-vous que durera cette excursion dans la forêt ?

— Trois ou quatre jours au plus.

— Il n'est pas probable que le reste de mon escadre ait rallié la frégate dans le port du Nouveau-Drontheim avant ce délai ; je suis donc libre de disposer de mon temps jusque-là. C'est entendu, Palmer, je vous suivrai.

La résolution de l'amiral pouvait avoir de nombreux inconvénients ; mais le colon n'osa la combattre, et fit un signe d'assentiment.

— Mon oncle, dit Anna tout à coup, et moi aussi je veux vous suivre.

— Vous, chère enfant ? Y songez-vous ? C'est impossible.

— Et pourquoi donc, mon oncle ? je supporte bien la fatigue, je suis habituée au climat ; une marche de trois jours ne serait pas au-dessus de mes forces.

— Ne parle plus de ce projet, Anna, je t'en conjure, dit madame Surrey avec épouvante ; je ne consentirai jamais....

— Ma mère, que puis-je craindre sous la protection de mon oncle Palmer, de sir Georges et de tant d'autres personnes ? D'ailleurs, peut-être serai-je de quelque secours pour opérer le salut de mon malheureux cousin ! Si farouche qu'il soit, il reconnaîtra ma voix et mes traits, j'en suis sûre ; il ne fuira pas devant moi ; je lui parlerai, je l'adoucirai, je le ramènerai, j'en ai la certitude.

Des larmes mouillaient ses beaux yeux et elle joignait les mains d'un air suppliant.

— Non, non, ma fille, s'écria madame Surrey, ne demande pas cela ; ne quitte pas ta mère malade. Je serais dans les angoisses terribles pendant ton absence ; quand tu reviendrais, tu me trouverais morte.... Mon cher Richard ne souffrira pas que tu t'exposes à de pareils risques.

— Avec votre permission, ma sœur, je serai, toute réflexion faite, d'un avis différent. Ma nièce a raison ; elle pourra nous être fort utile pour rendre doux et traitable notre pauvre sauvage, dont la défiance et l'impétuosité sont les principales difficultés de notre entreprise. J'ai conçu le plan qu'Anna doit m'aider à réaliser. Du reste, ma sœur, ne vous alarmez pas outre mesure pour votre fille ; j'espère écarter d'elle toute espèce de danger, et elle aura seulement à souffrir de la fatigue. Les détours de cette partie de la forêt que nous devons traverser me sont bien connus à présent ; sauf certains passages où nos travailleurs devront s'ouvrir un chemin avec la hache et le coutelas, je m'engage à guider la troupe à travers des cantons qui ne présentent pas de difficultés sérieuses. Maria et Darius accompagneront Anna pour la servir ; moi-même je ne la perdrai pas de vue d'un instant... Consentez donc à me la confier pendant quelques jours, et je vous la ramènerai saine et sauve, je vous le promets.

Malgré ces assurances de son frère, qui avait conservé sur elle une grande autorité, madame Surrey résistait toujours ; mais Richard et Anna devinrent si pressants, que la pauvre mère finit par céder.

— Soit donc, dit-elle avec effort, que le ciel ait pitié de toi ! Comment supporterai-je l'absence de ma fille ? Mais vous me la rendrez, Richard. Oh ! vous me la rendrez, n'est-ce pas ?

De nouvelles promesses, des protestations chaleureuses parvinrent enfin à la calmer. Pendant que le colon achevait de la rassurer, sir Georges dit bas à Anna, toute heureuse du succès de ses instances :

— Vous aimez bien Edouard, mademoiselle, et vous êtes une bonne fille. Si je ne me trompe, cette affection sera surtout précieuse à ce pauvre enfant quand il sera rendu à sa famille et à la société.... Continuez donc de l'aimer, et nul ne s'opposera plus tard à ce qu'il vous consacre toute son existence à son tour.

Chose étrange ! ces paroles ne semblèrent pas produire une impression favorable sur Anna. Elle pâlit légèrement, ses yeux se séchèrent, et elle baissa la tête en silence.

Cependant elle ne tarda pas à dominer ce sentiment, et elle reprit avec un enthousiasme fiévreux :

— Nous réussirons.... Ma mère, mon oncle, sir Georges, nous réussirons, j'ai en notre ferme confiance ! Nous allons retrouver Edouard, l'arracher à ces affreuses bêtes qui se sont emparées de lui. En peu de jours il redeviendra doux, bon, affectueux comme il était au temps de son enfance.

— Et nous quitterons enfin cet odieux pays, dit l'amiral ; vous retournerez en Angleterre, où Edouard sera élevé pour remplir dans le monde un rôle digne de moi, pour devenir un jour mon héritier.

— Oui, oui, nous partirons pour l'Angleterre, dit madame Surrey avec vivacité ; rien ne s'y oppose, maintenant que Richard est déchargé d'une des odieuses accusations qui pesaient sur lui.... Quant à moi, je recouvrerai certainement la santé dès que je ne serai plus exposée aux influences de ce climat meurtrier; c'est lui surtout qui me mine et me tue ! Oh ! n'est-ce pas, mon frère, que nous partirons ?

— En quelque lieu du monde que nous allions, poursuivit Anna d'un air d'orgueil, mon oncle ne doit craindre d'être à la charge de personne ; car il peut réaliser dès à présent pour son fils et pour lui une fortune immense.

— Vraiment, Anna, demanda Richard avec un étonnement naïf, sommes-nous donc si riches ?

— Vous l'êtes, mon oncle, quoique depuis bien des années vous n'ayez pas songé à vous en informer.... Ah ! mon oncle, mon bon oncle, parmi tous les sujets de joie que nous avons aujourd'hui, ce n'est pas le moindre que de vous voir agir, parler, penser comme autrefois. Vous nous avez dit plus de bonnes paroles depuis quelques instants que pendant les cinq années qui viennent de s'écouler, et c'est là sans doute un heureux présage pour l'avenir.... Oui, il n'y a plus à douter maintenant que les mauvais jours ne soient finis et que des temps meilleurs ne commencent pour nous tous !

— Que Dieu vous entende, pauvre Anna !

Pendant que la famille s'abandonnait à ces espérances, une grande rumeur s'était élevée à différentes reprises dans l'éloignement ; on eût dit qu'elle partait du balley où avait lieu la fête. Ni Richard ni l'amiral n'y donnèrent beaucoup d'attention, supposant que ce tumulte avait pour cause la joie un peu turbulente des invités. Mais bientôt des voix animées se firent entendre dans la maison même, et les obligèrent d'interrompre leur conversation ; on ne tarda pas à reconnaître l'organe criard de la négresse Maria, qui répondait dans le jargon du pays à un personnage dont l'accent et les expressions étaient plus grotesques encore :

— Le grand mandarin de la mer ! que vous dire, imbécile ? Pas de mandarin ici ..... vous pas entrer du tout, du tout.

L'autre répondit sans s'émouvoir :

— Le gouverneur a dit : « Va chercher vite, vite le grand mandarin de la mer chez ton maître, et fais-lui de venir au bimbang. » Yaw est venu, et il faut qu'il rapporte au gouverneur une réponse *couleur de vermillon* ou le gouverneur fera battre Yaw.

— Vermillon ! vermillon vous-même ! s'écria la négresse, qui crut voir une insulte dans l'expression toute chinoise de son interlocuteur ; ce méchant mangeur de chenilles et de rats rôtis qui se moque de la couleur des autres !.... Vous pas entrer ... moi vous dis !

Mais Palmer avait compris le langage baroque des deux disputeurs.

— Le mandarin de la mer ! répéta-t-il ; c'est vous sans doute, amiral, que le Chinois désigne comme vient vous chercher de la part du gouverneur ; de quoi s'agit-il donc ?

Il alla ouvrir la porte, et, imposant silence aux interlocuteurs, il donna l'ordre à Yaw de venir remplir son message auprès de l'amiral.

Yaw entra en se dandinant, selon son habitude. Il était peu changé depuis cinq ans ; il avait le même teint jaune, les mêmes joues saillantes, les mêmes yeux bridés, les mêmes manières ridicules qu'autrefois ; on aurait pu croire aussi qu'il avait le même costume, tant ses habits étaient vieux, sales et usés. Enfin, le même sourire hébété s'épanouissait sur sa large figure, et sa longue queue oscillait toujours de l'une à l'autre de ses épaules, avec la régularité d'un balancier de pendule.

Quoiqu'il pût être porteur d'un message pressé et important, il conservait ses allures nonchalantes, et rien qu'un danger personnel ne semblait capable d'accélérer son indolente démarche. Cependant le tumulte, dans la direction du balley, devenait plus bruyant, plus menaçant de minute en minute, et tout prouvait qu'il se passait de ce côté des événements fâcheux. Aussi Palmer comprit-il qu'il devait couper court aux lenteurs ordinaires du Chinois.

— Allons, parle, Yaw, lui dit-il avec impatience ; c'est sans doute l'amiral Stevenson que tu appelles « le mandarin de la mer. » Eh bien ! tu es devant l'amiral ; de quelle commission M. Stewart t'a-t-il chargé pour lui ou pour moi ?

Au lieu de répondre, Yaw se mit à rire, sans cesser de se dandiner.

— Le coquin est à moitié ivre d'opium, dit Palmer, s'adressant à l'amiral.

— A quoi donc pense M. Stewart de nous envoyer un pareil idiot ? dit sir Georges avec dégoût.

— Peut-être n'avait-il pas sous la main d'autre messager..... Ah çà ! poursuivit le colon d'un ton menaçant, en se tournant vers le Chinois, parleras-tu ? Je trouverai bien le moyen de te délier la langue !

Et il saisit un rotin ; cette fois Yaw parut comprendre que le moment n'était pas favorable pour s'abandonner à ses lunatiques réflexions.

— Maître ne doit plus battre Yaw, dit-il avec un air de dignité comique ; Yaw bientôt ne sera plus un serviteur de l'habitation, un pauvre homme qui cultive le riz, le poivre et la canne à sucre ; Yaw a des épargnes ; il est riche et il va retourner dans le Céleste-empire-Fleuri. Il emmènera avec lui Légère, la fille malaise qui a des anneaux d'or aux jambes et des bracelets d'or aux bras, et ils feront le commerce de l'opium.

— Si tu emmènes Légère, je sais bien ce que deviendra l'or de ses anneaux et de ses bracelets, et, si tu t'établis marchand d'opium, tu fumeras ta marchandise jusqu'à ce qu'elle t'ait tué..... Mais ce n'est pas de cela qu'il s'agit..... Je te demande ce qui se passe là-bas au bimbang, et pourquoi le gouverneur, M. Stewart, t'a envoyé ici ?

La vue du rotin accéléra la réponse de Yaw.

— Que maître écoute : Légère a coqueté avec le rajah et puis avec le jeune mandarin de la grande jonque ; mais c'est Yaw qu'elle préfère ; c'est pour lui qu'elle se fait donner des bracelets et des bijoux.....

— Au diable Légère et le rajah et Yaw lui-même ! interrompit Palmer furieux ; encore une fois que s'est-il passé au bimbang ?

— Les Anglais et les Malais se sont pris de querelle, répliqua le Chinois avec un grand flegme, et ils se battent à coups de criss et à coups de sabre..... Mais ils n'ont pas maltraité Yaw.

— On se bat ? Que ne le disais-tu donc, butor ? s'écria Palmer.

Et il repoussa Yaw si rudement, que le malheureux alla tomber à dix pas en tournant sur lui-même comme un poussah de son pays.

Puis Palmer, s'adressant à l'amiral qui n'avait pu comprendre cette conversation, mais qui écoutait avec une inquiétude croissante :

— Sir Georges, reprit-il précipitamment en anglais, si j'en crois cet homme, une collision vient d'éclater là-bas, et M. Stewart, le gouverneur, juge votre présence nécessaire pour le prompt rétablissement de l'ordre.

— Ces cris furieux m'avaient donné à penser qu'il s'agissait de quelque chose de pareil, répliqua Stevenson ; je vais me rendre à l'appel du gouverneur.

Et il fit rapidement ses préparatifs de départ.

— Avec votre permission, sir Georges, je vais vous accompagner, dit Palmer en prenant son chapeau.

— Quoi ! mon frère, s'écria madame Surrey avec inquiétude, allez-vous donc vous mêler de cette querelle ?

— Je n'abandonnerai pas sir Georges ; d'ailleurs, il n'y a rien à craindre..... Tenez, les cris ont cessé presque entièrement. Sans doute notre jeune gouverneur, qui ne manque ni de prudence ni de décision, sera parvenu à rétablir l'ordre.... Et puis ne songez-vous pas que tous ceux qui devront m'accompagner demain sont réunis au bimbang ; je vais m'entendre avec eux, et je reviendrai bientôt.

En même temps, il partit avec sir Georges qui, préoccupé de la gravité des circonstances, prit à peine le temps de dire adieu aux dames.

Après leur départ, la négresse Maria, qui n'avait pas vu Yaw sortir du salon, vint s'informer de ce qu'il était devenu. Le Chinois, lancé par la main vigoureuse de Richard, était tombé.

comme nous l'avons dit, à l'autre extrémité de la pièce ; et trouvant là un plancher bien poli, recouvert d'une natte, il n'avait pas jugé à propos de changer de place. Il s'était donc mis à l'aise ; et les yeux à demi ouverts, le visage épanoui, il s'abandonnait avec béatitude aux extases que la fumée d'opium donne à ses élus.

Mais ce n'était pas le compte de Maria, et elle n'entendait pas que l'intrus souillât de sa présence le salon de ses maîtresses. Malgré l'indulgence d'Anna, qui demandait grâce pour le pauvre *chinaman*, la négresse administra force coups de pied à Yaw pour l'obliger à se lever. Ne pouvant l'y décider, elle le prit dans ses bras robustes et alla le porter sous la verandah, pendant que le Chinois balbutiait dans son rêve :

— C'est pour Yaw que Légère a des bracelets d'or..... Yaw est riche. Il vendra de l'opium..... Il sera marchand honoré, mandarin à bouton de cristal !

XX. — LES PROUESSES DE LÉGÈRE.

Nous voici dans l'obligation de ramener nos lecteurs au bimbang du Nouveau-Drontheim, afin de leur expliquer pourquoi la présence de l'amiral y était d'avenue subitement nécessaire.

Nous ne reviendrons pas sur les détails que nous avons déjà donnés au sujet d'une fête de ce genre. Il nous suffira de dire que, sous la domination anglaise, la physionomie de ces bimbangs, leur composition, le cérémonial qu'on y observait, étaient demeurés les mêmes qu'au temps de la domination hollandaise. Les Anglais étaient trop habiles, en effet, pour heurter de front les anciens usages des pays où ils s'établissaient en maîtres, et c'est là ce qui, en dépit de leur caractère exclusif, rend leur joug facile à supporter. La fête du Nouveau-Drontheim avait donc, le soir dont nous parlons, son aspect accoutumé.

Le vaste hangar qui servait de lieu de réunion était encore illuminé de ses lanternes de couleur, qui répandaient au loin dans la campagne une éblouissante lumière. A l'intérieur, c'étaient les mêmes invités avec leur habitudes brutales et sanguinaires : ici des joueurs de dés, suivant avec anxiété les mouvements de quelques morceaux d'ivoire ; là les amateurs de combats de coqs, se passionnant pour l'oiseau *jaune* ou pour l'oiseau *rouge* plus loin les fumeurs d'opium, se livrant à leur manie mortelle, au son des gongs chinois et des flûtes malaises. Enfin c'étaient encore des vieillards qui causaient entre eux, en mâchant du bétel ou en buvant du kava, tandis que les Européens allaient de groupe en groupe, regardant toutes choses avec étonnement et souvent avec moquerie.

Cependant la fête dont il s'agit avait d'abord semblé devoir effacer toutes les précédentes par son éclat, et elle avait commencé sous les plus heureux auspices. Vers les neuf heures, les gadises avaient fait leur entrée, leur boîte de siri à la main ; elles étaient allées s'asseoir sur les coussins qui formaient un cercle au milieu du balley, tandis que les femmes plus âgées prenaient place aux des nattes derrière elles. Alors, selon l'usage, un vieillard avait complimenté les Européens, et un midshipman, au nom des nouveaux venus, avait répondu avec la courtoisie exigée par le code sumatrien. Le cérémonial accompli, les gadises avaient offert leurs boîtes, reçu les présents d'usage de le part des galants voyageurs, et enfin était venu le tour des danses, qui devaient durer le reste de la nuit.

Tout allait donc bien quand une Hélène jaune, non moins coquette, sinon moins belle que celle qui causa la ruine de Troie, avait jeté le trouble et la guerre dans cette joyeuse assemblée.

L'Hélène en question n'était autre que la fille du Malais Tueur-d'Éléphants. Légère pourtant avait alors vingt-cinq ans environ, et sous ce climat dévorant, une fille de vingt-cinq ans est réputée vieille. Quelques rides commençaient à paraître sur son visage ; sa bouche était dévastée par l'abus du bétel, et ses yeux, toujours brillants néanmoins, s'entouraient d'un cercle noir. En revanche, aucune beauté du voisinage ne savait jouer de l'éventail ou de la prunelle d'une façon aussi habile, aucune

n'avait autant de grâce et de souplesse à la danse. Aussi, quoiqu'elle fût bien et dûment doyenne d'âge des gadises présentes, demeurait-elle leur reine par sa science profonde de la coquetterie et par l'éclat de ses succès.

Elle portait, du reste, un costume de reine, et il eût été impossible de reconnaître en elle la jeune fille chargée du soin de la laiterie et de la basse-cour à l'habitation Palmer ; à la vérité, ses ajustements représentaient à eux seuls toute sa fortune, celle de son père, et sa dot le jour où elle se marierait avec Yaw ou tout autre de ses prétendants. Son corsage et sa robe étaient d'une riche étoffe de soie ; son écharpe en crêpe de Chine avait une large frange d'or. Ses magnifiques cheveux noirs, massés à la chinoise au sommet de sa tête, étaient retenus par un peigne et de longues épingles en filigrane d'or que les ouvriers malais excellent à travailler. Ses jambes et ses bras, nus selon l'usage, avaient pour ornements plusieurs anneaux d'or qui cliquetaient au moindre de ses mouvements. Enfin, usant d'une mode très-répandue encore aujourd'hui à Sumatra, à Java et à Bornéo parmi les jeunes filles que l'usage du siri a privées de leurs dents, elle avait poussé l'abus de l'or jusqu'à se faire faire un ratelier complet avec ce précieux métal ; et quand elle souriait, ces dents d'or, s'harmoniant avec son teint orange, donnaient à sa physionomie le caractère le plus singulier.

Autour de cette beauté majestueuse erraient, comme on peut le croire, un certain nombre d'admirateurs placés plus ou moins haut dans ses bonnes grâces. Sans parler du Chinois Yaw, qui de loin et perdu dans la foule contemplait sa brillante fiancée à travers la fumée de l'opium, un Malais à figure sinistre se tenait debout derrière elle. C'était un homme grand, maigre, aux manières farouches. Il habitait le Nouveau-Drontheim depuis six mois et on le désignait d'ordinaire par son titre de « rajah. » Il avait été, en effet, rajah ou chef d'une des nombreuses peuplades qui occupaient l'intérieur du pays ; mais ayant voulu, à la tête de ses gens, attaquer une tribu voisine, il avait été battu, les siens avaient été tué ou pris ; lui-même avait eu grand'peine à s'échapper avec trois ou quatre hommes dans le prhos qui l'avait conduit au Nouveau-Drontheim et qui contenait toute sa fortune. Cette fortune n'était pas bien considérable, car elle consistait en quelques bijoux qui paraient, à cette heure, la fille de Tueur-d'Éléphants, et la majesté déchue ne semblait avoir aucun moyen de s'en procurer d'autres. Le rajah affectait une violente passion pour la belle gadise qui, de son côté, lui adressait volontiers ses sourires dorés en acceptant ses présents ; et soit qu'il obéît seulement aux suggestions de son ombrageuse nature, il poursuivait Légère de ses défiances, menaçant tous ceux qui l'approchaient des deux criss à poignée d'argent passés dans sa ceinture.

On s'étonnera peut-être que le rajah et les autres adorateurs de Légère ne fussent pas tenus à distance par ce terrible Tueur-d'Éléphants qui avait tiré une si cruelle vengeance du séducteur de sa femme ; mais Tueur, autrefois si délicat sur le point d'honneur, semblait s'être ravisé en prenant de l'âge. Abruti par le jeu, ruiné par les gageures des combats de coqs, il ne s'occupait plus guère de ses intérêts domestiques, et un présent, soit en argent, soit en nature, l'empêchait de se montrer trop clairvoyant au sujet de sa fille. Le rajah savait cela, peut-être par tradition, et il avait pris soin de rester en bons termes avec le père de son adorée. Toutefois il ne fallait pas trop compter sur la mansuétude du Malais, et les jours où le Tueur-d'Éléphants était de mauvaise humeur pour avoir perdu son argent aux dés ou au cock-pit, il pouvait être imprudent, au rajah comme à tout autre, de musqueter auprès de la gadise.

Or, dans la soirée dont nous parlons, le père, aussi bien que l'amoureux, aurait pu être offusqué des agaceries de Légère à l'égard d'un jeune matelot anglais que le hasard ou peut-être une volonté préméditée lui avait donné pour partenaire. Ce nouveau venu était un beau et robuste garçon, d'un caractère joyeux, ne doutant de rien, et qui avait fait déjà bien des ravages parmi les belles du nouveau et de l'ancien monde. C'était à lui que Légère avait offert sa boîte de siri, superbe coffret en bois de sandal, incrusté de nacre et d'ébène avec la patience minutieuse des ouvriers chinois. De son côté le matelot, après avoir enlevé le bétel que contenait la boîte, s'était empressé de la remplir de chaînes de laiton, de colliers et de pendants d'oreilles en perles fausses, de tout un assortiment de bimbeloteries sans valeur. Mais la gadise, qui jugeait sur l'apparence, avait été éblouie de la richesse du présent, et elle récompensait le galant et généreux étranger par une préférence des moins équivoques, sans égard pour son Othello de rajah.

Encouragé par son succès, le gaillard matelot, comme autrefois le contre-maître de *la Gertrude*, ne croyait pas devoir mettre une grande réserve dans l'expression de son admiration pour Légère ; il s'en donnait donc à cœur joie, riant et gesticulant avec la belle Malaise qui ne s'en offensait pas.

Un moment vint où Légère dut entrer dans le cercle formé au milieu du bal pour exécuter avec ses compagnes le *pas de l'écharpe*, où elle excellait. Cette fois encore son triomphe fut complet ; aucune des jeunes filles présentes ne savait faire voltiger son salandani avec autant d'élégance, prendre des attitudes aussi gracieuses, lancer des œillades aussi provocantes. L'admiration de l'assemblée se traduisit par des bravos sous toutes les formes et dans toutes les langues ; et quand la danseuse regagna sa place, les admirateurs se pressèrent à l'envi sur son passage, offrant à la gadise des éventails, des miroirs, des boîtes pour le siri, en témoignage de la satisfaction qu'elle leur avait causée.

Cependant le sombre rajah ne s'était pas approché avec les autres pour lui offrir ses félicitations, et sa main continuait de serrer le manche de son criss, tandis que Yaw disait de l'autre extrémité du balley :

— La fille de Tueur ne peut manquer d'enrichir Yaw ; quand Yaw l'aura épousée, il l'emmènera dans le Céleste-Empire et il la fera danser devant l'empereur qui nommera Yaw mandarin et gouverneur d'une ville impériale.... Mais les chaînes et les colliers que le *barbare* a donnés à Légère sont-ils bien de l'or et des perles ? Yaw voudrait les voir.

Cet éclatant succès aurait dû satisfaire l'amour-propre de la beauté jaune ; il n'en fut pas ainsi. Comme elle fendait la foule pour aller toute glorieuse se rasseoir à sa place, une parole prononcée par une de ses compagnes la fit se retourner tout à coup et son œil noir lança un éclair.

C'est qu'en effet, si les hommes éprouvaient pour elle une ardente admiration, ce sentiment n'était nullement partagé par les femmes de l'assemblée. En pareil cas, dans une société européenne, une femme aurait cru devoir venger sa défaite par quelque mot à double entente, réservé, mais bien perfide ; dans cette réunion de belles filles noires, rouges ou cuivrées, on n'y mettait pas tant de raffinement. Aussi, quand Légère était revenue vers ses compagnes, avait-elle pu entendre une des plus jeunes et des plus jolies gadises dire assez haut :

— Il y a bien des années que Légère danse le pas du salandani : elle devrait maintenant le laisser à celles dont elle pourrait être la mère.... Ses rides jurent avec ses grâces.

C'était ce propos qui était venu frapper Légère au cœur comme un coup de poignard empoisonné. Aussi lançat-elle à l'autre gadise ce regard étincelant et songea-t-elle à se préparer immédiatement un nouveau triomphe qui, suivant elle, devait faire pâlir de jalousie toutes les femmes présentes.

Un plan fut bientôt arrêté. Son infernale coquetterie ne lui permettait pas de s'inquiéter des moyens et des conséquences pourvu que le but fût atteint, et ce but était d'exciter un immense scandale qui, selon ses idées particulières, devait prouver à ses compagnes le pouvoir de sa beauté.

Elle s'était remise à sourire pendant qu'on l'accablait de félicitations, et elle semblait prendre plaisir à montrer ses dents d'or. Mais quand les transports furent un peu calmés, elle se retourna et appela le rajah près d'elle par un mouvement de son éventail.

Aussitôt la statue s'anima ; quelque chose comme un sentiment d'orgueil et de joie passa sur cette figure de bronze. Le rajah perça la foule d'un air de dignité, s'avança vers Légère et se pencha pour écouter ce qu'elle avait à lui dire.

— Rajah, murmura-t-elle en langue malaise près de son oreille, c'est pour toi que j'ai dansé ; ces étrangers m'obsèdent, et ce jeune Anglais surtout m'est odieux, car il se place entre mon bien-aimé et moi.

Le sombre exilé était dans le ravissement, et il allait répondre quand un nouveau signe de l'éventail vint lui imposer silence.

Cependant il ne s'éloigna pas et continua de dévorer des yeux l'enchanteresse, qui, de son côté, lui envoyait à la dérobée des regards enivrants.

Le jeune marin n'avait rien compris à tout cela, et c'était à peine s'il avait remarqué la présence du rajah. Il continuait de débiter à Légère, avec une gaieté qui sentait un peu les tavernes de Londres, des compliments qu'elle ne comprenait pas toujours quand elle-même, appelant à son aide le peu d'anglais qu'elle savait, lui dit derrière son éventail, sans que sa physionomie trahit le moins du monde le sens de ses paroles :

— Tu es beau comme le jour naissant, et comment pourrait-on ne pas t'aimer ? Mais je n'ose me livrer au plaisir que me cause ta présence ; car le rajah, ce Malais qui est là près de toi, ne me perd pas des yeux.... Défie-toi de lui ; il est faux et traître.

Quoique ces paroles fussent dites dans un anglais impossible, le marin les comprit parfaitement.

Le piége était grossier, et une coquette européenne, qui eût voulu voir de preux chevaliers s'égorger pour ses beaux yeux, y eût mis sans doute plus d'adresse ; néanmoins la perfidie eut tout le succès désiré, et les deux rivaux commencèrent à se toiser mutuellement d'un air qui n'avait rien d'amical. Sûre que le feu était aux poudres et que l'explosion ne tarderait pas longtemps, Légère redoubla de minauderies et d'insouciante gaieté.

Les danses avaient recommencé ; le matelot et le rajah paraissaient regarder avec intérêt les danseuses qui avaient remplacé Légère et ses compagnes. Cependant, comme le rajah était au premier rang et comme sa haute taille empêchait ceux qui se trouvaient derrière lui d'admirer les gadises, le jeune Anglais dit tout haut, de ce ton railleur en usage sur les gaillards d'avant :

— Voilà un gentleman à visage de pain d'épice qui est diablement gênant ! Il s'élève aussi haut et il porte autant de voiles que le grand mât d'un trois-mâts. Quel est le bon matelot qui grimpera se mettre en vigie dans sa hune ?

Les rires des matelots accueillirent ces quolibets, mais la raillerie fut perdue pour le rajah, qui ne comprenait pas un mot d'anglais. Encouragé par son succès, le jeune drôle poursuivit d'un ton plus provocateur encore :

— Mais voyez donc si l'on ne dirait pas de la vieille marchande de pudding dans Hyde-Park, avec sa figure ratatinée, sa robe lâche et son madras sale autour de la tête en guise de cornette !... Du pudding blanc pour un penny, mistress !

Les risées redoublèrent, et il était impossible que le rajah ne s'aperçût pas qu'il était l'objet de ces moqueries. Il se retourna donc à moitié vers les railleurs, le sourcil froncé, mais il ne dit rien et demeura immobile.

— Prends garde, dit un matelot à son camarade ; la vieille a ses grands couteaux à la ceinture, et elle pourrait bien fabriquer du pudding noir avec ton sang !

— Bah ! reprit l'effronté, je me soucie de son arsenal de cuisine comme ça !

Et il fit un de ces gestes qui par tous les pays sont considérés comme une sanglante injure. Le rajah, quoiqu'il eût vu le geste, n'en avait pourtant pas compris la portée, et il n'eût pas bougé encore si Légère, qui se trouvait en ce moment entre les deux rivaux, ne lui eût dit bas en langue malaise :

— Il t'insulte, rajah... et je ne saurais aimer un lâche.

Alors, se tournant vers le matelot, elle reprit dans son mauvais anglais et d'un ton à faire croire qu'elle lui adressait un reproche :

— Tiens ferme, brave *serani* ; il va te céder la place, et je n'aimerai plus que toi.

Puis elle se remit à jouer de l'éventail en souriant de son sourire métallique [1].

En dépit de ces incitations, aucun des deux rivaux ne semblait vouloir attaquer l'autre le premier, et ils se contentaient de se regarder fixement comme pour se défier :

---

[1]. Le caractère odieux de Légère n'est pas une invention du romancier. Tous les voyageurs s'accordent à constater que non-seulement à Sumatra, mais encore à Bornéo et à Java, on trouve dans la race malaise des femmes dont les instincts atroces sont l'origine des crimes fréquents qui se commettent dans ces colonies.

Elle s'assit sur l'herbe et plongea ses pieds blancs et délicats. (Page 80.)

— Eh ! face de safran, reprit enfin l'Anglais en ricanant, crois-tu me faire peur avec tes yeux de serpent à sonnettes ? Approche, si tu l'oses, et nous saurons si ta peau de vieux parchemin résonnera aussi bien qu'un tambour au moment d'un branle-bas.

Le rajah n'y tint plus. Il poussa un cri sauvage et bondit comme un tigre, son poignard à la main. Malgré l'impétuosité de son adversaire, le marin était sur ses gardes; fort expérimenté dans l'art du boxing, il évita habilement le coup qu'on lui portait, et, attaquant le Malais à son tour, il le jeta sur le sol d'un coup de poing.

Les hourras des matelots européens accueillirent cet acte de vigueur et d'adresse ; mais à peine le rajah avait-il touché la terre qu'il se retrouva debout, l'œil flamboyant, la bouche écumante, toujours armé de son poignard. L'Anglais ne s'en effrayait pas, et se disposait à soutenir un second assaut.

— Quoi ! tu n'en as pas encore assez ? dit-il de son ton railleur.

Au moment où le rajah furieux allait lui porter un coup de criss, il le renversa plus rudement encore que la première fois, si bien que le Malais resta étendu sur la place, couvert de sang et presque assommé.

Les marins anglais, qui ne voyaient qu'un jeu dans tout cela, applaudirent de plus belle. Du reste, les autres spectateurs et les jolies spectatrices ne se montraient non plus ni très-surpris, ni très-alarmés; les scènes de ce genre étaient trop fréquentes en pareil lieu pour qu'on s'en émût beaucoup. Personne n'avait fui ; on s'était contenté de former un cercle assez large autour des combattants. Quant à Légère, l'orgueil et la joie rayonnaient sur son visage pendant cette lutte dont elle était la cause;

assise majestueusement sur son coussin, elle se redressait, jouait de l'éventail, redoublait de minauderies et semblait dire aux gadises qui l'entouraient :

— Serait-ce pour vous que des galants s'attaqueraient ainsi ? Toutefois, la fille de Tueur-d'Éléphants ne croyait pas qu'il y eût encore assez de sang versé pour sa gloire ; elle avait rêvé mieux qu'une batterie à coups de poing entre deux hommes. Comme le rajah demeurait étourdi et sans mouvement à ses pieds, elle se pencha vers lui, et dit à voix basse :

— Le rajah n'a-t-il pas des amis pour le venger de ces insolents Anglais ?

Le son de cette voix tentatrice sembla ranimer subitement le vaincu ; il se souleva et prononça d'une voix forte quelques mots dans sa langue natale. Aussitôt les Malais présents répondirent à cet appel par un cri féroce, et s'élancèrent vers leur compatriote pour l'assister. Mais le rajah ne les attendit pas ; se traînant entre les jambes de ceux qui entouraient le matelot et le félicitaient en riant de sa victoire, il se redressa brusquement sur un genou et enfonça son criss dans la poitrine du jeune marin, qui tomba tout sanglant à son tour.

Alors une confusion terrible régna dans l'assemblée ; les Européens avaient tiré leurs sabres, tandis que les Malais agitaient leurs longs poignards en hurlant d'une manière horrible. On se précipita les uns sur les autres ; le sang coula, et dans l'ardeur du combat on foulait aux pieds les malheureuses victimes de cette lutte forcenée.

Il fallait voir Légère en ce moment ! Elle s'était retirée vers une extrémité du balley, mais elle n'était pas effrayée, comme la plupart de ses compagnes. Droite et superbe, le teint animé, le sein palpitant, elle semblait jouir de son triomphe. Jamais reine de tournoi n'a contemplé avec autant d'orgueil de nobles chevaliers se ruant les uns contre les autres dans la lice pour le plaisir de ses beaux yeux.

Cependant l'odieuse créature avait pu voir son père s'agiter au milieu des combattants ; Tueur-d'Éléphants paraissait même un des plus acharnés. D'abord il était ami du rajah, puis une sorte de fatalité, qui l'avait poursuivi toute la soirée, l'avait mis de la plus méchante humeur ; il avait perdu au jeu tout ce qu'il possédait ; son coq de combat avait eu le ventre percé, dès le premier assaut, par l'éperon d'acier du coq ennemi. Aussi ses instincts cruels s'étaient-ils exaltés au plus haut degré, et il avait saisi avec empressement cette occasion de donner cours à sa rage sanguinaire.

Les officiers de la frégate, et tous ceux qui pouvaient exercer une autorité quelconque sur les combattants, étaient accourus afin de rétablir l'ordre. Le gouverneur lui-même, M. Stewart, s'était jeté courageusement entre les deux partis, employant tour à tour les représentations et les menaces pour leur faire mettre bas les armes ; mais ses efforts n'avaient qu'un succès incomplet. Quand il était parvenu, en exposant sa propre vie, à interrompre le combat sur un point, le combat recommençait plus vif et plus acharné sur un autre. Les Malais, parvenus au comble de l'exaspération, ne comprenaient même pas les paroles qu'il leur adressait. Les marins méconnaissant son autorité, et les officiers de la frégate eux-mêmes ne pouvaient se faire obéir de leurs hommes, échauffés par le mouvement et la colère. Aussi tout ce que le gouverneur et ses amis avaient pu obtenir avait été d'empêcher la mêlée de devenir générale. La plupart des assistants se bornaient à s'injurier, à se menacer dans des langues différentes. Cependant la fureur des deux côtés ne cessait pas, et des cris horribles continuaient à s'élever de tous les coins de la salle.

C'était alors que le gouverneur, épuisé, tout en sueur, irrité de voir son autorité impuissante, avait aperçu le Chinois Yaw qui se tenait un peu à l'écart, calme et souriant. Reconnaissant en lui un serviteur de l'habitation Palmer, il lui avait ordonné d'aller avertir l'amiral de ce qui se passait. En même temps, il envoyait au poste voisin, par un sous-officier, l'ordre de mettre la garnison sous les armes, et en attendant de lui expédier au plus vite les soldats alors de garde dans les forts.

Nous savons avec quel zèle, quelle activité, quelle intelligence Yaw s'était acquitté de sa mission. Un temps très-long s'était donc écoulé entre le moment où le Chinois avait quitté le bal jusqu'à celui où l'amiral et Richard sortirent précipitamment de l'habitation.

Chemin faisant, ils entendirent le bruit du tambour du côté du port. En revanche, le tumulte avait entièrement cessé dans la salle du bal, et quand ils y arrivèrent la scène avait complètement changé.

Le jeune gouverneur, soutenu par la garde ordinaire, était parvenu à rétablir l'ordre. Le hangar avait été évacué à la force des baïonnettes, et la plupart des assistants erraient alentour, agités et curieux, mais terrifiés. Dans l'intérieur du balley, tout annonçait encore l'effroyable bagarre qui venait d'avoir lieu. Les lanternes étaient éteintes ou déchirées ; les coussins, les sièges, les instruments de musique jonchaient le sol, avec des éventails, des écharpes et des ajustements de femme ; le sang ruisselait au milieu de ces débris. Cinq ou six hommes, de l'un et de l'autre partis, avaient été grièvement blessés, et deux étaient morts ; d'autres, légèrement atteints, n'avaient pas jugé à propos de se plaindre. Les blessés étaient étendus sur des nattes, et le docteur van Stetten, assisté du chirurgien de la frégate, leur donnait les secours de l'art. Sauf quelques colons européens qui, par faveur spéciale, avaient obtenu la permission de rester dans la salle, on ne voyait plus là qu'une troupe de soldats, le fusil à l'épaule, et au milieu des rangs plusieurs mutins qu'il avait fallu arrêter. Le gouverneur, son épée nue à la main, causait chaleureusement avec les officiers de la frégate.

Stewart vint faire son rapport à l'amiral, qui l'écouta d'un air de bienveillance. Sir Georges, après avoir félicité le jeune gouverneur de l'énergie qu'il avait montrée dans cette circonstance périlleuse et difficile, ouvrit, séance tenante, une enquête sur les événements de la soirée. Il interrogea les prisonniers, les blessés, toutes les personnes qui pouvaient jeter quelque jour sur l'origine du conflit. On savait peu de choses, sinon que la lutte avait commencé entre un jeune matelot et le rajah ; or, le rajah était parmi les morts, et le matelot, la poitrine percée d'outre en outre, ne pouvait répondre à aucune question.

Sir Georges promit que justice serait faite et prit les dispositions que réclamaient les circonstances. Tous les matelots devaient regagner immédiatement le navire, où ils seraient consignés jusqu'à nouvel ordre ; les prisonniers furent envoyés dans les batteries sous bonne garde ; on s'empressa de faire disparaître les morts ; enfin les blessés furent transportés dans une maison voisine, où les médecins devaient continuer à leur donner des soins. Après avoir ainsi pourvu au plus pressé, l'amiral ne s'opposa pas à ce qu'on laissât rentrer les invités, et que la fête continuât, s'il se trouvait encore des gens disposés à se réjouir ; seulement, un piquet de soldats, l'arme chargée et la baïonnette au bout du fusil, fut placé à portée de la salle du bal prêt à réprimer toute nouvelle velléité de rébellion.

Partout ailleurs cette permission eût été bien inutile ; nul n'eût osé chercher la joie dans un lieu qui venait d'être le théâtre d'une pareille catastrophe. Mais les noirs, les Chinois, les Hindous, qui formaient le gros de l'assemblée, n'y regardaient pas de si près ; bientôt les combats de coq, les jeux de dés s'établirent comme auparavant ; les fumeurs revinrent avec leurs pipes d'opium, les buveurs avec leurs calebasses pleines de kava. Les gadises elles-mêmes ne furent pas les dernières à reprendre possession de la salle du bal, et elles ne songèrent pas peut-être, en sentant de l'humidité sous leurs pieds nus, que cette humidité était du sang. Mais quel motif pourrait arrêter une jeune fille qui veut danser, et surtout une gadise ? Un quart d'heure après l'événement, les catingangs et les souleu résonnaient de nouveau, et les écharpes se déployaient gracieusement au-dessus des têtes brunes des jolies Malaises.

Parmi ces sectatrices féroces du plaisir se trouvait en première ligne Légère, le démon qui avait soufflé la discorde sur cette assemblée d'abord si paisible. Du reste, Légère, comme nous l'avons dit, ne s'était guère éloignée du balley, même au moment où il y avait danger à s'en trouver trop près. Postée à l'une des entrées de la salle, elle n'avait rien perdu de cette sanglante bataille, engagée pour elle et à son instigation. Elle était fière de tout ce bruit, de tout ce désordre, de tout ce sang ; il lui semblait qu'après une telle manifestation aucune rivale ne songerait à lui disputer la palme de la beauté et de la mode. Elle avait vu pourtant emporter le rajah et le jeune matelot dans les bras des soldats de garde ; mais que lui importait, puisque leur chute avait été si glorieuse pour elle ? Elle avait donc été l'une des premières à reparaître, joyeuse et leste, dans la salle. Elle promenait autour d'elle son regard engageant, et, en l'absence du ma clot anglais, du rajah et même de Yaw, son ridicule fiancé, elle adressait déjà ses agaceries et ses sourires à un jeune lascar qui, drapé dans ses longs vêtements de calicot blanc, la contemplait en silence. Elle employait son manége ordinaire pour le décider à s'approcher d'elle, ne se doutant pas qu'en ce moment même un homme, caché derrière un pilier à quelque distance, épiait avec une indignation à peine contenue ses abominables manœuvres et songeait à l'en punir.

Cependant sir Georges était resté dans un coin de la salle avec Richard et le gouverneur, tandis que les officiers de la frégate et de la garnison exécutaient au dehors les ordres reçus.

— Voilà une fâcheuse affaire, monsieur Stewart, dit l'amiral avec tristesse, et elle me donnera plus d'occupation que je ne voudrais pendant mon séjour dans la colonie. Ces Malais sont une race perfide et rancunière dont il faut grandement se défier; d'autre part, nous avons sur la frégate de véritables diables qui ne sont pas faciles à contenir. Je ne saurais, après une si longue navigation, les consigner à bord indéfiniment : ce serait cruel, et pourtant il ne faut pas être prophète pour deviner que, quand ils descendront à terre et quand ils se rencontreront avec les Malais, il y aura de nouvelles rixes, des vengeances, des assassinats!... Par le ciel! une malédiction pèse donc sur ce pays? Chaque fois que j'y mets le pied, des catastrophes et des désastres éclatent de toutes parts!

— J'espère, milord, dit le gouverneur respectueusement, que, grâce aux sages précautions que vous venez de prendre, de nouveaux malheurs pourront être évités.

— Sir Georges, dit Richard à son tour, cet événement est surtout funeste parce qu'il dérange tous nos plans. Je comptais trouver ici réunis les Malais qui doivent m'accompagner dans la forêt, et je ne sais plus maintenant comment je pourrai me mettre en rapport avec eux ; j'ignore même si, dans les circonstances actuelles, ils seront d'humeur à me suivre. Cependant mon parti est pris; je ne veux pas retarder d'un instant, d'une minute, mon départ fixé à demain matin.

— Eh bien! monsieur Palmer, dit l'amiral Stevenson, n'avez-vous pas les lascars de la frégate que j'ai mis à votre disposition? Aucun d'eux n'est retourné à bord, car aussi bien, dans cette lutte entre les Anglais et les Malais, ils ont eu la prudence de demeurer neutres. Faut-il leur donner l'ordre de se tenir prêts à partir?

— Les lascars seuls, milord, ne sauraient m'être d'un grand secours; j'aurais besoin avant tout de gens du pays ayant l'expérience de nos bois. D'ailleurs, quelle autorité pourrais-je exercer sur les lascars?

— Leur obéissance, même envers vous, serait pourtant plus assurée que celle des Malais intraitables, impatients de toute règle et de tout frein... Mais vous oubliez, monsieur Palmer, que je dois être des vôtres, et que je les maintiendrai dans le devoir.

— Sir Georges, dit Richard avec embarras, vous êtes donc toujours résolu à m'accompagner? Je crains pourtant que les derniers événements...

— Quoi donc! milord, interrompit le gouverneur avec un mélange de surprise et d'inquiétude, est-il possible que vous songiez à quitter en ce moment la colonie pour vous aventurer dans l'intérieur du pays?

Pendant la conversation précédente entre Palmer et l'amiral, Stewart s'était tenu un peu à l'écart, comme par discrétion. Il avait pourtant observé avec une curiosité extrême ce Palmer mystérieux, que depuis son arrivée à la colonie il avait vu constamment sombre, taciturne, et qui maintenant parlait et agissait avec tant d'aisance et de détermination. Toutefois, ce n'était pas le changement survenu dans la personne du colon qui semblait préoccuper surtout le gouverneur. Une conversation qu'il avait eue dans la journée avec les officiers de la frégate l'avait mis au courant de certaines particularités relatives au gendre de l'amiral Stevenson, et lui avait donné le désir de se tenir sur la réserve avec lui. Cependant, lorsqu'il avait entendu l'amiral annoncer l'intention de s'absenter, il n'avait pu se taire, et il était intervenu brusquement dans la conversation.

L'amiral ne parut pas prendre cette interruption en mauvaise part.

— Monsieur Stewart, reprit-il, vous ne devez pas être surpris que je veuille courir quelques risques pour opérer le salut de ce malheureux enfant.

Et comme Palmer le regardait avec étonnement, il ajouta en souriant :

— Nous pouvons parler en toute liberté devant le gouverneur, Richard.

— Quoi, monsieur Stewart, s'écria le colon avec un mélange de surprise et de confusion, vous savez...

— Que le nom réel de M. Palmer est Richard de Beaulieu, et qu'il est gendre de l'amiral Stevenson, répliqua froidement le gouverneur en s'inclinant ; c'est un secret dont je n'ai pas sollicité la connaissance, mais qui est en sûreté avec moi, monsieur Palmer peut en être certain.

Richard préoccupé de ses projets, ne remarqua pas que le jeune officier, qui avait toujours été accueilli avec tant de cordialité à l'habitation, eût pu manifester plus de bienveillance ; pas un regard amical, pas un serrement de main de Stewart ne vint témoigner au colon quelque sympathie pour ses malheurs passés. Mais, encore une fois, Richard ne s'aperçut de rien, et, emporté par son idée fixe, il se mit à exposer au gouverneur le projet d'excursion convenu pour le lendemain.

En apprenant qu'Anna Surrey devait aussi accompagner son oncle dans les bois, Stewart parut vivement agité.

— Miss Anna! répéta-t-il, est-il possible, monsieur, que vous permettiez à cette délicate jeune fille de s'exposer à de pareilles fatigues?

— C'est elle qui le veut absolument, répliqua Richard ; et nous avons espéré qu'elle nous serait fort utile pour rendre traitable ce malheureux enfant, sur lequel autrefois elle avait une grande influence.

— C'est juste, répliqua Stewart avec amertume ; toutes ses affections, toutes ses préférences sont pour ce jeune cousin.... Du reste, qu'importe à présent !

Il se tut et parut être en proie à quelque pénible émotion. Cependant il reprit bientôt avec effort, en s'adressant à l'amiral :

— Je ne saurais désapprouver, milord, votre désir de prendre part à la délivrance d'Édouard Palmer, parce que je sais à quels sentiments sacrés vous obéissez ; mais croyez-vous que ceux qui ignorent votre lien de parenté avec cet enfant doivent en juger de même? Pendant quelques jours, la surveillance la plus rigoureuse va être nécessaire pour prévenir de nouvelles querelles entre les marins de la frégate et les gens du pays; vous seul avez l'autorité suffisante pour maintenir la paix. Et songez, milord, à la grave responsabilité que vous encourriez peut-être si, pendant votre absence, des troubles aussi fâcheux que ceux d'aujourd'hui venaient à éclater encore dans la colonie.

— Fort bien, monsieur, je connais mon devoir, répliqua l'amiral un peu sèchement, et je ne prétends décliner aucune responsabilité.

— De grâce, milord, ne vous offensez pas de mes paroles; si je vous supplie de ne pas quitter le Nouveau-Drontheim, dans ce moment de crise, ne croyez pas que je veuille mettre obstacle à l'entreprise si généreuse et si respectable de M. Palmer. Loin de là, j'offre à votre place un auxiliaire qui ne manquera ni de zèle ni de dévouement pour en assurer le succès.

— Et qui donc, monsieur Stewart?

— Moi-même, milord. Mon absence ne saurait avoir les mêmes inconvénients que la vôtre, car mon autorité a cessé du moment que votre pennon d'amiral a flotté dans le port. D'ailleurs, je suis acclimaté à Sumatra, et une course dans les bois présente moins de dangers pour moi que pour vous... Enfin, sir Georges, il est une considération, pour ainsi dire politique, dont vous ne pouvez manquer de sentir l'importance : M. Palmer, ayant besoin de beaucoup de monde afin de rendre plus certaine la réussite de ses projets, compte emmener avec lui non-seulement les lascars de la frégate, mais encore la plupart des Malais de la colonie : or, il n'est pas nécessaire de vous expliquer l'avantage qu'il y aurait à tenir ces turbulents Malais éloignés du Nouveau-Drontheim pendant le séjour de votre navire dans le port. Ce serait éviter des occasions de conflit, et quand l'expédition reviendrait, les passions, violemment surexcitées à cette heure, auraient eu le temps de se calmer. Je n'aurais aucune peine à me faire obéir des lascars, déjà façonnés à la discipline du bord ; et les Malais, malgré mon intervention dans la dernière querelle, ne paraissent animés d'aucun sentiment hostile contre moi. Je pourrais donc maintenir la discipline sur les uns et sur les autres, et les faire agir selon les désirs de M. Palmer, qui doit être le chef réel de l'entreprise.

Sir Georges était trop expérimenté pour méconnaître la sagesse de ces observations. Après quelques instants de réflexion, il se tourna vers son gendre :

— Je crois que M. Stewart a raison, Richard, lui dit-il; véritablement j'aurais tort de m'absenter au moment où le reste de mon escadre va rallier la frégate, et où j'attends des nouvelles de la plus haute importance pour vous comme pour moi; et puis, l'idée de faire partir en ce moment les Malais pour une excursion éloignée est des plus heureuses, car elle peut épargner bien des malheurs à la population de la colonie et à mon équipage. Il faut donc, quoi qu'il m'en coûte, modifier nos plans primitifs et accepter la proposition de ce brave jeune homme.

— Volontiers, sir Georges; je n'avais cédé que par respect pour vos volontés. Mais, je dois en convenir, l'expérience spéciale de M. Stewart, sa connaissance des hommes que nous devons employer, sa vigueur et son activité, le mettent mieux que personne en état de me seconder puissamment dans cette affaire, et je lui serai reconnaissant toute ma vie du concours qu'il m'offre si noblement.

Il voulut prendre la main du gouverneur, mais celui-ci se détourna sans affectation :

— Ne me remerciez pas, monsieur.... monsieur Palmer, répliqua-t-il avec embarras; si j'ai le bonheur d'être utile à.... à votre famille, l'intérêt profond que je lui porte, le respect qu'elle m'inspire, seront suffisamment récompensés.

Le gouverneur ne disait pas le véritable motif de sa détermination; c'était qu'Anna Surrey devait suivrait son oncle, et que James Stewart voulait veiller par lui-même sur cette précieuse existence.

Ces arrangements pris, on se mit immédiatement en mesure d'en assurer l'exécution. Sir Georges fit appeler plusieurs des lascars appartenant à la frégate, et leur apprit ce qu'il attendait d'eux; ils n'eurent garde de repousser la proposition de l'amiral. Ils étaient ravis au contraire, après une longue navigation, d'échapper au pénible service du bord, et de pouvoir errer librement pendant quelques jours dans les bois. Aussi acceptèrent-ils au nom de leurs camarades absents, et songèrent-ils à les prévenir, afin qu'à l'heure indiquée pour le départ tous se trouvassent à l'habitation.

La négociation à l'égard des Malais présentait plus de difficultés. Les uns étaient blessés, les autres, parmi lesquels se trouvait Boz, le batteur d'estrade, avaient été envoyés en prison à la suite de la bagarre; d'autres enfin, craignant d'être inquiétés pour le même fait, avaient pris la fuite. Le gouverneur se chargea de tout arranger. Il remontra à l'amiral que la dernière affaire ne pouvait, malgré ses conséquences funestes, être poursuivie trop rigoureusement, qu'elle rentrait dans la catégorie ordinaire des rixes de matelots à terre, rixes pour lesquelles l'autorité maritime n'était jamais bien sévère. Il fallait donc profiter de l'occasion pour se montrer indulgent et déclarer qu'aucun des Malais qui feraient partie de l'expédition ne pourrait être inquiété au sujet des événements de la soirée : à cette condition, il répondait que pas un ne refuserait de se joindre à M. Palmer.

L'amiral, comme l'on peut croire, consentit à tout ; alors le gouverneur annonça qu'il allait lui-même se rendre à la prison pour faire aux Malais la proposition convenue, et pour les déterminer, en cas d'acceptation, à rechercher au plus tôt leurs camarades fugitifs.

Richard était très-content de ces arrangements; toutefois, il paraissait distrait et promenait les yeux sur la foule environnante. Sir Georges lui demanda qui il cherchait :

— Un Malais de mon habitation, dont les services me sont indispensables, Tueur-d'Éléphants. Malgré ses défauts, il est brave, expérimenté, infatigable, et je veux le charger de certaines dispositions de grande importance; aurait-il donc été envoyé en prison avec les autres?

— Je peux affirmer que non, monsieur Palmer, lui répondit le gouverneur sans le regarder ; Tueur-d'Éléphants a été pourtant vu le criss à la main, s'escrimant contre les matelots ; mais comme il était à votre service, j'ai commandé qu'on le relâchât... Et tenez, ajouta-t-il, en étendant la main vers la partie du balley où les danses venaient de recommencer, n'est-ce pas lui que j'aperçois là-bas ?

Et il désignait un personnage à demi caché par un pilier de bois. C'était, en effet, Tueur-d'Éléphants, qui sans doute ne se souciait pas d'attirer l'attention sur lui en ce moment, et qui d'ailleurs paraissait avoir des occupations particulières en cet endroit. Richard l'envoya chercher par Darius, et le Malais voulut bien se rendre à cet appel ; mais il marchait avec lenteur et tournait fréquemment la tête vers le groupe des danseuses, comme si de ce côté quelque chose eût vivement excité son intérêt.

Il ne parut nullement intimidé par la présence des hauts personnages qui se trouvaient avec son maître, et, en arrivant près d'eux, il demanda d'un ton brutal :

— Maître, où est le rajah ?

— Il est mort, je crois, répondit Palmer.

Tueur-d'Éléphants jeta un regard plus farouche vers les gadises, et demanda encore des nouvelles de plusieurs autres Malais qui avaient pris part à la lutte.

— Ils sont blessés ou prisonniers, répliqua Richard ; mais, morbleu ! Tueur, laisse-moi donc parler.

Malgré cette invitation, Tueur-d'Éléphants écoutait à peine, et s'agitait avec impatience. Cependant il finit par accorder quelque attention aux paroles de son maître, et promit de se conformer à ses ordres. La nouvelle que ses compagnons allaient recouvrer immédiatement leur liberté parut surtout lui causer un certain plaisir.

— Ainsi donc, Tueur-d'Éléphants, poursuivit Palmer, tu m'as bien compris ? M. le gouverneur et moi, nous voulons nous mettre en route demain avant le jour ; tu n'as pas un instant à perdre pour te concerter avec tes camarades et faire les préparatifs de départ. Je vois à ta mine renversée que les dés et les combats de coqs ne t'ont pas été favorables ce soir ; sers-moi fidèlement, aide-moi à retrouver mon fils, et je te rendrai dix fois ce que tu auras perdu.

Le Malais se redressa.

— J'obéirai, répliqua-t-il ; tout sera prêt à l'heure que veut le maître... Mais auparavant j'ai quelque chose à faire ici.

Et il s'éloigna rapidement en écartant la foule.

— Qu'a donc ce vilain homme ? demanda l'amiral ; à ses gros yeux blancs, à son sourcil froncé, on croirait qu'il va commettre un crime.

— Rassurez-vous, milord, répliqua Stewart ; c'est tout bonnement un tendre père qui veille sur la vertu de sa fille, quoiqu'il s'y prenne un peu tard. Sa fille, cette jeune enragée coquette, au teint d'orange sèche, que vous voyez là-bas parmi les danseuses. Elle est, dit-on, la cause première de la triste affaire de ce soir, et pourtant la voilà déjà se livrant à son odieux manège... Et, tenez, elle a trouvé moyen d'armer l'un contre l'autre ces deux pacifiques lascars... Ils sont près d'en venir aux mains... Ne dirait-on pas de deux paisibles moutons qui veulent s'entre-déchirer ?

En effet, Légère, après avoir tourné la tête au jeune lascar, avait eu la fantaisie diabolique d'adresser des œillades à un autre Hindou, et de les exciter l'un contre l'autre à l'aiguillon de la jalousie. Elle avait si bien réussi, qu'en dépit de leur humeur pacifique, les deux rivaux se menaçaient déjà du geste et allaient se ruer l'un sur l'autre ; ils n'en eurent pas le temps.

Tueur-d'Éléphants, faisant une large trouée parmi les spectateurs, s'élança dans le cercle où se tenait la gadise. Il repoussa d'un geste énergique les deux lascars, et se dirigea vers sa fille qui, malgré son audace, pâlit en le voyant venir. Tueur lui posa une de ses mains sur l'épaule pour l'empêcher de bouger, tandis que de l'autre il caressait le manche de son poignard.

Les assistants crurent qu'il allait la frapper à mort ; la musique cessa tout à coup, et quelques gadises, non encore habituées comme les vieilles Malaises, aux scènes de ce genre, poussèrent des cris d'effroi. Mais Légère, quoique frémissante, releva la tête et regarda son père avec un air de défi.

Tueur-d'Éléphants dit d'une voix sourde :

— Légère est la digne fille de sa mère, la *Ronguine*... Ce soir elle a tué le rajah, elle a tué le Vaillant ; un daya et un bougui sont blessés! Boa est en prison.. c'est assez! Fille de la *Ronguine*, tiens, tiens.

Il tira son criss; mais, au lieu de le plonger dans le sein découvert de la gadise, il en promena la pointe avec une dextérité et une rapidité incroyables sur le visage de Légère. Aussitôt parurent des lignes rouges et irrégulières, qui allaient d'une joue à l'autre en formant des balafres ineffaçables, puis le sang coula en abondance.

Une rumeur de diverse nature s'éleva dans l'assemblée.

— Je le disais bien, ce misérable a tué sa fille! s'écria l'amiral.

Le gouverneur sourit.

— Vous n'êtes pas habitué aux mœurs de ce pays, milord, répliqua-t-il; quand même cet homme aurait fait ce que vous dites, il serait dans son droit et il ne faudrait pas se fâcher pour si peu; mais rassurez-vous. Tueur s'est contenté de défigurer Légère, et vraiment, si vous connaissiez cette abominable créature, vous seriez forcé d'avouer que c'est justice.

Sir Georges détourna les yeux avec dégoût, et s'éloigna en compagnie de Palmer, tandis que Légère disait à son père avec désespoir, en étanchant le sang qui inondait son visage :

— Ah! pourquoi ne m'as-tu pas tuée?

Quelques huées dans la foule, quelques éclats de rire des gadises, furent comme l'oraison funèbre de sa fatale beauté.

XXI. — LE DÉPART.

Le lendemain matin, un peu avant le jour, comme l'avait souhaité Richard, tous ceux qui devaient prendre part à l'excursion projetée se réunissaient dans la cour de l'habitation. Bien que l'obscurité ne fût pas très-épaisse, le cabout rendait nécessaire l'usage des flambeaux, et plusieurs torches de sapin fichées en terre répandaient autour d'elles une lueur rougeâtre. Les lascars et les Malais se trouvaient déjà au lieu du rendez-vous, les uns couverts de leurs longs vêtements blancs, les autres enveloppés dans leurs amples sarongs, afin de se défendre contre la fraîcheur de la matinée; mais tous, par-dessous ces habits flottants, portaient un costume fort simple, qui ne pouvait les gêner au milieu des broussailles inextricables de la forêt. Ils s'étaient pourvus de coutelas et de haches pour s'ouvrir passage dans les fourrés; en outre, ils avaient des fusils de gros calibre, ou même de ces longs fusils qui sont encore aujourd'hui en usage dans ces contrées barbares. Les Malais eussent bien voulu se munir aussi des arcs à flèches empoisonnées qui sont leurs armes ordinaires, mais Palmer s'y était opposé énergiquement, de peur que, dans une lutte possible, son fils ne reçût quelque blessure mortelle, et force avait été de se soumettre à ses ordres. Du reste, les deux races formaient des groupes distincts; soit que la différence des langues les empêchât de se rapprocher, soit qu'elles éprouvassent l'une contre l'autre des sentiments de défiance, elles se tenaient à chaque extrémité de la cour, sans communiquer entre elles. Les deux groupes se composaient en tout d'une quarantaine de chasseurs, et ce nombre semblait plus que suffisant pour mener à bien l'entreprise en voie d'exécution.

Au milieu de la foule allaient et venaient, d'un air empressé, les noirs de l'habitation, et parmi eux Darius qui avait été choisi avec sa femme Maria pour accompagner miss Surrey dans la forêt. Il était en train de faire charger sur un cheval destiné à suivre la troupe, une petite tente pour miss Surrey et quelques provisions indispensables. Tout en s'acquittant de ses fonctions, Darius, nous devons le dire, n'était pas tranquille. Il est de tradition parmi les noirs que les grands singes chimpanzés ou orangs enlèvent volontiers les négresses qui se hasardent dans les bois, et maître Darius ne voyait pas sans une certaine inquiétude que Maria, son épouse légitime, dût suivre les chasseurs. Aussi était-il armé déjà d'une manière formidable d'un criss, d'une hache, d'un fusil et de deux pistolets; et tandis qu'il travaillait aux préparatifs du voyage, il marmottait à part lui :

— Moi pas perdre de vue Maria d'un seul instant.... Qu'il y vienne donc, l'homme qui ne parle pas, me prendre *mon femme* ! Moi le recevoir !

Et il jetait un regard de satisfaction sur l'arsenal complet qu'il portait à sa ceinture.

Richard Palmer était là aussi, veillant à tout, donnant des ordres à chacun dans sa langue. Quoique pendant la nuit précédente il eût pris à peine deux heures de repos, il paraissait plein de courage et de vigueur. Revêtu de son costume de peau qui était décoloré par le soleil et éraillé par les ronces, il allait de l'un à l'autre, s'occupant des moindres détails. Aussi tout le monde était en mouvement dans la cour, et les lumières, qui passaient et repassaient sans cesse derrière les fenêtres de l'habitation, annonçaient que l'activité n'était pas moins grande à l'intérieur.

Bientôt de nouvelles torches brillèrent dans l'avenue à travers le brouillard, et annoncèrent l'approche d'une seconde troupe de chasseurs; c'était l'amiral qui venait assister au départ, le gouverneur et quelques autres personnes. Stewart avait déjà son équipement de coureur des bois : longues guêtres, culottes de daim, veste de chasse rehaussée par un léger galon d'or et chapeau de forme très-basse. Un noir, bien armé lui-même, le suivait pour porter sa carabine et un mince, très-mince bagage.

Richard fit un moment trêve aux soins divers qui l'absorbaient pour venir au-devant de ses hôtes. Il serra cordialement la main à sir Georges; mais quand il voulut donner la même preuve d'affection au gouverneur, celui-ci, cette fois encore, ne parut pas s'en apercevoir et se contenta de lui adresser un salut cérémonieux.

— Monsieur Palmer, dit l'amiral, je vous amène un nouveau compagnon, dont peut-être les secours ne vous seront pas inutiles.

Et il désignait le docteur van Stetten, qui se tenait modestement dans l'ombre.

— Vous, docteur? reprit Richard; je croyais que la bagarre d'hier au soir vous avait donné une rude besogne et que vous seriez dans l'impossibilité....

— Les chirurgiens de la frégate se sont chargés de soigner les blessés, répliqua van Stetten; et comme j'avais un vif désir de vous accompagner, je suis allé supplier M. l'amiral et M. le gouverneur de m'en accorder la permission.

— Permission ! Quoi ! docteur, craigniez-vous donc de ne pas être admis parmi nous avec empressement et reconnaissance?

— M. Palmer oublie, dit Stewart en souriant, que cet excellent docteur est considéré comme prisonnier de guerre, et qu'il ne pouvait s'absenter de la colonie sans le congé de l'amiral ou sans le mien. Mais sir Georges, pas plus que moi, n'a l'intention, j'imagine, de faire sentir à ce pauvre prisonnier le poids de ses chaînes; il eût été trop cruel d'empêcher notre savant docteur d'étudier ces terribles orangs-outangs, et notamment de mesurer leur angle facial....

— Et aussi, monsieur le gouverneur, ajouta van Stetten avec quelque chaleur, de rendre peut-être service à mon vieil ami M. Palmer, ou à quelque personne de sa famille, ou à tout autre qui en aurait besoin.

— Merci, mon cher docteur, reprit le colon; vous êtes le bienvenu parmi nous. Vos préparatifs sont-ils faits ?

— Mon Dieu ! oui, répliqua van Stetten avec bonhomie; ma trousse et quelques médicaments les plus nécessaires sont dans les poches de mon habit, et je n'ai pas oublié mon parasol.

En même temps, il exhiba l'énorme riflard qu'il portait d'ordinaire dans ses promenades. Palmer ne paraissait pas trouver ces bagages suffisants; et il allait en faire l'observation au docteur, quand un bruit qui s'éleva du côté de la maison attira son attention. C'était Anna qui, appuyée sur sa mère et suivie de la négresse Maria, venait de descendre dans la cour. A la vue de madame Surrey, van Stetten parut fort alarmé.

— Ne dites pas que je suis là, fit-il précipitamment; jamais cette bonne dame ne consentirait à me laisser partir !

Il courut se cacher derrière un groupe de chasseurs, et ne se montra plus qu'au moment du départ.

Anna était revêtue d'un costume semi-masculin qui, en lui donnant un air dégagé, faisait ressortir les belles proportions de sa taille souple et nerveuse. Elle avait une amazone de couleur foncée d une étoffe très-résistante. La jupe, courte et peu ample laissait voir un pantalon de même étoffe, dont l'extrémité se perdait dans des bottines en peau de daim, solides et légères à la fois ; un chapeau de jonc, orné d'une petite plume blanche, complétait cet habillement qui lui seyait à ravir. Sa mère, tout en larmes, semblait lui adresser des recommandations pressantes et s'arrêtait à chaque instant pour l'embrasser. Derrière elle, Maria, court vêtue, chaussée de gros souliers, coiffée d'un madras à couleurs voyantes, portait le parasol de sa maîtresse. Sa large figure noire exprimait tant d'orgueil et tant de joie que Darius, qui regardait sa femme de loin, en fut choqué.

— Pourquoi Maria être si contente ? murmurait-il entre ses dents ; et pourquoi elle avoir fait tant de toilette ? Moi vouloir un peu savoir cela.

Pendant que le colon et Anna prenaient congé de madame Surrey, sir Georges dit au gouverneur :

— Vous n'ignorez pas, monsieur Stewart, combien je suis directement intéressé au résultat de cette périlleuse entreprise. Je vous serai donc reconnaissant toute ma vie de la part que vous allez y prendre.

Il serra cordialement la main du jeune gouverneur, et il ajouta :

— Mes lascars et ces Malais me paraissent ne pas se regarder d'un bon œil. Il se pourrait qu'une querelle éclatât encore entre eux ; veillez-y bien, monsieur Stewart, et, à la moindre velléité d'insubordination, ne craignez pas de vous montrer sévère.

Palmer a donné le signal du départ. Comme toute la troupe s'ébranlait, l'amiral s'approcha d'Anna qui venait de s'arracher avec peine des bras de madame Surrey :

— Que Dieu vous assiste, mon enfant, lui dit-il d'un ton affectueux ; pendant votre absence, je verrai souvent votre pauvre mère et je m'efforcerai de lui rendre le courage. Quant à vous, n'oubliez pas que votre hardiesse et votre dévouement seront récompensés. Edouard, un jour, se chargera d'acquitter la dette de reconnaissance que nous aurons tous contractée envers vous !

Anna ne répondit pas, soit que l'émotion l'empêchât de parler, soit qu'elle craignît de trahir une pensée secrète. Elle salua en silence et s'éloigna avec la négresse.

Les chasseurs défilaient déjà dans l'avenue, à la clarté des torches. L'amiral s'approcha encore de Palmer, qui était resté un peu en arrière pour adresser un dernier adieu à sa sœur :

— Richard, lui dit-il, longtemps je vous ai méconnu et je vous ai persécuté. Pardonnez-moi en songeant que je serai aussi heureux que vous-même du succès de vos efforts. Ramenez notre enfant, Richard, et, comme le disait hier votre charmante nièce, certainement de meilleurs jours luiront pour nous tous !

— Celle qui est au ciel nous protégera, je l'espère, milord ! répliqua le colon avec un geste solennel.

Il embrassa sir Georges et se mit en marche à pas précipités pour rejoindre la bande.

Un moment encore on entendit dans l'avenue un sourd piétinement, et l'on vit voltiger les flammes des torches, semblables à des feux follets ; puis tout disparut au milieu du brouillard, et un morne silence régna dans la cour, tout à l'heure si bruyante et si animée.

Alors l'amiral rentra dans la maison avec la pauvre madame Surrey, qui, contrairement à ses habitudes de résignation, s'abandonnait au désespoir. Les sanglots qu'elle poussait et qui s'entendaient bien au delà des limites du salon étaient répétés par un écho dans la case du Tueur-d'Éléphants : c'était Légère qui pleurait sa beauté perdue, et qui, comme Rachel, ne voulait pas être consolée.

Aux premières lueurs du jour, les chasseurs atteignirent la lisière de la forêt. Dès qu'on aperçut les touffes de grands arbres se dessiner confusément dans la brume, Palmer ordonna une halte générale. Jusque-là aucun danger n'avait été à craindre, et chacun avait pu marcher librement ; mais, en quittant les lieux habités, il y avait de grandes précautions à prendre si l'on voulait éviter les désordres et les accidents.

Le colon songea donc à établir dans la bande une discipline exacte, une règle constante dont personne ne devrait s'écarter pendant le cours du voyage. Lui-même, comme guide et chef de l'expédition, se proposait de marcher le premier avec quelques hommes, armés de haches et de coutelas, pour frayer une route s'il en était besoin. A portée de cette avant-garde devaient se tenir un certain nombre de chasseurs prêts à repousser à coups de fusil toute attaque de bêtes féroces. Derrière eux viendraient les femmes, c'est-à-dire Anna et la négresse, puis Stewart et le docteur van Stetten, et enfin le cheval chargé des bagages. L'arrière-garde serait formée du reste des chasseurs. Il était recommandé aux hommes de la troupe de ne quitter leur rang sous aucun prétexte. Un coup de fusil, suivi aussitôt d'un cri, devait être un signal d'alarme, et tous ceux qui entendraient ce signal seraient tenus d'accourir au secours du compagnon en péril. Quelques notes d'un cornet, que Palmer portait en sautoir, devaient rallier la troupe entière dans un cas de pressante nécessité.

Richard donna ses instructions en diverses langues afin qu'elles fussent comprises de tous les assistants, et Stewart lui-même prit soin de les répéter aux lascars. Quand on fut certain que personne ne pourrait arguer plus tard de son ignorance du règlement, on se mit en marche dans l'ordre convenu et l'on pénétra dans la forêt.

Il ne semblait pas, de prime abord, que tant de précautions fussent nécessaires ; la partie du bois que l'on traversait était fréquentée par les habitants de la colonie, on y apercevait encore çà et là quelques traces de sentiers. Mais à mesure que l'on avançait, les arbres devenaient plus serrés, les lianes multipliaient leurs nœuds, les fougères arborescentes, les aloès et les cactus enchevêtraient leurs tiges et leurs épines.

En revanche Richard, en guide expérimenté, savait choisir avec une sagacité merveilleuse les places où le sol était le plus uni, où le fourré avait le moins de profondeur, et si parfois on rencontrait des taillis presque impénétrables qu'il fallût attaquer de front, le plus souvent on s'engageait sous des arbres élevés où le sol, revêtu d'une mousse épaisse comme d'un tapis de velours, ne présentait aucun obstacle à la marche et permettait d'avancer rapidement.

C'était une place de ce genre que l'on traversait, une heure environ après qu'on eut franchi les limites de la forêt. Le jour était déjà haut, quoique le brouillard et une voûte épaisse de feuillage ne permissent pas de voir le soleil. Une fraîcheur délicieuse régnait sous ces beaux ombrages, et de toutes parts la rosée coulait en gouttes brillantes. Les costumes blancs des lascars, les draperies des Malais, l'éclat des armes, l'animation des groupes, formaient un tableau pittoresque au milieu de ces bois majestueux. On n'y entendait d'autre bruit que le chant bizarre de quelques oiseaux ; on n'y voyait d'autres habitants que les grands lézards qui couraient sur les troncs d'arbres couverts de belles orchidées parasites, les petits singes barbus qui sautillaient de branche en branche, ou même quelques daims qui, bondissant sous les pieds des chasseurs, s'enfuyaient de toute leur vitesse le long d'immenses avenues où se perdait le regard.

Miss Anna Surrey ne paraissait pas souffrir encore de la fatigue. En parcourant le canton magnifique dont nous venons de donner une idée, elle pouvait se livrer aux impressions agréables que lui inspiraient cette fraîcheur, ce spectacle gracieux et varié, ce silence imposant, et elle oubliait complétement quels dangers pouvaient se révéler à elle tout à coup, au milieu de ces riantes solitudes. A la vérité, on avait pris, comme nous l'avons dit, les mesures les plus minutieuses pour la mettre à l'abri de tout accident fâcheux ; Maria, qui était armée du criss comme un homme, ne la quittait pas plus que son ombre, et Darius veillait sur toutes deux. Enfin le docteur van Stetten et Stewart lui formaient une garde d'honneur. Il ne fallait pas trop compter sur le savant, qui, tout occupé des insectes, des plantes, des papillons, commettait souvent des imprudences en s'écartant de ses compagnons plus qu'il ne l'aurait dû ; mais James Stewart, quoiqu'il allât et vînt souvent sur les flancs de la colonne afin de maintenir la discipline, ne s'éloignait jamais assez d'Anna pour ne pouvoir accourir au premier appel. Posté à droite ou à gauche, il observait d'un œil vigilant chaque touffe d'herbe, chaque buisson qui se trouvait sur le passage de la jeune fille. Cependant, il semblait mettre de l'affectation à ne pas s'approcher d'elle. Tout en la protégeant avec sollicitude, il ne lui avait pas adressé une parole depuis le commencement du voyage, et s'était contenté de la saluer de loin.

Cette conduite avait dû surprendre miss Surrey, et peut-être étaient-ce les réflexions inspirées par de pareils procédés qui finirent par la rendre pensive et soucieuse. Bientôt elle ne répondit que d'une manière distraite au bavardage de la négresse; elle regardait toutes choses avec indifférence, elle ne marchait plus pour ainsi dire que machinalement. Cette distraction fut cause peut-être que son pied heurta une souche épineuse. Anna faillit tomber, et poussa un petit cri de douleur. Prompte comme l'éclair, Maria l'avait reçue dans ses bras; mais le gouverneur et van Stetten se trouvèrent en même temps auprès de la jeune fille.

— Grand Dieu! mademoiselle, demanda Stewart, pâle d'inquiétude, seriez-vous blessée?

— Auriez-vous été mordu par un *cobra?* demanda van Stetten.

— Non, non, grâce au ciel, docteur, répondit miss Surrey en rougissant un peu et en souriant; il s'agit tout bonnement d'un aiguillon de ce mimosa qui a pénétré dans le cuir de ma bottine... Mais voilà le mal réparé.... Je n'en remercie pas moins mes généreux protecteurs pour le touchant intérêt qu'ils me témoignent. Vraiment il a fallu cette petite alerte, ajouta-t-elle avec malice, pour décider M. Stewart à m'accorder une protection moins réservée et moins taciturne!

Le gouverneur s'excusa, d'un air embarrassé, sur la nécessité où il se trouvait de surveiller les gens de l'escorte et sur la crainte d'importuner miss Surrey. Elle le regarda d'un air surpris, tandis que van Stetten marmottait :

— Oui, oui, c'est bien un *mimosa*, mais lequel? le *nilotica* qui produit la gomme arabique, ou bien...

Et le docteur s'éloigna pour vérifier ce point important. Stewart, voyant Anna boiter encore légèrement, lui offrit son bras, qui fut accepté. On fit quelques pas en silence.

— Monsieur Stewart, dit enfin miss Surrey avec une certaine émotion, je n'ai pas été possible jusqu'ici de vous remercier de la générosité dont vous avez fait preuve en vous associant à ce voyage. Je n'en apprécie pas moins les nobles sentiments auxquels vous avez cédé...

— Ne me remerciez pas, miss Surrey, répliqua Stewart avec vivacité; en l'absence de l'amiral, retenu à la colonie par ses devoirs impérieux, j'ai dû me joindre à votre oncle pour lui assurer l'obéissance de tous ces hommes à demi civilisés.

— J'aurais mieux aimé croire, James, répliqua la jeune fille d'un ton de reproche, que votre motif, pour vous exposer aux risques et aux fatigues de ce voyage, était un peu d'affection pour moi, un peu de pitié pour mon jeune parent.

— Votre parent m'est inconnu, miss Surrey, et j'éprouve seulement pour lui un sentiment de vulgaire compassion; quant à vous, après notre conversation d'hier, je n'osais croire que ma présence et mes services pussent encore vous agréer.

— Il est vrai que dans la situation où nous sommes, je ne dois plus encourager des espérances... Mais, à défaut d'autres sentiments, monsieur Stewart, ne pourrions-nous donc avoir l'un pour l'autre une bonne et solide amitié?

— L'amitié de miss Surrey est bien précieuse, mais elle ne ferait que me laisser des regrets plus amers, car je compte bientôt quitter la colonie, et pour toujours.

— Encore ce projet? Je pensais, monsieur Stewart, que vous y aviez renoncé?

— Mon départ, au contraire, est devenu plus nécessaire que jamais.

— Quoi! même dans le cas... Monsieur Stewart, je ne sais ce qui s'est passé depuis hier, mais vous êtes bien changé, bien cruellement changé!

Sa voix tremblait, et ses yeux étaient humides de larmes. Le jeune gouverneur lui-même paraissait fort agité; la vue de Palmer, qui revenait sur ses pas pour s'assurer comment sa nièce supportait les fatigues de la marche, lui fit surmonter brusquement cette émotion.

— Vous êtes dans l'erreur, miss Surrey, répliqua-t-il avec effort en détournant la tête, je ne suis nullement changé pour vous, et je vous en donnerai la preuve en m'employant corps et âme au succès de cette entreprise, succès qui, je ne l'ignore pas, est l'objet de vos plus chers désirs... Mais voici M. Palmer qui vient de ce côté, et je vous laisse un moment sous sa garde. Il faut que je voie comment se comportent nos gens.

En même temps il dégagea doucement son bras, salua et se mit à marcher d'un bon pas pour rejoindre les éclaireurs de la troupe.

— L'ingrat! murmura miss Surrey avec un soupir.

Et elle eut à peine la force de répondre aux questions amicales que son oncle lui adressait.

Cependant le brouillard était dissipé depuis longtemps, et le soleil enfonçait çà et là comme des flèches de feu entre les arbres de la forêt. Une halte devenait bien nécessaire non-seulement pour la courageuse jeune fille, mais encore pour les travailleurs qui avaient eu souvent à jouer de la hache dans les fourrés. On s'arrêta donc, afin de laisser passer le plus fort de la chaleur.

A cette heure de la journée, le voyage s'annonçait encore sous les plus heureux auspices. On n'apercevait pas de bêtes féroces; les obstacles de la route ne paraissaient pas insurmontables, et la chaleur, quoique très-grande, n'était pas intolérable sous le couvert des arbres. Aussi les voyageurs étaient-ils pleins d'ardeur et de courage comme le matin. A la vérité, les lascars et les Malais continuaient de faire bande à part; mais jusque-là ils s'étaient également montrés soumis aux ordres de leurs chefs, et tout indiquait qu'en dépit de certaines rancunes ou de certaines antipathies de races, la bonne harmonie entre eux ne serait pas troublée.

XXII. — LES MARAIS.

On se remit en marche après deux heures de halte. Palmer avait décidé que l'on irait camper, le soir même, au bord de l'immense marais qui partageait la forêt en deux parts, non loin de la chaussée de rochers récemment découverte. Il avait calculé qu'en passant la nuit en cet endroit, il serait facile le lendemain de franchir la chaussée, d'atteindre la région où se trouvaient les orangs, et, après avoir opéré la délivrance d'Édouard, de revenir camper à la même place. De la sorte, le voyage, à moins d'obstacles imprévus, ne durerait pas plus de trois jours, ainsi qu'il l'avait annoncé.

Cependant cette seconde partie de la journée fut marquée par des fatigues plus grandes que la première. On s'était engagé de nouveau dans ces fourrés où la marche était entravée par des obstacles nombreux, sans cesse renaissants. Le sol changeait à chaque instant de nature, tantôt sec et rocailleux, tantôt spongieux et humide, mais le plus souvent embarrassé par la puissante et vigoureuse végétation des contrées tropicales. Aucune difficulté ne pouvait arrêter l'infatigable Palmer; toujours en tête de la troupe, il guidait ses compagnons sans hésiter à travers ces sombres solitudes. Au moyen de quelques marques tracées sur le tronc de certains arbres, il reconnaissait sur-le-champ vers quel point il devait marcher, si étroit que fût l'horizon autour de lui.

Toutefois, il était tard quand on atteignit l'endroit où l'on devait passer la nuit.

Le paysage avait là un caractère grandiose que l'on ne pourrait retrouver dans aucun paysage de nos climats tempérés. Le marais s'étendait à perte de vue, encadré par les lignes capricieuses de la forêt, qui reparaissait de l'autre côté dans un lointain vaporeux. Çà et là on apercevait de larges nappes d'une eau plombée et immobile, ou bien des champs de roseaux qui ondulaient avec un bruit métallique au moindre souffle d'air. Des îlots de vase surgissaient du sein des eaux dormantes, ombragés de touffes de bambous, de saules au pâle feuillage, et de ces banyans ou figuiers sacrés si communs au bord du Gange. Un ciel embrasé pesait sur cette nature sauvage; et dans l'atmosphère flottaient des vapeurs roussâtres, basses et lourdes, qui devaient contenir des germes de peste et de mort. Le soleil, semblable à un globe de fer rougi, ne projetait plus que des rayons obliques dans la plaine, et ajoutait encore à la tristesse solennelle du désert.

A cette heure du soir, des hérons d'une blancheur de neige, des ibis au plumage d'un rouge de feu, des oiseaux-serpents au cou onduleux voltigeaient en troupes nombreuses au-dessus des lagunes et poussaient des cris éclatants. On voyait au loin des sangliers et des tapirs qui, effrayés par la présence des hommes, se hâtaient de quitter le voisinage des marais et de regagner leurs retraites ordinaires dans la profondeur des bois. Des singes, grands et petits, se poursuivaient à la cime des palmiers; des dragons volants sautaient de branche en branche, soutenus par les amples membranes de leurs pattes écailleuses. Les roseaux eux-mêmes semblaient, à en juger par les longues ondulations qu'ils éprouvaient, être sillonnés par de nombreux reptiles, peut-être par le monstrueux boa, le souverain de ces lieux empestés. On commençait à entendre les cris rauques du crapaud gigantesque particulier aux pays tropicaux. Enfin, à certains remous qui se faisaient dans la vase liquide, à certains points noirs qui se montraient parfois entre les larges feuilles des nénufars, on devinait que les crocodiles commençaient à s'agiter au fond des eaux, en attendant que l'obscurité leur permît de venir s'ébattre sur le rivage.

Tel était le spectacle à la fois singulier et imposant qui s'offrit aux yeux des chasseurs quand on fit halte au bord du marais, mais Anna fut la seule qui eut le loisir et la volonté d'admirer cette scène de la nature primitive. Elle s'assit auprès d'un beau camphrier, dont l'odeur balsamique pouvait peut-être combattre les émanations mortelles des lagunes, et demeura quelques instants en contemplation.

Déjà les hommes de la bande travaillaient à établir le campement. Disséminés sous des arbres gigantesques, dont les têtes s'élevaient à une hauteur qui épouvantait le regard, ils ressemblaient à des nains, tant ils étaient écrasés par les proportions colossales de tout ce qui les environnait. Ils avaient rejeté les vêtements inutiles, afin de remplir leur tâche avec plus d'aisance, et ils étaient revêtus d'un simple caleçon qui laissait voir leur torse noir, jaune ou cuivré, sur lequel ruisselait la sueur. Les uns s'occupaient de dresser la tente destinée à miss Surrey; d'autres abattaient de jeunes arbres, soit pour entretenir des feux pendant la nuit, soit pour fournir les matériaux d'une hutte de feuillage réservée aux chefs. D'autres songeaient aux apprêts du souper, et déjà de longues spirales de fumée, s'élevant lentement dans les airs, annonçaient la cuisine du bivac. Le bruit des haches, le craquement des arbres qui tombaient, les cris des travailleurs, quelques coups de fusil tirés isolément, étaient répercutés d'une façon majestueuse par les échos de la forêt vierge, où se perdaient bientôt ces sons divers comme dans un vide immense.

Au milieu de cette agitation générale, Anna chercha des yeux son oncle et James Stewart. Elle les aperçut bientôt donnant des ordres à leurs gens et s'assurant que ces ordres étaient exécutés. Ils se rapprochaient rarement l'un de l'autre; chacun d'eux semblait exercer sa surveillance de son côté. Cependant il vint un moment où une circonstance nouvelle et inattendue parut les obliger à se réunir, et ils furent entourés aussitôt d'une foule d'hommes vociférant et gesticulant avec véhémence. Palmer et le gouverneur s'efforçaient de les apaiser; mais les clameurs ne cessaient pas: on eût dit qu'un sérieux dissentiment venait d'éclater entre les Malais et les lascars. Plusieurs fois ils parurent près de se battre; et le gouverneur dut porter la main aux pistolets qui brillaient à sa ceinture pour les décider à s'en tenir aux provocations du geste et de la voix. Voici du reste ce qui s'était passé.

Depuis le matin, comme nous le savons, les Malais et les Hindous formaient deux troupes distinctes qui s'observaient avec défiance, sinon avec hostilité. Les Malais, chasseurs habiles et expérimentés, étaient parvenus à tuer pendant la journée deux daims et un jeune sanglier, tandis que les lascars, moins adroits ou moins heureux, avaient abattu seulement quelques oiseaux. Or, on avait apporté fort peu de provisions: on avait compté sur les produits de la chasse et sur les fruits sauvages de la forêt pour nourrir cette troupe nombreuse; il fallait donc procéder à une égale répartition des vivres entre tous les voyageurs.

Quoique les Hindous en général s'abstiennent de viande, la caste guerrière des lascars fait volontiers exception à cette règle, et les lascars de la troupe, épuisés et affamés, ne paraissaient pas disposés en ce moment à écouter les prescriptions de leur loi religieuse. Aussi prétendaient-ils avoir leur part dans cet appétissant gibier, et c'était cette prétention qui offensait les Malais. Soit que ceux-ci fussent poussés par un sentiment de secrète inimitié, soit qu'ils obéissent seulement à leurs instincts fiers et querelleurs, ils refusaient de partager le produit de leur chasse avec les autres personnes de la troupe, et notamment avec les Hindous. Quelques mots insultants avaient été échangés en anglais et dans le patois local entre les deux partis; les têtes s'étaient montées et les chefs avaient dû interposer leur autorité pour arrêter ce conflit, dont les conséquences pouvaient devenir de la plus haute gravité.

Mais Anna se trouvait à une trop grande distance du théâtre de la querelle pour comprendre ce qui se passait; elle ne songeait qu'à l'apparente indifférence du gouverneur pour elle et à l'espèce d'abandon où il la laissait.

— Que lui importent mon bien-être et ma sûreté? disait-elle avec l'injustice ordinaire des femmes irritées; il ne songe plus à moi: il s'occupe de mille soins vulgaires auxquels mon oncle suffirait sans peine. Mais que s'est-il donc passé depuis hier soir? Hier encore il se montrait si tendre et si empressé! Aurait-il fini par s'offenser de mon affection constante pour mon malheureux cousin? Cependant cette affection est sainte, et je ne pourrais sans d'éternels remords.... Eh bien! je ne veux plus penser qu'à Edouard, que je vais revoir peut-être dans quelques heures! Edouard! pauvre Edouard!

Importunée du bruit qui se faisait autour d'elle, Anna se dirigea lentement vers une crique solitaire formée par le marais à quelque distance. La négresse et Darius, occupés de divers travaux, ne songèrent pas à la suivre, et même ne s'aperçurent pas de son éloignement. Que pouvait-il y avoir à craindre dans cet endroit où s'agitaient une cinquantaine d'hommes courageux et bien armés? Miss Surrey put donc s'avancer sans être observée jusqu'au bord de la lagune, où le gazon frais, émaillé de fleurs charmantes, invitait au repos.

Une soif ardente dévorait la jolie voyageuse. Elle se pencha vers cette eau profonde et en puisa dans sa main à plusieurs reprises. Quand elle eut bu, elle ôta son chapeau de jonc et humecta son front et ses joues, auxquels les fatigues de la journée avaient donné une teinte rose plus foncée qu'à l'ordinaire. Enfin, encouragée par le soulagement qu'elle éprouvait de cette légère ablution, elle vint à songer à ses pieds endoloris par une longue marche, et qui le lendemain pouvaient lui refuser le service. Elle s'empressa donc, après avoir jeté un regard furtif autour d'elle et s'être assurée que personne ne pouvait l'épier, de délacer ses bottines; elle s'assit sur l'herbe et plongea ses pieds blancs et délicats dans cette eau perfide.

Elle se livra d'abord à l'impression délicieuse que lui causait ce bain réparateur; puis, croyant pouvoir le prolonger sans inconvénient, elle se laissa de nouveau aller à ses méditations. Les cheveux en désordre sur son beau front, la tête penchée, elle balançait distraitement ses petits pieds dans l'eau tiède qu'elle s'amusait à voir couler en perles brillantes sur sa peau nue. Le soleil venait de s'enfoncer sous l'horizon; mais la soirée avait des harmonies et des splendeurs qui portaient à la rêverie.

Tandis que la jeune fille s'abandonnait aux caprices de son imagination vagabonde, à quelques pas d'elle, sous une couche de plantes aquatiques qui reposaient à la surface du marais, se mouvait une forme longue, massive, de couleur verdâtre, qui semblait se diriger de son côté. Anna regardait sans voir cet objet étrange, dont la profondeur du lac et l'obscurité croissante empêchaient de déterminer les contours, et peut-être s'imaginait-elle que les légères ondulations de l'eau étaient dues au mouvement cadencé de ses pieds mignons. Mais cette illusion dura peu. Tout à coup, Anna pâlit et poussa un cri d'angoisse suprême. Elle voulut se lever et fuir: une force irrésistible la retint à la même place; elle ne put que se débattre faiblement, et bientôt la voix expira sur ses lèvres.

C'est que le réveil de tous ses songes avait été prompt et terrible. Cette forme inconnue qu'elle avait contemplée d'abord avec indifférence, c'était un de ces monstrueux crocodiles appelés gavials, qui sont particuliers à l'Inde et aux grandes îles de la Malaisie. Celui-ci, avec sa tête allongée et fendue dans toute sa longueur, avec sa bouche armée d'une triple rangée de dents aiguës, paraissait être le plus énorme de la lagune et, pendant qu'il flottait ainsi entre deux eaux, on eût dit d'une poutre mise en mouvement par une force invisible. Mais si le formidable lacertien avait eu d'abord la fantaisie de se cacher afin de surprendre sa proie, le cri poussé par Anna et les mou-

Un animal si rare! murmura-t-il; sa dépouille est précieuse. (Page 88.)

vements précipités de la jeune fille durent lui donner à penser que sa manœuvre trompeuse était découverte. Aussi n'hésita-t-il pas à se montrer au-dessus de la surface du marais, tandis que sa longue queue s'agitait comme un puissant gouvernail, et il s'élança en poussant une espèce de beuglement irrité.

C'en était fait de l'imprudente Anna, qui ne pouvait plus ni fuir ni appeler au secours, si un grand cri ne fût parti derrière elle, et si deux bras vigoureux, la saisissant impétueusement, ne l'eussent emportée à quelques pas du rivage. Néanmoins le gavial était si proche que la jeune fille put voir distinctement son grand corps aux écailles sombres et rugueuses, sa gueule béante, et jusqu'à l'expression féroce de son œil petit et saillant, qu'elle put sentir cette odeur de musc et de corruption qu'exhale l'haleine de ces hideux animaux. On eut même lieu de craindre un moment qu'il ne bondît à terre, sur laquelle cette espèce se meut

avec autant d'aisance que dans l'eau, afin de ressaisir cette proie choisie qu'on lui dérobait. Mais les clameurs et les mouvements du libérateur d'Anna, surtout un coup de fusil qu'il tira, plutôt pour effrayer le monstre que pour essayer de percer son épaisse cuirasse, décidèrent enfin le crocodile à la retraite; il poussa encore son effrayant beuglement et disparut dans l'eau qui, troublée par ses mouvements furieux, prit tout à coup l'apparence d'une boue liquide.

Anna était terrifiée, presque évanouie; quand elle sentit le danger passé, elle leva les yeux vers son libérateur et reconnut avec un sentiment d'indicible joie James Stewart.

Le gouverneur, après avoir apaisé, du moins pour le moment, la querelle des Malais avec les lascars, avait voulu voir ce que la pauvre jeune fille, engagée dans cette périlleuse entreprise, était devenue. Ne l'apercevant pas auprès du campement, il s'était dirigé vers le marais, et était arrivé à temps pour l'arracher au gavial de la lagune.

Anna, incapable encore de marcher et de se soutenir, prit les mains de son libérateur agenouillé à son côté, et les serra contre poitrine, en levant vers lui ses yeux humides :

— C'est à vous que je dois la vie, James, dit-elle d'une voix étouffée ; vous veilliez donc sur moi ? vous m'aimez donc toujours ?

— Oui, je vous aime, Anna ! répliqua chaleureusement le gouverneur, qui, dans ce moment de trouble et d'entraînement, oubliait ses secrètes déterminations ; ah ! je crains bien qu'en dépit de moi-même je ne puisse plus arracher cet amour de mon cœur !

— Vous le craignez, Stewart ? demanda miss Surrey avec une expression de touchant reproche.

— Il existe entre nous des obstacles insurmontables, et ne m'avez-vous pas dit vous-même....

Il ne put achever : on avait entendu au camp le coup de carabine de Stewart ; on avait vu de loin à quel danger miss Surrey venait d'échapper ; Palmer accourait avec Maria et Darius, qui faisaient des signes de désespoir en songeant combien leur distraction avait failli coûter cher à leur jeune maîtresse.

Anna n'eut que le temps de murmurer :

— Aimez-moi, James ; car, moi aussi, qu'Édouard soit ou non retrouvé, je ne saurais vivre sans vous aimer.

Et elle retomba épuisée sur l'herbe.

Stewart ne pouvait comprendre les contradictions apparentes qui se trouvaient entre les sentiments et la conduite de miss Surrey, et il ne songeait pas qu'il offrait l'exemple des mêmes contradictions. Mais il n'eut pas le temps de se livrer à la joie que lui causait cet aveu : Palmer, van Stetten, les nègres et négresses étaient autour de lui. On s'agitait, on criait ; on ne pouvait croire qu'Anna, si pâle et si abattue, fût réellement saine et sauve ; on voulait savoir toutes les circonstances de l'accident, et Stewart dut le raconter en peu de mots.

— Et moi qui avais oublié de vous prévenir que le marais est infesté de ces maudits gavials ! s'écria Palmer en se frappant le front ; que fût-il arrivé si cette omission eût causé la mort de ma nièce, la douce enfant qui m'est le plus chère au monde après mon Édouard ?

Il pressait Anna contre son cœur, et adressait les plus chaleureux remercîments au gouverneur ; mais celui-ci, retombé subitement dans sa réserve ordinaire à l'égard de Palmer, écoutait avec une impatience visible ces expressions de reconnaissance.

Pendant ce temps, Maria s'était empressée de remettre la chaussure de sa maîtresse, et elle voulut emmener miss Surrey loin de cet endroit dangereux. Anna y consentit et se dirigea vers sa petite tente. Stewart et Palmer la suivirent ; ils la quittèrent seulement quand ils la virent en sûreté au milieu du campement.

D'autre part, le docteur, après s'être assuré que miss Surrey n'avait pas besoin de ses services, s'était rapproché machinalement de la crique et marmottait d'un air de réflexion :

— Le gavial, c'est le *crocodilus longirostris*, lacertien rare et précieux.... Si je pouvais donc le voir d'assez près pour en faire une description détaillée ! Essayons.... ce n'est qu'un grand lézard après tout !

Et, appuyé sur son vieux parapluie, il se mit en embuscade au bord de la lagune, les yeux fixés sur les remous nombreux qui se manifestaient dans ces eaux si calmes en apparence. Mais il n'y demeura pas longtemps ; soit que le silence et l'obscurité agissent sur son imagination, soit qu'il eût entrevu la mine peu avenante de quelqu'un de ces « grands lézards » pour lesquels il montrait tant de mépris, il se mit tout à coup à courir vers le bivouac avec une agilité que ses jambes courtes et son gros ventre semblaient lui rendre impossible. Il y arriva tout haletant et tout en nage ; c'était ainsi que se terminaient parfois les beaux élans du docteur pour les découvertes périlleuses.

La nuit fut loin d'être palme pour la troupe. Des myriades de moustiques s'étaient répandues dans l'atmosphère aussitôt après le coucher du soleil, et ne laissèrent pas un moment de repos aux voyageurs fatigués. De plus, malgré les feux qu'on avait soin de tenir très-ardents, il y eut plusieurs alertes causées par des éléphants ou par des tigres. Les tigres surtout étaient nombreux et acharnés : ils rugissaient sans relâche autour du camp ; leurs rauquements retentissaient dans toutes les parties de la forêt. Les habitants du marais n'étaient pas plus tranquilles ; sans parler du crapaud géant, qui coassait au milieu des roseaux, on entendait de côté du lac un grouillement continuel, des espèces de ronflements semblables à ceux d'un soufflet de forge, parfois aussi des bonds prodigieux, comme si des masse pesantes fussent tombées dans l'eau ; c'étaient les crocodiles qui se divertissaient à leur manière. Plusieurs même ne se contentèrent pas de ce vaste lac pour théâtre de leurs jeux. Un lascar, en faction sur le bord du marais, s'étant endormi à son poste, fut éveillé tout à coup par cette affreuse odeur de musc et de corruption dont nous avons parlé déjà. Il se redressa brusquement et aperçut, à la clarté de la lune, un gavial de douze à quinze pieds de long qui s'était glissé jusqu'à lui et se préparait à l'attaquer. Le lascar tira un coup de fusil pour le mettre en fuite, et le gavial, en effet, se retira lentement. Mais quoique certaines castes de l'Inde adorent les crocodiles, la sentinelle, comme on peut croire, n'eut plus sommeil pour le reste de la nuit.

L'aurore arriva pourtant avec son cortège ordinaire d'épais brouillards, et dès que le jour parut les bruits extérieurs changèrent de nature. Les éléphants cessèrent de rôder sous les arbres dont ils cassaient les branches avec leurs trompes ; les tigres se turent, les gavials rentrèrent dans leur fange et les chants de mille oiseaux joyeux saluèrent le retour de la lumière. La troupe devait mettre à profit ce moment de fraîcheur, le plus agréable de la journée. Aussi, à la voix de Richard, tout le monde fut-il bientôt sur pied. On roula les manteaux, qui avaient servi de couche pendant la nuit, on éteignit les feux, on déjeuna rapidement de ce qui restait des provisions de la veille. Ceux d'entre les voyageurs, Malais ou lascars, qui étaient musulmans, s'étaient approchés du lac ; et tandis que les uns faisaient les ablutions prescrites par le Coran, les autres, tournés vers la Mecque, adressaient à Allah leur prière du matin.

Bientôt Anna parut à l'entrée de sa petite tente ; elle était déjà tout habillée, prête à partir, et elle paraissait avoir fort bien passé cette première nuit dans les bois. Une moustiquaire de gaze l'avait préservée de la morsure des insectes. Confiante dans le nombre et le dévouement de ceux qui veillaient sur son existence, elle ne s'était pas inquiétée des bruits qui avaient tenu ses compagnons en alarme. La fatigue et la jeunesse aidant, elle avait donc dormi d'un bon sommeil jusqu'au jour, et si, dans ses rêves, elle avait vu des gavials à la gueule béante s'avançant pour la dévorer, elle y avait vu de même l'image d'un beau et brave paladin qui s'élançait pour la secourir.

Cette image lui apparut encore quand elle quitta son réduit de toile ; James Stewart, debout à quelques pas, semblait épier son réveil. Il s'approcha d'elle et lui présenta les compliments d'usage. Bientôt Palmer accourut à son tour, et la jeune fille, après avoir affectueusement embrassé son oncle, annonça qu'elle se mettrait en marche quand on voudrait. Elle dépêcha gaiement son déjeuner, un peu de café que Maria venait de préparer, quelques bananes et une portion de noix de coco ; avant qu'on eût achevé de plier la tente, elle avait terminé son frugal repas.

Rassuré en ce qui concernait sa nièce, Palmer allait donner le signal du départ, quand Stewart, surmontant l'espèce de répugnance qu'il éprouvait à causer intimement avec le colon, lui dit de manière à ne pas être entendu d'Anna :

— Les choses vont mal du côté des Malais et des lascars, monsieur Palmer. Il y a parmi ces gens des allées et venues, des chuchotements qui me sont suspects. Je crains qu'à la première occasion il ne soit impossible d'empêcher une nouvelle collision.

— J'ai remarqué les signes d'inimitié dont vous parlez, monsieur Stewart, répliqua Palmer avec tristesse ; j'espère pourtant que ces hommes nous laisseront le temps d'accomplir la tâche pour laquelle nous sommes venus dans ces déserts : demain soir, nous serons de retour au Nouveau-Drontheim, où les moyens de répression ne nous manqueront pas en cas d'insubordination ouverte. D'ici à demain, les deux partis auront peut-être à supporter assez de fatigues et de dangers pour oublier leurs griefs réciproques. Veillons de notre côté ; en usant à la fois de fermeté et d'adresse, nous parviendrons sans doute à maintenir la concorde jusqu'à la fin du voyage.

Le gouverneur, bien qu'il ne partageât pas complétement ces espérances, s'inclina d'un air d'assentiment. Richard poursuivit :

— Je vais aller m'assurer qu'il ne surgira pas de nouveaux sujets de mésintelligence au moment du départ ; vous, monsieur Stewart, continuez de veiller sur ma nièce, car aujourd'hui, plus qu'hier, mes devoirs pourront me retenir loin d'elle, et le danger sera plus grand, je le crains.

Et il rejoignait le gros de la bande, laissant miss Surrey en compagnie de Stewart et du docteur van Stetten qui venait de les rejoindre, encore pâle et défait par suite des insomnies de la nuit précédente.

Cinq minutes après, la troupe se mettait en route, et longeait les marais pour chercher l'espèce de chaussée naturelle qui devait permettre de les traverser. Le brouillard, plus épais dans ces bas-fonds que dans la plaine, ne permettait pas de distinguer les objets à dix pas devant soi, et la marche était périlleuse sur ces terrains bourbeux. D'autre part, au milieu de cette brume opaque, on pouvait manquer le passage assez étroit qui conduisait à l'autre partie de la forêt. Richard lui-même, dont jusqu'à ce moment la direction avait été si sûre, dont les observations s'étaient trouvées si exactes, montrait de l'incertitude et de l'hésitation. Heureusement le soleil, en acquérant de la force, dissipa en partie ces vapeurs importunes et permit aux voyageurs d'apercevoir enfin le passage qu'ils cherchaient.

C'était, comme nous l'avons dit, une ligne irrégulière de rochers qui, en certains endroits, s'élevait à peine de quelques pieds au-dessus du niveau du lac. De ces rochers, les uns étaient nus et stériles ; les autres couverts d'arbustes et de broussailles ; parfois ils étaient séparés par des flaques d'eau dormante. La chaîne entière, à cause de ses nombreux détours, avait quatre à cinq milles d'étendue, et un reste de brume, en empêchant de voir l'extrémité opposée, ajoutait à son aspect sinistre.

A peine eurent-ils posé le pied sur la chaussée, que les voyageurs comprirent la nécessité de se prêter un mutuel appui. Il fallait sonder le terrain à chaque pas ; la moindre inattention pouvait causer une chute funeste. Souvent le cheval s'embourbait, et il semblait impossible de le faire avancer davantage. D'autre part, tous les monstres de ce marécage pestilentiel semblaient avoir pris à tâche de défendre leurs domaines contre l'envahissement de l'homme, et, sans la précaution que l'on avait de tirer de minute en minute des coups de fusil, on aurait eu à craindre de terribles accidents. Là c'était un boa constrictor qui, surpris sur son rocher, au moment où sa digestion était encore incomplète, se retirait majestueusement dans les roseaux. Plus loin, un énorme crocodile, dérangé tandis qu'il dormait au soleil, se précipitait dans l'eau avec son ronflement lugubre, non sans retourner son œil saillant et morne vers ceux qui avaient l'audace de le troubler. Partout ces affreux animaux avaient laissé sur le sol une vase visqueuse et fétide comme trace de leur passage. Nous ne parlons que pour mémoire des innombrables petits serpents, lézards de toute taille, scorpions, mille-pieds, scolopendres, qui pullulaient autour des voyageurs. Quant aux oiseaux, ils s'élevaient souvent en volées si épaisses et si bruyantes, qu'ils inspiraient aux chasseurs plus d'effroi encore que les gavials et les boas.

Pendant cette traversée hasardeuse, où tout était si bien de nature à frapper l'imagination d'une jeune fille, Anna montra une véritable intrépidité. Elle marchait côte à côte de Stewart, qui, le doigt sur la détente de son fusil et l'œil attentif, ne cessait de l'entretenir à demi-voix, peut-être afin de lui faire oublier les difficultés et les périls de la route. Sans doute ses efforts n'étaient pas perdus, car miss Surrey lui répondait ; le sourire sur les lèvres ne paraissait pas songer le moins du monde aux inconvénients de la situation. Maria, qui marchait de l'autre côté, la couvrait d'un grand parasol chinois, car le soleil ruisselait en torrents de feu sur ces rochers découverts. Derrière elle venaient Darius, toujours armé jusqu'aux dents, et le docteur van Stetten, abrité de son volumineux parapluie ; mais cette fois le naturaliste ne s'écartait plus à droite et à gauche pour récolter des plantes rares ou collectionner des insectes, et il s'avançait péniblement, accablé par cette température torride.

Cependant, grâce aux précautions de Richard et à l'ordre parfait qu'il avait su maintenir parmi ses gens, le passage s'accomplit sans mésaventure. Bien avant que le soleil eût achevé la moitié de sa course, toute la troupe arrivait saine et sauve à l'extrémité de la terrible chaussée, et faisait halte à l'ombre de quelques pandanus, sur la lisière de la savane récemment découverte par Palmer.

Là une tactique nouvelle devenait nécessaire. Autant les cris, le mouvement, les coups de fusil avaient été utiles dans la traversée du marais, autant il importait maintenant de garder le silence, de se glisser inaperçus. On touchait à la région fréquentée par les orangs, et l'on savait combien est fine l'ouïe de ces êtres féroces. Si une fois ils se mettaient en embuscade, ils feraient certainement de nombreuses victimes parmi leurs ennemis. Invisibles dans le feuillage, ils ne manqueraient pas, selon leur habitude, de briser le crâne aux chasseurs avec leur massue, avant qu'on eût même soupçonné leur présence. Or, aucun de ces détails n'était ignoré des gens de la troupe, et, sur le point de s'engager dans la partie de la forêt qui renfermait de pareils habitants, les plus hardis sentaient le besoin de la prudence.

Du reste, Palmer avait décidé qu'il irait d'abord seul à la découverte, afin de s'assurer si Edouard et ses sauvages gardiens se trouvaient encore dans le voisinage. Il invita donc ses compagnons à se reposer à l'endroit où ils étaient ; pour lui, après avoir embrassé Anna, qui devenait grave et pensive à mesure que le moment de voir son cousin approchait, après avoir adressé de nombreuses recommandations à Stewart et au docteur, s'être assuré enfin que les hommes de la bande ne songeaient qu'à profiter de ce moment de répit pour faire la sieste, il s'enfonça dans la savane et disparut bientôt au milieu des hautes herbes.

Plus d'une heure s'était écoulée et il ne revenait pas. L soleil se trouvait alors dans toute sa force ; la chaleur devenait tellement accablante qu'aucune créature humaine n'eût semblé pouvoir la braver impunément. Aussi, Malais, nègres et lascars, malgré leurs secrètes inimitiés, s'étaient endormis côte à côte. Un morceau de natte, suspendu à deux branches, formait un abri provisoire au-dessus de la tête de miss Surrey ; mais la pauvre enfant, outre que sa préoccupation d'esprit s'augmentait de l'inquiétude causée par la longue absence de son oncle, n'avait garde de dormir à cette chaleur infernale, et si la négresse ne lui eût donné de l'air avec un éventail, elle eût couru le risque d'être suffoquée. Stewart lui-même, couché sur le gazon, paraissait tout à fait abattu, et il n'y avait plus d'énergie que dans son regard constamment fixé sur Anna. Quant au docteur, étendu sur le dos, à l'ombre de son vieux parapluie, il paraissait complètement incapable de bouger, et les grosses fourmis de la forêt eussent pu le dévorer sur place sans qu'il trouvât la force de se soustraire à ce supplice.

Toute la troupe néanmoins se ranima brusquement quand Palmer, sortant enfin de la savane, s'élança vers les dormeurs et s'écria d'une voix vibrante :

— J'ai vu Edouard..... j'ai vu les orangs !... que tout le monde se prépare ! Ils ne sont pas à plus d'une demi-heure de marche.

Comme nous l'avons dit, la troupe fut sur pied en un instant. Pour les uns, ce mot magique, les orangs ! avait chassé les velléités de sommeil ; aux autres le nom d'Edouard avait rappelé le but de l'expédition et l'immense infortune qu'il s'agissait de secourir. Anna, si faible tout à l'heure, s'était levée d'un bond.

— Edouard ! répéta-t-elle avec émotion ; il est donc vrai que nous sommes près d'Edouard ?

Son regard tomba sur Stewart, qui s'était levé de même et renouvelait l'amorce de sa carabine, et elle rougit.

— Cher petit massa Edouard ! disait la négresse à son tour ; lui plus reconnaître peut-être pauvre Maria ! Mais si moi venir à portée de « l'homme qui ne parle pas, » moi lui arracher la peau avec mes ongles.

Et la belliqueuse négresse agitait les mains d'un air menaçant, tandis que Darius répliquait avec vivacité

— Pas bon « homme qui ne parle pas ! » moi défendre Maria s'exposer trop... moi défendre Maria s'approcher plus de vingt pas !

Un gros éclat de rire de la négresse remercia le tendre époux de sa sollicitude.

De son côté van Stetten, qui, après des efforts inouïs, était parvenu à se mettre debout, disait en épongeant son front baigné de sueur et en poussant de grands soupirs :

— Pourvu que cette fois je trouve l'occasion de mesurer l'angle facial d'un orang ! Les savants de l'Europe ne sauront jamais ce que m'aura coûté une pareille découverte !

Mais Palmer ne tenait aucun compte des impressions de ceux qui l'entouraient. Il ne songeait qu'à donner à son monde les instructions les plus minutieuses, afin d'éviter de fausses manœuvres capables de faire avorter l'entreprise. Il fut convenu que les chasseurs formeraient un grand cercle autour de la colonie des orangs, et que le cercle se resserrerait peu à peu dans le plus profond silence ; on songerait surtout à s'emparer d'Édouard, et il était défendu de tirer sur les orangs, sinon dans le cas d'une absolue nécessité ; car si l'on venait à en tuer ou à en blesser un, les autres pourraient devenir furieux et causer à la troupe des pertes cruelles. Stewart devait aller avec les lascars prendre poste à une place que Richard lui désigna, tandis que Richard lui-même s'avancerait d'un autre côté avec les Malais ; quelques notes du cornet que le chef portait en sautoir donneraient le signal de se réunir.

— Quant à vous, Anna, poursuivit Palmer en s'adressant à sa nièce, vous resterez près de moi, car c'est sur vous que je compte, vous le savez, pour dompter l'humeur farouche de ce malheureux enfant. Le docteur van Stetten, Maria et Darius, qu'il a connu autrefois et dont la vue peut réveiller ses souvenirs, auront aussi la faculté de se tenir au milieu de l'enceinte formée par les chasseurs... Maintenant, que tout le monde soit prudent et veille bien à sa sûreté, car si le salut de mon fils coûtait la vie à quelqu'un de ses libérateurs, ce serait pour moi et plus tard pour lui une cause de douloureux regrets.

Alors toute la troupe s'ébranla et pénétra dans la savane.

XXIII. — LA DÉLIVRANCE.

Richard avait ses motifs pour recommander aux gens de la troupe une extrême prudence ; dans la tournée d'exploration qu'il venait de faire, il avait pu reconnaître que le danger était plus grand qu'il ne l'avait imaginé d'abord. Voici, du reste, ce qui lui était arrivé :

Dans le canton où il s'était engagé, les arbres, comme nous l'avons dit, se trouvaient largement espacés ; néanmoins, chaque fois que le colon passait sous un de ces arbres, il en scrutait avec soin le feuillage, pour s'assurer qu'il ne recélait pas un orang en sentinelle. Mais, à cette heure où la chaleur devenait insupportable, la création tout entière semblait immobile et endormie. Sauf quelques reptiles qui fuyaient sur le passage de Palmer, rien ne bougeait autour de lui ; les cigales elles-mêmes se taisaient. Les oiseaux qui, lors de sa première apparition dans ce canton vierge, s'envolaient de toute parts, paraissaient maintenant ne pouvoir se décider à quitter les herbes où ils trouvaient encore un peu d'humidité et de fraîcheur. Quant à Palmer lui-même, il était insensible en apparence aux atteintes de cette température insupportable, aux ardeurs de ce soleil si exactement perpendiculaire au-dessus de sa tête que son corps n'avait plus d'ombre. Aucune goutte de sueur ne coulait sur son visage osseux et basané. Il respirait sans peine cet air embrasé qui semblait sortir d'une fournaise. Il n'avait de pensée que pour son fils et pour la grave partie qui allait se jouer, en cet endroit même, quelques instants plus tard.

Tout en avançant avec circonspection, il se dirigeait vers la partie boisée habitée par les orangs. Bientôt, autour de lui, les arbres devinrent plus nombreux, plus serrés, plus épais, et il approchait rapidement du but, quand un léger craquement se fit entendre au-dessus de sa tête. Il s'arrêta le pied en l'air, retenant son souffle, et, après avoir silencieusement préparé sa carabine, il regarda dans l'arbre d'où le bruit était parti. Un orang était couché paresseusement dans une touffe d'orchidées, à la hauteur d'une vingtaine de pieds, et semblait faire la sieste ; c'était en se retournant dans sa couche fleurie qu'il avait cassé une branche et attiré l'attention du colon.

Palmer le tint en joue pendant quelques secondes. Au moindre mouvement hostile du formidable animal, il eût lâché la détente. Mais l'orang n'avait pas aperçu le chasseur, et, après un bâillement sonore, il s'était tranquillement rendormi. Il n'entrait pas dans le plan de Richard de commencer l'attaque de sitôt, de peur d'inquiéter la colonie voisine. Aussi, quand il se fut assuré que la sentinelle poursuivait son somme interrompu, revint-il doucement en arrière, afin d'aborder la clairière par un autre côté.

Après avoir fait un détour, il se remit à ramper dans les herbes, en prenant des précautions infinies pour n'être pas découvert. Ces précautions n'étaient pas inutiles, car il put voir encore trois ou quatre orangs groupés sur les arbres, dans des attitudes nonchalantes, tandis que les huttes semblaient elles-mêmes occupées par leurs habitants ordinaires. Cette augmentation de la bande était-elle accidentelle, ou bien Richard n'a sa première visite n'avait-il eu connaissance que d'une partie des habitants de la clairière? Dans tous les cas, elle ajoutait singulièrement aux difficultés de l'entreprise. Cependant, le colon ne songea pas à reculer, comme on peut croire ; il continua de se glisser dans les broussailles, et bientôt le succès justifia cette constance intrépide.

Sur le bord du ruisseau qui traversait la clairière se trouvaient en ce moment Édouard et le jeune orang qui semblait être le compagnon ordinaire de ses jeux. Tous les deux sortaient de l'eau, où ils venaient de prendre un bain, et Édouard, pour se préserver des rayons du soleil, s'était fait avec des herbes humides une espèce de guirlande qu'il avait enroulée autour de son corps nu. L'eau dégouttait de sa longue chevelure et de ce vêtement un peu trop primitif, mais gracieux.

Édouard n'avait plus cet air sombre et mélancolique dont son père avait été frappé la première fois ; il supportait, le sourire sur les lèvres, les agaceries de son compagnon, qui le lutinait de mille manières. Cependant, une fois, que le jeune orang, à dessein ou par inadvertance, l'avait tiré par les cheveux, il se retourna pour venger cette injure ; déjà l'espiègle enfant des bois avait gagné un arbre voisin, sur lequel il grimpa avec une aisance merveilleuse.

Édouard voulut l'imiter, mais alors il fut facile de constater que, malgré son agilité, il ne pouvait lutter contre son ami dans ce genre d'exercice. Lui-même il s'en aperçut sans doute, car, après s'être élevé jusqu'à la moitié de l'arbre, il prit le parti de redescendre. Richard avait remarqué avec un grand plaisir cette particularité ; elle prouvait que son malheureux fils ne pourrait du moins lui échapper en sautant d'arbre en arbre, et que si l'on parvenait à l'entourer à terre on aurait aisément raison de lui. Aussi continua-t-il d'observer, dans l'espoir qu'en étudiant les habitudes du sauvage, il trouverait des facilités pour réaliser ses projets de délivrance.

Édouard, désespérant d'atteindre son compagnon ou dédaignant de se venger, était revenu vers le ruisseau, tandis que le jeune orang semblait le narguer et rire à sa manière. Sans s'en occuper davantage il alla prendre au pied d'un saule un arc et des flèches qu'il y avait déposés, et se mit à tirer contre un tronc d'arbre, comme pour exercer son adresse. Il ne manquait jamais d'atteindre le but ; néanmoins, l'arc ne paraissait pas bien redoutable, et différait peu de ceux qu'on laisse entre les mains des enfants. La corde paraissait faite de bourre de coco ou de quelque autre plante filamenteuse ; les flèches, quoique d'un bois très-dur, n'avaient aucune armature pour les rendre pénétrantes, et elles pouvaient seulement être redoutables à des oiseaux ou à des animaux de petite taille.

Toutefois, Édouard semblait prendre un plaisir extrême à les lancer, et, quand il était content de son habileté, il faisait entendre un rire joyeux, comme pour s'applaudir lui-même. Le jeune orang, de son côté, avait assisté pendant quelques instants, du haut de son arbre, aux jeux de son ami ; bientôt, désirant y prendre part, il descendit de son observatoire et s'approcha d'Édouard. Sa contenance était humble, presque suppliante : évidemment il souhaitait d'obtenir le pardon de ses fautes passées. Mais Édouard boudait ; il ne se retourna pas et continuait de diriger ses flèches contre le tronc d'arbre, sans paraître songer au coupable repentant. Celui-ci, dépité, voulut s'emparer de l'arc ; Edouard le repoussa rudement. Alors le jeune orang se mit à pleurer et à gémir, frappant du pied et se roulant à terre comme un enfant mutin.

En ce moment, cette espèce de bourdonnement, dont nous avons parlé déjà, et qui semblait être la voix habituelle des orangs, se fit entendre du fond d'une hutte. C'était le père ou la mère de l'opprimé qui se plaignait de la rigueur que l'on tenait à son fils. Cette fois, soit que le bourdonnement fût une menace dont le pauvre Edouard connaissait la signification, soit qu'il crût avoir suffisamment puni les espiègleries de son camarade, il se tourna vers lui et le regarda en souriant.

Aussitôt le jeune orang poussa un cri de joie, s'élança dans ses bras et lui donna des baisers sur les mains et sur la poitrine, avec des transports d'affection que rien ne saurait exprimer.

La paix ainsi faite, Edouard consentit enfin à céder l'arc en litige ; mais son ami s'en servait avec maladresse, tirant presque sans viser, et aucune de ses flèches n'atteignait le but. Furieux de sa gaucherie il jeta l'arc, qu'Edouard releva en se moquant. En revanche, le jeune orang ramassa des cailloux dans le lit du ruisseau, et les jeta avec vigueur et dextérité contre le tronc d'arbre qui servait de cible. Autant de fois Edouard atteignait le but avec ses flèches, autant de fois l'orang l'atteignait avec ses pierres, et cette égalité de succès excitait au plus haut point leur orgueil et leur joie.

Richard, blotti derrière une touffe d'arbustes, observait cette scène avec une curiosité mêlée d'attendrissement. Son fils avait donc aussi des plaisirs dans cette captivité où le rôle de l'espèce humaine et celui de la brute étaient si singulièrement intervertis ? Il ne pouvait assez admirer la grâce et la souplesse de l'enfant devenu sauvage. Le corps d'Edouard, fortifié par l'exercice et le grand air, avait les plus admirables proportions de la statuaire, et ses cheveux flottants sur ses épaules lui donnaient un caractère de noblesse. Quand l'adolescent, une jambe rejetée en arrière, dans une pose pleine de majesté naturelle, tendait son arc et se disposait à décocher une flèche, il était beau comme l'Apollon antique, et cette beauté était rendue plus frappante encore par le contraste avec la laideur de son compagnon.

Celui-ci, bien que son visage exprimât la gaieté et une certaine intelligence, bien que chacun de ses mouvements décelât une force et une agilité supérieures, offrait, à côté de ce magnifique échantillon de la race humaine, tous les signes de la bestialité. Ses mâchoires proéminentes, son nez épaté, ses longs bras velus, ses jambes grêles, rappelaient que, malgré l'affection qui semblait régner entre lui et Edouard, malgré la similitude apparente de leurs goûts et de leurs actions, il y avait entre eux une distance aussi grande que celle qui existe entre le ciel et la terre.

Cependant ces divertissements finirent par lasser les deux amis, et un cri rauque, poussé par la mère du jeune orang, sembla les avertir que le moment du repos était arrivé. Edouard, prenant son arc et ses flèches, se dirigea vers sa cabane. Le jeune orang sembla d'abord vouloir le suivre, mais un nouveau cri, plus impérieux que le premier, le détermina enfin à obéir. Quoiqu'il se séparait avec beaucoup de peine de son cher Edouard ; il le comblait de caresses, et ce fut seulement après l'avoir vu entrer dans sa cabane, qu'il finit par grimper lui-même sur l'arbre où sa mère l'appelait.

Palmer comprit que le moment était favorable pour agir. Edouard, fatigué, allait s'endormir sans doute ; il serait facile de l'entourer et de le surprendre pendant son sommeil. D'autre part, les orangs, disséminés sur les arbres et dans les huttes, semblaient eux-mêmes appesantis par la chaleur, et leur vigilance ordinaire pouvait aisément être mise en défaut. Aussi le colon, délivré de l'espèce de fascination que la présence de son fils avait exercée sur lui jusque-là, se hâta-t-il de battre en retraite, et il eut le bonheur d'y réussir, cette fois encore, sans avoir attiré l'attention de l'ennemi.

Quelques instants plus tard il se retrouvait au milieu de ses gens.

Stewart, comme nous l'avons dit plus haut, était chargé avec les lascars de tourner la clairière fréquentée par les orangs, de manière à couper la retraite du côté de la forêt, tandis que Richard, avec les Malais, aborderait de front la colonie, et on se mit en devoir d'exécuter ces divers mouvements. On marchait dans le plus grand silence ; toute conversation, même à voix basse, était défendue. Il fallait rester autant que possible sous l'abri des arbres et, quand les arbres manquaient, se traîner sur le ventre dans les hautes herbes. Ces dispositions habiles eurent le meilleur résultat ; Palmer et ceux qui l'accompagnaient arrivèrent sans encombre jusqu'en vue de la clairière, et presque aussitôt le cri du héron, parfaitement imité par un des lascars, donna la certitude que, de son côté, Stewart et son monde se trouvaient au poste convenu.

Palmer alors porta son cornet à ses lèvres et en tira quelques sons peu éclatants ; c'était le signal pour les deux troupes de se développer et de former un cercle autour de la clairière. Ce mouvement s'opéra encore avec une grande précision. Deux lignes courbes s'établirent, s'allongèrent, puis se soudèrent l'une à l'autre. Il n'y avait pas un espace de plus de dix pas entre chacun des hommes qui composaient ce cordon, et, à moins de fuir à travers les airs, tout ce qui se trouvait dans le cercle devait être inévitablement pris.

Anna, le docteur, ainsi que Darius et la négresse ne faisaient pas partie de la ligne de traque, et ils s'avançaient avec précaution, sous la conduite de Richard, vers les cabanes. Miss Surrey et Maria promenaient autour d'elles des regards terrifiés, ne comprenant rien à ces manœuvres. Palmer et Darius se tenaient prêts à faire feu, et van Stetten, que l'on avait chargé aussi d'un énorme fusil, paraissait assez mal à l'aise. Rien cependant ne semblait justifier ces inquiétudes. Les orangs ne se montraient pas, et si Richard n'en avait vu de ses yeux une bande assez nombreuse peu d'instants auparavant, il eût pu croire qu'ils avaient déserté le canton.

Cependant, il savait combien cette apparence était trompeuse, et la disparition subite de ces dangereux ennemis lui semblait du plus sinistre augure. Mieux eût valu de leur part une attaque ouverte ; ce silence et cette immobilité étaient pleins d'embûches.

Ses tristes prévisions ne tardèrent pas à se réaliser. On entendit un coup sourd, et un Malais tomba comme foudroyé. Au même instant, un des voisins de la victime porta son fusil à l'épaule, et parut viser dans un arbre le terrible bâtonniste qui venait de frapper ce coup, mais Palmer s'empressa d'intervenir.

— Ne tirez pas ! ne tirez pas ! dit-il avec énergie, ou tout est perdu.

Cet ordre fut écouté, et le chasseur abaissa son fusil en maugréant. On releva le malheureux Malais, mais tout secours était inutile : le crâne avait volé en éclats, et la mort avait été instantanée.

Palmer restait terrifié de cet événement, quand le même bruit sourd, aussitôt suivi de la chute d'un corps, se renouvela du côté des lascars ; un homme venait encore de succomber sous les invisibles massues. Mais cette fois il ne fut pas possible au colon d'empêcher la vengeance. A peine le lascar avait-il mesuré la terre qu'un coup de fusil partit, tiré sans doute par un des amis du défunt.

Il ne parut pas que la balle eût atteint les orangs ; toutefois, cette explosion d'arme à feu, la première qui eût retenti dans cette portion du bois, produisit un effet extraordinaire. Le silence et l'immobilité qui avaient régné jusque-là dans le feuillage cessèrent brusquement. Des cris bizarres s'élevèrent de toutes parts ; il se fit dans les arbres un tumulte épouvantable. Les plus grosses branches étaient brisées comme par un ouragan et tombaient avec fracas autour des chasseurs ; les menues branches, les feuilles, les plantes parasites voltigeaient en tourbillonnant. En même temps, on vit de grands corps gagner avec rapidité la cime des bombax et des pendanus les plus élevés ; on eût dit d'oiseaux gigantesques s'envolant à tire d'aile vers le ciel embrasé.

Quelques coups de fusil retentirent encore, malgré la défense de Richard et malgré l'impossibilité évidente d'atteindre ces agiles adversaires ; puis un calme profond s'établit de nouveau. Sans doute les orangs, en sûreté dans leurs refuges aériens, s'étaient remis en observation et attendaient les actes ultérieurs des assaillants.

— A présent, à présent ! s'écria Palmer, ne perdons pas une minute... Edouard est toujours dans sa hutte, je le sais, j'en suis certain..... Hâtons-nous.

Et il se mit à courir vers la cabane. Anna le suivit toute

tremblante avec Darius, Maria et le docteur. Comme ils approchaient de la pauvre demeure d'Édouard, ils furent rejoints par Stewart et par le nègre qui servait de domestique au gouverneur. Stewart venait rendre compte des derniers événements à Palmer, mais celui-ci ne put que lui dire avec précipitation :

— Il est là... ne nous quittez pas.

Quand on atteignit la hutte, on s'aperçut que celui qui l'habitait en avait fermé l'entrée avec des branches ; en ce moment encore, il était en train d'accumuler derrière cette fragile clôture la mousse et les feuilles sèches qui lui servaient de lit. Il paraissait cruellement effrayé ; il s'agitait, en proie à de cruelles angoisses, et on entendait distinctement le bruit de son haleine oppressée.

Que faire ? Sans doute un simple coup de hache eût suffi pour ouvrir une brèche dans la frêle construction ; mais c'eût été peut-être pousser le jeune sauvage à quelque détermination aveugle et désespérée. Richard fit signe à ceux qui l'entouraient de garder le silence ; puis il se pencha vers la mince paroi de feuillage, et dit d'une voix douce, en employant la langue anglaise :

— Édouard, mon enfant, n'aie pas peur.... C'est moi, c'est ton père qui te retrouve enfin après t'avoir si longtemps cherché.... Je t'aime toujours, et je viens te délivrer de l'esclavage où te tiennent les orangs.

Il se tut et prêta l'oreille ; les mouvements convulsifs avaient cessé dans l'intérieur de la cabane. Peut-être Édouard se souvenait-il qu'il avait déjà entendu des sons pareils, quelques jours auparavant ; peut-être aussi, remontant plus haut dans ses souvenirs, cherchait-il à reconnaître les accents de cette voix chère qui, sans qu'il sût pourquoi, lui causait de si violentes émotions. Cependant sa tranquillité dura peu ; bientôt il se mit à s'agiter avec plus de force et son souffle devint plus pénible.

Richard allait lui parler encore quand la négresse, ne pouvant se modérer, s'écria les larmes aux yeux :

— Ah ! massa Édouard, vous pas vouloir venir avec pauvre Maria ? Elle donner à vous de belles bananes et conter à vous de jolies histoires !

Le sauvage écouta de nouveau, mais la voix de sa gouvernante ne le décida pas plus que celle de son père à sortir de son refuge : il continuait de faire des mouvements désordonnés et de se plaindre, comme s'il eût éprouvé d'horribles souffrances.

Palmer sentit une main légère se poser sur son épaule ; Anna Surrey s'était avancée pour tenter l'aventure à son tour. La jeune fille venait d'opérer avec rapidité une transformation complète dans son costume. Elle avait rejeté son chapeau à larges bords ; sa jolie tête n'avait plus pour ornements que les tresses blondes de sa chevelure. Son costume d'amazone disparaissait sous l'ample pièce de gaze dont elle s'était servie comme de moustiquaire pendant la route. Ainsi drapée, Anna avait repris l'aspect de la charmante enfant qui partageait autrefois les jeux d'Édouard et lui inspirait tant de tendresse.

C'était Palmer qui avait eu l'idée de cette transformation et qui en avait parlé la veille à sa nièce ; mais en ce moment de trouble il avait tout oublié. Il remercia miss Surrey de sa présence d'esprit par un regard affectueux. Pour elle, écartant la négresse, elle se pencha vers la hutte et dit d'une voix caressante :

— Édouard, pauvre Édouard, aimes-tu encore ta cousine Anna ?

Un faible cri s'éleva derrière le mur de feuillage, puis tout redevint silencieux. Après une courte pause, la jeune fille poursuivit :

— Édouard, c'est moi, c'est ta cousine Anna... je viens te chercher pour te ramener à l'habitation. Ne veux-tu pas sortir pour voir et embrasser ta cousine Anna ?

L'effet de cet appel fut prompt et décisif.

— Anna ! Anna ! répéta une voix haletante.

Au même instant, les branchages s'écartèrent impétueusement, et Édouard, pâle, les cheveux épars, l'air égaré, s'élança hors de la hutte. Il paraissait être sous l'influence d'une hallucination, et tenait à la main son arc et ses flèches. Tout frémissant, l'œil hagard, il était magnifique de terreur, d'étonnement et de joie. Quand il fut dans la clairière, il s'arrêta et décocha une flèche au hasard, comme pour atteindre un fantôme. Le trait retomba sans force à quelques pas. Alors le sauvage laissa échapper l'arc lui-même de ses mains tremblantes, et regarda autour de lui.

Mille sentiments divers se peignirent sur son visage bruni, à la vue des personnes qui se tenaient immobiles et silencieuses à côté de la hutte ; cependant l'impression dominante parut être encore la frayeur. Comme il chancelait, Palmer voulut s'avancer pour le soutenir ; mais Édouard fit un mouvement brusque pour prendre la fuite ; le pauvre père n'osa bouger de place.

— Parlez-lui encore, Anna, dit-il à sa nièce, vous seule avez le don de vous faire écouter.

Miss Surrey ne crut pas devoir déférer immédiatement à cette invitation. Elle avait pitié du trouble inexprimable que causaient à son malheureux ami d'enfance des sensations si fortes, si rapides, si multipliées ; et elle lui laissait le temps de se remettre de la première secousse. Enfin, elle lui adressa un sourire et lui dit :

— Bonjour, Édouard ! Quoi donc, ne reconnais-tu plus ta cousine Anna ?

— Anna ! Anna ! répéta le jeune sauvage.

Il voulut ajouter quelques mots, mais sa langue s'embarrassa ; il ne put former que des sons confus, et s'arrêta comme honteux de son impuissance.

Néanmoins, ces signes du réveil prochain de son intelligence engourdie inspirèrent une joie extrême aux amis d'Édouard. Le colon, peut-être un peu jaloux du succès de sa nièce, reprit alors :

— Mon enfant, ne veux-tu pas embrasser ton père qui ne vit que pour toi ? As-tu donc oublié ton père ?

— Père, répéta Édouard comme un écho et avec une certaine difficulté.

Mais il ajouta presque aussitôt de lui-même et avec une grande netteté :

— Maman !

Ce nom sacré, le premier qui vienne aux lèvres de l'enfant, le dernier qui fasse battre le cœur du vieillard, ce nom prononcé par le jeune sauvage toucha profondément les assistants. Tous les yeux se remplirent de larmes.

— Ta mère, pauvre petit, s'écria Richard, tu ne la reverras plus !

Mais, surmontant son attendrissement, il ajouta :

— Ton père te reste, et ta cousine Anna, et des parents, des amis, qui te feront oublier tes souffrances passées.

Édouard écoutait attentivement ; il semblait chercher avec effort le sens des mots qu'on lui adressait. Pendant qu'il se livrait à ce travail intérieur, la négresse, toujours désireuse d'appeler l'attention de son ancien élève, dit de ce ton cajoleur que savent prendre les nourrices :

— Ah ! massa Édouard, vous donc plus penser du tout, du tout à pauvre Maria ?

Le jeune sauvage se tourna vers elle et regarda cette figure noire, dont les traits caractérisés avaient dû se graver dans son esprit. Un faible sourire effleura ses lèvres, et il répéta sans peine :

— Maria !

La négresse, heureuse et fière, battit des mains.

— Lui avoir reconnu moi ! s'écria-t-elle.

— Oui, oui, il se souvient de tous ceux qui l'ont aimé ! dit Richard avec transport ; et son cœur se réveille en même temps que sa mémoire. Déjà il semble vouloir parler, et, dans quelques jours.... Dieu soit loué ! mon fils m'est rendu.

Jusqu'à ce moment on avait formé cercle autour d'Édouard, mais sans oser l'approcher ; car il semblait que le moindre contact dût le mettre en révolte. Palmer, après avoir laissé à son fils le temps de se familiariser avec le commerce des individus de son espèce, dit un mot bas à Darius, qui lui remit aussitôt un léger paquet enroulé dans une des pagnes bleus de Guinée en usage parmi les Hindous et les nègres. C'était un vêtement d'une simplicité un peu primitive ; mais on ne pouvait tout d'abord imposer un habillement plus compliqué à cet enfant des bois, impatient de toute gêne.

Richard crut même devoir prendre quelques précautions pour obtenir du jeune homme qu'il s'en laissât couvrir. Il lui montra d'abord cette toile bleue, et lui fit entendre qu'elle lui était destinée ; puis il s'approcha doucement et essaya de le vêtir de la jupe flottante. Édouard, malgré sa stupéfaction, tressaillit aussitôt qu'on le toucha ; ses muscles d'acier se tendirent. Heureusement, quelques bonnes paroles, des gestes affectueux, le calmèrent. Sa toilette achevée, ce qui ne fut pas long, il parut se regarder avec complaisance et poussa un éclat de rire qui avait toute la naïveté du premier âge.

Anna s'était détournée un peu. Stewart, qui l'observait avec intérêt, lui dit tout bas :

— Est-ce que miss Surrey trouverait son cousin un peu différent de ce qu'elle attendait ?

— Il est encore plus malheureux que je ne pouvais l'imaginer, murmura-t-elle avec un profond soupir.

Jusqu'à ce moment les orangs avaient accordé quelque répit à la troupe ; mais ils pouvaient se raviser, et les chasseurs, sous ces arbres épais, se trouvaient toujours exposés à leurs coups. Il était donc prudent de ne pas s'arrêter davantage à cette place. Du reste, Édouard, grâce aux ménagements qu'on avait employés, paraissait déjà suffisamment apprivoisé pour devoir suivre sans résistance son père et ses amis. Palmer, le prenant par la main, lui dit avec un accent de bonté :

— Viens, Édouard ; viens, mon enfant..... Il faut partir.

Mais, contre son attente, le farouche jeune homme dégagea sa main et bondit en arrière, en poussant un cri d'une intonation bizarre. Aussitôt des cris différents, s'effaça brusquement ; le sourire moins étrange, lui répondirent de plusieurs côtés, tandis que des têtes hideuses se montraient çà et là au sommet des arbres. Cette démonstration menaçante était pour Richard un motif de plus de se hâter. Il courut vers le fugitif en lui disant d'un ton suppliant :

— Édouard, ne veux-tu donc pas revenir à l'habitation avec nous ?

Le jeune sauvage ne l'écoutait pas ; tout en marmottant des paroles inintelligibles, il avait gagné le pied d'un cocotier, et déjà il en embrassait le tronc, comme pour chercher un refuge dans le feuillage, quand Anna s'écria :

— Édouard !

Il s'arrêta et la regarda. Aussitôt l'expression de colère et d'effroi répandue sur son visage s'effaça brusquement ; le sourire reparut sur ses lèvres. Miss Surrey s'approcha, lui prit la main à son tour et l'entraîna sans qu'il parût s'en apercevoir. Elle lui parlait toujours et certainement il ne la comprenait pas ; mais il trouvait un plaisir infini à écouter cette voix argentine, et il se laissait conduire comme s'il eût obéi à une force magique.

Palmer avait fait signe aux personnes qui l'assistaient ; on avait entouré Édouard de manière à l'empêcher de revenir en arrière et de se réfugier sur les arbres si la jolie sirène venait à perdre son empire ; mais Édouard ne songeait plus à rompre le charme qu'il subissait avec tant de joie : il continuait de marcher et on s'éloignait insensiblement de la clairière.

Tout à coup des cris aigus, partis d'un arbre voisin et qui semblaient exprimer à la fois la douleur et la colère, vinrent briser cette espèce de fascination. Le sauvage s'arrêta de nouveau, et Anna, malgré ses efforts, le sentit devenir aussi ferme qu'un roc, pendant qu'il cherchait des yeux la cause de ces clameurs.

C'était le jeune orang qui venait de sortir de sa hutte et qui, voyant le compagnon ordinaire de ses jeux s'éloigner avec ces envahisseurs inconnus, s'abandonnait au plus violent désespoir. Penché sur une branche, il gesticulait avec animation et agitait un énorme bâton d'un air menaçant.

Édouard sans doute avait une affection réelle pour cette créature, la seule qui l'eût aimé dans sa misérable condition. Aussi se montra-t-il fort touché de cet appel, et quoi que l'on pût dire ou faire, il refusa d'avancer. Bien plus, il tendit les bras vers le jeune orang et lui répondit par une exclamation gutturale.

Aussitôt tous les orangs disséminés sur les arbres firent entendre leur bourdonnement ordinaire ; puis, cassant avec précipitation les plus grosses branches, ils les lancèrent avec autant de vigueur que d'adresse sur les chasseurs, tandis que le jeune orang multipliait ses gestes furieux en s'escrimant de sa massue.

— Il n'y a plus à hésiter, dit le colon à Darius, puisqu'il ne veut pas marcher, nous le porterons ; s'il résiste, nous le lierons.... Dieu veuille me pardonner la violence que je vais exercer contre ce fils pour lequel je donnerais ma vie !.... Mais les orangs semblent vouloir nous attaquer tous ensemble, et, s'ils nous attaquaient en effet, nul ne sait ce qui pourrait arriver... Darius, fais ce dont nous sommes convenus.

Le nègre s'empressa de remettre son fusil à Maria ; puis, détachant une corde qu'il portait en guise de ceinture, il l'enroula prestement autour des jambes d'Édouard. Celui-ci, tout occupé de son compagnon, ne soupçonnait pas la possibilité de cette voie de fait ; en voulant exécuter un de ses mouvements impétueux, il tomba et se fût blessé peut-être si son père, qui le retenait par le bras, n'eût amorti sa chute. Néanmoins, ni Palmer ni Darius n'avaient compté sur sa vigueur extraordinaire ; à peine fut-il à terre, qu'il se débattit avec énergie. Les deux hommes étaient incapables seuls de maîtriser ses efforts ; Stewart, l'autre nègre, le docteur van Stetten lui-même durent prêter leur secours pour le mettre hors d'état de résister. Bientôt il fut solidement garrotté et réduit à une impuissance complète.

Alors il se mit à pousser des cris tellement affreux, tellement différents des clameurs que l'épouvante ou la colère arrachent parfois aux êtres humains, que ceux qui les entendirent ne purent les oublier jamais. Il se roulait par terre avec frénésie, mordant tout ce qui se trouvait à sa portée. Il demeurait sourd même à la voix d'Anna, et la jeune fille dut s'éloigner de lui avec consternation. Elle se couvrait les yeux et se bouchait les oreilles pour ne point entendre cet enfant dont elle avait conservé jusque-là dans son cœur une si poétique image.

Richard, bouleversé, rappela tous les chasseurs autour de lui ; aussi bien il n'était plus nécessaire de garder les postes, maintenant que le but de l'expédition semblait atteint. Il donna l'ordre à quatre Malais, parmi lesquels étaient Boa et Tueur-d'Éléphants, de porter Édouard, tandis que d'autres se chargeraient des deux hommes tués par les orangs.

— Partons, partons, dit-il : hâtons-nous de sortir du fourré. Aussitôt que nous aurons gagné la plaine, nous n'aurons plus rien à craindre, je l'espère. Jusque-là....

Il n'eut pas le temps d'achever. Quand les hommes désignés pour cette tâche voulurent enlever Édouard dans leurs bras, le jeune orang s'élança de son arbre par un saut prodigieux, et chargea, le bâton levé, ceux qu'il croyait être les persécuteurs de son ami. Son attaque fut si subite et si violente que les Malais, afin de se mettre en garde, durent laisser tomber leur fardeau sur le gazon ; mais déjà le redoutable animal était sur eux. Comme Boa saisissait son fusil, un coup de bâton lui brisa le bras un peu au-dessous du coude. L'orang, toujours hurlant et bondissant, allait frapper de nouveau ; un coup de fusil, tiré presque à bout portant par un des lascars, lui traversa la poitrine.

La blessure était mortelle et des flots de sang noir s'en échappèrent aussitôt. Néanmoins le quadrumane parut à peine s'en apercevoir, et son indomptable vigueur n'en fut pas diminuée. Il laissa tomber sa massue ; s'employant d'une de ses armes que ses mains et ses longs bras musculeux, il écarta sans effort apparent les hommes robustes qui gardaient Édouard, les jeta brutalement à dix pas, puis, se penchant vers son ami, il le prit dans ses bras, le couvrit de baisers, et essaya de l'emporter vers les huttes. Mais alors ses forces commencèrent à trahir son courage ; deux fois il voulut soulever Édouard, deux fois il le laissa retomber. L'un et l'autre continuaient à pousser des cris perçants, à verser d'abondantes larmes ; et tandis que l'orang s'efforçait de délivrer son ancien compagnon, celui-ci se roulait convulsivement sur l'herbe et cherchait par des mouvements saccadés à rompre ses liens.

Cependant les hommes qui avaient été si rudement repoussés s'étaient remis sur pied et accouraient pour venger leur injure, soutenus par le reste de la troupe. Le jeune orang, au milieu de tant d'ennemis, se redressa fièrement et voulut défendre encore Édouard réduit à l'impuissance. Il avait ramassé son bâton qu'il brandissait avec raideur, menaçant d'une mort certaine quiconque oserait approcher. Ses adversaires ne songeaient plus à tirer sur lui, soit qu'ils craignissent de se blesser les uns les autres au milieu du désordre, soit que peut-être ils prissent en pitié le dévouement de ce pauvre animal pour le jeune Palmer. Mais Tueur-d'Éléphants, qui venait de voir estropier son ami et compatriote Boa, et qui lui-même avait été cruellement froissé dans sa chute, n'était pas homme à se laisser arrêter par de pareils scrupules. Aussi, pendant que l'orang faisait face aux autres assaillants, il se glissa-t-il perfidement derrière lui et il lui enfonça son criss jusqu'à la garde entre les deux épaules.

L'orang se retourna par un mouvement rapide. Saisissant la lame ensanglantée, il la brisa comme du verre, tandis que de l'autre main il assénait un coup de bâton à Tueur-d'Éléphants, qui sut l'éviter avec adresse. Le quadrumane allait revenir à la charge, mais il fut attaqué de tous côtés à la fois avec des criss, des sabres, des baïonnettes, et son bâton était incapable de le protéger contre toutes ces armes menaçantes. Il reçut encore plusieurs blessures graves, et pourtant il ne tombait pas; toujours debout, l'œil enflammé, il n'abandonnait pas son compagnon prisonnier. La vitalité est si puissante chez les orangs qu'ils peuvent supporter sans succomber immédiatement dix blessures qui causeraient instantanément la mort d'autant d'hommes vigoureux.

Cependant le pauvre animal ne tarda pas à changer d'attitude. Accablé par le nombre, inondé de sang, il rejeta de nouveau son bâton et cessa toute résistance. Par ses cris, ses larmes, ses gestes suppliants, il semblait conjurer ses ennemis d'avoir pitié de lui. Son regard, en ce moment suprême, avait un caractère étonnant d'intelligence. Il appuyait ses mains sur ses blessures béantes; il poussait des gémissements si tristes, si expressifs, qu'aucune parole humaine n'eût pu les égaler. Tous les témoins de cette terrible scène en étaient vivement émus. Anna cachait son visage dans le sein de la négresse : Palmer détournait la tête avec horreur. Un des lascars, peut-être dans le but de terminer les souffrances du défenseur d'Édouard, lui porta un coup de baïonnette; mais il avait mal calculé ce qui restait de force à l'orang, car celui-ci, saisissant l'arme, la brisa encore comme il avait brisé le criss, tandis que ses yeux mourants reprochaient à l'agresseur son inutile cruauté [1].

Cette affreuse lutte tirait donc à sa fin, quand quelqu'un s'écria :
— Prenez garde!... voici les autres orangs qui viennent sur nous.

Tous les regards se dirigèrent aussitôt vers le point indiqué. Le donneur d'avis avait un peu exagéré les choses : la plupart des orangs, postés à la cime des arbres, se contentaient de pousser des clameurs furieuses; deux seulement accouraient vers la troupe de chasseurs avec l'intention évidente de l'attaquer; c'étaient le père et la mère du jeune orang. On les voyait s'élancer d'arbre en arbre, brisant sous leur colère les têtes de palmiers, faisant voler autour d'eux un nuage de feuilles, de mousse et de plantes parasites. Or, si un seul orang, non encore parvenu à l'âge d'adulte, avait suffi pour tenir en échec la troupe entière, que n'avait-on pas à craindre de ces deux terribles animaux, d'une taille et d'une force effrayantes, excités par es cris de leur enfant égorgé?

Palmer comprit la grandeur du danger :
— Serrez-vous autour de nous, s'écria-t-il, et sortons au plus vite de ce maudit fourré.

Lui-même prit son fils dans ses bras et l'enleva malgré les cris et la faible résistance d'Édouard soigneusement garrotté. L'orang blessé s'était cramponné à la jambe de son ami, et il se laissa un moment traîner sans vouloir lâcher prise; mais une nouvelle blessure épuisa ses forces, et il dut céder en poussant un dernier cri de douleur. Alors les chasseurs, à qui l'ordre du chef avait été transmis en différentes langues, s'empressèrent de se masser autour du groupe principal, et la retraite commença précipitamment.

Deux personnes restèrent pourtant en arrière : l'une était Maria, l'autre le docteur van Stetten. La bonne négresse éprouvait une grande compassion pour le pauvre orang. Elle s'était penchée vers lui, afin d'examiner ses blessures et de s'assurer s'il n'y aurait aucun moyen de le guérir. Une semblable pensée paraissait avoir aussi retenu le docteur, et ils étaient l'un et l'autre tout occupés de leur charitable besogne, quand Darius revint sur ses pas chercher son imprudente moitié.
— Maria, s'écria-t-il avec colère, toi n'avoir donc ni honte ni peur? Toi vouloir les orangs enlever toi?... Moi, pas vouloir !

Et il entraîna sa femme avec autorité, sans s'occuper autrement de van Stetten. Celui-ci, voyant que le jeune orang donnait à peine quelques signes de vie et que les secours de l'art seraient inutiles, ne continuait pas moins ses observations scientifiques sur le mourant. Or, en ce moment, les deux redoutables quadrumanes se glissaient le long des lianes qui pendaient d'un arbre voisin comme des cordes flottantes. Une distance qui pouvait être franchie en quelques bonds les séparait seulement du malencontreux et distrait naturaliste, quand plusieurs coups de fusil retentirent de nouveau dans la clairière. Les orangs cette fois encore ne parurent pas avoir été atteints; mais l'explosion des armes à feu leur causait une terreur qui allait néanmoins en diminuant à mesure qu'ils s'y habituaient. Ils s'arrêtèrent donc à mi-chemin de leur liane, et, restant suspendus à vingt ou trente pieds du sol, ils ne manifestèrent leur rage que par des cris et des gestes menaçants.

Quelqu'un prit rudement van Stetten par le bras et le força de se lever.
— Pour Dieu ! monsieur, à quoi pensez-vous donc? dit Stewart qui avait vu le danger du docteur et qui était venu généreusement à son secours.

Il montra les deux orangs toujours suspendus à leur liane. Van Stetten pâlit; cependant il manifesta l'intention d'emporter le jeune singe, qui avait encore un souffle de vie.
— Un animal si rare ! murmura-t-il; sa dépouille est précieuse et serait un beau cadeau pour le Muséum de Leyde !
— Êtes-vous fou? Si vous touchez à cet orang, vous serez mis en pièces par le père et la mère, qui n'ont pas l'air tendre.... Tenez, les voilà qui commencent à bouger... Partons.

Et il s'empara du pauvre docteur, qui disait avec désespoir :
— Je n'ai pas même eu le temps de mesurer son angle facial !

A peine van Stetten et Stewart avaient-ils fait quelques pas pour rejoindre le gros de la troupe, que les deux orangs tombaient sur le sol et bondissaient vers leur fils mourant. Par bonheur, tout occupés des souffrances du blessé, ils ne songèrent pas à inquiéter les chasseurs, qui sans cette circonstance eussent pu se trouver fort empêchés au milieu des arbres. La mère avait pris son enfant dans ses bras; elle examinait ses plaies, les baisait, cherchait à étancher le sang et versait d'abondantes larmes, tandis que le père grondait d'une manière formidable en agitant sa massue. Bientôt les autres orangs, appelés par cette famille désolée, accoururent et semblèrent prendre part à sa douleur et à sa colère.

Au moment où la troupe les perdit de vue, le jeune orang venait d'expirer, et les autres, selon l'usage de leur espèce, couvraient son corps de feuilles et de branchages. La mère se roulait sur le gazon, et continuait à remplir la forêt de ses plaintes et de ses gémissements.

XXXIV. — LA DISCORDE.

Un peu plus tard, la troupe des chasseurs avait fait halte sous un bouquet d'arbres dont l'isolement complet était une garantie contre toute surprise de la part des orangs. Ce repos était bien nécessaire, par cette chaleur étouffante, après tant d'agitations et de fatigues. D'ailleurs, il s'agissait d'enterrer ceux qui avaient succombé dans la lutte contre les terribles hommes des bois, et plusieurs travailleurs creusaient à la hâte une fosse au pied d'un palmier.

Richard, malgré les pertes cruelles qu'avait coûté la délivrance de son fils, ne pouvait cacher sa joie, et il contemplait avec amour cet enfant qu'il venait enfin de reconquérir à force de persévérance et de courage. Il avait desserré les cordes qui retenaient les bras et les jambes d'Édouard, sans oser pourtant lui rendre encore toute sa liberté d'action, et il veillait sur lui avec la plus touchante sollicitude. Malheureusement le prisonnier ne semblait tenir aucun compte de ces soins et de cette tendresse. A la violente exaltation qu'il avait montrée peu d'instants auparavant, avait succédé un abattement sombre et silencieux; il demeurait étendu sans mouvement sur l'herbe. Maria lui avait offert des oranges et des bananes; il les avait refusées d'un air farouche. Miss Surrey elle-même n'était guère mieux accueillie; vainement se montrait-elle à lui enveloppée dans ces draperies de mousseline blanche qui l'avaient d'abord si vivement impressionné; vainement lui souriait-elle en lui

---

[1]. Ces détails sur l'attitude de l'orang blessé à mort sont rigoureusement exacts. Voyez dans l'*Encyclopédie d'histoire naturelle*, par M. le docteur Chenu, le récit traduit du *The asiatic recherches*, de deux officiers anglais qui tuèrent un orang sur la côte de Sumatra en 1826.

E. B.

Édouard était devenu tout-à-fait docile ; on lui avait enlevé les cordes. (Page 92.)

adressant des paroles caressantes ; il attachait sur elle son œil fixe et grand ouvert, mais il demeurait impassible, comme s'il eût gardé rancune à la belle jeune fille de la part qu'elle avait prise à sa capture.

Une fois pourtant il sortit de sa morne immobilité. Comme nous l'avons dit, la plupart des chasseurs étaient couchés çà et là sur l'herbe, et les autres continuaient leur funèbre besogne, quand on entendit à quelque distance le bourdonnement d'un orang. On ne s'en effraya pas beaucoup ; cependant plusieurs des assistants tournèrent la tête de ce côté, et aperçurent à la cime d'un arbre le quadrumane qui venait ainsi d'attirer l'attention. Peut-être n'eût-on pas daigné s'occuper de lui ; mais Édouard, si calme tout à l'heure, répondit par un cri à cette espèce d'appel, et, se levant d'un bond précipité, parut vouloir s'enfuir vers le bois. Il avait compté sans les cordes qui embarrassaient encore ses jambes ; retenu brusquement par cet obstacle, il retomba sur le gazon et essaya en vain de se relever. Au même instant un coup de fusil, tiré par un chasseur, fit disparaître l'orang.

Richard, après s'être assuré que son fils ne s'était pas blessé dans sa chute, dit d'un ton découragé :

— Vous le voyez, Anna, il serait disposé à nous quitter pour retourner à sa vie sauvage ! Nous aurons plus de peine que je le croyais à dompter ses habitudes farouches.

— Mais nous y parviendrons, mon oncle, répondit Anna en s'efforçant de cacher l'effroi que lui avait causé le mouvement impétueux du prisonnier.

— Miss Surrey était en droit d'espérer mieux de son cousin, dit Stewart avec intention ; elle devait attendre une autre récompense de son dévouement et de son intrépidité.

Puis, comme Anna lui adressait un regard de reproche, il poursuivit d'un ton différent :

— Sans doute, monsieur Palmer, nous sommes enfin débarrassés de ces orangs. Ils ont l'air de comprendre le danger de se tenir à notre portée, et tout à l'heure celui qui était là en parlementaire ou en vedette, je ne sais trop lequel, a décampé estement au premier coup de feu.

— Ne nous y fions pas trop, répondit Richard tout pensif ; je connais sur ces étranges animaux des faits qui permettent de douter s'ils n'ont pas une sorte d'intelligence méchante au service de leurs rancunes. Je voudrais que nous fussions déjà de l'autre côté du marais ; je voudrais surtout que nous n'eussions pas été dans l'obligation de tuer ce jeune orang, qui a prouvé tant d'attachement pour mon fils....

— Quel affreux spectacle! dit Anna en frémissant à ce souvenir.

— Et dire, ajouta le docteur, que cette mort n'aura servi de rien! Je n'ai pu ni emporter la peau de l'orang, ni faire sur lui es observations...

— Vous avez pu, du moins, cher docteur, reprit Stewart en désignant le Malais Boa dont van Stetten venait de panser le bras cassé, apprécier la vigueur des coups de bâton qu'il assénait, et, si je n'étais venu à votre secours, vous auriez pu juger par vous-même de la vigueur supérieure du papa et de la maman... Quant à moi, j'approuve fort que nous ayons montré à ces hideuses créatures de quoi nous sommes capables ; elles nous ont fait assez de mal. Trois hommes tués et un quatrième gravement blessé, n'est-ce donc rien ?

— C'est beaucoup trop, répliqua Palmer ; aussi, ai-je hâte que nos morts soient enterrés, afin que nous puissions regagner les grands bois.

— Le soleil chauffe ces maudits rochers comme s'il voulait les fondre, dit le docteur en jetant un regard d'effroi vers les blocs nus qui formaient la chaussée, et nous avons bien le temps d'arriver avant la nuit au campement que nous avons quitté ce matin.... Mais vraiment, monsieur Palmer, croyez-vous que nous ne risquerons plus de rencontrer les orangs quand nous aurons franchi les lagunes ?

— Je n'en sais rien ; comme je vous l'ai dit, ils sont aussi rusés que vindicatifs ; et si par hasard, poursuivit Palmer en baissant la voix de manière à n'être point entendu d'Anna, il existait dans le marais un passage autre que celui que nous connaissons, nous pourrions bien les rencontrer encore.

— Et quel motif avez-vous de supposer, demanda le gouverneur, qu'il existe un autre passage ?

— Voici sur quoi je me fonde, monsieur Stewart ! certainement l'orang qui m'a enlevé mon fils n'a pas suivi cette rangée de rochers stériles ; le trajet eût été trop long et trop rude pour qu'il pût l'accomplir à pied. Il y a donc, selon toute apparence, quelque part dans les bas-fonds, des terrains couverts d'arbres ; et ces arbres servent sans doute aux orangs à franchir les lagunes pour venir dans le voisinage de la colonie. Si mes suppositions sont justes, ces maudits animaux ne manqueront pas de nous attendre dans un endroit où l'avantage de la position sera pour eux... Et tenez, poursuivit-il en désignant l'arbre sur lequel s'était déjà montré l'orang et où l'on entrevoyait encore confusément une forme immobile dans le feuillage, on ne nous perd pas de vue, on nous épie, et l'on se tient prêt à profiter de nos imprudences.

— Morbleu ! dit Stewart en mettant son fusil en joue, je suis bien tenté d'envoyer une balle à ce vilain espion.

— A quoi bon? répondit Richard ; autrefois je ne souhaitais rien autant que de pouvoir tirer sur ces odieuses créatures qui m'avaient enlevé mon enfant bien-aimé. Aujourd'hui qu'il m'est rendu, ajouta-t-il en jetant un regard attendri sur Édouard, je ne demande qu'à m'éloigner d'elles au plus vite avec mon trésor.

Néanmoins Stewart allait peut-être essayer la portée de sa carabine sur la sentinelle des orangs, quand une violente rumeur, s'élevant du côté où l'on creusait la fosse, détourna son attention.

Les Malais et les lascars se disputaient avec véhémence encore une fois. L'animosité semblait réciproque, et quoiqu'on ne s'entendit pas bien, on s'accablait d'injures, on se menaçait des criss et des fusils.

— Ah çà ! ils ont donc le diable au corps ? s'écria Stewart. Et il se jeta courageusement entre les deux partis, sans écouter Anna qui le rappelait.

— Ils choisissent bien leur temps pour recommencer leur querelle, dit Palmer avec consternation ; mais il faut que j'aille soutenir M. Stewart...., Van Stetten, venez aussi... Toi, Darius, poursuivit-il en s'adressant au nègre, reste avec ma nièce et Maria auprès d'Édouard et ne l'éloigne pas, quoi qu'il arrive.

— Pas peur, maître, répliqua Darius ; hommes « qui ne parlent pas » essayer d'enlever Maria ou massa Édouard !

Les Malais, tout en pratiquant certaines superstitions grossières, sont assez indifférents en matière de religion, et ils manifestent fort peu de respect pour les morts. Leurs plus proches parents, leurs amis les plus chers, quand ils viennent à mourir, sont enterrés sans cérémonie d'aucune sorte et promptement oubliés. Le culte des morts comporte un degré de civilisation dont cette race cruelle est encore éloignée.

Il n'en est pas de même des Hindous ; on sait jusqu'à quel point toutes les castes de l'Inde sont attachées au cérémonial compliqué de leur culte, on sait surtout quelle importance elles attachent à leurs rites funèbres. Les unes précipitent leurs morts dans les eaux d'un fleuve consacré, tel que le Gange ; les autres les brûlent sur un bûcher ; les autres enfin se contentent de les enterrer.

Or, la caste des lascars était une de celles qui ont l'habitude d'enterrer les morts ; mais quoiqu'elle ne soit pas asservie à certains usages minutieux de ses coreligionnaires et qu'elle ne se gêne pas notamment pour se nourrir de chair, comme nous l'avons vu déjà, elle est fort loin encore d'accepter les formes expéditives des Malais en matière de funérailles. Cette différence dans le mode de procéder à l'enterrement des morts était cause du dissentiment qui venait d'éclater entre les hommes de l'escorte.

Les Malais, après avoir creusé une grande fosse, avaient voulu y jeter pêle-mêle ceux qui avaient succombé dans la lutte contre les orangs et les couvrir de terre sans autres formalités. Mais le cérémonial hindou exigeait d'autres conditions, sous peine de fermer le paradis de Brahma à l'âme du lascar qui avait péri. D'abord les lascars avaient exigé que le corps de leur compagnon ne fût pas mis en contact avec les autres corps, ce qui l'eût souillé irrémédiablement. Ensuite il avait fallu lui pincer le nez, crier à ses oreilles, lui jeter de l'eau au visage, afin qu'on fût bien sûr que l'âme avait en effet quitté la dépouille mortelle. Enfin, il s'agissait encore de placer le défunt dans une certaine position et de déposer auprès de lui, au fond de la fosse, du riz, des fruits, du bétel et certains objets qu'il n'était pas facile de se procurer dans les circonstances actuelles.

D'abord les Malais avaient observé avec un dédain mêlé de pitié ces pratiques puériles ; mais, désireux d'achever leur besogne et de continuer leur voyage, ils ne tardèrent pas à perdre patience. Tueur-d'Éléphants, une bêche à la main, était chargé de fermer la fosse, ne put y tenir. Il écarta brutalement l'Hindou qui servait de prêtre, poussa avec le pied le corps du lascar dans la fosse commune et se mit à combler le trou avec précipitation.

Aussitôt les lascars jetèrent des cris d'indignation et de douleur. D'après leurs croyances, cette profanation exposait l'âme de leur coreligionnaire à errer pendant des milliers d'années sous la forme des animaux les plus immondes. Ils protestèrent donc avec énergie, la querelle n'avait pas tardé à dégénérer en une lutte qui s'était engagée sur la fosse à demi comblée où l'on engloutissait encore les cadavres.

Heureusement le gouverneur était arrivé à temps pour séparer les deux partis avant la première effusion de sang. Quelques-uns des plus acharnés ayant refusé de déposer leurs armes, Stewart les leur arracha d'un air d'autorité. Les voies de fait cessèrent donc ; mais alors, Malais et lascars se mirent à parler tous à la fois pour exposer leurs griefs. Le pauvre Stewart ne comprenant rien à ces langages barbares, où l'on distinguait à peine quelques mots d'anglais, se trouvait dans un grand embarras quand Palmer, suivi du docteur, accourut à son secours.

Richard, à qui son séjour dans l'Inde et ses rapports constants avec les Malais avaient rendu les deux idiomes familiers, écouta fort attentivement les réclamations de l'un et l'autre parti, et il apprit à ses compagnons le sujet de la querelle. Évidemment les Malais avaient tort encore cette fois, et le colon, aussi bien que Stewart, leur en exprima son mécontentement. Mais ils refusèrent de céder, et Tueur-d'Éléphants, qui semblait le plus animé, alla jusqu'à méconnaître l'autorité de son maître.

— Les Malais sont des hommes libres, dit-il d'un ton arrogant ; ils sont venus pour délivrer Édouard, et Édouard est délivré. Pour eux, la plus grande part des peines, des fatigues, des dangers, et pourtant les lascars partageront avec eux la récompense.... Nous ne voulons pas être mis sur la même ligne que ces lascars, le rebut des nations.

Rarement Tueur-d'Éléphants avait fait un aussi long discours ; et après l'avoir prononcé, il mit dans sa bouche une grosse pincée de bétel comme pour se témoigner à lui-même sa vive satisfaction. Palmer crut entrevoir le véritable motif de cette querelle.

— Ce que j'ai promis à chacun de vous pour avoir coopéré à la délivrance de mon fils, s'écria-t-il, vous sera exactement remis à notre retour au Nouveau-Drontheim ; et mieux que personne, Tueur-d'Éléphants, tu sais combien je suis généreux ! Vous aurez lieu d'être contents, j'en prends l'engagement formel.... Maintenant, laissez ces pauvres gens enterrer leur camarade à leur guise, et que tout soit fini.

Mais cette satisfaction était insuffisante pour Tueur-d'Éléphants, qui semblait être l'organe de tous les autres Malais.

— Nous ne voulons plus être confondus avec ces coquins de lascars, reprit-il avec hauteur ; ils quitteront la troupe ou nous la quitterons nous-mêmes, et nous retournerons seuls à la colonie.

Richard ne pouvait croire d'abord que cette prétention fût sérieuse ; mais Tueur-d'Éléphants exprima plus énergiquement encore son intention de se séparer de la bande avec ses compatriotes si les lascars ne la quittaient pas, et les autres l'appuyèrent. Vainement le colon essaya-t-il de leur faire comprendre que si la troupe se divisait, elle courrait plus de risques d'être attaquée par les orangs ou par des bêtes féroces, de s'égarer dans ces immenses solitudes, de succomber aux mille dangers qui menacent l'homme au milieu des déserts ; ils persistèrent dans leur résolution.

Palmer transmit au gouverneur l'objet de cette discussion, qui avait eu lieu en langue malaise.

— Nous ne pouvons nous laisser imposer des conditions par ces drôles, dit Stewart avec véhémence ; s'ils veulent aller seuls, qu'ils partent... Les lascars nous sont fidèles ; ils nous aideront à faire face à toutes les éventualités, à présent que le but de l'entreprise est atteint, et nous nous trouverons encore en nombre suffisant pour protéger votre charmante nièce jusqu'à la colonie.... Mais ces Malais doivent avoir conçu, en se séparant de nous, quelque projet fâcheux... Savez-vous ce que cela peut être, monsieur Palmer ?

— Je l'ignore, mais je pense comme vous qu'ils ont de mauvais desseins, soit contre nous, soit contre les lascars.... Puissé-je me tromper !

Le colon adressa de nouvelles représentations aux Malais ; ils ne répondirent que par un silence farouche.

— Eh bien ! soit, partez donc, reprit Richard d'un ton résolu. Malgré votre ingratitude et votre désobéissance, je ne vous refuserai pas, quand nous nous retrouverons au Nouveau-Drontheim, le salaire que vous avez mérité pour m'avoir servi jusqu'à ce moment. Seulement, tenez-vous pour avertis que pendant le reste du voyage nous serons sur nos gardes.... Si l'un de vous s'approchait de nos campements, dans des intentions suspectes, M. le gouverneur et moi nous le traiterions en ennemi.... Maintenant, prenez ce qui vous appartient et allez où bon vous semblera.

Cette fermeté produisit une certaine impression sur quelques-uns des révoltés ; mais, voyant l'indomptable Tueur-d'Éléphants rejeter sa pelle et s'armer de son fusil pour partir, ils se décidèrent à profiter de la liberté qu'on leur laissait. Boa, que son bras cassé mettait hors d'état d'agir, hésita un moment s'il suivrait ou son ses compatriotes ; quelques mots de Tueur-d'Éléphants levèrent ses doutes, et il fit ses préparatifs de départ comme les autres.

— Monsieur Palmer, s'écria Stewart indigné, dites-leur de ma part qu'il leur sera demandé compte de leur abominable conduite. L'amiral, qui a plein pouvoir sur tous les habitants de la colonie....

— C'est inutile, répliqua Richard tristement ; leur parti est pris, et nous les avons assez menacés déjà.... trop pour notre sûreté. Le ciel, sans notre intervention, se chargera peut-être de les punir !

Les Malais partirent, sans adresser à leur ancien maître et au gouverneur un mot d'adieu, un signe de respect ; bien plus, Tueur-d'Éléphants, en passant devant les Hindous qui s'étaient aussi empressés de s'armer, dit d'un ton de mépris :

— Les lascars sont des chiens !

Richard et le gouverneur les regardèrent un moment s'éloigner et se diriger vers la chaussée de roches qui traversait le marécage ; puis, après avoir ordonné aux lascars de terminer promptement l'enterrement des morts, ils revinrent à pas lents, avec le docteur, vers l'endroit où ils avaient laissé Édouard et les emmes sous la protection de Darius.

Comme le gouverneur s'étonnait encore de la détermination si subite et si inconcevable des Malais de l'escorte, Richard ajouta :

— Il vous est, en effet, difficile de comprendre, monsieur Stewart, les mobiles de cette race jalouse et haineuse. Leurs intérêts, leur sûreté même sont incapables d'arrêter l'explosion de leurs fougueuses colères. Ceux-ci, pour un motif plus ou moins frivole, sont irrités contre ces Hindous inoffensifs. Il n'en faut pas davantage pour les pousser aux dernières extrémités contre les lascars et contre nous.

— S'il ne s'agissait que de moi, dit Stewart avec insouciance, je m'inquiéterais fort peu de leurs bonnes ou de leurs mauvaises dispositions. Enfin, comme vous l'avez dit, monsieur Palmer, nous veillerons ; et malgré nos motifs de division vous verrez que vous pouvez compter sur moi au moment du besoin.

En toute autre circonstance, Richard n'eût pas manqué de s'étonner qu'une cause de division existât entre le gouverneur et lui ; mais, absorbé par les difficultés et les complications qui venaient de surgir, il ne songea pas à relever ces expressions obscures.

Édouard était plus calme, à la vive satisfaction d'Anna, qui du reste ne s'était pas aperçue du grave dissentiment survenu entre les Malais et les lascars. Palmer, ne voulant pas effrayer sa nièce, lui dit vaguement que les Malais avaient pris les devants, et qu'on les rejoindrait le soir ou le lendemain. Anna ne parut pas attacher une grande importance au fait et continua de s'occuper exclusivement d'Édouard.

Bientôt les lascars revinrent, après avoir rempli du mieux possible les formalités bizarres exigées par leurs rits funèbres, et l'on se remit en devoir de gagner le campement de la veille.

Comme on approchait du lac, on aperçut au loin les Malais qui traversaient la chaussée ; on eût dit des points noirs se mouvant sur les roches basaltiques où ruisselait le soleil. Ils tiraient de temps en temps des coups de fusil pour écarter les crocodiles et les boas ; mais, à cette distance, on n'entendait déjà plus le bruit de la détonation, et de légers flocons de fumée blanche trahissaient seuls l'explosion des armes à feu.

Richard était en train d'observer leurs mouvement quand Stewart lui fit remarquer plusieurs grands corps qui s'élançaient d'arbre en arbre, se dirigeant vers une autre extrémité du marais où l'on entrevoyait des massifs de bambous et de banyans.

— Je crois, monsieur Palmer, que vous aviez raison, lui dit-il à voix basse ; les orangs ont l'air de connaître quelque autre passage dans les lagunes, et de manœuvrer pour nous couper la retraite. Ils se sont mis en marche en même temps que nous, et peut-être les trouverons-nous plus tôt que nous ne voudrons !

— Il faut nous attendre à tout, répondit Richard en soupirant.

XXXV. — LE MASSACRE.

La troupe, par suite de la désertion des Malais, se trouvait ort diminuée. Outre les Européens et les nègres, elle ne se composait plus que d'une vingtaine de lascars, soumis, il est vrai, mais mous, indolents et manquant d'expérience dans cette contrée nouvelle pour eux. Il ne fallait donc pas, en cas de danger, compter trop sur ces hommes qui, s'ils n'avaient pas la férocité des gens du pays, n'en avaient pas non plus la hardiesse à toute épreuve, l'infatigable activité.

Le soleil s'inclinait vers l'horizon et la chaleur avait sensiblement diminué ; néanmoins, les blocs volcaniques de la chaussée étaient encore si brûlants que les lascars ne pouvaient sans de vives souffrances y poser leurs pieds nus. Du reste, le passage récent des Malais avait fait fuir les monstrueux reptiles qui fréquentaient ces parages, et les voyageurs ne trouvèrent dans ce trajet d'autres difficultés que celles qui résultaient de l'inégalité du sol et de la température.

Édouard était devenu tout à fait docile. On lui avait ôté les cordes qui eussent pu gêner sa marche ; on lui avait laissé seulement celles qui retenaient ses bras, dont la vigueur était remarquable. Cette précaution elle-même semblait inutile, pour le moment du moins, car le jeune sauvage ne se montrait pas disposé à mésuser de sa force. Il marchait d'un pas tranquille entre Darius et un lascar, chargés d'une manière spéciale de veiller sur ses mouvements, et il ne perdait pas de vue sa cousine qui le précédait et qui se retournait fréquemment pour lui sourire. Avec la mobilité d'esprit ordinaire chez les enfants, il semblait avoir oublié déjà les scènes terribles qui l'avaient tant frappé naguère.

Richard, s'apercevant que le jeune sauvage, vêtu simplement d'un pagne de Guinée bleu, recevait sur sa peau nue ce soleil encore dévorant, alla prendre dans les bagages un morceau de calicot et le jeta sur les épaules d'Édouard. Celui-ci, au premier contact de cette étoffe légère, essaya de s'en débarrasser, mais aussitôt la sensation de bien-être qu'elle lui causait modifia sa pensée. Il cessa de se débattre et chercha des yeux à qui il devait ce soulagement. Alors ses traits s'épanouirent, et il dit de cette voix qui avait conservé les mignardes inflexions de l'enfance :

— Père !... père !...

Rien ne saurait exprimer la joie de Richard à cette preuve toute spontanée d'affection filiale.

— Ah ! maintenant il me reconnaît tout seul, s'écria-t-il avec orgueil ; oui, il me reconnaît bien, malgré ma longue barbe et mer cheveux gris !

— Père.... Anna, répéta le jeune homme en désignant sa cousine.

Palmer éprouvait une violente tentation de le presser contre son cœur ; mais ces caresses prématurées auraient pu effaroucher Édouard. Le colon se contenta de dire à sa cousine avec transport :

— Tu l'entends, Anna ? Toi et moi, nous semblons avoir une part dans ses affections... Mais regarde donc comme il est noble et beau jusque dans son abaissement !

Miss Surrey s'arrêta pendant quelques secondes. Édouard avait drapé la pièce d'étoffe blanche autour de son corps avec une grâce naturelle ; et réellement ses membres bien pris, sa figure juvénile, ses longs cheveux formaient un ensemble digne d'admiration.

— Oui, oui, il est beau ! balbutia-t-elle.

Le jeune sauvage la regardait avec amour ; il dit, non sans peine, mais distinctement :

— Anna... ma... petite... femme.

Miss Surrey rougit et se remit en marche.

— Vois-tu comme l'intelligence et la mémoire lui reviennent ! s'écria Palmer ; allons ! son éducation ne sera ni aussi longue ni aussi difficile que nous pouvions le craindre... Mon Édouard, ajouta-t-il en s'adressant à son fils, cette Anna que tu appelais « ta petite femme » va redevenir comme autrefois ton institutrice, ta compagne, ton amie de tous les instants : elle me l'a promis. Anna est bonne autant que belle, et, à défaut de ta mère, qui n'est plus, elle sera ton ange gardien.

Édouard semblait comprendre de plus en plus facilement les paroles qu'on lui adressait. Il riait, battait des mains en répétant le nom de son père et celui d'Anna. Cependant, au milieu de sa gaieté, il parut tout à coup frappé d'un souvenir, et, étendant le bras vers la portion des bois qu'on venait de quitter, il dit avec un accent d'épouvante :

— Orangs !

— Ne crains plus rien de ces brutes féroces, mon cher Édouard, répliqua le colon ; nous sommes nombreux et bien armés ; nous saurons te défendre. Plus tard, tu nous conteras ce que tu as souffert parmi ces orangs, les privations, les tortures que as endurées avant de t'habituer à cet affreux genre de vie... Mais à présent aie l'esprit en repos ; tu es sous la protection de ton père et de tes amis.

Malgré ces assurances, Édouard semblait éprouver encore par intervalles de vagues inquiétudes, et il regardait fréquemment derrière lui avec une expression de tristesse et d'effroi.

Cependant la troupe avait franchi la chaussée et atteint l'autre rive du lac. Là on retrouva les grands arbres, l'ombre et le feuillage, toutes choses bien précieuses après ce long trajet au soleil ; aussi, les voyageurs éprouvaient-ils le besoin de faire une nouvelle halte, malgré l'heure peu avancée, et Palmer ne s'y opposa pas.

— Il importe, dit-il à Stewart et au docteur, que je sache quelle route ont pris les Malais et que je découvre, s'il est possible, quels sont leurs desseins. Reposez-vous donc ici ; je reviendrai bientôt, et, en attendant mon retour, veillez bien sur notre cher prisonnier.

Stewart lui promit que ses instructions seraient exactement suivies ; quant à van Stetten, à peine arrivé au pied d'un arbre, il s'était laissé tomber sans force et sans voix sur le gazon. Le colon dit encore quelques mots à sa nièce ; puis, après avoir vérifié l'amorce de son fusil, il s'enfonça dans le bois d'un pas furtif.

Les gens de la troupe étaient groupés à l'ombre de quelques pandanus, qui formaient de pittoresques berceaux de verdure. Édouard, couché sur l'herbe, la tête appuyée contre une racine saillante, grignotait distraitement un fruit d'arbre à pain que lui avait offert la négresse, tandis que van Stetten, Maria, Darius et le lascar chargé de le garder étaient assis autour de lui et l'observaient avec curiosité. A quelques pas de celui-ci, miss Surrey avait pris place sur une pierre moussue, et l'on eût dit que, malgré la joie que devait lui causer l'heureuse délivrance de son cousin, elle avait besoin elle-même d'un peu de solitude après tant d'agitations.

Le gouverneur s'était levé pour s'assurer qu'en l'absence de Palmer aucune des mesures relatives à la sûreté et au bien-être d'Édouard ne serait négligée ; mais il n'osait s'approcher d'Anna et restait debout à quelque distance, appuyé sur son fusil, quand la jeune fille leva la tête, sourit mélancoliquement et lui montra du doigt une place à côté d'elle. Il s'empressa d'accepter cette invitation muette et s'assit, après avoir déposé son arme à sa portée. Néanmoins, Stewart et Anna gardèrent un silence embarrassé.

— Peut-être, dit enfin le gouverneur avec un accent d'ironie douloureuse, devrais-je à miss Surrey des félicitations au sujet de l'important événement qui vient de s'accomplir. Voilà Édouard Palmer rendu à sa famille, à la société. L'éducation effacera bien vite les défauts qu'il a contractés pendant sa vie sauvage ; son intelligence paraît vive et prompte ; la tendresse de son père, la richesse et le crédit de son grand-père, l'amiral Stevenson, lui frayeront une route brillante dans le monde ; et il est assuré, dès à présent, de certains avantages plus précieux encore... En vérité, miss Surrey, nous avons eu raison d'admirer tout à l'heure cette beauté et cette grâce naturelles qui faisaient déjà l'admiration de M. Palmer !

— Ne me reprochez pas, Stewart, répondit Anna en soupirant, la pitié que m'inspire cette pauvre créature.

— N'est-ce que de la pitié, Anna ? Votre pitié pour votre parent irait-elle jusqu'à vous imposer un dévouement aussi grand, aussi complet que celui que votre oncle a promis en votre nom ?

— Pourquoi ne remplirais-je pas auprès d'Édouard la tâche que sa mère eût remplie si elle vivait encore, la tâche qu'une sœur eût acceptée si Dieu lui avait donné une sœur ?

— Une mère..... une sœur !..... Ainsi donc, miss Surrey, vous n'aimez pas Édouard ?

— Je le plains, mais..... »

Des sons confus firent tourner la tête. Édouard les regardait l'un et l'autre avec des yeux étincelants et étendait vers eux sa main calleuse, armée d'ongles longs et crochus, en grondant avec colère. Sur un signe suppliant d'Anna, Stewart consentit à s'éloigner un peu.

— Mais il vous aime, lui, reprit-il avec ironie, et déjà il est jaloux !

— Ne me dites pas cela, Stewart, répliqua miss Surrey avec agitation ; ne dites pas qu'il peut avoir pour moi un autre sentiment qu'une simple et naïve amitié d'enfance. J'essaye vainement de m'habituer à la forme étrange qui est sous mes yeux ; je ne saurais y parvenir. En dépit de moi-même, je frissonne quand je compare le passé au présent, quand je songe à ce qu'est devenu cet enfant, espiègle et gracieux, autrefois l'orgueil d'une bonne et tendre mère. Ce regard farouche, ces gestes saccadés, ces traits durs, tout cet extérieur sauvage me frappe d'épouvante ; et quand même Édouard deviendrait plus tard le modèle des jeunes gens, il me semble que je le verrais toujours tel qu'il était ce matin dans la clairière avec ces singes hideux. »

Et elle passa la main sur son front comme pour écarter un importun souvenir.

— J'avais prévu tout cela, miss Surrey, reprit le gouverneur ; et voilà pourquoi, l'autre jour, quand vous opposiez à mes vœux, et cette aversion, je ne m'en alarmais pas.

— Oui ; mais depuis ce moment il est survenu sans doute des obstacles plus sérieux à ce qui était alors l'objet de ces vœux.

— Que voulez-vous dire, Anna ?

— Vous en êtes convenu vous-même ; d'ailleurs j'ai remarqué aujourd'hui l'aversion à peine dissimulée que vous éprouvez pour mon oncle, et cette aversion, dont il ne paraît pas se douter lui-même, m'explique le changement qui m'a frappée.

— Est-ce qu'à mon insu mon respect et mon dévouement pour miss Surrey...

— Vous êtes comme toujours plein d'honneur et de courage, monsieur Stewart ; hier au soir vous m'avez sauvée d'une mort affreuse ; dans cette journée même, vous n'avez reculé devant aucun danger pour mériter ma reconnaissance et celle de tous les miens ; mais vous n'obéissez pas aux mêmes mobiles que ces jours passés, et sans doute certaines circonstances relatives à mon oncle Palmer.....

— Eh bien ! je l'avoue, Anna, reprit le gouverneur avec franchise, et, puisque je trouve une occasion favorable qui ne se présentera peut-être plus quand nous serons de retour à la colonie, je veux vous ouvrir mon cœur en toute sincérité. Ce malheureux enfant n'est pas le seul obstacle qui nous sépare ; il en est d'autres, en effet, qui proviennent de votre famille.

— Ainsi donc, monsieur Stewart, vous avez connaissance des terribles calomnies qui ont été répandues contre mon oncle, si loyal et si bon ?

— Des calomnies, miss Surrey ? quand l'amiral Stevenson lui-même n'ose pas reconnaître..... Mais ce n'est ici ni le temps ni le lieu de traiter de pareilles matières..... Je veux seulement vous dire, afin de nous épargner à l'un et à l'autre des mécomptes et des incertitudes pour l'avenir, qu'en dépit de la passion puissante, irrésistible, que vous m'inspirez, je ne saurais admettre entre nous certaines personnes.....

— Pour Dieu ! monsieur Stewart, expliquez-vous clairement.

— Eh bien ! donc, miss Surrey, il ne saurait y avoir de rapprochement possible entre moi, loyal officier anglais, et celui qu'on appelle le traître de Pondichéry !

Anna se redressa fièrement.

— Il suffit, monsieur, dit-elle avec véhémence ; nous ne nous entendons plus ; j'ai cru autrefois que ce pauvre enfant était l'unique cause... Mais je ne puis ni ne veux renier l'homme honnête et indignement persécuté qui a été pour moi un second père. Si vous ajoutez foi à des accusations fausses et absurdes, nous ne devons plus nous connaître, et je regrette de vous avoir laissé voir des sentiments.... que désormais il me sera facile de surmonter.

Malgré son apparente colère, elle ne put retenir ses larmes. Stewart se rapprocha d'elle et lui dit avec chaleur :

— Anna, vous ne m'avez pas compris. Rien ne saurait me séparer de vous ; j'ai voulu dire seulement que quand nous serons indissolublement unis l'un à l'autre, nous quitterons ce pays et nous romprons toutes relations avec un homme qui, à tort ou à raison, a été frappé d'une condamnation infamante.

— Assez, monsieur Stewart, interrompit encore miss Surrey : vous avez eu raison d'exprimer dès à présent des scrupules que je comprends sans les approuver. Quant à moi, aucune considération ne pourrait m'obliger à être ingrate envers mon père adoptif.

Puis voyant la douleur qui se peignait sur les traits du gouverneur, elle ajouta :

— Je n'en serai pas moins reconnaissante à monsieur Stewart de l'affection qu'il m'a témoignée, des services qu'il m'a rendus ; mais puisque des devoirs différents nous réclament, chacun de nous doit s'efforcer de les remplir avec courage.

Stewart était en proie à un trouble inexprimable.

— Anna, Anna, reprit-il d'un ton suppliant, de grâce, ne me poussez pas au désespoir. Ne me dites pas que je dois renoncer à vous parce que ma famille, la société, des préjugés que je déplore, mais qui sont plus forts que nous tous, m'imposent certaines obligations douloureuses... Eh bien ! ne nous prononçons pas encore sur ce pénible sujet... A notre retour à la colonie, je verrai, j'examinerai... Peut-être d'un moment à l'autre surgira-t-il une circonstance nouvelle qui changera la face des choses... Anna, je vous en conjure, conservez-moi ces sentiments de préférence que vous m'avez laissé entrevoir, et qui m'avaient rendu si fier et si heureux.

— J'étais une insensée, monsieur Stewart, et maintenant je me trouve bien punie de ma faute. J'aurais dû songer plus tôt et plus sérieusement à l'obstacle dont vous parlez ; mais je ne sais pourquoi j'avais voulu le mettre en oubli. C'est depuis quelques heures que votre froideur presque outrageante envers mon oncle m'a ouvert les yeux, et votre aveu si complet... Oui, je vous le répète, monsieur Stewart, nous ne devons plus nous connaître.

Pendant cette conversation à voix basse, Édouard n'avait cessé de gronder sourdement, comme s'il eût vu avec un extrême déplaisir l'intimité qui paraissait exister entre les deux jeunes gens. Tout à coup, Anna lui dit avec une exaltation fiévreuse :

— Édouard, cher Édouard, ne sois pas offensé. Si la fiancée de ton enfance a pu un moment hésiter dans l'exécution de ses anciennes promesses, elle s'en repent à cette heure.... Édouard, toi vivant, je n'épouserai jamais une autre personne que toi.... je te le jure devant Dieu !

Et effrayée elle-même de la solennité de l'engagement qu'elle venait de prendre, elle se cacha le visage dans les mains. Le jeune sauvage la regardait fixement et, par sa contenance grave, semblait lui faire entendre qu'il avait pris acte de cette parole irrévocable.

James Stewart était anéanti, et il eut à peine la force de murmurer :

— Ah ! miss Surrey, qu'avez-vous fait ? Ce serment indiscret causera peut-être votre malheur et le mien !

En ce moment, les cris des lascars annoncèrent le retour de Palmer. Stewart, redoutant de montrer sa faiblesse à l'homme qu'il se croyait en droit de mépriser, s'empressa de dominer son émotion, tandis que miss Surrey essuyait furtivement ses yeux.

Bientôt, en effet, Richard sortit du bois. Il paraissait exténué de fatigue, et la sueur lui ruisselait du front. Il dit à Stewart et au docteur qui s'étaient avancés au-devant de lui :

— Les Malais suivent exactement le chemin que nous avons suivi ce matin, et sans doute ils vont camper à la place où nous avons campé hier au soir. J'ignore toujours leurs projets ; mais leurs allures suspectes me confirment dans la pensée qu'ils machinent quelque chose contre nous. Aussi ai-je conçu le projet de conduire la troupe au Nouveau-Drontheim par une autre route, plus longue et plus difficile peut-être, mais certainement plus sûre. Toutefois, avant de nous remettre en marche, je serais curieux de savoir ce qui se passe du côté de l'ancien campement ;

plusieurs coups de fusil ont été tirés dans cette direction.... Et tenez, encore, entendez-vous ?

On prêta l'oreille, et on distingua en effet dans l'éloignement des détonations qui se succédaient à intervalles très-rapprochés.

— C'est une chaude fusillade, ajouta Richard.

— Évidemment il se passe là-bas quelque chose d'extraordinaire ; il n'est pas possible que les Malais aient rencontré dans ces bois impénétrables une tribu hostile ; il est plus probable qu'ils ont à se défendre contre des buffles, des orangs ou des tigres.

— Ce sont des orangs, je le crains ; les orangs ont franchi le marais.

— Dans tous les cas, monsieur Palmer, dit le gouverneur avec vivacité, nous ne pouvons nous dispenser de venir en aide aux Malais. Quoique ces gens se soient mis en révolte contre notre autorité et qu'ils soient mal disposés à notre égard, c'est un devoir d'humanité pour nous de courir à leur secours.

— Vous avez peut-être raison, répliqua Richard ; cependant j'éprouve une excessive répugnance.... Tenez, monsieur Stewart, vous serez indulgent pour un pauvre père qui vient de retrouver son fils et qui craint de le perdre encore. Dans le cas où nous devrions nous battre contre les orangs, qui sait si mon Édouard ne deviendrait pas leur première victime ? Je ne puis me défendre des plus noirs pressentiments.... D'ailleurs je crains aussi d'exposer à de nouveaux dangers ma nièce, cette bonne et généreuse enfant qui partage si courageusement nos fatigues. Les Malais ont voulu braver seuls les hasards du désert ; n'est-il pas juste qu'ils supportent les conséquences de leur résolution, et devons-nous risquer des existences précieuses....

— Ces motifs, monsieur Palmer, ne pourraient nous arrêter ; il serait facile, en suivant les bords du lac, de tenir Édouard et miss Surrey hors de la portée des orangs. Quant à moi, il ne m'est pas permis d'oublier que ces Malais, si coupables qu'ils soient, ont droit à ma protection, et dussé-je y aller seul... Tenez, entendez-vous encore ? Vraiment ils se défendent en désespérés !

Il semblait en effet que la fusillade redoublât du côté de l'ancien campement.

— Vous avez raison, Stewart, reprit le colon résolument ; j'ai trop écouté peut-être un sentiment d'affection exclusive pour les miens.... Partons donc ; nous prendrons toutes les précautions convenables ; vous verrez, monsieur, que ce n'était pas pour ma vie que je craignais !

— Je vous suis, dit le docteur avec empressement ; d'une manière ou d'une autre, il y aura là-bas de la besogne pour moi. Dieu veuille que le naturaliste y soit plus nécessaire que le chirurgien.

Outre Darius et la négresse, on laissa deux lascars auprès d'Anna et d'Édouard, sans compter l'homme qui conduisait le cheval des bagages, et on leur commanda de longer le marais à petits pas, tandis que Palmer se porterait rapidement en avant avec Stewart, van Steiten et le reste des Hindous. Miss Surrey voulait demander quelques explications, mais les coups de fusil qui retentissaient toujours dans l'éloignement, quoique à de plus longs intervalles, témoignaient d'une nécessité pressante. Aussi Richard, après avoir rassuré sa nièce en peu de mots, prit-il les devants avec ceux qui devaient l'accompagner, et ils disparurent bientôt derrière les inégalités du terrain.

Palmer et ses compagnons pressaient le pas afin d'arriver au but avant la nuit, car la nuit devait augmenter le péril, quel qu'il fût. Cependant, bien avant qu'ils eussent atteint l'endroit d'où la fusillade semblait partie, les explosions d'armes à feu s'étaient ralenties, puis avaient complètement cessé.

Les chasseurs arrivèrent enfin ; mais le calme régnait maintenant sous ces arbres immenses qui formaient de longs et majestueux portiques. Les cris des pics, des perroquets et des cigales troublaient seuls le silence imposant de ces voûtes de feuillage. Néanmoins les chasseurs, pleins de défiance, n'essayèrent pas de s'aventurer dans le bois ; s'arrêtant au bord du marais, ils poussèrent tous à la fois un cri d'appel qui se prolongea d'échos en échos dans les profondeurs de la forêt vierge.

Alors enfin parut s'animer, plusieurs voix humaines répondirent çà et là, et l'on vit sortir des diverses touffes d'arbustes quatre ou cinq de ces Malais qui s'étaient séparés de la troupe quelques heures auparavant. Deux d'entre eux semblaient gravement blessés et ne pouvaient marcher qu'en s'appuyant sur leurs fusils ; tous paraissaient fort effrayés et ne se mouvaient qu'avec une extrême circonspection. Cependant rien ne bougeait, rien ne bruissait dans le feuillage au-dessus de leurs têtes.

Celui qui le premier rejoignit la bande était le Malais Boa, que son bras cassé avait dû rendre incapable de prendre part à une lutte quelconque. Il sortit d'un massif de fougère arborescente, où il s'était tenu blotti jusque-là, et dit d'une voix basse :

— Le bois est plein d'orangs.... Les Malais sont tous morts ou blessés.

— Les orangs ! s'écria Palmer : où sont-ils donc ?

— Ici.... là.... partout ! répliqua Boa en élevant son bras valide vers les arbres environnants.

— Et c'est contre les orangs que vous avez tiré tant de coups de fusil ?

— Les Malais ont brûlé toute leur poudre, mais les balles ne font rien contre ces bêtes enragées. Un orang a reçu plus de vingt balles ; tout couvert de sang, il ne tombait pas de l'arbre, il frappait toujours avec son bâton.... Et voyez encore !

Pendant qu'il parlait, un de ses compagnons blessés se traînait péniblement pour se mettre sous la sauvegarde des chasseurs. Il avait déjà une épaule brisée et pouvait à peine pousser de faibles gémissements. Cependant, comme il passait en chancelant sous un vieux figuier, on entendit le coup sourd dont nous avons parlé tant de fois, et le malheureux Malais roula sur le gazon pour ne plus se relever. L'ennemi qui l'avait frappé ne s'était pas découvert ; seulement, du feuillage de l'arbre était sortie une énorme massue qui était retombée avec une force capable de broyer un roc.

Palmer et Stewart voulaient aller au secours du pauvre diable ; Boa leur fit signe que c'était inutile. Les autres Malais, dont cette catastrophe avait accéléré la marche, les engagèrent aussi par une pantomime expressive à ne pas s'avancer. Ces hommes, habituellement hardis jusqu'à la témérité, semblaient frappés d'épouvante, et ils regardaient derrière eux avec une expression d'horreur que rien ne saurait peindre.

Bientôt tout ce qui restait des Malais se trouva réuni à la troupe de Palmer ; outre Boa, il n'y en avait plus que trois, encore l'un d'eux était-il très-rudement meurtri d'une grosse branche que lui avait lancée un orang. Quant à Tueur d'Éléphants et aux autres, ils avaient péri dans une espèce de fourré situé à une centaine de pas du marais ; et tel était le danger de s'aventurer dans ce fourré redoutable, que les survivants avaient été obligés d'abandonner non-seulement les cadavres, mais encore les fusils et les équipements des morts sous le théâtre de la lutte.

Palmer et Stewart étaient fort avides de connaître la cause et les détails de ce terrible événement ; mais les Malais échappés au massacre ne paraissaient pas se soucier beaucoup d'en révéler toutes les circonstances. Enfin, à force de les presser de questions, on parvint à leur arracher la vérité, du moins en partie.

Ces gens, en se séparant des autres chasseurs, avaient eu la pensée, comme l'avait deviné Palmer, de se venger des lascars, et, excités par Tueur d'Éléphants, dont leur humeur vindicative poussait dans tous les complots, ils avaient résolu de leur tendre un piège sur le chemin. A en croire ceux qui parlaient, on n'avait eu aucune mauvaise intention contre les Européens de la troupe ; c'était aux Hindous seuls que l'on en voulait. Toutefois, il est probable que, en cas de conflit, ni Palmer, ni le gouverneur, ni les autres habitants de la colonie n'eussent dû compter beaucoup sur les égards des révoltés, et qu'un massacre général, suivi de pillage, eût été le résultat final de l'entreprise. Mais Richard et ses compagnons eurent l'air de prendre pour argent comptant les assurances qu'on leur donnait à cet égard ; aussi bien les Malais avaient été cruellement punis de leur perfidie.

Ils s'étaient dirigés vers le campement où ils savaient que la troupe devait encore s'arrêter la nuit suivante. Leur intention était de se tenir en embuscade dans le fourré voisin, d'y attendre l'obscurité ; puis, quand les Européens seraient endormis, de fondre sur les lascars, et de se venger enfin de leurs prétendues injures.

Tel était le plan des révoltés, ou du moins celui qu'ils jugeaient à propos d'avouer, et, pour le mettre à exécution, ils s'étaient glissés dans un épais taillis où ils ne pouvaient être aperçus. Ils ne croyaient avoir rien à craindre des orangs qu'ils avaient laissés de l'autre côté du lac ; ils ne soupçonnaient pas l'existence d'un second passage dans les marais. Aussi s'établirent-ils en toute sécurité à cette place, et ils ne remarquaient pas une faible agitation qui avait lieu dans certains grands arbres dont le taillis était surmonté. Les uns, épuisés de fatigue, ne songeaient qu'à dormir sur le gazon, tandis que les autres s'entretenaient à voix basse de leur projet, quand la scène changea brusquement. On entendit ce coup sourd dont la signification était déjà bien connue des chasseurs, et un Malais, qui se disposait à cueillir quelques figues sauvages, tomba mort au pied du figuier.

Aussitôt tout le monde fut debout, on prépara les armes ; mais avant qu'on se fût mis en défense, un autre homme était assommé d'un coup de massue. Alors les orangs, ne croyant plus nécessaire de se cacher, firent entendre leurs sinistres bourdonnements ; la cime des arbres fut violemment secouée, des branches étaient cassées à grand bruit et tombaient de toutes parts autour des chasseurs ; en même temps on voyait les orangs s'élancer d'arbre en arbre. Soit que réellement leur nombre se fût augmenté depuis la première rencontre, soit que leur agilité les multipliât aux yeux de leurs adversaires, les Malais crurent avoir affaire à une trentaine au moins de ces formidables animaux. Jamais les traditions locales n'avaient mentionné une réunion aussi nombreuse d'orangs-outangs, quoique les grands chimpanzés d'Afrique ou gorilles, espèce très-voisine de celle des orangs, se réunissent parfois, dit-on, en bandes de plusieurs milliers. Celle qu'ils avaient devant eux, grâce à la vigueur prodigieuse, à la légèreté, à la hardiesse de chacun de ses membres, semblait être en état d'exterminer tous les Malais de la contrée.

Les chasseurs, d'abord surpris par cette attaque imprévue, ne lâchèrent pas pied et ouvrirent sur les agresseurs un feu bien nourri. Mais les orangs ne s'effrayaient plus de ces détonations au contraire, elles semblaient les animer davantage. Sans renoncer à leur manière habituelle de combattre, qui consistait à se tenir cachés jusqu'à ce qu'un de leurs adversaires vînt à portée de leurs massues, ils ne craignaient pas, dans l'occasion, de se montrer et de s'exposer bravement aux balles. Plusieurs avaient dû être atteints et on avait vu le sang perler en pluie purpurine de leurs blessures, mais aucun n'avait été tué ; il semblait que le plomb s'amortît sur leurs os de fer. Une femelle, la mère du jeune orang qui avait péri dans la clairière, semblait surtout se faire un jeu d'affronter les fusils, les criss et les lances. Criblée de blessures, couverte de sang, elle ne montrait ni découragement ni faiblesse ; elle s'élançait de branche en branche, grondant, menaçant, frappant de sa massue, dont chaque coup faisait inévitablement une victime.

L'acharnement n'était pas moins grand du côté des chasseurs. D'autres que des Malais n'eussent pas accepté ce combat inutile, ou du moins se fussent empressés de sortir de cet épais fourré où l'ennemi avait un si grand avantage. Mais nous en avons dit assez sur cette nation indomptable pour faire comprendre au lecteur l'aveugle colère, le sauvage amour de vengeance dont ces hommes avaient été saisis en voyant leurs camarades massacrés par les orangs. Une sorte de frénésie s'était emparée d'eux ; au lieu de reculer, afin de recommencer la lutte plus tard, dans des conditions meilleures, ils se ruaient au-devant du péril et montraient cette rage insensée de la bête féroce rongeant le fer qui la tue. Aussi n'avaient-ils pas tardé à succomber devant un ennemi qui semblait insensible aux plus cruelles blessures. Presque tous furent assommés d'un seul coup. Tueur-d'Éléphants fut tué par la femelle, qui peut-être l'avait reconnu pour le meurtrier de son fils. Enfin, au bout de quelques instants, il n'était resté de toute la troupe que les trois ou quatre individus, plus prudents ou plus heureux, qui venaient de rejoindre Palmer au bord du marais.

Le colon et ses compagnons écoutaient avec stupeur le récit de ce furieux combat qui contrastait maintenant avec le calme profond de cette partie du bois. Selon toute apparence, les orangs avaient éventé de loin la nouvelle bande et méditaient de la surprendre comme ils avaient surpris la première. Ils étaient sans aucun doute à portée de voir et d'entendre ; mais pas une feuille ne remuait, pas un gémissement ne trahissait ceux qui devaient être dangereusement atteints. Si Palmer n'eût vu tout à l'heure tomber un homme, s'il n'eût touché les blessures des survivants, s'il n'eût lu sur les visages sombres des Malais la honte de la défaite et un impuissant désir de vengeance, il eût pu croire toute cette histoire inventée à plaisir pour cacher une trahison nouvelle.

— Voilà un événement terrible, monsieur Stewart, dit-il avec consternation, et je ne pouvais souhaiter que la rébellion de ces gens fût punie d'une manière si cruelle. Je déplorerai toute ma vie que la délivrance de mon fils ait coûté tant de sang.... Mais ce n'est pas tout, messieurs ; notre situation à nous-mêmes est fort inquiétante. Nous avons encore plus de vingt milles à faire dans la forêt pour gagner la colonie, et, si les orangs persistent à nous poursuivre, à nous attaquer chaque fois qu'ils trouveront une occasion favorable, pas un de nous ne rentrera au Nouveau-Drontheim. Nous périrons un à un dans les bois inextricables qu'il nous faut absolument franchir et où nous serons dans l'impossibilité de nous défendre.

— Ne pourrions-nous agir de ruse ? dit le gouverneur ; pourquoi ne marcherions-nous pas de nuit et ne mettrions-nous pas une grande distance entre les orangs et nous pendant leur sommeil ?

— La marche de nuit présenterait bien des inconvénients et des dangers dans ces bois touffus, remplis de fondrières, infestés de tigres et d'autres bêtes féroces ! D'ailleurs, comment réaliser ce plan avec Anna et Édouard, une pauvre jeune fille pleine de courage, mais faible, délicate et déjà épuisée, un jeune sauvage robuste, indocile, dont il faut surveiller chaque mouvement.

— Que faire alors ? demanda van Stetten ; si nous devons passer ici la nuit, où placerons-nous notre camp ? Sous les arbres, nous sommes exposés aux attaques des orangs ; au bord du lac, nous avons la certitude de recevoir la visite de ces affreux gavials ; l'alternative n'est pas du tout divertissante.

Palmer réfléchissait aux difficultés de la situation, quand il fut rejoint par le reste de la troupe, composée d'Édouard, de miss Surrey et des personnes chargées de veiller à leur sûreté. Anna, malgré son énergie morale, était accablée de fatigue ; pour avancer, elle était obligée de s'appuyer sur le bras de la négresse. Édouard, de son côté, refusait souvent de marcher, et les gens de l'escorte eux-mêmes semblaient désirer ardemment un peu de repos.

Il fallut bien apprendre aux nouveaux venus dans quelle périlleuse position l'on se trouvait ; Anna n'en fut pas abattue.

— Mon oncle et vous, messieurs, dit-elle avec résolution, que ma présence ne vous empêche pas de faire ce que vous croyez être dans l'intérêt de tous. Je ne veux vous causer aucun embarras ; et si vous jugez nécessaire de marcher toute la nuit, je marcherai comme vous.

— Il y aurait un moyen, dit Stewart ; ce serait d'abandonner les bagages et de faire monter miss Surrey sur le cheval ; nous avancerions alors plus rapidement.

— Et comment, pendant cette marche nocturne, pourrions-nous reconnaître notre chemin ? reprit Palmer ; d'autre part, mon pauvre enfant n'aurait-il pas de grandes facilités pour nous échapper au milieu des ténèbres ? Mais avant de prendre une décision, je veux juger par moi-même de ce qui se passe dans ce fourré.

— Mon oncle, mon cher oncle, vous exposer à un pareil danger !

— Je serai prudent... Venez-vous, docteur ? peut-être quelques-uns de ces Malais ne sont-ils que blessés, et il vous serait encore possible de les sauver.

— Je sais que les coups que nous portons aux orangs ne peuvent les tuer, en revanche ceux qu'ils nous portent sont toujours mortels. D'ailleurs, s'il y avait des blessés, nous les entendrions crier.

— Restez donc avec M. Stewart auprès de mon fils, docteur ; quand j'aurai apprécié par moi-même le véritable état des choses, nous aviserons à prendre un parti.

Et sans écouter les instances d'Anna et des assistants qui voulaient le retenir, il entra dans le fourré où avait eu lieu la destruction presque complète des Malais.

XXXVI. — LA CATASTROPHE.

Malgré sa hardiesse, Richard ne négligeait pas les précautions qu'exigeait impérieusement sa sûreté. Il évitait le voisinage des arbres dont les basses branches étaient peu éloignées du sol, et il avait le doigt sur la détente de son fusil ; mais rien ne justifiait ses craintes : toujours même silence, même immobilité. Un peu rassuré, le colon osa s'approcher de l'homme dont il avait vu la chute quelques instants auparavant, dans l'espoir que ce malheureux aurait conservé un souffle de vie. Après s'être assuré que l'orang, auteur de ce meurtre, avait réellement battu en retraite, il se pencha vers le Malais ; mais le corps était affreusement mutilé, et un buffle lui-même eût été renversé du coup qui l'avait atteint.

Après avoir acquis cette certitude, Palmer se traîna vers le fourré d'où sortait un bruit vague et continuel. Plus il avançait, plus il lui fallait redoubler de prudence ; la moindre distraction pouvait lui coûter la vie. Afin qu'il n'eût aucun doute à cet égard, il rencontrait à chaque pas des cadavres dont les têtes avaient été broyées par l'inévitable massue. En faisant sans cesse des détours, il put pénétrer assez loin dans le taillis. La lutte acharnée, qui avait eu lieu à cette place, avait laissé de larges trouées dans les broussailles, et, après avoir suivi l'une de ces trouées, Richard fut témoin tout à coup d'une scène extraordinaire.

Vingt-cinq où trente orangs-outangs, presque tous de la plus grande taille, se trouvaient réunis sur un bombax dont la cime en éventail semblait se perdre dans les nues. Ils étaient dans les attitudes les plus bizarres, suspendus les uns par les pieds, les autres par les mains, aux branches inférieures ; ils regardaient avec consternation un des leurs qui, couché à l'enfourchure du tronc, perdant son sang par un grand nombre de blessures, paraissait près d'expirer : c'était la pauvre femelle dont le fils avait péri lors de la prise d'Édouard, et qui venait de s'exposer avec tant de courage pour le venger. Le mâle était absent ; du moins Palmer, qui l'eût aisément reconnu, ne l'aperçut pas. Les orangs qui entouraient la femelle mourante lui témoignaient une sorte de compassion. Quelques-uns venaient toucher délicatement ses plaies ; les plus jeunes baisaient ses larges mains pendantes et déjà glacées. Tous faisaient entendre des sons particuliers, faibles, plaintifs, assez semblables à des gémissements, et ils laissaient inactives à côté d'eux leurs informes massues encore ensanglantées. Il y avait plus de sensibilité chez ces créatures singulières que chez certaines races inférieures de l'espèce humaine.

Plusieurs orangs avaient eux-mêmes reçu des blessures, mais ils ne paraissaient pas y songer et toute leur attention était pour la bête expirante. Bientôt elle fut prise de convulsions qui annonçaient une fin prochaine, et le spectacle de son agonie était déchirant.

En ce moment on entendit un bourdonnement d'appel ; mais au lieu d'être parti de l'arbre où se trouvait toute la troupe des orangs, le son semblait venir de la lisière de la forêt où Palmer avait laissé son monde. Ce fait était grave en ce que le colon pouvait croire avoir sa retraite coupée ; d'ailleurs cet appel subit avait jeté une grande perturbation parmi les quadrumanes. Quittant leur attitude dolente, ils avaient grimpé sur les branches supérieures du bombax, en agitant leurs massues, et ils regardaient de tous côtés comme pour chercher la cause de cette alerte. Richard craignit d'être découvert et de payer cher son audacieuse curiosité ; il se jeta donc à plat ventre et essaya de se cacher dans les grandes herbes ; mais il renonça bien vite à ce projet. Des cris bruyants s'élevaient maintenant du côté du marais, et cette fois ils n'étaient pas poussés par des orangs, mais par des êtres humains ; Richard croyait même distinguer les voix perçantes d'Anna et de la négresse.

Sans bien se rendre compte de ce qui se passait, il devina qu'un malheur était arrivé ou allait arriver ; aussi, s'oubliant lui-même, il se redressa-t-il brusquement et se mit-il à courir vers les lagunes. Les orangs, en le voyant comme sortir de terre à côté d'eux, bourdonnèrent tous à la fois et le poursuivirent d'arbre en arbre avec leur impétuosité ordinaire. Mais le colon ne s'en inquiétait pas et continuait en ligne droite sa course effrénée. Il entendait de plus en plus distinctement les voix de sa nièce et de Maria, auxquelles se mêla bientôt la voix d'Édouard lui-même. Fou de terreur, le malheureux père dévorait l'espace ; et qu'on juge de l'horrible désespoir qui lui étreignit le cœur quand il aperçut, à quelques pas de lui, son fils bien-aimé dans les bras de ce même orang qui avait autrefois enlevé Édouard et l'avait retenu pendant cinq ans en captivité ! Un peu plus loin, sur la lisière du bois, Anna, Stewart et toute la troupe de chasseurs accouraient en donnant des signes d'épouvante.

Expliquons ce nouveau désastre :

Les lascars, après le départ de Palmer, s'étaient reposés au pied d'un bambou dont les rejets nombreux les protégeaient contre les rayons obliques du soleil couchant. Édouard continuait à se montrer calme et soumis. On ne croyait donc avoir rien à craindre pour lui, et tous les assistants, préoccupés de la situation périlleuse où devait se trouver le chef de l'entreprise, avaient constamment les yeux tournés vers la forêt.

Le bourdonnement dont Richard lui-même avait été frappé, était parti d'un arbre situé à moins de cinquante pas des lagunes, et l'orang qui l'avait poussé avait dû se cacher avec un soin extrême pour n'être pas découvert par Richard.

Or, à peine Édouard, qui était couché sur le gazon, avait-il entendu cet appel, que par un mouvement dont la soudaineté avait déconcerté toute opposition, il s'était levé, avait écarté ses gardiens et s'était mis à courir vers le bois.

Quel motif avait déterminé Édouard à une pareille action quand il avait déjà paru comprendre sa situation misérable, quand il avait reconnu des personnes chères et leur avait montré tant de tendresse ? Peut-être obéissait-il à une longue habitude, à une impulsion plus forte que toute réflexion et toute volonté ; l'intelligence, chez ce pauvre enfant qui avait vécu si longtemps dans les déserts, devait être encore obscurcie par bien des nuages. Mais on ne sut jamais à quoi attribuer ce mouvement spontané, aveugle, qui le poussait à s'éloigner de ses semblables, de ses proches, pour rejoindre ses redoutables persécuteurs.

Édouard toutefois n'avait peut-être pas l'intention d'abandonner complètement Anna, son père et ses amis ; sans doute, le premier moment passé, il eût fini par surmonter l'espèce de fascination à laquelle il avait cédé par surprise ; mais comme il arrivait, toujours courant, au pied de l'arbre isolé, l'orang venait de se laisser tomber à terre. Il enlaça le jeune sauvage d'un de ses longs bras, l'emporta malgré ses cris, et tenta de regagner le bois avec son fardeau.

Nous avons déjà dit que l'orang à terre n'a plus cette souplesse, ces allures hardies qui le caractérisent quand il est sur les arbres. Sa démarche à deux pieds est gauche, embarrassée, surtout quand il ne peut s'appuyer sur une toute ou un bâton. Or, il se trouvait une distance de trente ou quarante pas entre l'arbre et le fourré ; le ravisseur dont les mouvements étaient encore gênés par Édouard qui se débattait énergiquement, ne pouvait donc franchir cette distance qu'avec lenteur et difficulté. Il était seulement à la moitié du chemin, c'est-à-dire dans la condition la moins favorable pour se défendre, quand Palmer vint lui barrer le passage.

Le colon porta d'abord son fusil à l'épaule et fut sur le point de tirer ; mais craignant de blesser son fils qui s'agitait toujours, il jeta son arme, saisit le criss à lame acérée qu'il portait à sa ceinture, selon l'usage des Malais, et s'élança sur l'homme des bois.

Celui-ci, s'opiniâtrant dans son idée de rapt, ne sembla pas vouloir accepter le combat et se détourna par un mouvement irrité afin de continuer sa route. Alors Richard revint à la charge et plongea son long poignard entre les deux épaules de l'orang.

Le sang jaillit en abondance sur la peau velue du quadrumane mais cette blessure ne put le décider à lâcher sa proie, et sa vigueur prodigieuse n'en parut pas diminuée. Serrant Édouard contre sa poitrine, au moyen de son bras gauche, il étendit son bras droit pour repousser son adversaire, et, quoique sans effort apparent, il l'envoya rouler au loin, comme il l'avait fait déjà dans une circonstance semblable ; puis, toujours chargé de sa proie, gagna un arbre voisin, atteignit lestement les premières branches et disparut.

Cependant Palmer n'avait pas été aussi maltraité dans sa chute que la première fois ; il était tombé sur des broussailles sans

Le malheureux père était toujours dans la même attitude, le visage caché dans l'herbe. (Page 100.)

faire grand mal. Au bout de quelques secondes, il fut sur pied, son fusil à la main. Comme il allait à son tour s'engager dans le fourré, Stewart, le docteur et tous les lascars, arrivaient en désordre ; au milieu d'eux, Anna et la négresse éperdues se tordaient les mains avec désespoir. Dans ce moment terrible, Palmer eut un sentiment de commisération pour sa nièce.

— Messieurs, s'écria-t-il précipitamment, retenez-la... veillez bien sur elle ; et que personne n'avance : je ferai seul.

Plusieurs coups de fusils partirent dirigés contre les orangs qui se montraient çà et là ; mais Richard, sans s'inquiéter davantage de ce qui se passait derrière lui, s'élança, tête baissée, à travers les tourbillons de fumée et rentra dans le taillis.

La dernière décharge avait dispersé les orangs. Disséminés maintenant sur les arbres, ils attendaient une nouvelle occasion de jouer sournoisement de la massue. La femelle mourante était donc restée seule sur sa grosse branche, quand le mâle contre lequel Palmer venait de combattre la rejoignit, tenant toujours Édouard serré contre sa poitrine.

Il s'approcha d'elle en faisant entendre un bourdonnement doux et continu ; il la regardait d'un air de tendresse et de douleur. Comme elle demeurait immobile et ne donnait aucun signe de connaissance, il lui souleva lentement la tête avec une de ses mains ; de l'autre, il lui présentait Édouard, qui s'était tu et la contemplait à son tour avec une profonde compassion. Mais ces excitations étaient perdues pour la pauvre bête, devenue insensible à tout. Son œil vitreux et éteint, sa bouche entr'ouverte d'où s'échappait un râle saccadé, annonçaient que sa cruelle agonie ne devait pas se prolonger beaucoup.

Or, quelle était l'intention du mâle en lui amenant Édouard dans ce moment suprême ? Voilà ce que l'on pouvait seulement conjecturer, aussi bien que les causes de l'enlèvement et de la captivité du jeune Palmer dans les bois. La supposition la plus probable était que l'orang, qui s'était montré dans le voisinage du Nouveau-Drontheim cinq années auparavant, s'était pris pour l'enfant d'une de ces affections qui sont réelles parmi ces êtres singuliers, quoiqu'elles ne puissent être expliquées. S'étant emparé d'Édouard et l'ayant transporté dans une région presque inabordable, il l'avait d'abord traité avec douceur. Mais plus tard il était devenu père de famille, et il avait dû négliger beaucoup l'enfant d'adoption, bien qu'il refusât de le laisser aller en liberté. Sans doute alors Édouard n'avait plus été considéré que comme le compagnon de jeu du jeune orang, et l'on n'avait plus tenu à lui que par la force de l'habitude.

Mais, encore une fois, ces explications, qui concordaient assez bien avec les événements de cette histoire, sont de pures suppositions, et un profond mystère devait régner toujours sur les mobiles du ravisseur.

Même obscurité, comme nous l'avons dit, au sujet du motif qui l'avait déterminé à saisir Édouard de nouveau pour l'apporter à sa femelle expirante. Voulait-il, quand elle venait de voir son fils massacré par les hommes, quand elle venait elle-même d'être accablée sous leurs coups, lui donner le moyen d'assouvir sa vengeance sur cet enfant des hommes ? Voulait-il, au contraire, le lui proposer pour remplacer le fils qu'elle avait perdu, et, dans les deux cas, espérait-il que la présence d'Édouard rendrait force et courage à sa malheureuse compagne ?

Quoi qu'il en fût, la femelle était incapable elle-même d'apprécier les intentions de son hideux et sauvage époux. Bientôt tous ses membres se roidirent dans un dernier spasme ; elle fut à moitié soulevée comme si la vie eût fait un effort violent pour se séparer du corps, et elle rendit le dernier soupir.

Palmer était frappé de stupeur. Il eût voulu tirer ; mais il craignait toujours d'atteindre son fils que l'orang ne lâchait pas. L'orang, voyant que son action n'avait pas le résultat attendu, se pencha vers la femelle et se mit à l'examiner attentivement. Il la secoua d'abord avec précaution, puis de plus en plus fort. Il parut enfin comprendre de quoi il s'agissait : il fit un bond frénétique et serra convulsivement Édouard contre sa poitrine, en poussant une sorte de mugissement.

Édouard se mit à crier à son tour avec moins de force, mais avec des intonations non moins déchirantes. L'orang le promena encore quelques secondes, puis il ouvrit les bras et le laissa aller, sans même regarder ce qu'il devenait. Le malheureux enfant, au lieu de s'accrocher à l'arbre avec cette adresse et cette vigueur dont il avait donné tant de preuves, tomba lourdement sur le sol.

Aussitôt Palmer pressa la détente de son fusil, et une balle vint frapper l'orang en plein corps. L'homme des bois ne s'inquiéta pas plus de cette blessure que de la première. Pris de vertige, il continuait de bondir autour de la femelle morte, brisant les branches, faisant voler les feuilles en tourbillons autour de lui, et poussant des clameurs qui égalaient celles du tigre en puissance et en férocité.

Richard, sans s'effrayer de ces démonstrations furieuses, avait couru en avant après avoir déchargé son arme. Édouard n'était pas tombé de bien haut, et le détritus spongieux que les mousses et les débris de végétaux avaient formé pendant de longues années au pied de l'arbre avait dû rendre la chute tout à fait inoffensive. Cependant le jeune sauvage demeurait immobile à la place où il se trouvait ; et quand son père, tout palpitant d'espérance, se précipita pour s'emparer de lui, ses cris devinrent plus forts et plus douloureux.

Le colon soupçonna qu'Édouard avait reçu quelque contusion dans sa chute ; mais les circonstances étaient trop graves pour qu'il s'arrêtât à de semblables bagatelles. Aussi, s'emparant de ce fils chéri qu'il avait reconquis au prix de tant de périls, revint-il vers les lagunes, tout joyeux et tout fier de son succès.

Il fut heureux pour lui que le vieil orang ne pensât qu'à sa douleur, et que les chasseurs, d'après l'ordre exprès de Stewart, détournassent l'attention des autres quadrumanes par un feu continuel, car la retraite eût pu être aisément coupée à Richard quand il fuyait ainsi, incapable de se défendre. Mais, grâce à ces circonstances favorables, il gagna promptement un endroit où les terribles massues n'étaient plus à redouter.

Au moment où il apparut avec sa charge précieuse au milieu de ses amis, il fut salué par un cri de joie universel. Anna elle-même, qui n'avait pas voulu se retirer malgré les instances du gouverneur, leva les mains au ciel avec une ardente expression de reconnaissance.

— Le voici sain et sauf! s'écria-t-elle, et il a eu le bonheur de sauver son fils encore une fois... Mon Dieu ! soyez béni!

Ces paroles se perdirent dans le bruit des détonations ; mais Stewart s'empressa de faire cesser la fusillade, qui maintenant n'avait plus d'objet.

Palmer avait déposé son fils sur un lit d'herbes fraîches, au pied du bambou, s'était lui-même laissé tomber à côté d'Édouard. Si robuste que fût sa constitution, cette dernière épreuve avait été trop forte pour lui. La tête lui tournait, le sang bouillonnait dans ses artères ; il restait anéanti, incapable de répondre aux questions dont on l'accablait.

On s'empressa de lui jeter au visage un peu d'eau puisée au lac voisin; Anna elle-même l'obligea de boire quelques gouttes de rhum. Bientôt Palmer reprit connaissance et promena d'abord autour de lui un regard hébété; mais il sourit en reconnaissant sa nièce qui lui prodiguait des soins, et, quand ses yeux s'arrêtèrent sur Édouard, il parut se ranimer tout à coup.

— Mon fils! le fils de mon Élisabeth! murmura-t-il d'une voix faible; ils ne l'auront pas!

Pauvre père!

Édouard n'avait cessé de pousser de sourds gémissements ; il demeurait étendu sur le gazon dans la position où on l'avait mis, et son visage était d'une pâleur effrayante.

Anna, enfin rassurée au sujet de son oncle, remarqua la première l'état alarmant du jeune sauvage.

— Édouard souffre ! s'écria-t-elle.

— Se serait-il blessé dans sa chute? dit Palmer ; il m'a semblé en effet... Docteur ! au nom du ciel ! voyez donc ce que peut avoir mon enfant.

On fit cercle autour d'Édouard. Maintenant qu'on l'observait plus attentivement, on croyait reconnaître sur ses traits décomposés tous les signes d'une mort prochaine. Édouard lui-même, en s'apercevant qu'il était l'objet de l'intérêt général, tourna vers ses amis son œil plein d'expression, comme pour leur demander du secours, et balbutia :

— Père.... Anna.... Oh!

Van Stetten voulut palper le corps du jeune sauvage pour s'assurer s'il n'existait pas quelque lésion. Au premier contact de sa main, Édouard ne put retenir un cri de douleur ; il fit un mouvement pour repousser le médecin, mais la force lui manqua.

— Il y a quelque chose, dit van Stetten d'un ton grave.

Il s'agenouilla, et, usant de précautions infinies, il promena ses doigts sur la chair frémissante du malheureux Édouard. Bientôt il sembla qu'il eût fait quelque fâcheuse découverte ; ses traits, si placides d'ordinaire, avaient pris une expression de profonde pitié. Cependant, comme s'il eût craint de se tromper, il répéta son examen, qui causait d'atroces tortures au jeune homme. Enfin il se releva fort pâle, et annonça par un geste que son opinion était formée.

Les assistants observaient van Stetten sans oser l'interroger. Enfin Richard demanda si bas qu'on pouvait à peine l'entendre :

— Eh bien ! docteur ?

Van Stetten secoua tristement la tête.

— Il est donc vrai, mon fils est blessé? On ne voit rien pourtant à l'extérieur, et je ne puis comprendre... Mais vous le sauverez, docteur, n'est-ce pas? Vous êtes si habile ! Et puis il est jeune, robuste, il y a de la ressource.... Mais pourquoi ne le pansez-vous pas?

— C'est inutile, répliqua Van Stetten ; je ne ferais que le tourmenter sans résultat.

Il ajouta, les larmes aux yeux, en serrant la main du colon :

— Courage ! mon ami ; Dieu n'a voulu vous rendre votre fils que pour vous le reprendre aussitôt... L'espoir, dans les circonstances actuelles, serait insensé; préparez-vous à tout.

— Docteur! docteur! s'écria Richard avec égarement, il ne vous appartient pas, il n'appartient à personne d'affirmer que Dieu n'accomplira pas un miracle... Mais, de grâce, apprenez-moi quelle est cette blessure que vous ne voulez pas même entreprendre de guérir ? Dites-moi la vérité.... je veux la savoir tout entière !

— Vous le voulez?... Aussi bien il est impossible de vous cacher.... La colonne vertébrale est brisée.

Anna poussa un gémissement et s'affaissa sur l'herbe. Richard ne voulait pas encore se rendre à l'évidence.

— C'est impossible ! s'écria-t-il ; docteur, malgré toute votre science, vous vous êtes trompé. J'ai été témoin de la chute de mon fils ; il est tombé de quelques pieds de hauteur seulement, sur une couche de mousse et d'herbes sèches....

— Aussi n'est-ce pas sa chute qui a produit cette fracture irrémédiable.... voyez plutôt.

Et, soulevant Édouard avec une extrême précaution, il montra sur le dos nu du jeune sauvage l'empreinte de deux larges mains dont les ongles acérés s'étaient imprimés dans la chair ; c'est indubitablement l'étreinte de ces mains formidables qui avait causé la catastrophe.

— Oh ! l'orang ! encore l'orang ! s'écria Richard.

En effet, l'orang, au moment où la femelle venait d'expirer, avait convulsivement serré sa pauvre victime entre ses bras, comme nous l'avons dit, et, quand il l'avait lâchée dédaigneusement, elle avait les reins brisés.

Maintenant, le farouche animal avait-il accompli volontairement cette cruauté, ou bien avait-il obéi à un transport machinal en écrasant cette frêle créature, qui se trouvait par hasard à sa portée dans ce moment de frénésie? C'était encore là un mystère qui ne devait jamais être éclairci.

Quelques instants plus tard, une scène solennelle avait lieu sur le bord du lac. Le pauvre enfant, objet de tant de tendresse et de dévouement, allait rendre le dernier soupir.

La nuit tombait avec la rapidité ordinaire, bien que les vapeurs embrasées du couchant se réflétassent encore en traînée de dans les eaux immobiles du marais. Les bruits diurnes de ces vastes solitudes s'éteignaient un à un, tandis que les bruits nocturnes commençaient à se faire entendre. Les perroquets ne babillaient plus dans les palmistes, les hérons ne fouettaient plus l'air lourd et brûlant de leurs longues ailes crépitantes ; mais les cerfs bramaient au loin, les buffles sauvages mugissaient en venant se désaltérer dans les langunes, et les grandes chauves-souris vampires, qui errent la nuit pour sucer le sang des hommes ou des animaux endormis, prenaient leur vol en poussant leur glapissement sinistre. Dans les roseaux, les gavials commençaient à s'agiter, et déjà la brise du soir était infectée par les odeurs de musc et de corruption qu'exhalaient ces monstres redoutables.

On avait fait à Édouard une couche de mousse et de fougère. Son père était assis à côté de lui, le visage caché dans ses mains, en proie au plus sombre désespoir. Anna, assise de l'autre côté, le cœur déchiré, les yeux pleins de larmes, prodiguait à son malheureux cousin les soins affectueux mais inutiles que lui suggérait sa bonté angélique. Tantôt elle essuyait la sueur froide et glacée qui couvrait le front du mourant, tantôt elle rafraîchissait de quelques gouttes d'eau ses lèvres brûlantes, et elle lui adressait d'un ton caressant les plus douces paroles. Autour de ce groupe principal, Stewart, van Stetten, la négresse et Darius se tenaient immobiles, dans l'attitude du recueillement et de la pitié. A quelque distance, les lascars et les Malais, endurcis contre de pareilles impressions, venaient d'allumer des feux pour écarter les bêtes féroces et les orangs, qui les guettaient peut-être aux passagères lueurs du crépuscule.

Le blessé s'affaiblissait de plus en plus. Van Stetten s'approcha de lui, l'examina attentivement, lui tâta le pouls, puis, se relevant d'un air d'effroi, il ordonna par signe à Richard et à miss Surrey de se retirer au plus vite. Mais Palmer, abîmé dans sa douleur, ne paraissait ni voir ni entendre ; quant à Anna, au lieu de s'éloigner, elle s'agenouilla pieusement auprès d'Édouard et murmura :

« C'est un chrétien qui va mourir. »

Elle joignit les mains et se mit à prononcer une prière que ses sanglots interrompaient par intervalles. Cette voix plaintive s'harmoniait avec les bruits sauvages du désert et leur imprimait un caractère de grandeur. Palmer vint s'agenouiller auprès de sa nièce et essaya de prier aussi ; mais il ne parvenait qu'à former des sons inarticulés et discordants.

Le jeune sauvage, à son dernier moment, donna quelques signes de connaissance et de mémoire. Il cessa de gémir, et fixa un moment ses yeux ternes sur ceux qui priaient pour lui. Peut-être leur attitude lui rappela-t-elle le temps où il s'agenouillait lui-même, auprès de sa mère, pour dire sa prière du soir ; peut-être dans leurs paroles reconnaissait-il des paroles qu'il avait prononcées lui-même, étant tout petit enfant, sous le toit paternel. Un sourire vague effleura ses lèvres décolorées, et il dit faiblement :

— Père !... Anna !

Puis il ajouta dans un effort suprême :

— Maman !

Ce mot si doux, le premier qu'il avait prononcé sans doute, fut aussi le dernier qui s'échappa de sa bouche ; quelques minutes après il n'y avait plus sur le lit de feuilles qu'un corps inanimé.

Cependant on doutait encore, et les prières continuaient. Tout à coup, Anna reconnut la terrible vérité.

« Il a rejoint les anges ! » dit-elle.

Et elle s'évanouit.

Richard, au contraire, resta sur ses genoux, les bras tombants, sans cesser de regarder son fils.

« Édouard, pauvre enfant innocent, dit-il avec un accent qui fit frémir tous ceux qui l'écoutaient, je vois maintenant que, comme moi, comme ta malheureuse mère, tu étais maudit !... que ne puis-je me réunir bientôt à vous, moi qui survis seul pour porter le poids de cette malédiction ! »

Il se tut et semblait résigné ; mais tout à coup une tempête de désespoir s'éleva de lui, et elle fut aussi vigoureuse qu'il avait supporté tant de maux. Les larmes et les sanglots se firent jour avec impétuosité. Il poussa des clameurs insensées qui retentissaient au loin dans le bois ; puis il se jeta sur le corps de son fils, en s'écriant :

« Édouard ! Édouard ! mon enfant bien-aimé, puisque je t'ai retrouvé, nous ne nous séparerons plus. »

On l'entourait, on lui adressait des consolations ; mais il n'écoutait rien et il fallut employer la force pour lui arracher son fils.

XXXVII. — L'EMBUSCADE.

Cependant la situation des chasseurs demeurait fort périlleuse. La nuit était close, et on n'avait fait encore aucun des préparatifs ordinaires pour bivaquer. Palmer, qui jusqu'à ce moment avait pourvu avec tant de sagesse aux besoins et à la sécurité de tous, paraissait incapable de donner un ordre ou un conseil dans cette circonstance critique. Couché sur l'herbe, le visage tourné contre terre, à quelques pas du corps de son fils qu'on avait recouvert d'une pièce d'étoffe, il ne criait plus, il ne pleurait plus ; mais les mouvements convulsifs de ses pieds, qui parfois battaient le sol et le creusaient profondément, trahissaient d'atroces souffrances intérieures. Il ne répondait pas aux questions qu'on lui adressait, il ne voyait rien, n'entendait rien. Sa nièce elle-même, s'étant approchée pour lui donner des témoignages d'affection, avait été repoussée d'un air d'impatience et de colère.

La pauvre enfant revint toute navrée vers Stewart et le docteur.

« Nous ne pourrions, disait le gouverneur, trouver un lieu de campement plus défavorable. Ici nos hommes n'osent aller puiser de l'eau, de peur des gavials, ni aller couper du bois de peur des orangs. D'autre part, ces maudits singes nous épient avec une ténacité bien gênante, et nous sommes assurés de les avoir demain à nos trousses, pendant toute la journée, si nous ne parvenons à les dépister dès à présent par quelque stratagème.

— Plusieurs d'entre eux, reprit van Stetten, se trouveront certainement trop malades demain pour nous poursuivre avec la même ardeur qu'aujourd'hui. Malgré leur vitalité vraiment étonnante, bon nombre ont été atteints par les balles de nos gens, et quand la nuit aura passé sur leurs blessures... Néanmoins, je croirais encore la vie de chacun de nous en péril si deux seulement de ces terribles quadrumanes étaient en état de nous attaquer.

— Vous voyez donc bien, docteur, qu'il est important de les dépister au plus vite... Mais quel parti prendre ? M. Palmer, dont l'expérience nous serait si utile en ce moment, est incapable de comprendre et d'agir ; nous ne devons compter que sur nous-mêmes. D'autre part, miss Surrey....

— Encore une fois, messieurs, n'ayez pas d'inquiétude à mon égard, dit Anna, je ne veux pas être un obstacle à l'exécution de vos projets, quels qu'ils soient. Je ferai ce qu'il faudra faire pour assurer le salut commun.

— Quoi ! chère Anna, demanda Stewart d'un ton de tendre intérêt, pourriez-vous, épuisée comme vous êtes, marcher encore toute la nuit ?

— Je le pourrais ; bien plus, j'aimerais mieux accomplir le trajet par cette nuit fraîche et splendide que par la chaleur accablante du jour.

— Cette marche nocturne ne sera pourtant ni moins pénible ni moins exempte de dangers.... mais si la force vous manque on vous portera, et j'espère....

Un coup de fusil interrompit ce dialogue : un lascar venait de tirer sur un gavial assez audacieux pour s'aventurer jusqu'au milieu des chasseurs. La balle s'était aplatie contre l'écaille du monstre ; mais effrayé de la détonation, le crocodile s'empressa de s'élancer dans le lac ; deux ou trois autres, qu'on n'avait pas aperçus, l'imitèrent en faisant jaillir l'eau à grand bruit sous leur pesante masse. Anna était tremblante.

« Vous le voyez, dit Stewart avec résolution, nous ne pouvons rester ici davantage. »

Il s'approcha du Malais Boa, qu'il jugeait le plus capable de servir de guide, et lui demanda s'il pouvait diriger la bande par une marche de nuit vers le Nouveau Drontheim. Mais Boa, qui pendant la journée avait fait une longue course malgré son bras fracassé, se trouvait dans un fâcheux état; il souffrait cruellement, la fièvre le dévorait. D'ailleurs, il déclara qu'il lui serait impossible de se reconnaître, au milieu des ténèbres, dans les bois épais qui s'étendaient jusqu'à la colonie. Stewart alors crut devoir tenter un dernier effort sur Palmer, et il s'avança vers lui déterminé à tout risquer pour tirer le colon de son mortel accablement.

Le malheureux père était toujours dans la même attitude, le visage caché dans l'herbe, immobile, silencieux, anéanti. Stewart l'appela, Palmer ne répondit pas. Le gouverneur se pencha vers lui et le secoua légèrement; Richard fit de la main un signe de colère et murmura quelques mots inintelligibles, mais il ne put ou ne voulut se relever. Ce n'était pas le compte de Stewart, qui reprit avec énergie :

« Monsieur Palmer, de par tous les diables ! est-ce là ce que nous devions attendre de vous ? Pouvez-vous donc vous abandonner à une douleur indigne d'un homme, lorsque tant de personnes sont en péril et que vous êtes seul en état de les sauver? Est-ce ainsi que vous reconnaissez les services de ceux qui vous ont suivi dans ces déserts? Près de la moitié sont déjà morts ou blessés; faudra-t-il que ceux qui restent succombent aussi? Sans parler de van Stetten et de moi-même qui vous avons apporté un concours désintéressé, sans parler de vos fidèles serviteurs et des pauvres gens qu'on a obligés à vous accompagner, voulez-vous voir aussi périr votre nièce, cette belle et courageuse enfant qui, par tendresse pour vous et pour son cousin, s'est hasardée dans cette dangereuse entreprise? Levez-vous donc et venez-nous en aide ; levez-vous, car votre inaction dans les circonstances présentes serait une lâcheté. »

Cette adjuration, faite d'un ton ferme et résolu, parut enfin réveiller Palmer. Il tressaillit et, se redressant tout à coup, il promena autour de lui un regard rapide, comme si la vue des objets extérieurs eût dû l'aider à reprendre conscience de lui-même ; puis il tourna les yeux vers le gouverneur et lui dit d'une voix faible, mais qui n'avait plus rien d'égaré :

« Vous avez raison, Stewart, ce serait une lâcheté..... Pardonnez-moi ; vous n'êtes pas père, et vous ne pouvez comprendre ce qui se brise dans le cœur d'un père quand il voit..... »

Il s'arrêta ; mais, dominant sa faiblesse par un effort surhumain, il reprit bientôt :

« De quoi s'agit-il et qu'attendez-vous de moi ? »

Le gouverneur s'empressa de lui rappeler la position critique où se trouvait la troupe entre le lac et la forêt, entre les gavials et les orangs.

« C'est juste, dit Richard ; il ne m'est pas permis de me livrer à mes regrets tant que vous serez en péril. J'essayerai..... j'essayerai, je vous le promets..... Eh bien ! je vais tâcher de trouver notre route dans le bois, malgré l'obscurité. Les orangs ne bougeront pas avant les premières lueurs du jour de demain, et d'ici là, nous pourrons être hors de leurs atteintes..... Monsieur Stewart, donnez les ordres pour que nous nous mettions en route sans retard ; j'ai hâte moi-même de quitter cet endroit qui m'a été si fatal ! »

Il se leva en chancelant, mais avec détermination. Comme le gouverneur s'éloignait déjà, il le rappela et lui dit d'un ton suppliant :

« Steward, ne pourrais-je emporter son corps avec nous pour le placer là-bas à côté de sa pauvre mère qui l'a tant aimé ? »

Comment résister à un vœu si légitime ? Stewart avait compté que si Anna se trouvait dans l'impuissance de marcher, on la ferait monter sur le cheval qui portait les bagages ; mais il n'eut pas le courage de s'opposer au désir du pauvre père, et il fut convenu que le corps d'Édouard, enveloppé dans la toile de la tente, serait placé sur le cheval pour être transporté à l'habitation.

Cette promesse sembla rendre quelque force au colon, mais Stewart, craignant une rechute de sa part, l'entraîna vers le gros de la troupe. Sa présence ranima les chasseurs découragés. Anna vint se jeter au cou de Richard, en disant avec émotion :

— Ah ! mon oncle, merci d'avoir pu faire trêve à votre immense et légitime douleur pour songer à nous !

Les préparatifs de départ furent bientôt achevés. Quelques hommes fatigués, les blessés surtout, trouvaient bien pénible de se remettre en marche avant d'avoir pris quelque repos ; mais tous sentaient qu'il y allait de la vie, et ils se résignèrent en soupirant. On avait soupé de quelques fruits et de quelques morceaux de viande restés des provisions de la veille. Stewart fit distribuer à la troupe un peu de café que la négresse venait de préparer ; il obligea Anna et Palmer lui-même à prendre leur part de cette boisson réconfortante, et l'on partit.

La nuit était entièrement tombée, comme nous le savons ; mais c'était une de ces nuits tropicales, claires et étoilées, où l'on voit dans un ciel tout d'azur la belle constellation de la Croix du Sud, l'étonnante nébuleuse appelée le *sac à charbon* et d'autres astres inconnus dans notre hémisphère. Le brouillard, ce cabout pestilentiel qui devait s'élever aux approches du matin, ne donnait pas encore signe d'existence ; l'atmosphère était si pure que, dans les lieux découverts, on pouvait encore apercevoir les objets à une grande distance. La troupe longeait les marais, cherchant un endroit moins fourré pour traverser le bois, et elle ne s'alarmait pas trop de rencontrer souvent sur son chemin des formes massives qui, au bruit de sa marche, regagnaient précipitamment les eaux.

Dans cette première partie du trajet, Stewart, craignant de laisser Palmer à lui-même, ne le quittait pas d'un instant. Il lui demandait tous les détails imaginables sur la route à suivre, sur les signes de reconnaissance qui lui servaient à se diriger. Richard répondait avec complaisance, bien que par moment il se tût tout à coup ou que sa voix s'altérât, comme si un poignant souvenir eût traversé son esprit. De son côté, Stewart, tout en causant des difficultés du voyage, retournait fréquemment la tête pour regarder Anna qui venait à quelques pas derrière lui, entre la négresse et Darius. C'était pour elle surtout qu'il avait des craintes, et rien ne pouvait l'en distraire.

On atteignit ainsi un point où il fallait absolument quitter le voisinage des lagunes. Avant de s'aventurer dans la forêt, on s'arrêta un moment pour allumer des branches de sapin, qui allaient devenir indispensables. On apercevait encore, à une grande distance, le feu qu'on avait abandonné, et dans lequel on avait jeté, avant de partir, quelques brassées de bois dans l'espoir peut-être de tromper les orangs. Aussi, qu'on juge de l'étonnement des voyageurs quand, grâce à l'extrême limpidité de l'air, ils aperçurent des êtres de grande taille, semblables aux démons des légendes allemandes, qui allaient et venaient autour de ce feu comme pour se réchauffer !

— C'être les hommes qui ne parlent pas, dit la négresse dans pays à moi, eux aimer beaucoup se chauffer aux feux abandonnés, mais eux être trop bêtes pour y jeter du bois.

— J'avais lu, en effet, dit le docteur van Stetten, que les orangs et les chimpanzés avaient cette habitude, et je suis heureux de vérifier par moi-même l'exactitude du fait.

— Dans tous les cas, ils ne songent pas à nous poursuivre, reprit Stewart, et c'est l'important. Dieu veuille qu'ils aient tout à fait perdu nos traces !

— Et Maria, femme à moi, plus rien à craindre alors ! murmura Darius, de manière à n'être entendu que de la négresse.

Maria, pour le remercier de ce sentiment si flatteur pour elle, lui donna un grand coup de poing amical.

— Amen, de tout mon cœur, monsieur Stewart, dit van Stetten en répondant au vœu du gouverneur ; je commence à croire que je ne pourrai me procurer ce que je souhaite avec tant d'ardeur ; mais tant pis pour la science, et je dis comme vous : Dieu veuille que nous ne rencontrions plus les orangs !

— Qu'importe à cette heure ? dit Richard d'une voix sombre, quel mal peuvent-ils me faire encore, après m'avoir ravi....

— Mon oncle ! murmura miss Surrey.

— Oh ! pardon, pardon, mon enfant, reprit le colon en donnant libre cours à ses larmes ; pardon aussi, mes amis et vous tous qui, au risque de votre vie, m'avez assisté dans cette désastreuse entreprise ; je ne suis ni égoïste ni ingrat, mais je suis si malheureux !

Et son regard se porta vers une forme blanche et allongée qui se dessinait sur le dos du cheval de charge.

Cependant on avait allumé des branches de bois résineux qui devaient permettre de se conduire dans la forêt. Ces torches devaient avoir encore le double avantage de servir de points de ralliement à ceux des voyageurs qui s'écarteraient du gros de la troupe et d'éloigner les bêtes féroces. Du reste, le chemin, pour le moment, ne présentait aucune difficulté; on avait à parcourir cette partie du bois où de grands arbres formaient une voûte majestueuse, et quand les voyageurs s'y engagèrent, la lumière rougeâtre des torches, se brisant sur ces arceaux de verdure, produisit les effets les plus pittoresques et les plus puissants.

D'abord Stewart ne voulait pas s'éloigner de Palmer, de peur que le colon absorbé par sa douleur n'éprouvât des distractions capables de compromettre la sûreté commune; mais il reconnut bientôt que ses appréhensions n'étaient pas fondées. Souvent le front de Richard se crispait, son œil devenait fixe et hagard, mais la conscience des grands devoirs qu'il avait à remplir lui faisait surmonter aussitôt ces velléités de désespoir. Aussi bien, depuis que l'on marchait sous ce feuillage épais, avait-il besoin de toute sa sagacité, de toute son expérience des déserts pour ne pas s'égarer. Il consultait à chaque instant sa boussole de poche, et cherchait des yeux quelque point de repère, arbre, rocher ou disposition particulière du sol, qu'il avait pu remarquer antérieurement. Ce travail semblait l'occuper tout entier, et Stewart, rassuré, put rejoindre Anna qui avait besoin de protection au milieu de circonstances si difficiles.

Nous ne suivrons pas les voyageurs pendant cette marche nocturne. Nous dirons seulement qu'un peu avant le jour on se trouva dans la nécessité de s'arrêter de nouveau. On avait rencontré des fondrières et des fourrés infranchissables qu'il avait fallu éviter. Après tant de détours, Palmer lui-même ne savait plus où il se trouvait. Pour comble de malheur, le brouillard s'était levé à l'heure habituelle, si épais que la lumière des torches devenait insuffisante pour montrer les obstacles du chemin. Force fut donc d'attendre qu'on pût se diriger avec quelque certitude.

D'ailleurs, tous les voyageurs semblaient incapables d'avancer davantage. Les blessés ne marchaient plus qu'appuyés sur leurs camarades; miss Surrey avait les pieds déchirés par les ronces et les épines, le docteur était exténué. Palmer lui-même, malgré la surexcitation physique et morale qui le soutenait, donnait des signes de lassitude, et cette organisation de fer commençait à fléchir sous le poids de tant de fatigues et de douleurs.

On fit halte dans une éclaircie, au pied d'un arbre isolé, et on alluma des feux de bivac, autant pour écarter les tigres que pour combattre la froide humidité du cabout. Darius et Maria, aidés par Stewart lui-même, s'empressèrent de construire, avec des branchages et des feuilles de vacoï, un léger abri pour miss Surrey, et la pauvre enfant, à bout de forces, ne tarda pas à s'endormir. Van Stetten, quoique bien las lui-même, voulut renouveler l'appareil qu'il avait posé sur les plaies de Boa et des autres blessés; puis toute la troupe ne songea plus qu'à utiliser, en se livrant au repos, cette inaction forcée. Stewart alla s'étendre devant l'entrée de la petite hutte où dormait Anna. Les autres chasseurs, Malais, Hindous ou nègres se couchèrent çà et là, suivant leur caprice. Seul Palmer ne songeait pas à s'abandonner au sommeil; assis auprès du feu, la tête appuyée sur sa main, il tenait ses yeux fixés sur cet objet blanc qu'on avait déposé dans l'ombre, au pied d'un rima, et des larmes coulaient sur ses joues.

Certes, en ce moment une bête féroce aurait eu bon marché de la bande mal gardée et endormie. Heureusement le reste de la nuit fut tranquille, et le jour, paraissant enfin, changea la nature des périls que l'on avait à redouter. Toutefois, il ne suffisait pas que le soleil fût sur l'horizon pour qu'il devînt possible de partir; il fallait encore que le brouillard permît de reconnaître où l'on se trouvait. Or, comme le cabout ne devait pas se dissiper de sitôt, Palmer ne se hâta pas d'interrompre ce sommeil si précieux pour tous, après tant de travaux, de privations et de fatigues.

Pour lui, aussitôt que le brouillard fut moins dense, il grimpa au sommet de l'arbre qui abritait le bivac et resta en observation assez longtemps. Quand il en descendit, il trouva James Stewart éveillé et déjà debout.

Nous connaissons les préventions que le jeune gouverneur avait conçues contre le colon; mais en le voyant si plein de courage, de générosité, de dévouement dans sa cruelle infortune, il éprouvait pour lui une sympathie, un respect involontaires. Il s'approcha donc de Richard et lui demanda d'un ton presque amical s'il avait fait quelque découverte.

— En effet, j'ai acquis la certitude que nous ne sommes pas égarés de beaucoup; nous nous trouvons seulement à dix ou douze milles de la colonie. En revanche, nous avons à traverser, pour parvenir aux habitations, la région la plus touffue de cette forêt maudite.

— En plein jour, avec nos haches et nos scies, monsieur Palmer, nous saurons bien nous frayer un passage. Dix ou douze milles ne sont pas une distance considérable; ces quelques heures de sommeil auront rendu des forces à notre monde, j'espère donc que nous pourrons arriver de bonne heure au Nouveau-Drontheim.

— Puissiez-vous dire vrai, monsieur Stewart, répliqua Palmer en étouffant un soupir. Prions Dieu surtout que nous ne rencontrions plus ces terribles animaux, si vindicatifs et si rusés, qui nous ont déjà fait tant de mal! Le cabout m'a empêché de voir au loin dans les bois; mais si nous n'étions pas parvenus à dépister complètement nos opiniâtres ennemis...

— Laissez-moi croire plutôt, Palmer, qu'ils ont perdu nos traces.... Eh bien, dois-je éveiller nos gens?

— Oui, le moment est venu. Ils ont sans doute repris vigueur et courage: peut-être en auront-ils encore besoin avant la fin de la journée qui commence!

— Et vous même, monsieur Palmer, reprit Stewart avec plus d'intérêt qu'il n'en avait montré au colon jusque-là, pourquoi n'avez-vous pas profité de cette halte salutaire pour vous reposer aussi? Si je ne me trompe, vous n'avez pas dormi un instant, vous refusez toute nourriture, et...

— Oh! moi, reprit Richard d'un ton sombre, je *durerai* bien jusqu'à ce soir.... Que pendant cette journée je puisse encore comprendre, agir, marcher, et quand j'aurai ramené au Nouveau-Drontheim ceux qui survivent encore de cette expédition funeste, quand j'aurai placé auprès de sa mère *celui* qui a été l'objet de tant de dévouements, hélas! inutiles, qu'importe ce qu'il adviendra de moi.

Le gouverneur voulait lui adresser quelques mots encourageants, mais Richard l'interrompit par un geste brusque, et s'éloigna pour veiller aux préparatifs de départ.

En un instant tout le monde fut debout, et on déjeuna sommairement de quelques fruits cueillis aux arbres du voisinage, car les provisions se trouvaient épuisées. Anna, encore toute pâle, vint saluer son oncle, qui la pressa chaleureusement contre sa poitrine, mais sans lui parler. Maria avait enveloppé avec des chiffons les pieds meurtris de sa maîtresse, et la courageuse miss Surrey se disait capable de marcher jusqu'au terme du voyage.

On s'engagea donc de nouveau dans les bois touffus qui s'étendaient jusqu'à la colonie. Tous les chasseurs avaient ordre, au premier signal d'alarme, de se réunir en une masse compacte, au centre de laquelle se renfermerait les femmes et les blessés. Richard avait aussi recommandé d'avancer dans le plus grand silence; mais il n'était pas possible de se conformer à cette consigne, car à chaque instant il fallait employer la hache et la scie pour s'ouvrir une route. Ce travail continuel épuisait les hommes, et la chaleur, qui croissait de minute en minute, rendait leur tâche plus pénible encore.

Cependant, après trois heures de cette marche difficile, on reconnut à des signes certains que l'on approchait des lieux habités. On rencontrait des camphriers et des arbres à benjoin dont les colons avaient récolté les gommes précieuses; on voyait les traces de ceux qui venaient chercher des fruits d'arbre à pain, des noix de coco ou des bananes sauvages. Tout prouvait donc que les chasseurs touchaient au terme de leurs souffrances, et Palmer lui-même venait de donner à sa nièce cette consolante nouvelle, quand un coup de fusil retentit à l'avant-garde, et on entendit une voix effrayée qui criait:

« Les orangs! les orangs! »

Aussitôt la troupe se mit en ordre de bataille, et au bout de quelques minutes elle formait, autour des femmes et de ceux qui se trouvaient incapables de combattre, une sorte de bataillon carré prêt à faire feu. Ces sages dispositions prises, Palmer s'avança seul afin de reconnaître les dispositions de l'ennemi.

Elles étaient telles qu'une intelligence infernale semblait en avoir inspiré l'idée. Les hommes des bois, après avoir suivi les voyageurs à la piste et même les avoir devancés, sans qu'on pût comprendre comment, s'étaient postés dans une espèce de gorge dont il se montraient bien décidés à défendre le passage. D'un côté se trouvait une rivière profonde et rapide qui courait en mugissant vers la mer; de l'autre, on voyait des roches volcaniques, abruptes, hérissées d'arbustes épineux. Entre ces deux obstacles était un défilé creux, encombré de broussailles au-dessus desquelles s'élevaient de grands arbres. C'était sur ces arbres que les orangs s'étaient cantonnés, et un habile général d'armée n'aurait pu trouver d'endroit plus favorable pour établir une embuscade.

Suivant leur tactique ordinaire, ils se tenaient cachés dans le feuillage, et c'était par hasard qu'un des hommes d'avant-garde les avait découverts. Mais Richard, prévenu du fait, demeura un moment immobile, et il ne tarda pas à les apercevoir. Ils paraissaient moins nombreux que la veille : sans doute, quoi qu'en pussent penser les chasseurs, ils n'étaient pas invulnérables, et plusieurs avaient péri ou avaient été gravement blessés dans les combats précédents. Néanmoins Richard en compta encore une vingtaine, et, eu égard à la position qu'ils occupaient, il était impossible de passer outre sans lutte nouvelle.

Par bonheur, il y avait un espace dépourvu d'arbres élevés entre l'embuscade et l'endroit où la troupe s'était arrêtée, en sorte que les orangs ne pouvaient venir à elle sans faire un grand détour, qui ne semblait pas être dans leurs intentions. Palmer, après avoir exactement observé la disposition des lieux et l'attitude de l'ennemi, retourna en arrière, au grand désappointement des quadrumanes, qui grondèrent tout bas en le voyant s'éloigner.

Il rendit compte à ses compagnons du résultat de cet examen. Il ne fallait pas songer à gravir les rochers; les tourner présentait des difficultés considérables, sans compter que les orangs, toujours en alerte, ne perdraient plus de vue les chasseurs et les suivraient inévitablement avec leur acharnement habituel.

« Comment les déloger de là? disait Richard d'une voix triste. Ah! si au prix d'une victime on pouvait déterminer ces farouches animaux à vous livrer passage, je sais bien qui ferait le sacrifice de sa vie, et sans regret!

— Pourquoi n'essayerions-nous pas de mettre la rivière entre les orangs et nous? proposa Stewart.

— Et les femmes et les blessés, comment traverseraient-ils ce courant impétueux? on ne saurait le franchir ni à pied ni à la nage sans courir le risque d'être brisé contre les rochers ou dévoré par les gavials.

— Alors nous n'avons d'autre moyen, dit le docteur, que d'ouvrir un feu roulant contre les orangs. Nous finirons par en tuer quelques-uns, et cette preuve de la puissance de nos armes les décidera peut-être à la retraite. Je les crois assez intelligents pour comprendre combien ils jouent un jeu dangereux.

— Ils ont, en effet, dit Richard, une sorte d'intelligence qui parfois se rapproche de celle de l'homme; mais ils ont aussi l'aveugle obstination, la férocité de la brute. Hier ils ont éprouvé la puissance de nos armes à feu; vous voyez pourtant qu'aujourd'hui encore ils font bonne contenance et s'acharnent à notre poursuite..... Essayons cependant du moyen que propose le docteur..... En définitive, plus nous maltraiterons ces bêtes enragées, moins elles seront redoutables, et pour mon compte, je voudrais pouvoir les exterminer toutes. »

Il fut convenu que six des meilleurs tireurs de la troupe se posteraient devant le bouquet de bois où les orangs étaient cantonnés et feraient feu sur tous ceux qui se montreraient. En effet, quelques instants plus tard une fusillade très-vive commençait; mais les chasseurs, moins téméraires que les Malais, se gardaient bien d'aller attaquer les orangs dans leur fort, et ils se tenaient hors de la portée de leurs agiles et vigoureux adversaires.

Ceux-ci ne parurent pas d'abord très-effrayés en voyant les chasseurs prendre ainsi l'offensive; ils avaient au contraire une attitude provocante, et ils leur lançaient des branches d'arbre en manière de défi. Cependant, plusieurs d'entre eux ayant été atteints par les balles, ils cessèrent leurs bravades et ne tardèrent pas à se réfugier dans le plus fourré du bois. C'était seulement à longs intervalles que les tireurs avaient occasion de décharger leurs fusils, quand un léger mouvement dans le feuillage ou même un regard farouche qui brillait à l'enfourchure de deux branches trahissait la présence d'un orang. Mais les opiniâtres quadrumanes ne songeaient pas à fuir, et l'on savait que quiconque serait assez hardi pour s'avancer de quelques pas tomberait bientôt sous leur formidable massue.

XXXVIII. — LA REVANCHE.

L'escarmouche se prolongeait; Palmer fit signe à ses compagnons d'interrompre cette fusillade inutile.

« Vous le voyez, dit-il à van Stetten et à Stewart, les orangs ne reculent pas. Leur instinct leur dit sans doute que cette position est inexpugnable. Il faut donc aviser à trouver quelque autre procédé pour les débusquer..... Mais sachons d'abord ce qu'il y a de l'autre côté de ce bouquet de bois. »

Il grimpa lestement sur un ébénier voisin, et examina les bords de la rivière avec un soin minutieux. Quand il fut redescendu à terre, il dit d'un air satisfait :

« Comme je le prévoyais, le massif qui sert de refuge aux orangs n'a pas beaucoup de profondeur, et si quatre ou cinq arbres, dont quelques-uns à la vérité sont d'une certaine grosseur, étaient abattus, il nous serait possible de passer entre le fourré et la rivière. Eh bien! qu'en dites-vous, monsieur Stewart? abattrons-nous les arbres qui nous gênent, pendant que quelques-uns d'entre nous, le fusil à la main, protégeront les travailleurs?

— En effet, s'écria le gouverneur, ce plan peut réussir

On se mit à l'œuvre avec ardeur. D'abord les hommes des bois firent mine de résister, mais un feu bien nourri les obligea de se tenir à distance. Un arbre tomba, puis un autre. Ce travail était horriblement pénible, ceux qui en étaient chargés étaient baignés de sueur, et les gens qui maniaient le fusil, sous un soleil de feu, n'étaient pas moins accablés. En revanche, la chute des arbres semblait avoir frappé de surprise les orangs, qui ne pouvaient sans doute comprendre cet acte de puissance de leurs adversaires, et l'on commençait à apercevoir, dans l'éclaircie qu'on venait de pratiquer, une voie de salut de plus en plus certaine.

— Courage, mes amis! s'écria Richard en hindou, nous passerons.

Il saisit lui-même une hache et attaqua le pied d'un superbe pandanus qui avait servi jusque-là de citadelle principale aux orangs. La besogne fut encore bien longue et bien rude, quoique facilitée par une altération du tronc. Plusieurs lascars durent venir en aide au colon, avant que des forêts se rompit enfin avec grand bruit. Mais on avait mal calculé la direction qu'il fallait lui donner dans sa chute; au lieu de s'abattre du côté du rocher comme les autres, il tomba du côté de la rivière. Sa cime vint fouetter l'eau, qui rejaillit en écume, tandis que le corps, tout chargé d'immenses branches, de feuillage, de lianes et d'autres plantes parasites, barrait plus sûrement la route qu'auparavant.

Richard manifesta un vif désappointement, et non sans raison. A peine, en effet, la perturbation produite par la chute du gigantesque pandanus était-elle calmée, que plusieurs orangs sautèrent des arbres voisins dans ce branchage luxuriant, et il semblait presque impossible de les en débusquer.

— Allons ! dit Palmer d'un air de détermination, il faut en venir à l'arme blanche.

Et il reprit la hache dont il venait de se servir.

— Ah ! maître, dit le Malais Boa qui s'était approché des travailleurs, bien que son bras brisé ne lui permit d'être d'aucun secours, pourquoi ne nous avoir pas permis de prendre nos arcs et nos flèches empoisonnées ? Tueur-d'Éléphants et les autres vivraient peut-être encore !

Richard ne répondit pas; il regardait fixement quelque chose qui s'agitait dans la barricade de branchages.

— Que voulez-vous donc faire, monsieur Palmer? demanda Stewart alarmé.

— Laissez-moi, répondit Richard avec une certaine animation; je crois avoir reconnu... Oh ! si c'était lui !

Et il s'élança en avant. Stewart n'avait garde d'abandonner l'oncle d'Anna dans le danger, et il le suivit résolûment, armé de son fusil. Un seul lascar, portant une hache comme Palmer, eut le courage de se joindre à eux.

Le colon s'était arrêté à deux pas seulement de l'arbre renversé, et continuait de regarder attentivement dans cette épaisse verdure. Les orangs s'étaient mis sur la défensive et agitaient leurs massues en grinçant des dents. Néanmoins, ils paraissaient avoir conçu une haute opinion du pouvoir des hommes; ils ne voulaient plus les attaquer qu'à bon escient et avec la certitude de vaincre. Un seul, en apercevant Richard et ceux qui l'assistaient, descendit de la haute branche sur laquelle il était posté pour venir à eux. Il était de la plus grande taille et d'une force prodigieuse; mais il avait reçu, dans le combat de la veille, deux blessures encore mal fermées, et tout son poil fauve était souillé d'un sang noir et durci qui lui donnait un aspect horrible. Richard reconnut du premier coup d'œil le ravisseur et le meurtrier d'Édouard.

— Oui, c'est bien toi, dit le pauvre père avec égarement; je te retrouve enfin!... C'est à toi, brute maudite, que je dois les plus cruels chagrins de ma vie.... Mais Dieu ne veut pas que je meure sans vengeance.... A nous deux donc! un de nous deux va mourir ici!

On eût dit que le farouche homme des bois lui-même comprenait ce défi et partageait ce désir de combattre. La haine et la colère, une haine réfléchie, une colère concentrée et impitoyable brillaient dans son œil expressif. Il arrivait avec impétuosité en grondant et en brandissant son bâton; mais Richard ne bougeait pas et l'attendait de pied ferme, sa hache à la main.

En voyant le hideux quadrumane charger ainsi l'oncle d'Anna, Stewart ne put s'empêcher de trembler.

— Prenez garde! s'écria-t-il, l'orang vient sur vous; il va....

— Tant mieux! dit Richard; laissez-moi faire.

Stewart, malgré cette recommandation, profita du moment où l'orang se montrait à découvert pour lui tirer un coup de fusil; mais cette nouvelle blessure ne parut pas occuper l'homme des bois plus que les précédentes. Se suspendant à une branche par une de ses mains postérieures, il laissa tomber son grand corps en avant, tandis qu'une de ses mains antérieures faisait décrire une courbe rapide à sa massue, grosse comme la cuisse d'un homme. L'effort, augmenté de tout le poids de l'orang, était si terrible, que l'air siffla et que la massue, frappant le tronc du pandanus, fit voler l'écorce en morceaux. Mais Richard, avec la rapidité de la pensée, s'était jeté de côté, et, profitant du moment où son adversaire était lui-même étourdi de la violence du choc, il lui asséna un coup de hache qui retentit comme si le fer eût rencontré un bloc de granit.

Le redoutable animal avait la tête fendue; néanmoins il ne lâcha pas prise sur-le-champ, et demeura suspendu en agitant frénétiquement son bâton. Richard, avec un inexorable sang-froid, lui porta un second coup non moins vigoureux que le premier. Cette fois, la tenace vitalité de l'orang fut vaincue; il tomba palpitant encore, et, sans abandonner son arme, sur le gazon déjà tout inondé de sang.

— Il est mort! il est mort! cria Palmer avec une joie indicible; je me suis vengé! J'ai vengé mon pauvre Édouard, ma chère Élisabeth.... Enfin! enfin!

Stewart ne comprenait rien à ces transports; Palmer les lui expliqua brièvement, tandis que van Stetten, qui était accouru en voyant tomber l'orang, disait avec consternation:

— N'est-ce pas une fatalité? un seul de ces précieux quadrumanes a été abattu en ma présence, et il a la tête partagée en deux..... Allez donc maintenant mesurer son angle facial!

Cependant la mort du champion qu'on pouvait considérer comme l'instigateur et le chef de cette coalition d'orangs n'intimidait nullement les autres. Loin de là, ils paraissaient impatients de le venger, et se réunissaient en grand nombre sur l'arbre abattu pour défendre le passage. Leur attitude était si résolue, si menaçante, que Palmer lui-même recula découragé.

— Ils ne céderont pas! dit Stewart; quel est votre avis, monsieur Palmer!

— Peut-être nous faudra-t-il attendre la nuit pour essayer de es tromper comme nous avons fait hier soir.... Mais vous paraissez accablé de fatigue, monsieur Stewart; allez vous reposer à l'ombre avec nos hommes, tandis que je continuerai à tirailler contre les orangs; qui sait si je ne finirai pas par lasser leur opiniâtreté?

Stewart se rendit à cette invitation, car il était presque suffoqué par la chaleur; et d'ailleurs il avait hâte de se retrouver auprès d'Anna. Quant à Palmer, il reprit son fusil, et, s'abritant sous une touffe d'arbustes, il continua de charger et de décharger sa carabine, avec une obstination comparable à celle des orangs eux-mêmes.

Depuis une heure il soutenait cette lutte inégale sans avoir obtenu en apparence aucun succès, quand tout à coup de bruyantes explosions d'armes à feu répondirent, de l'autre côté du bois, au coup de fusil qu'il venait de tirer; en même temps un grand nombre de voix appelèrent dans la même direction.

Toute la troupe de chasseurs se réunit autour de Palmer.

— Qui ce peut-il être? demanda le gouverneur avec étonnement; j'ai cru distinguer un hourra de matelots anglais.

— Viendrait-on à notre secours? dit van Stetten.

— Nous allons le savoir, répliqua Palmer.

On fit encore une décharge sur les orangs, qui étaient fort agités et commençaient enfin à prendre l'alarme; puis on poussa tous ensemble un grand cri auquel Anna elle-même voulut mêler sa voix argentine.

Aussitôt un hourra, plus bruyant et plus rapproché que le premier, partit derrière la barricade de verdure, en même temps que plusieurs coups de ces fusils courts, à canon évasé, appelés *espingoles*, ébranlaient l'air de leurs détonations et semaient parmi les orangs les balles et la mitraille. Pris entre deux feux, effrayés peut-être par ces cris humains qui leur étaient inconnus, es orangs, malgré leur indomptable ténacité, finirent par trouver la partie inégale et plusieurs battirent en retraite. Une nouvelle décharge d'espingoles acheva de les chasser de l'arbre abattu; et, au même instant une petite troupe d'Européens, ayant à leur tête l'amiral Stevenson, déboucha victorieusement du milieu du feuillage.

Un mot suffira pour expliquer ce secours, arrivé si à propos pour les voyageurs. Pendant les deux journées précédentes, l'amiral avait passé à l'habitation Palmer les instants qu'il avait pu dérober à ses hautes fonctions. Mais le matin du jour où nous sommes arrivés, soit qu'il eût cédé aux instances de madame Surrey, qui était dans une mortelle inquiétude au sujet de son beau-frère, et surtout de sa fille, soit qu'il fût lui-même très-impatient de connaître le résultat de l'entreprise, il avait eu la fantaisie d'aller au-devant de la troupe des chasseurs. Il s'était fait accompagner d'une douzaine de vigoureux matelots, habitués de longue date au climat brûlant de l'Inde, et, sous la conduite d'un Malais qui connaissait parfaitement la partie de la forêt fréquentée par les colons, il s'était hasardé dans les bois. Comme on errait un peu au hasard, on avait entendu au loin une fusillade prolongée, et on s'était avancé dans cette direction. La rencontre de plusieurs orangs, détachés en vedettes du gros de la troupe, avait mis les nouveaux venus sur leurs gardes, et on arrivait juste au moment où le découragement s'emparait des voyageurs épuisés de fatigues et de privations.

Dès que l'amiral apparut sur le bord de la rivière avec ses matelots, noirs de poudre et ruisselants de sueur, Anna, Stewart et le docteur accoururent au-devant de lui.

— Ah! milord, lui dit Anna d'un ton de reconnaissance, nous vous devons peut-être la vie!

— Véritablement nous étions bloqués par ces singes maudits, ajouta le gouverneur, et jamais le brave amiral Stevenson n'est arrivé plus à propos pour faire lever le siège à un ennemi acharné.

L'amiral les salua d'un geste amical, mais il reprit aussitôt avec empressement:

— Où est Palmer? où est mon cher Richard? J'ai d'importantes et d'heureuses nouvelles à lui apprendre.

On lui désigna Palmer debout et immobile à quelques pas de là. Sir Georges s'avança vers lui; mais à peine l'eut-il envisagé qu'il s'écria:

— Avant tout, Richard, avez-vous des nouvelles du fils de mon Élisabeth, de ce cher enfant qui doit être la consolation de mes derniers jours? L'avez-vous retrouvé? Puisque vous revenez, il est donc délivré? Je veux le voir aussi... où est-il?

Pour toute réponse, Richard lui désigna de la main cet objet blanc, de forme allongée, qu'on avait déposé sur l'herbe au pied d'un palmier, et il se cacha le visage dans ses mains.

L'amiral s'approcha du cadavre et voulait écarter le voile qui le couvrait ; mais Stewart, qui avait suivi sir Gorges, l'en empêcha et lui raconta en peu de mots par quel accident le pauvre Édouard avait péri, malgré le dévouement de son père.

Sir Georges fut douloureusement affecté de cette sinistre nouvelle, et de grosses larmes sillonnèrent ses joues. Mais la vue du désespoir et de l'accablement de son gendre ne le toucha pas moins. Il revint à Richard.

— Mon ami, mon fils, lui dit-il d'une voix altérée, n'est-ce pas le moment de chercher des consolations dans une affection mutuelle? Richard, pauvre Richard, ne voulez-vous pas embrasser votre père qui pleure et souffre comme vous?

Et il lui tendait les bras.

Richard était si surpris de ce témoignage public de sympathie, que son étonnement prévalut un instant sur sa douleur.

— Sir Georges, dit-il, je vous remercie ; mais vous oubliez...

— Je n'oublie rien, reprit l'amiral avec fermeté, et le moment est venu où je dois réparer envers vous de grandes injustices... Messieurs, continua-t-il en prenant la main de Richard et en s'adressant à ceux qui l'entouraient, rien ne s'oppose plus, grâce au ciel, à ce que je reconnaisse pour mon gendre, pour mon fils, M. Richard de Beaulieu, qui a porté dans cette colonie le nom de Palmer.

Stewart lui dit à demi-voix :

— Sir Georges, avez-vous réfléchi aux conséquences que peut avoir un pareil aveu ? Certains préjugés fâcheux...

— Ce que je dis ici, poursuivit l'amiral tout haut, je l'ai dit déjà en présence de l'état-major de mon escadre, et en présence des principaux colons du Nouveau-Drontheim ; quant aux préjugés dont parle M. le gouverneur, ils ne sauraient plus se produire sans devenir une offense directe contre mon gendre et contre moi. Pendant votre absence, un navire est arrivé de l'Inde avec le reste de mon escadre, et j'ai enfin la preuve que Richard de Beaulieu était un homme d'honneur, digne de toute considération et de tout respect. L'événement de Calcutta, où périt le capitaine Brolimbroke, ne fut qu'un accident. Quant à cette trahison infâme de Pondichéry, dont on accusait Richard de Beaulieu d'après de fausses apparences, il en est complètement innocent. Le coupable était un commis Dubarail, misérable faussaire très-habile à imiter les écritures, et qui, afin de cacher sa trahison, avait eu l'infernale pensée de compromettre son patron et son bienfaiteur. Il ne peut rester maintenant aucun doute sur ce point. L'agent que j'avais envoyé à Pondichéry m'a rapporté un aveu signé du coupable lui-même ; et cette pièce, qui a le caractère de la plus complète authenticité, a passé déjà sous les yeux d'un grand nombre de personnes. Vous le voyez, messieurs, c'est un devoir pour moi de ne pas tarder davantage à reconnaître mon gendre.... et, en accourant ici, poursuivit sir Georges, avec une émotion profonde, j'espérais aussi reconnaître mon petit-fils !

Richard se jeta dans les bras de l'amiral en sanglotant ; et tous ceux des spectateurs qui étaient en état de comprendre cette scène s'en montraient vivement touchés. Stewart s'approcha timidement du colon :

— Je supplie monsieur Palmer, ou plutôt monsieur de Beaulieu, dit-il, de me pardonner la froideur injurieuse que je lui ai témoignée ces derniers temps. Le secret que voulait garder sir Georges au sujet de son gendre, et surtout certains bruits parvenus récemment jusqu'à moi.... Mais l'admirable dévouement dont monsieur de Beaulieu vient de faire preuve en ma présence, son courage, sa présence d'esprit, sa générosité, avaient déjà presque effacé ces préventions que je déplore. Et s'il voulait bien m'accorder à la fois son amitié et son pardon...

Richard prit la main qu'on lui tendait et la serra cordialement, mais on put juger à son air étonné qu'il n'avait pas conscience de cette froideur dont Stewart s'excusait avec tant de franchise. Anna, voulant couper court à des explications pénibles, s'empressa d'intervenir.

— Milord, dit-elle avec attendrissement, soyez béni pour les consolations que vous apportez à mon oncle dans un moment où elles lui sont si nécessaires. Il a bien souffert de l'injuste réprobation qui pesait sur lui, et vous venez d'accomplir, je le sais, un de ses désirs les plus ardents.

— Il s'est accompli trop tard ! s'écria le pauvre Palmer avec explosion. Que ferai-je maintenant de richesse, de considération, d'indépendance, moi qui n'ai plus ni femme, ni fils pour profiter de ces avantages tant souhaités?... Merci, sir Georges, mais il est trop tard ! »

Et il s'abandonna de nouveau à son affliction navrante.

« Trop tard ! murmura le gouverneur en s'adressant à miss Surrey, le croyez-vous, Anna ? »

La jeune fille détourna les yeux en rougissant.

Quelques instants après, la troupe se remettait en marche. Les orangs, blessés pour la plupart, s'étaient retirés sur les arbres environnants, et regardaient les chasseurs en menaçant encore, mais sans oser attaquer. On s'éloigna donc de ce dangereux défilé, et, comme aucun obstacle sérieux ne se présenta plus pendant le reste du voyage, on atteignit les habitations avant la fin du jour.

XXXIX. — CONCLUSION.

Une semaine plus tard, l'amiral Stevenson se disposait à quitter la rade du Nouveau-Drontheim avec l'escadre qu'il commandait. Pendant cette semaine, sir Georges avait constamment résidé à l'habitation Palmer, et Stewart, de son côté, avait vécu dans une intimité plus étroite que jamais avec la famille. Aussi ni dans la colonie, ni sur les vaisseaux, ne fut-on surpris d'apprendre, la veille du départ de l'amiral, que James Stewart était sur le point d'épouser miss Anna Surrey. Un missionnaire catholique résidait dans un établissement européen de la côte, et l'amiral eût bien désiré que le mariage pût avoir lieu en sa présence. Mais, son devoir ne lui permettant pas de prolonger son séjour à Sumatra, force lui était de ne pas assister à la cérémonie prochaine.

Donc, peu d'heures avant l'appareillage, sir Georges, accompagné de Stewart et du docteur, était venu faire ses adieux à sa famille. La cour était remplie de porteurs de palanquins, de marins chargés de bagages, sans parler de tous les serviteurs de l'habitation, nègres, Malais, Chinois. Au milieu de cette agitation, notre ancienne connaissance Yaw causait mystérieusement avec un de ses compatriotes, qui faisait partie de l'équipage d'un navire anglais alors en partance dans le port. La conversation paraissait fort animée, quand Yaw s'entendit appeler par une voix impérieuse. Il leva les yeux, et aperçut au sommet de l'échelle qui donnait accès à la case aérienne du défunt Tueur-d'Éléphants, sa fiancée Légère. La Malaise, avec son visage balafré était enflammée, et maître Yaw se serait sans doute dispensé de répondre à cet appel ; mais un geste menaçant ne lui permit pas d'hésiter. Il dit donc un mot à voix basse à son compagnon, puis il s'élança vers la case en se dandinant. Arrivé au pied de l'échelle, il voulait s'arrêter là, un nouveau geste aussi impérieux que le premier lui intima l'ordre de monter.

Quand il fut parvenu dans la case, où il n'y avait guère d'autres meubles que les nattes et quelques coffres, Légère ferma derrière lui la porte en treillage de bambou, et, s'armant d'un long poignard empoisonné, elle dit d'un ton farouche :

« Tu veux partir avec les seranis (chrétiens) et abandonner fiancée. Tueur-d'Éléphants est mort, et c'est juste, il m'a rendu laide ; mais j'ai gardé son criss, et je te tuerai si tu persistes me quitter. »

Le Chinois, avec sa volubilité ordinaire et toutes sortes d'expressions bizarres, protesta contre un pareil dessein. Jamais il n'avait trouvé Légère plus charmante ; ses yeux brillants comme des étoiles, ses balafres l'embellissaient ; il était prêt à l'épouser et à l'emmener avec lui dans le Céleste Empire fleuri. Il avait de grandes richesses, et il les ferait partager à sa jolie fiancée. Elle serait sa mandarine et il serait mandarin.

Il lui asséna un coup de hache qui retentit. (Page 103.)

Ces belles choses, débitées avec une verve entraînante, parurent dérider la Malaise. Elle entendait encore ce langage admiratif auquel son oreille était habituée, elle était sous le charme de ces flatteries ampoulées devenues comme un besoin pour sa nature coquette et orgueilleuse. Elle sourit afin de montrer ses dents d'or, et reprit d'un ton plus doux :

— Que Yaw écoute mes paroles : Mon père a été tué par les orangs, et son âme est allée dans le corps d'un *nini* (tigre) ; c'est bien. Si Tueur-d'Éléphants eût vécu, il eût exigé un *jourjour*[1] pour prix de sa fille, et il eût retenu tous mes bijoux,

parce qu'il était avare et joueur. A présent, tu n'auras pas de jourjour à donner, et tu posséderas les riches bijoux qui me rendent belle ; regarde.

Elle ouvrit un grand coffre de bois d'ébène et en tira des slandani de soie, des anneaux d'or et d'argent, des éping'es d'or, des colliers de sequins, dont elle se mit à se parer avec une impatience fébrile, jusqu'à ce qu'elle en fût surchargée. Le coffre contenait encore des boîtes de siri d'un travail admirable, des éventails chinois, de charmants étuis d'ivoire, cadeaux de plusieurs générations d'admirateurs, et ces cadeaux étaient en assez grand nombre pour fournir une boutique. Yaw ébloui redoubla de tendresse envers la gadise défigurée ; elle était « la fleur de son jardin, le soleil de son ciel, la perle de son collier. Ses cicatrices, avec leurs filets rouges, ressemblaient à des incrustations de bois de santal, dans l'ambre jaune de son teint.

---

1. Suivant les usages malais, le futur époux doit faire à la famille de sa fiancée un présent en rapport avec sa fortune, et ce présent s'appelle *jourjour*.

Dès à présent, Légère était son épouse, sa mandarine. « Cependant il s'empressa de remettre lui-même dans le coffre les ornements dont la gadise venait de se parer.

— En voyant Légère si séduisante, dit-il, les plus fiers jeunes gens parmi les serails, les Malais et les Hindous envieraient le bonheur de Yaw et voudraient la disputer à son époux.

La Malaise semblait ravie de cette ardente admiration ; le Chinois ajouta en minaudant :

— Légère veut-elle entendre des paroles « couleur de vermillon ? » Eh bien ! le coffre qui contient ces richesses ne peut rester dans cette case ouverte où la reine des gadises serait incapable de la défendre. Yaw va donc transporter le coffre qui contient la dot de sa femme dans la maison où sont déjà ses propres richesses. Sa jolie fiancée, l'œil de son visage, le sourire de sa bouche, la joie de son âme, ne veut-elle pas lui donner en garde ces précieux ajustements qui ne peuvent manquer d'enflammer tous les cœurs du Céleste-Empire ?

Légère, éblouie, fascinée par ces adulations passionnées, ne fit aucune objection. Mon gaillard Chinois, tout en protestant que le mariage aurait lieu le lendemain matin, ferma le coffre, le chargea sur ses épaules robustes et quitta la case. Il était déjà sur l'échelle, qu'il continuait ses litanies de « fleur de soleil, de mandarine, » et il avait disparu que la gadise l'entendait encore. Quand il fut loin, elle tira de sa ceinture un petit miroir et se mira longuement.

— Légère est moins belle qu'autrefois, murmura-t-elle enfin en soupirant, et ici on la dédaignerait ; mais en Chine, peut-être, en effet, domptera-t-elle tous les cœurs.

Cependant une scène bien différente avait lieu dans la maison des maîtres. Autour de l'amiral Stevenson se trouvaient réunis Richard, toujours triste et abattu, madame Surrey et Anna, James Stewart et enfin le docteur van Stetten, que ses services et son affection avaient fait admettre dans cette réunion de famille. Sir Georges disait en serrant la main de son gendre :

— Adieu, Richard, vous dont j'ai connu, trop tard pour nous tous, les grandes et nobles qualités... Peut-être ne nous reverrons-nous plus, car vous savez que je suis venu dans ces mers pour chercher et combattre l'ennemi de l'Angleterre, et je dois remplir ma mission. J'espérais, en débarquant dans cette colonie, m'acquitter de devoirs plus chers et plus doux ; Dieu ne l'a pas voulu !

L'émotion lui coupa la parole ; il reprit après une courte pause :

— J'aurais aussi vivement désiré que vous puissiez vous embarquer sous un des bâtiments de mon escadre qui va faire voile pour Batavia. Ainsi j'aurais encore eu l'espoir de vous rencontrer aux Indes, d'être témoin du bonheur de ces deux jeunes gens. Mais, puisque vous voulez, Richard, vivre et mourir ici, auprès des tombes de ceux que vous avez tant aimés, c'est à M. Stewart et à sa charmante femme que je recommande de vous prodiguer les consolations dont vous avez besoin. Eux aussi refusent d'abandonner la colonie, ainsi que cette excellente madame Surrey, tant que leurs soins et leur tendresse pourront vous être nécessaires.

— Milord, répliqua Richard d'une voix sourde, je les remercie de leur abnégation, mais je ne la mettrai pas à une trop longue épreuve. »

Des réclamations, des protestations affectueuses s'élevèrent de toutes parts.

— Laissons cela, reprit l'amiral, et hâtons-nous, car le temps presse... Prenez ce paquet, Richard, dit-il en présentant au colon une lettre scellée de plusieurs larges cachets, il contient mon testament. Si je trouve la mort d'un marin et d'un soldat dans quelqu'une de mes entreprises hasardeuses, je veux que toute ma fortune, destinée autrefois à ma fille et à mon petit fils, revienne à cette chère Anna, dont la douceur et le dévouement ont tant contribué à embellir leurs jours.... Ne remerciez pas.... Anna, Richard, pas un mot, je vous prie... Voici encore, poursuivit-il en tirant de sa poche un papier qu'il remit au gouverneur, un acte qui pourra plus tard être de quelque utilité à M. Stewart : c'est un pouvoir pour nommer gouverneur à sa place l'officier de cette colonie qui lui paraîtra le plus digne de cet honneur, dans le cas où, après mon départ, il lui prendrait fantaisie de quitter le Nouveau-Drontheim.

— Mille grâces, milord, dit le gouverneur avec vivacité ; mais ni miss Surrey, ni moi, nous ne partirons d'ici, à moins que M. de Beaulieu...

— Acceptez, mon cher James, dit Richard avec un sourire mélancolique ; cette pièce pourra vous être nécessaire.

— Enfin, continua l'amiral en montrant un troisième papier, je désire aussi acquitter la dette de reconnaissance que nous avons tous contractée envers le bon docteur van Stetten. Sa position de prisonnier de guerre ne l'a pas exposé jusqu'ici, que je sache, à de bien dures épreuves ; cependant, comme il pourrait porter sa chaîne avec une certaine impatience, voici un ordre en vertu duquel M. van Stetten est autorisé à quitter les possessions anglaises quand et comme il voudra, avec tous ses bagages, sans qu'il soit besoin d'attendre un cartel d'échange. »

Le docteur n'accueillit pas avec un bien grand enthousiasme cette faveur inattendue.

— Milord, balbutia-t-il, je suis pénétré de reconnaissance.... La liberté est un bien si précieux !... Cependant, à vrai dire, j'ai tant d'attachement pour mes amis de la colonie, et puis le soin de mes collections commencées.... Enfin, milord, je ne suis pas encore prêt à quitter Sumatra.

— Ah ! docteur, quelle bonne pensée ! dit la pauvre madame Surrey d'une voix dolente ; que deviendrais-je sans vous ?

— Je sais quelles peuvent être les craintes du savant docteur, dit l'amiral avec malice, et je crois avoir pourvu à toutes les éventualités en laissant la date en blanc.... Mais allons ! poursuivit-il d'un ton différent, l'heure est venue ; il faut nous séparer. »

On s'embrassa avec l'effusion de gens qui ne comptaient plus se revoir sur la terre. Au moment où l'amiral allait partir, Anna lui dit tout bas :

— Sir Georges, avez-vous bien voulu, comme vous me l'aviez promis, donner les ordres pour que Yaw, notre ancien contre-maître, fût admis sur celui de vos navires qui se rend à Batavia ? De là cet homme, qui a fait quelques économies à notre service, pourra regagner son pays natal.

— Votre souhait est accompli, mon enfant ; à telles enseignes que ce Chinois doit déjà être à bord avec tous ses bagages... Adieu donc, Anna, chère enfant, et que le ciel exauce mes vœux pour votre bonheur ! »

Quelques instants plus tard, le canon annonçait à la colonie que l'escadre mettait à la voile, et le lendemain matin, Légère constatait avec désespoir la fuite de son jeune fiancé : Yaw était bien parti avec le coffre contenant la dot, mais il avait oublié la femme.

Richard avait repris ses chasses solitaires dans la forêt. Il n'était plus poussé, comme autrefois, par l'espoir de retrouver son fils, qu'il voulait encore chercher et venger, et peut-être aussi la solitude était-elle devenue un besoin pour son esprit blessé et misanthrope. Malgré les instances de M. et madame Stewart, il restait absent des semaines entières ; quand il revenait à l'habitation, il paraissait de plus en plus abattu, malade et désespéré. Cependant pas une fois, dans ses longues excursions, il n'avait rencontré de nouveau les orangs ; soit que la plupart de ces terribles quadrumanes fussent morts de leurs blessures, soit que l'essai qu'ils avaient fait de leurs forces contre les armes des Européens leur eût enfin prouvé leur infériorité dans la lutte, ils avaient abandonné le canton de la forêt qu'ils fréquentaient autrefois, et s'étaient réfugiés sans doute dans les régions où nul être humain ne pouvait les suivre.

Quoi qu'il en fût, peu de mois après les événements que nous venons de raconter, Richard ne revint pas au jour fixé d'une de ses excursions dans les bois. Stewart, très-inquiet, réunit quelques gens du pays et poussa une reconnaissance dans la partie du désert où il espérait trouver le malheureux chasseur. On finit par découvrir, dans le voisinage des marais que nous connaissons, un cadavre mutilé, à demi dévoré par les bêtes féroces : c'était celui de Richard. Maintenant, comment avait-il péri ? avait-il succombé dans une lutte contre les orangs, avait-il été surpris par un tigre, ou bien, miné par la maladie et le chagrin, s'était-il trouvé tout à coup incapable d'agir et de marcher ? C'est ce qu'on ne sut jamais.

Il avait bien annoncé aux jeunes gens qu'il ne les retiendrait pas longtemps à Sumatra !

En effet, quand Stewart eut rendu les derniers devoirs à son oncle, il résolut de quitter pour toujours ce pays funeste. Usant des pouvoirs que lui avait laissés l'amiral, il désigna un officier pour le remplacer dans le gouvernement du Nouveau-Drontheim, et, après avoir vendu avantageusement l'habitation, il s'embarqua avec sa femme et sa belle-mère sur un navire qui partait pour l'Inde anglaise.

Il va sans dire que cette fois, le docteur van Stetten voulut bien renoncer à sa captivité, et qu'il abandonna la colonie avec ses amis. Le navire sur lequel il s'embarqua faillit couler sous le poids des caisses contenant des herbiers, des insectes, des peaux d'oiseaux et de mammifères qu'il destinait à l'académie de Leyde. Mais, au grand désespoir du savant naturaliste, cette volumineuse collection ne renfermait pas la dépouille d'un orang-outang, et, malgré les dangers qu'il avait bravés pour atteindre ce résultat, il n'avait pu mesurer le fameux angle facial de ces peu maniables animaux.

Depuis cette époque la science a été plus heureuse : plusieurs cabinets d'histoire naturelle en Europe contiennent des peaux d'orang. En revanche, jamais un orang adulte n'a été vu vivant en Europe, et l'histoire de cette espèce présente encore un grand nombre d'obscurités. Les opinions des voyageurs sont contradictoires à son égard, et certains d'entre eux n'ont pu décider encore si les orangs de Sumatra et de Bornéo sont les premiers des singes ou les derniers des hommes.

Un voyageur moderne, savant distingué, M. Domeny de Rienzi, qui a longtemps habité la Malaisie et qui a lui-même possédé pendant quelques mois un orang privé, résume ainsi son opinion sur ces êtres bizarres :

— L'orang n'a pas le don de la parole, quoiqu'il paraisse comprendre jusqu'à l'expression de notre physionomie. S'il parlait, nous ne ferions aucune difficulté de le considérer comme égal aux individus de la race endamène ou australienne et de la hottentote, et à celle de la variété bosjimade, variété la plus abrutie de la race hottentote. Les crétins des Alpes, des Pyrénées et du Caucase m'ont paru plus *machines* que mon orang.

FIN DE L'HOMME DES BOIS

Pour paraître immédiatement

DU MEME AUTEUR :

UNE MYSTÉRIEUSE AVENTURE

Saint-Ouen (Seine). — Imp. Labbé Hugot (Société générale d'imprimerie).

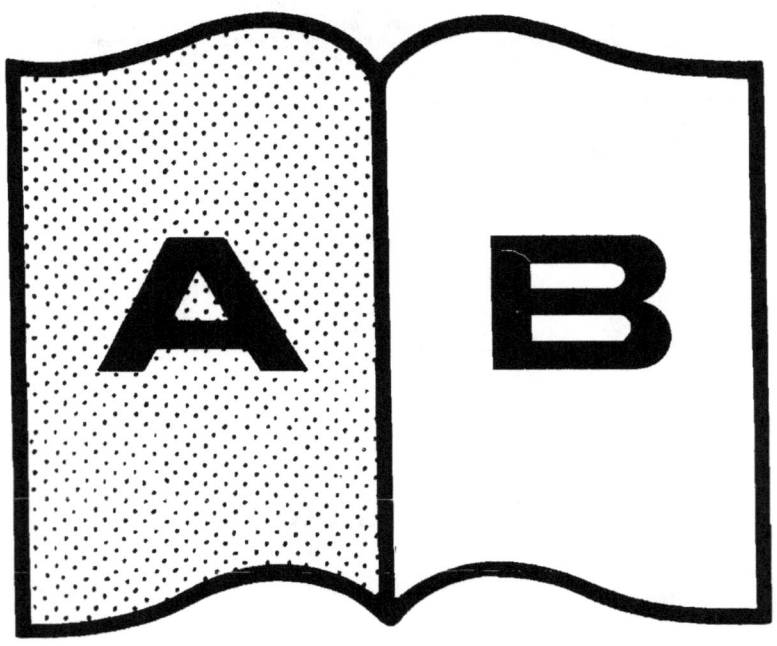

Contraste insuffisant
NF Z 43-120-14

www.ingramcontent.com/pod-product-compliance
Lightning Source LLC
Chambersburg PA
CBHW071954110426
42744CB00030B/1534